Personalrecht

Andreas Wien · Normen Franzke

Personalrecht

Eine praxisorientierte Einführung

 Springer Gabler

Prof. Dr. jur. Andreas Wien
Brandenburgische Technische Universität
Cottbus-Senftenberg, Cottbus
Deutschland

Dipl.-Bw. Normen Franzke
Brandenburgische Technische Universität
Cottbus-Senftenberg, Cottbus
Deutschland

ISBN 978-3-658-02967-8   ISBN 978-3-658-02968-5 (eBook)
DOI 10.1007/978-3-658-02968-5

Die Deutsche Nationalbibliothek verzeichnet diese Publikation in der Deutschen Nationalbibliografie; detaillierte bibliografische Daten sind im Internet über http://dnb.d-nb.de abrufbar.

Springer Gabler

Lektorat: Irene Buttkus

Gedruckt auf säurefreiem und chlorfrei gebleichtem Papier

Springer Gabler ist eine Marke von Springer DE. Springer DE ist Teil der Fachverlagsgruppe Springer
Science+Business Media
www.springer-gabler.de

Zum Themengebiet des Personalrechts gehören die Teilbereiche Arbeitsrecht, Lohn und Sozialrecht. Diese Aspekte bilden den Rahmen und die Grundlage für die Personalarbeit im Unternehmen und in der Verwaltung. Aber nicht nur in der beruflichen Praxis spielt Personalrecht eine große Rolle – es ist auch Lehrstoff in Studiengängen der Rechts-, Wirtschafts- und Sozialwissenschaft. Das vorliegende Lehrbuch soll eine leicht verständliche und praxisnahe Einführung in die Grundlagen des Personalrechts geben. Behandelt werden die praxisrelevanten Aspekte des Personalrechts von der Stellenvergabe über die Rechte- und Pflichten im Arbeitsverhältnis bis hin zu den kollektivarbeitsrechtlichen Aspekten des Tarifvertrages und des Streiks. Auch spezielle Themen wie die Beschäftigung schwerbehinderter Arbeitnehmer oder Mobbing und Mitarbeiterüberwachung werden dargestellt. Ebenso haben die sozialrechtlichen Aspekte der Personalarbeit Eingang in dieses Buch gefunden.

Das vorliegende Werk hat sich zum Ziel gesetzt, die Grundstrukturen des Personalrechts darzustellen. Das Buch möchte eine praxisnahe und zugleich leicht verständliche Einführung in das Personalrecht bieten. Beispiele, Grafiken und einige Kapitelzusammenfassungen sollen den Leser hierbei unterstützen. Dadurch soll der Leser eine leicht verständliche und dennoch tiefgründige Übersicht über die relevanten Themenbereiche des Personalrechts erhalten. Obwohl sich das Werk primär an Studierende der Universitäten, Fachhochschulen und Berufsakademien richtet, ist es stark geprägt vom Praxisbezug des Lehrstoffes, so dass sich das Werk auch ideal für Praktiker und interessierte Arbeitnehmer eignet.

Die Anwendungsmöglichkeiten und Einsatzfelder des Lehrstoffes werden dem Leser aufgezeigt. Der Inhalt wird durch praktische Beispiele veranschaulicht und vertieft. Jahrelange Lehrerfahrung auf dem Gebiet des Personal- und Arbeitsrechts hat gezeigt, dass das Arbeiten mit Lehrbüchern dann besonders effektiv ist, wenn der Leser nicht nur den Text des Lehrbuchs liest, sondern sich zugleich die Paragraphen im Gesetz ansieht. Denn was im Lehrbuch so leicht und überzeugend beschrieben wird, wirkt zum Teil unverständlich, wenn es im Originalwortlaut des Gesetzgebers gelesen wird. Aus diesem Grunde sind zum Teil die wichtigen Paragraphen an den entsprechenden, relevanten Stellen im Lehrbuch abgedruckt, so dass der Leser nicht gezwungen ist, bestimmte Paragraphen erst mühselig im Gesetz nachzuschlagen. Einige Kapitel enden mit einer kurzen Zusammenfassung. Sie beinhaltet die wesentlichen Aspekte und kann daher zugleich auch einer schnellen Orientierung über die Schwerpunkte des Kapitels dienen.

Hildesheim/Cottbus, im März 2014   Prof. Dr. jur. Andreas Wien
                                                                   Dipl. Bw. Normen Franzke

Inhaltsverzeichnis

Die Autoren

Prof. Dr. jur. Andreas Wien ist Volljurist mit der Befähigung zum Richteramt und höheren Verwaltungsdienst. Er lehrt Wirtschafts- und Internetrecht an der Brandenburgischen Technischen Universität Cottbus – Senftenberg und ist Verfasser mehrerer Lehrbücher.

Fotograf: Klemens Renner

Dipl.-Bw. Normen Franzke ist an einer Landesbehörde tätig. Zudem arbeitet er an vielen Fachpublikationen mit und ist selbständiger Dozent für die Themengebiete Personal- und Organisationsmanagement sowie Personalcontrolling an verschiedenen Bildungseinrichtungen.

Abkürzungsverzeichnis

Abs.	Absatz
AGB	Allgemeine Geschäftsbedingungen
AGG	Allgemeines Gleichbehandlungsgesetz
AP	Arbeitsrechtliche Praxis (Nachschlagewerk des BAG)
ArbGG	Arbeitsgerichtsgesetz
ArbPlSchG	Arbeitsplatzschutzgesetz
ArbStättVO	Arbeitsstättenverordnung
ArbZG	Arbeitszeitgesetz
ASiG	Arbeitssicherheitsgesetz
AÜG	Arbeitnehmerüberlassungsgesetz
Aufl.	Auflage
BA	Bundesagentur für Arbeit
BAG	Bundesarbeitsgericht
BB	Der Betriebsberater (Zeitschrift)
BBiG	Berufsbildungsgesetz
BDSG	Bundesdatenschutzgesetz
BeamtVG	Beamtenversorgungsgesetz
BEEG	Bundeselterngeld- und Elternzeitgesetz
BetrAVG	Betriebsrentengesetz
BetrVG	Betriebsverfassungsgesetz
BGB	Bürgerliches Gesetzbuch
BPersVG	Bundespersonalvertretungsgesetz
BSV	Brandschutzverordnung
BUrlG	Bundesurlaubsgesetz
BVerfG	Bundesverfassungsgericht
DB	Der Betrieb (Zeitschrift)
DEÜV	Datenerfassungs- und – übermittlungsverordnung
DrittelbG	Drittelbeteiligungsgesetz
EFZG	Entgeltfortzahlungsgesetz
EGV	Vertrag zur Europäischen Gemeinschaft
EuGH	Europäischer Gerichtshof

EzA	Entscheidungssammlung zum Arbeitsrecht
GefStoffVO	Gefahrstoffverordnung
GewO	Gewerbeordnung
GG	Grundgesetz
GSG	Gerätesicherheitsgesetz
HAG	Heimarbeitsgesetz
HandwO	Handwerksordnung
HGB	Handelsgesetzbuch
ITRB	Der IT-Rechts-Berater (Zeitschrift)
JArbSchG	Jugendarbeitsschutzgesetz
JZ	Juristenzeitung (Zeitschrift)
KSchG	Kündigungsschutzgesetz
K&R	Kommunikation und Recht (Zeitschrift)
LAG	Landesarbeitsgericht
MDR	Monatsschrift für Deutsches Recht
MMR	MultiMedia und Recht (Zeitschrift)
MuSchG	Mutterschutzgesetz
m. w. N.	mit weiteren Nachweisen
NachwG	Nachweisgesetz
NJW	Neue Juristische Wochenschrift
NZA	Neue Zeitschrift für Arbeitsrecht
SchwarzArbG	Schwarzarbeitsbekämpfungsgesetz
SGB	Sozialgesetzbuch
SGG	Sozialgerichtsgesetz
SigG	Signaturgesetz
SprAuG	Sprecherausschussgesetz
StSG	Strahlenschutzgesetz
TVG	Tarifvertragsgesetz
TzBfG	Teilzeit- und Befristungsgesetz
VAG	Versicherungsaufsichtsgesetz
WO	Wahlordnung
WORM	write once read many
WuM	Wirtschaftsinformatik & Management (Zeitschrift)
ZPO	Zivilprozessordnung
ZRP	Zeitschrift für Rechtspolitik

Abbildungsverzeichnis

1.1 Thematische Einführung

Das Themengebiet des Personalrechts umfasst die Teilbereiche Arbeitsrecht, Lohn und Sozialversicherung. Es bildet den Rahmen und die Grundlage für die Personalarbeit in Unternehmen und Verwaltung. Das Arbeitsrecht als das umfassendste Teilgebiet des Personalrechts hat sich aus dem Gedanken des Arbeitnehmerschutzes (vgl. hierzu vertiefend auch: Schäfer 2013, S. 498) entwickelt. Weil der Arbeitgeber sich – außer in Zeiten der Vollbeschäftigung – in einer besseren Verhandlungsposition befindet als der Arbeitnehmer, hat der Staat durch öffentlich-rechtliche Vorgaben massiv in das Rechtsgebiet des Arbeitsrechts eingegriffen und versucht hierdurch die schwächere Position des Arbeitnehmers auszugleichen bzw. Benachteiligungen des Arbeitnehmers zu beseitigen. Das Arbeitsrecht kann grob in Individualarbeitsrecht und Kollektivarbeitsrecht unterteilt werden. Während sich das Individualarbeitsrecht insbesondere mit dem Abschluss von Arbeitsverträgen, Haftungsfragen und der Kündigung von Arbeitsverträgen befasst, beschäftigt sich das Kollektivarbeitsrecht mit Tarifverträgen, dem Betriebsrat, Streik und Aussperrung. Kurz gesagt: das Individualarbeitsrecht befasst sich mit den Rechtsbeziehungen zwischen dem einzelnen Arbeitnehmer und Arbeitgeber; das Kollektivarbeitsrecht befasst sich hingegen mit den Rechtsverhältnissen der im Arbeitsrecht relevanten Gruppierungen zueinander.

Eine explizit getroffene gesetzliche Regelung des Arbeitsvertrages wird man im „Bürgerlichen Gesetzbuch" vergeblich suchen. Der Arbeitsvertrag stellt eine besondere Form des Dienstvertrages dar und fällt deshalb unter die Regelungen des § 611 ff. BGB. Es fällt auf, dass der Gesetzgeber sich in einigen Teilbereichen des Personalrechts stark zurückgehalten hat, gesetzliche Regelungen aufzustellen. So ist beispielsweise das Arbeitskampfrecht nahezu vollständig auf Rechtsprechung zurückzuführen. Aber auch die gesetzlich normierten Teile des Personalrechts bedürfen oftmals gerichtlicher Ausgestaltung, da hier nicht selten unbestimmte Rechtsbegriffe wie z. B. „soziale Rechtfertigung" verwendet werden (vgl. Dütz 2006, Rn. 14).

© Springer Fachmedien Wiesbaden 2014

A. Wien, N. Franzke, *Personalrecht*, DOI 10.1007/978-3-658-02968-5_1

1.2   Rechtsquellen des Arbeitsrechts

Es existiert eine Rangfolge der im Arbeitsrecht anzuwendenden Rechtsquellen. Im Rahmen der Rechtsanwendung und insbesondere bei der Lösung arbeitsrechtlicher Fälle ist es unumgänglich, dass die Rangordnung der Rechtsquellen bekannt ist, damit nicht auf der Grundlage falscher Quellen entschieden wird oder gar Wertungsfehler auftreten, die in Einzelfällen sogar zu einer falschen Falllösung führen können. Die im Arbeitsrecht anzuwendenden Rechtsquellen sind – beginnend mit der ranghöchsten und wichtigsten Quelle – im Folgenden dargestellt (Abb. 1.1).

1.2.1   Europarecht/Verfassungsrecht

Früher war in der Bundesrepublik das Verfassungsrecht mit den Normen des Grundgesetzes das Maß aller Rechtssetzung. In den letzten Jahren hat allerdings das Europarecht auch im Rahmen des Arbeitsrechts stark an Bedeutung gewonnen (vgl. vertiefend: Sprink 2013, S. 1404), so dass es aus diesem Grund in der vorliegenden Darstellung neben dem Verfassungsrecht als mächtigste Rechtsquelle des Arbeitsrechts genannt wird. Das Europarecht kann in so genanntes primäres und sekundäres Gemeinschaftsrecht unterteilt werden. Unter primärem Gemeinschaftsrecht sind die Gründungsverträge zu verstehen, während die von den Organen der EG erlassenen Rechtsakte, wie z. B. Verordnungen und Richtlinien (zum sekundären Gemeinschaftsrecht vgl. z. B.: Kock et al. 2004, S. 285 ff.), als sekundäres Gemeinschaftsrecht bezeichnet werden (vgl. von Münch 2002, Rn. 831). Während Verordnungen in den europäischen Mitgliedsstaaten unmittelbar Wirksamkeit erlangen, benötigen die europäischen Richtlinien eine Umsetzung in nationales Recht. Gerade die europäischen Richtlinien haben in den letzten Jahren gravierenden Einfluss auf die gesetzliche Ausgestaltung des Arbeitsrechts genommen. Hinzu kommt, dass die Rechtsprechung des Europäischen Gerichtshofs (EuGH) ebenfalls erheblichen Einfluss auf die Auslegung arbeitsrechtlicher Normen nimmt.

Ein weiterer wesentlicher Faktor für die Gestaltung des Arbeitsrechts ist das Grundgesetz der Bundesrepublik Deutschland. Alle in der Bundesrepublik erlassenen Gesetze, untergesetzlichen Normen sowie das Handeln staatlicher Gewalt muss sich am Grundgesetz messen lassen und darf gegen dieses nicht verstoßen. Das Bundesverfassungsgericht (BVerfG) in Karlsruhe wacht als „Hüter der Verfassung" darüber, dass hoheitliche Maßnahmen der Exekutive, Judikative und Legislative nicht gegen das Grundgesetz verstoßen. Das BVerfG versteht sich als originärer Interpret der Verfassung. Das heißt, alles was das Bundesverfassungsgericht in seinen Entscheidungen festlegt hat Verfassungsrang.

Abb. 1.1 Anzuwendende Rechtsquellen im Arbeitsrecht

1.2.2   Zwingende Gesetzesvorschriften

Nicht alle Vorschriften in einfachen Gesetzen sind zwingend. Nicht zwingende Gesetzesvorschriften werden auch als „dispositives Recht" bezeichnet und können z. B. durch Regelungen in einem Arbeitsvertrag abgeändert werden.

Allerdings bestehen in unserem Rechtssystem auch zwingende Vorschriften, die nicht durch vertragliche Übereinkünfte ausgehebelt werden können. Zu derartigen Regelungen gehören im Personalrecht insbesondere die Arbeitnehmerschutzgesetze wie das Mutterschutzgesetz (MuSchG) und das Kündigungsschutzgesetz (KSchG).

Neben den dispositiven und den zwingenden Gesetzesvorschriften existiert noch eine dritte Art an Regelungsnormen, nämlich einige wenige zwingende Vorschriften, die ausnahmsweise durch Regelungen in Tarifverträgen abgeändert werden können. Hierzu gehört beispielsweise das Bundesurlaubsgesetz (BUrlG). Dieses sieht in § 13 Abs. 1 Satz 1 BUrlG vor, dass von den im Bundesurlaubsgesetz genannten Vorschriften mit Ausnahme den §§ 1 bis 3 Abs. 1 BUrlG durch Regelungen in Tarifverträgen abgewichen werden darf.

1.2.3   Rechtsverordnungen

Rechtsverordnungen stehen in ihrer Wertigkeit unter gesetzlichen Normen. Sie müssen auf der Grundlage eines Gesetzes erlassen werden, welches Inhalt, Zweck und Ausmaß der Regelung hinreichend bestimmt (vgl. Badura 2005, Rn. 25). Das Bestehen eines derartigen Ermächtigungsgesetzes ist bereits deshalb notwendig, weil Rechtsverordnungen in Deutschland nicht vom eigentlichen Gesetzgeber, nämlich den Parlamenten, sondern von der Exekutive erlassen werden. Damit die Gewaltenteilung zwischen Legislative, Exekutive und Judikative nicht entgegen den Regelungen des Grundgesetzes durchbrochen wird, sieht Art. 80 Abs. 1 Satz 2 GG vor, dass die Exekutive für eine Befugnis zur Rechtssetzung ein von der Legislative erlassenes Ermächtigungsgesetz bedarf, durch welches die Rechtssetzungsbefugnis an die Exekutive delegiert wird. Im Arbeitsrecht finden sich viele derartige Rechtsverordnungen.

1.2.4   Tarifverträge

Tarifverträge gehören zum so genannten Kollektivarbeitsrecht. Sie werden von den Tarifvertragsparteien, nämlich den Gewerkschaften und Arbeitgebern bzw. Arbeitgeberverbänden, ausgehandelt. Die Voraussetzungen, der Inhalt und die Rechtsfolgen von Tarifverträgen sind im Tarifvertragsgesetz (TVG) geregelt.

1.2.5   Betriebsvereinbarungen

Anders als ein Tarifvertrag, welcher zwischen den Tarifvertragsparteien abgeschlossen wird, handelt es sich bei Betriebsvereinbarungen um privatrechtliche Verträge zwischen Arbeitgebern und dem Betriebsrat.[1] In derartigen Verträgen werden in der Regel folgende Punkte geregelt (Abb. 1.2):
    Ähnlich wie Tarifverträge gelten Betriebsvereinbarungen gemäß § 77 Abs. 4 Satz 1 BetrVG grundsätzlich unmittelbar und zwingend (vgl. auch: Otto 2008, Rn. 157). Nach § 77 Abs. 2 BetrVG bedarf eine Betriebsvereinbarung gewöhnlich der Schriftform.

1.2.6   Individuelle Arbeitsverträge

Arbeitsverträge unterliegen der Vertragsfreiheit. Allerdings ist es im Arbeitsrecht erforderlich, den Arbeitnehmer als gewöhnlich in seiner Verhandlungsposition schwächen Vertragspartner zu schützen. Hierbei können in den Vertrag all diejenigen Inhalte aufgenommen werden, auf die sich die Parteien einigen. Allerdings dürfen diese Inhalte nicht gegen übergeordnete Regelungen verstoßen (vgl. Albert 2007, S. 250).

1.2.7   Dispositive Gesetzesvorschriften

Wie oben bereits dargestellt existieren neben den zwingenden Vorschriften auch dispositive – also veränderbare – Vorschriften. Diese Regelungen gestatten, dass man in Arbeitsverträgen von den gesetzlichen Regelungen abweichende Vereinbarungen treffen

---

[1] Vgl. zur Altersgrenze in Betriebsvereinbarungen: BAG-Urteil vom 05.03.2013, 1AZR 417/12, NJW-Spezial 2013, S. 532.

Abb. 1.2 Inhalt
Betriebsvereinbarung

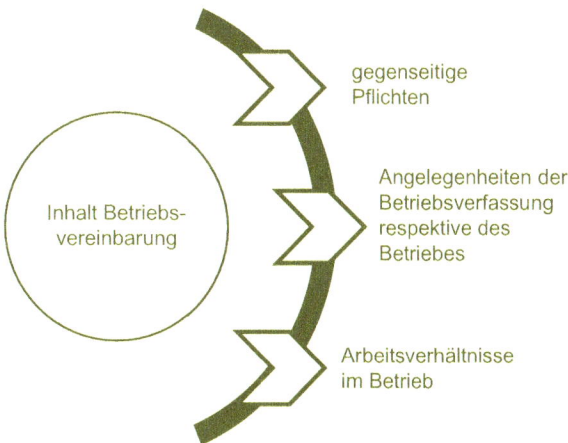

darf, ohne hierbei gegen Gesetze zu verstoßen. Im Arbeitsrecht ist allerdings zu berücksichtigen, dass der Zweck vieler arbeitsrechtlicher Vorschriften ist, den Arbeitnehmer zu schützen bzw. es ihm zu ermöglichen, berechtigte Forderungen gegenüber dem Arbeitgeber durchzusetzen. Aus diesem Grund sind viele arbeitsrechtlichen Regelungen nicht dispositiv sondern zwingendes – also nicht abänderbares – Recht.

1.2.8   Direktionsrecht

Eine gesetzliche Regelung des Direktionsrechts findet sich seit dem Jahre 2002 in § 106 GewO[2] in Verbindung mit § 6 Abs. 2 GewO. Der § 106 GewO lautet:

§ 106 GewO Weisungsrecht des Arbeitgebers
Der Arbeitgeber kann Inhalt, Ort und Zeit der Arbeitsleistung nach billigem Ermessen näher bestimmen, soweit diese Arbeitsleistungen nicht durch den Arbeitsvertrag, Bestimmungen einer Betriebsvereinbarung, eines anwendbaren Tarifvertrages oder gesetzliche Vorschriften festgelegt sind. Dies gilt auch hinsichtlich der Ordnung und des Verhaltens der Arbeitnehmer im Betrieb. Bei der Ausübung des Ermessens hat der Arbeitgeber auch auf Behinderungen des Arbeitnehmers Rücksicht zu nehmen.

Die Regelung des § 6 Abs. 2 GewO führt dazu, dass diese Vorschrift auf alle Arbeitnehmer anzuwenden ist.

1.3   Der Begriff des Arbeitnehmers

Um das Arbeitsrecht zu begreifen und die Frage zu beantworten, ob Arbeitsrecht auf einen Lebenssachverhalt überhaupt anwendbar ist, ist es erforderlich mit den Überlegungen bei dem Begriff „Arbeitnehmer" zu beginnen.

---

[2] Der § 106 GewO wurde durch Gesetz vom 24.08.2002, BGBl. I S. 3412 eingefügt.

1.3.1 Der Begriff des Arbeitnehmers

Menschen, die für andere institutionelle Einheiten aufgrund einer vertraglichen Basis arbeiten und für diese Arbeit eine Entlohnung erhalten, bezeichnet man als Arbeitnehmer. Das Wort „Arbeitnehmer" ist damit ein Oberbegriff für Arbeiter und Angestellte. Demzufolge sind Arbeitnehmer Personen, die aufgrund eines Arbeitsvertrages verpflichtet sind, ihre Arbeitskraft weisungsgebunden gegen eine Entlohnung in Form von Geldmitteln zur Verfügung zu stellen. Diese kurze Interpretation reicht jedoch nur bedingt aus, um das Wesen des Arbeitnehmers genau zu bestimmen. Man muss berücksichtigen, dass im Sinne des Arbeitsrechts nicht jeder, der im Rahmen eines Vertragsverhältnisses Arbeit für andere leistet und dafür Entgelt erhält, als Arbeitnehmer bezeichnet werden kann. So ist beispielsweise ein freier Mitarbeiter kein Arbeitnehmer, weil er mit seinem Vertragspartner zumeist lediglich einen Dienstvertrag nach § 611 BGB abgeschlossen hat, zu seinem Auftraggeber jedoch in keinem persönlichen Abhängigkeitsverhältnis steht. Das Merkmal der persönlichen Abhängigkeit bringt zum Ausdruck, dass jemand unselbständig handelt. Zur Abgrenzung zwischen selbständiger und unselbständiger Tätigkeit kann auch § 84 HGB herangezogen werden. Nach dieser Norm zählt zu einer selbständigen Tätigkeit, seine Arbeit im Wesentlichen frei gestalten und die Arbeitszeit selbst festlegen zu können. Darüber hinaus ist der Arbeitnehmer aber auch von einem Selbständigen abzugrenzen. Während der Arbeitnehmer weisungsgebunden handelt und vom Arbeitgeber sozial abhängig ist, kann ein Selbständiger sich gewöhnlich Zeit und Ort der Arbeitsleistung weitgehend selbst wählen und ist gewöhnlich im Rahmen der Ausführung seiner Tätigkeit nicht weisungsgebunden.

1.3.2 Abgrenzung zu anderen Begriffen

Des Weiteren ist der Arbeitnehmer auch von Richtern, Beamten und Soldaten abzugrenzen. Obwohl auch diese Personengruppen gewöhnlich eine fremdbestimmte Arbeitsleistung ausüben, zählen sie trotzdem nicht zum Kreis der Arbeitnehmer, weil sich diese Personen nicht in einem privatwirtschaftlichen, sondern in einem öffentlich-rechtlichen Dienstverhältnis befinden, für welches aus den Grundsätzen des Berufsbeamtentums andere Regelungen zur Anwendung kommen.

Auch Praktikanten fallen nicht unter den Arbeitnehmerbegriff. Hierbei ist zwischen klassischen Hochschulpraktika und sonstigen Praktika zu differenzieren. Weil ein im Rahmen der Hochschulausbildung vorgeschriebenes Praktikum in erster Linie der Ausbildung dient, wird ein Student, der im Rahmen seines Studiums ein von der Prüfungsordnung vorgeschriebenes Pflichtpraktikum absolviert, lediglich als jemand angesehen, der als Gast zu Ausbildungszwecken im Betrieb ist. Er wird unabhängig davon, ob er vollständig in Arbeitsschritte integriert ist und unabhängig davon, ob er dafür bezahlt wird, nicht als Arbeitnehmer angesehen und das klassische Arbeitsrecht ist nicht auf ihn anwendbar. Insofern ist es für den ausbildenden Betrieb sinnvoll und erforderlich die Rechte und Pflichten des Praktikanten umfassend in einem Praktikumsvertrag festzuhalten.

Anders verhält es sich hingegen mit Personen, die außerhalb eines von der Hochschule vorgegebenen Pflichtpraktikums ein Praktikum absolvieren. Möchte beispielsweise ein Student nach Abschluss seines von der Hochschule vorgeschriebenen Praktikums in den Semesterferien ein bezahltes Praktikum in einem Betrieb aufnehmen, so erbringt er Arbeitsleistung gegen Entgelt. Er ist in dieser Tätigkeit auch weisungsgebunden. Aus diesem Grunde wird er als Arbeitnehmer angesehen, auf den auch das Arbeitsrecht Anwendung findet.

1.3.3 Der Begriff des Arbeitgebers

Der Begriff des Arbeitgebers wird vom Arbeitnehmerbegriff abgeleitet. Als Arbeitgeber wird angesehen, wer mindestens einen Arbeitnehmer beschäftigt.[3] Bei einem Arbeitgeber kann es sich um eine natürliche oder um eine juristische Person handeln.

Unter juristischen Personen sind insbesondere die Kapitalgesellschaften wie GmbH und AG oder aber juristische Personen des öffentlichen Rechts, wie z. B. Bund Länder und Gemeinden, zu verstehen (vgl. Memento 2007, Rn. 1673).

1.4 Grundsätze

1.4.1 Ziel des Personal- und Arbeitsrechts

Sinn des Personal- und Arbeitsrechts ist es, Regelungen für typische Probleme festzulegen, damit Rechtsstreitigkeiten außergerichtlich oder im Rahmen eines Gerichtsverfahrens einer Lösung zugeführt werden können. Da in der Praxis gewöhnlich der Arbeitnehmer die schwächere Verhandlungsposition besitzt, trachtet das Arbeitsrecht danach, diese „strukturelle Unterlegenheit"[4] auszugleichen. Die in den Arbeitsgesetzen getroffenen Regelungen sind als so genannte Mindeststandards anzusehen. Da diese Vorschriften den Arbeitnehmern ein Mindestmaß an Schutz und Sicherheit bieten sollen, ist ein Abweichen von den in Arbeitsgesetzen getroffenen Regelungen zu Gunsten des Arbeitnehmers grundsätzlich zulässig.

---

[3] Vgl. BAG AP zu § 611 BGB „Hausmeister" Nr. 1; BAG vom 09.09.1982, 2 AZR 253/80, DB 1983, S. 1715.

[4] Vgl. BVerfG vom 07.02.1990, 1 BvR 26/84, BVerfGE 81, 242 ff.

1.4.2 Günstigkeitsprinzip

Im Personalrecht gilt das so genannte Günstigkeitsprinzip (vgl. hierzu vertiefend auch: Melms und Kentner 2014, S. 127 ff.). Nach diesem Prinzip ist zu Gunsten eines Arbeitnehmers eine Rechtsquelle bzw. Regelung auch dann anzuwenden, wenn sie in der Hierarchie der Normen niedriger einzustufen ist als eine andere Norm, sofern sie für den Arbeitnehmer eine günstigere Regelung enthält. Für das Verhältnis des Tarifvertrages zu anderen, im Rang nicht so hohe Regelungen enthält der § 4 Abs. 3 TVG sogar eine explizit gesetzliche Normierung. Das Günstigkeitsprinzip gilt aber auch bei der Konkurrenz anderer personalrechtlicher Normen. Zu beachten ist hier allerdings, dass der Maßstab zur Prüfung der Günstigkeit nicht unproblematisch ist; hierbei ist letztlich ein Gruppenvergleich und keinesfalls ein Einzel- oder ein Gesamtvergleich vorzunehmen (vgl. Dütz 2007, Rn. 547).

1.4.3 Betriebliche Übung

Der Begriff der betrieblichen Übung beschreibt, dass aus einem regelmäßigen schlüssigen Verhalten ein Rechtsbindungswille gefolgert werden kann (vgl. zum theoretischen Hintergrund auch: Schneider 2011, S. 2718 ff.). Wenn der Arbeitgeber einem Arbeitnehmer also eine Vergünstigung oder eine Leistung wiederholt zu Gute kommen lässt und der Arbeitnehmer daraus schließen kann, dass ihm dieses auf Dauer gewährt wird, so kann von einer betrieblichen Übung ausgegangen werden. Zahlt ein Arbeitgeber beispielsweise ohne vertragliche Verpflichtung seinem Arbeitnehmer mehrere Jahre hintereinander ohne Hinweis auf Freiwilligkeit bzw. Einmaligkeit ein Weihnachtsgeld[5], so kann der Mitarbeiter daraus schließen, dass der Arbeitgeber dieses auch künftig tun möchte. Der Arbeitgeber wird es dann schwer haben, in zukünftigen Jahren die Zahlung zu verweigern; denn aufgrund der betrieblichen Übung hat der Arbeitnehmer nunmehr einen Anspruch auf künftige Weiterzahlung. Von einer betriebliche Übung wird bei Sonderzahlungen an Arbeitnehmer dann ausgegangen, wenn sie dreimal an die Arbeitnehmer ausgezahlt worden sind, ohne dass seitens des Arbeitgebers auf die Freiwilligkeit dieser Leistung hingewiesen worden ist. Zwar bietet es sich in der Praxis an, diese Freiwilligkeit – und die Tatsache, dass sich die Mitarbeiter nicht darauf verlassen können, dass die Zahlung im nächsten Jahr ebenfalls erfolge – explizit bekanntzugeben, doch kann der Vorbehalt auch aus einer Betrachtung der Zahlungsumstände ersichtlich sein.[6] Dies ist beispielsweise dann gegeben, wenn ein Arbeitgeber das Weihnachtsgeld zwar drei Jahre in Folge bezahlt – dieses jedoch nach seinem freien Ermessen und jedes Jahr in stark unterschiedlicher Höhe. Aus einem derartigen

---

[5] Zur anteiligen Zahlung von Weihnachtsgeld vgl.: BAG, Urt. vom 10.12.2008, 10 AZR 15/08, NJW-Spezial, Heft 7, 2009, S. 212.

[6] Vgl. zum Vorbehalt durch Bezugnahme im Arbeitsvertrag BAG-Urteil vom 08.12.2010, 10 AZR 671/09, DB 2011, S. 1279 ff.

Verhalten kann der Arbeitnehmer nicht schließen, dass der Arbeitgeber sich zu der Zahlung eines Weihnachtsgeldes in einer bestimmten Höhe jährlich verpflichten wolle. Selbst neuen Mitarbeitern ist es möglich, sich dem Arbeitgeber gegenüber auf die Grundsätze der betrieblichen Übung zu berufen. Denn es kommt nicht darauf an, dass der Arbeitgeber genau diesem neuen Mitarbeiter gegenüber dreimal in Folge eine Sonderzahlung hat zukommen lassen. Vielmehr genügt es, wenn ein Arbeitgeber den ohne Freiwilligkeitsvorbehalt ausgesprochenen Vorteil den Mitarbeitern des Betriebes dreimal in Folge gezahlt hat.

Das Bundesarbeitsgericht hat seine bisherige Rechtsprechung, nach der man eine betriebliche Übung durch eine andere betriebliche Übung abändern konnte, im Jahre 2010 aufgegeben.[7] Es ist seit dieser Rechtsprechungsänderung beispielsweise nicht mehr möglich, einen für den Arbeitnehmer durch betriebliche Übung entstandenen Anspruch auf Weihnachtsgeld dadurch zu beseitigen, dass man ihm die Leistung nicht mehr erbringt und der Arbeitnehmer bei dreimaliger widerspruchsloser Hinnahme dieses Vorgehens in eine Änderung der betrieblichen Übung eingewilligt hätte. Die Rechtsprechungsänderung des Bundesarbeitsgerichts hat also dazu geführt, dass eine gegenläufige betriebliche Übung nicht mehr zum Wegfall von bereits bestehenden betrieblichen Übungen führen kann.[8] Um eine betriebliche Übung zu beenden, kann der Arbeitgeber allerdings mit jedem einzelnen Arbeitnehmer eine Einigung erzielen oder die Beendigung durch Kündigung bzw. Änderungskündigung herbeiführen.

Der Grundsatz der betrieblichen Übung bzw. der damit verbundene Rechtsanspruch kann als Ergänzung der oben genannten Rechtsquellen des Personalrechts neben dem Arbeitsvertrag gesehen werden (so z. B. Lipperheide 2005, S. 44).

Literatur

Albert G (2007) Betriebliche Personalwirtschaft. Ludwigshafen
Badura P (2005) Wirtschaftsverfassung und Wirtschaftsverwaltung. Tübingen
Dütz W (2007) Arbeitsrecht. München
Kock KU, Stüwe R, Wolffgang HM, Zimmermann H (2004) Öffentliches Recht und Europarecht. Herne, Berlin
Lipperheide PJ (2005) Arbeitsrecht. Stuttgart
Melms C, Kentner K (2014) Die Modifikation des Günstigkeitsprinzips. NZA 127–133
Memento Rechtshandbuch (2007) Personalrecht für die Praxis. Memento Verlag AG Rudolf Haufe Verlag, Freiburg
von Münch I (2002) Staatsrecht II. Stuttgart
Otto H (2008) Arbeitsrecht. Berlin
Schäfe J (2013) Arbeitnehmerschutz bei Hitze. NJW-Spezial 16:498–499
Schneider A (2011) Betriebliche Übung: Vertragstheorie oder Fiktion von Willenserklärungen? Der Betrieb 48:2718–2722
Sprink M (2013) „Das Arbeitsrecht im europarechtlichen Kontext" – 13. NZA Jahrestagung. NZA 1404–1407

---

[7] Vgl. BAG-Urteil vom 08.12.2010, 10 AZR 671/09.

[8] Vgl. BAG-Urteil vom 08.12.2010, 10 AZR 671/09.

Schon im Vorfeld des Abschlusses eines Arbeitsvertrages hat der Arbeitgeber wesentliche rechtliche Aspekte zu beachten. Insbesondere bei der Stellenausschreibung und beim Bewerbungsgespräch ist Vorsicht geboten, damit die Bewerber sich nicht diskriminiert fühlen bzw. um sich vor Klagen abzusichern. So muss beispielsweise schon im Rahmen der Stellenausschreibung[1] und im Bewerbungsgespräch[2] darauf geachtet werden, dass im Ausschreibungstext sowohl die weibliche als auch die männliche Form verwendet wird. Grundlage hierfür ist das Allgemeine Gleichbehandlungsgesetz (AGG), welches im Folgenden näher dargestellt wird.

2.1 Das Allgemeine Gleichbehandlungsgesetz

Das Allgemeine Gleichbehandlungsgesetz (AGG), welches bisweilen auch als „Antidiskriminierungsgesetz" bezeichnet wird (vgl. zur grundlegenden Übersicht z. B. Worzalla 2006; Willemsen und Schweibert 2006, S. 2583; Wisskirchen 2006, S. 1491 ff.; Richardi 2006, S. 881 ff; Annuß 2006, S. 1629 ff.; Bauer et al. 2006, S. 774 ff.), trat am 18. August 2006 in Kraft.[3] Sein Ziel (vgl. zu den Zielen: Adomeit und Mohr 2009, S. 183 ff.) wird in § 1 AGG deutlich zum Ausdruck gebracht. Es ist die Verhinderung oder Beseitigung von Benachteiligungen in den Bereichen Arbeit und Beruf sowie im privaten Wirtschaftsverkehr aus Gründen der Rasse, der ethnischen Herkunft, des Geschlechts, der Religion, der

---

[1] Vgl. zu diskriminierenden Ausschreibungen z. B. Grobys 2006, S. 898 ff. (S. 902).

[2] Vgl. zur Diskriminierung im Rahmen von Personalfragebögen und Bewerbungsgesprächen: Boemke und Danko 2007, § 10 Rn. 24 ff.

[3] Vgl. BGBl. I 2006, S. 1897 ff.

© Springer Fachmedien Wiesbaden 2014   11
A. Wien, N. Franzke, *Personalrecht*, DOI 10.1007/978-3-658-02968-5_2

Weltanschauung, einer Behinderung, des Alters oder der sexuellen Identität.[4] Arbeitgeber, die Arbeitnehmer beschäftigen oder einstellen möchten, müssen also nunmehr beachten, dass jedwede mittelbare oder unmittelbare Benachteiligung zu rechtlichen Konsequenzen führen kann.[5] Denn der Arbeitnehmer hat nunmehr bei Verstößen gegen das AGG die Möglichkeit gegen den Arbeitgeber Ansprüche auf Unterlassung, Entschädigung (vgl. hierzu auch: Walker 2009, S. 5 ff.; Heyn und Meinel 2009, S. 20 ff.) und Schmerzensgeld durchzusetzen (vgl. Bauer und Evers 2006, S. 893 ff.).

Ein Entschädigungsanspruch im Sinne des § 15 Abs. 2 AGG setzt voraus, dass der Arbeitgeber gegen das sich aus § 7 Abs. 1 AGG in Verbindung mit § 1 AGG ergebende Benachteiligungsverbot verstößt. Dementsprechend ist hierfür also eine Benachteiligung aus Gründen der Rasse erforderlich oder wegen der ethnischen Herkunft, des Geschlechts, der Religion oder Weltanschauung, einer Behinderung, des Alters oder der sexuellen Identität. Im Jahre 2008 musste sich das Arbeitsgericht Köln mit der Klage eines knapp 51 Jahre alten Diplom-Betriebswirtes befassen, der sich auf eine Stellenanzeige als „Projektleiter/ in Logistik" bewarb und nach einer Absage des Unternehmens auf eine Entschädigung von mindestens 13.500 € wegen Altersdiskriminierung klagte. Mit Urteil vom 08.08.2008 stellte das Arbeitsgericht Köln hierzu fest, dass ihm „nicht allein deshalb eine Entschädigung nach § 15 Abs. 2 AGG wegen angeblicher Altersdiskriminierung"[6] zustünde, weil er nicht zum Vorstellungsgespräch eingeladen wurde, obwohl er sich für den bestgeeigneten Bewerber hielt. Denn bei einer unterbliebenen Einladung kann es sich nicht um ein Indiz im Sinne des § 22 AGG handeln, welches auf eine Benachteiligung wegen des Alters schließen ließe. Das Gericht stellte klar, dass die Entscheidung eines Arbeitgebers, welchen Bewerber er zu einem Vorstellungsgespräch einladen möchte, nicht davon abhängt, ob die in der Ausschreibung des Stelle genannten Qualifikationen vom Bewerber erbracht werden. Vielmehr kommt es auch darauf an, welche Anzahl an geeigneten Bewerbern vorhanden ist, über welche Ausbildung oder zusätzliche Qualifikationen diese verfügen und es kommt darauf an, wie der Arbeitgeber die Qualifikationen anhand der ihm vorliegenden Unterlagen einstuft.[7] Die gesamten genannten Aspekte haben für sich gesehen nichts mit den in § 1 AGG genannten Tatbestandsmerkmalen zu tun.[8] Diese Entscheidung zeigt deutlich, dass Arbeitgeber nicht unbegründet Angst haben müssen, von abgelehnten Bewerbern grundlos nach dem AGG verklagt zu werden. Doch sollte Arbeitgebern bewusst sein, dass die Gefahr besteht einen derartigen Rechtsstreit zu verlieren, wenn nicht heutzutage akribisch darauf geachtet wird, die Auswahlverfahren und die Bewerberlage

---

[4] Vgl. zur Entstehungsgeschichte des Gesetzes: Boemke und Danko 2007, § 1 Rn. 7 ff.; zur aktuellen Rechtsprechung vgl. auch: Bissels und Lützeler (Teil 1) 2009a, S. 774 ff.; Bissels und Lützeler 2009b (Teil 2), S. 833 ff.

[5] Vgl. zum Schadensersatz und Schmerzensgeld wegen Bezeichnung als „AGG-Hopper" auch: OLG Stuttgart vom 11.04.2013, 2 U 111/12, NZA 2014, S. 153.

[6] ArbG Köln, Urteil vom 08.08.2008, 1 Ca 2076/08, DB 2008, S. 2708.

[7] Vgl. ArbG Köln, Urteil vom 08.08.2008, 1 Ca 2076/08, DB 2008, S. 2709.

[8] Vgl. hierzu auch LAG Hamburg vom 09.11.2007, 3 Sa 102/07.

genau zu dokumentieren. Denn im Falle eines Gerichtsverfahrens müssen derartige Fakten vorgelegt werden können.

2.1.1   Die Diskriminierungsmerkmale (Abb. 2.1)

2.1.1.1   Rasse

Der in § 1 AGG genannte Begriff „Rasse" verbietet Diskriminierungen aufgrund äußerlicher Merkmale eines Menschen, wie etwa die Hautfarbe oder anderer bestimmter, vererblicher, körperlicher Merkmale.

2.1.1.2   Ethnische Herkunft

Unter dem Begriff „ethnische Herkunft" versteht man eine Gruppe von Personen, welche derselben Sprachgruppe, Kultur und Religion angehören oder auf Grund von Gebräuchen, Herkunft oder Erscheinung als einheitlich wahrgenommene „abgegrenzte" Gruppe von Menschen beschrieben werden (vgl. Boemke und Danko 2007, S. 7; Rühl und Hoffmann 2008, S. 23). Bestehende Vorbehalte können aber nicht nur gegenüber Ausländern bestehen, sondern sie können auch Regionen innerhalb von Deutschland betreffen. Das heißt, Menschen dürfen auch nicht benachteiligt werden, weil sie aus bestimmten Gebieten innerhalb von Deutschland kommen (z. B. Bayern, Sachsen etc.).

2.1.1.3   Geschlecht

Das Benachteiligungsmerkmal „Geschlecht" soll Frauen und Männer, sowie intersexuelle Personen wie „Hermaphroditen", d. h. zweigeschlechtliche Menschen, schützen (vgl. Boemke und Danko 2007, S. 9).

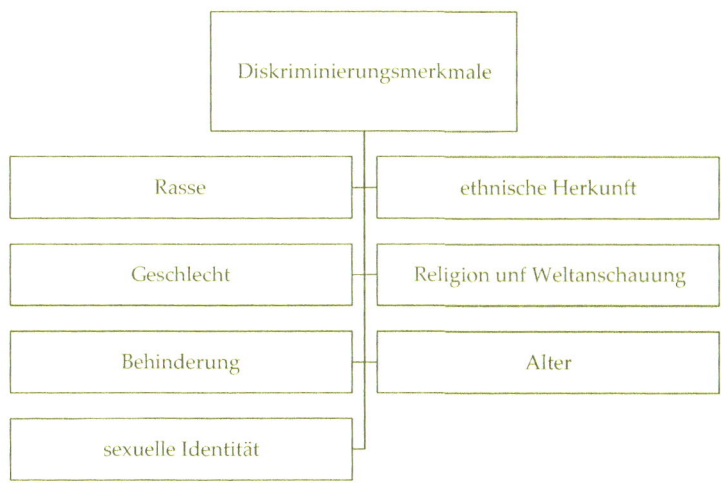

Abb. 2.1 Diskriminierungsmerkmale

2.1.1.4   Religion und Weltanschauung

Die Gesetzesbegründung geht davon aus, dass sich die Bedeutung des Begriffs „Religion"
ohne besondere Erläuterungen erschließt und enthält keine Ausführungen (vgl. Rühl und
Hoffmann 2008, S. 26). Das Grundgesetz bestimmt in Art. 3 Abs. 3 GG, dass „niemand
wegen seiner religiösen oder politischen Anschauung benachteiligt oder bevorzugt werden
darf".[9] Zu den Religionen im Sinne des § 1 AGG gehören die anerkannten Weltreligio-
nen wie beispielsweise das Christentum, das Judentum, der Islam und der Hinduismus.
Schwierigkeiten könnten sich bei der Beantwortung der Frage ergeben, ob die Organisation Scientology Religionscharakter besitzt. Dieses wurde bislang vom Bundesarbeitsgericht verneint (vgl. Steinkühler 2007, S. 20). Auch für den Begriff der „Weltanschauung"
gibt es keine Ausführungen in der Gesetzesbegründung. „Unter Religion oder Weltanschauung ist eine mit der Person des Menschen verbundene Gewissheit über bestimmte
Aussagen zum Weltganzen sowie zur Herkunft und zum Ziel des menschlichen Lebens zu
verstehen" (Boemke und Danko 2007, S. 12).

2.1.1.5   Behinderung

Der Begriff der „Behinderung" lässt sich am besten durch § 2 Abs. 1 SGB IX erklären.
Danach sind Menschen behindert, wenn ihre körperliche Funktion, geistige Fähigkeit oder
seelische Gesundheit mit hoher Wahrscheinlichkeit länger als sechs Monate von dem für
das Lebensalter typischen Zustand abweichen und daher ihre Teilhabe am Leben in der
Gesellschaft beeinträchtigt ist (vgl. Boemke und Danko 2007, S. 13). Der Betroffene muss
nicht notwendigerweise auch als Schwerbehinderter nach dem SGB IX anerkannt sein.
Die Behinderung darf für sich alleine gesehen kein Ablehnungsgrund im Rahmen von
Einstellungsverfahren oder Beförderungen sein. Dabei ist zu beachten, dass eine „normale" Krankheit noch nicht ausreicht, den Grund „Behinderung" des § 1 AGG auszufüllen
und damit die Schutzmechanismen des AGG auszulösen (vgl. Rühl und Hoffmann 2008,
S. 28).

2.1.1.6   Alter

Mit dem Begriff des Alters wird auf das biologische Alter abgestellt. Der Begriff umfasst
dabei jedes Alter. Die Benachteiligung wegen niedrigen Alters ist also ebenso untersagt
wie diejenige des zu hohen Alters.

2.1.1.7   Sexuelle Identität

Hinsichtlich des Begriffs „sexueller Identität" verweist die Gesetzesbegründung auf die
Umsetzung der Richtlinie 2000/78/EG in § 75 BetrVG. Unter den Begriff fallen hier-
nach insbesondere homosexuelle, bisexuelle und transsexuelle, aber auch heterosexuelle
Männer und Frauen. Geschützt werden also umfassend die sexuelle Veranlagung und die

---

[9] Vgl. zur Benachteiligung wegen der Weltanschauung auch: BAG-Urteil vom 20.06.2013, 8 AZR
482/12, NJW-Spezial 2013, S. 756.

Selbstbestimmung im Bereich der Sexualität (vgl. Boemke und Danko 2007, S. 17; Steinkühler 2007, S. 25).

2.1.2   Pflichten des Arbeitgebers

Der Arbeitgeber ist verpflichtet, alles Erforderliche zu tun, um Beschäftigte vor Benachteiligungen wegen eines Diskriminierungsmerkmals zu schützen. Gemeint sind vor allen
Dingen vorbeugende Maßnahmen. Besonders wichtig ist dabei die Schulung der Mitarbeiter. Wurden die Beschäftigten über die Verhinderung von Benachteiligungen im Sinne des
AGG in geeigneter Weise geschult, so hat der Arbeitgeber seine allgemeinen Pflichten
zum Schutz vor Benachteiligung der Arbeitnehmer erfüllt. Darüber hinaus besteht für den
Arbeitgeber als so genannte Organisationspflicht nach § 13 AGG die Errichtung einer Beschwerdestelle im Betrieb.

Vorgeschrieben ist nach § 61b ArbGG die Bekanntmachung des Gesetzestextes sowie
nach § 12 Abs. 5 AGG auch die Bekanntmachung der Beschwerdestelle durch Aushang,
Auslegen oder durch den Einsatz anderer im Betrieb üblicher Kommunikationsmittel, wie
z. B. dem Intranet. Bei Benachteiligungen durch andere Beschäftigte oder durch Dritte
müssen nach § 12 Abs. 3 und 4 AGG die im Einzelfall geeigneten, erforderlichen und angemessenen Maßnahmen ergriffen werden.

Zu diesen Maßnahmen zählen: Abmahnung, Umsetzung, Versetzung[10] und Kündigung.

2.1.3   Antidiskriminierungsverbände und Antidiskriminierungsstelle

Der § 23 AGG regelt erstmals die besondere Stellung so genannter Antidiskriminierungsverbände (vgl. Steinkühler 2007, S. 54). Ziel ist die Unterstützung von benachteiligten Personen durch diese Verbände. Ein Antidiskriminierungsverband im Sinne von § 23 Abs. 1
Satz 1 GG ist ein Personenzusammenschluss, welcher nicht gewerbsmäßig und nicht nur
vorübergehend die Interessen von Benachteiligten wahrnimmt (vgl. Rühl und Hoffmann
2008, S. 147). Gewöhnlich werden Antidiskriminierungsverbände in der Rechtsform des
eingetragenen Vereins aktiv (vgl. Steinkühler 2007, S. 54). In arbeitsgerichtlichen Verfahren dürfen die Verbände in der ersten Instanz als Bevollmächtigte auftreten. Die Verbände
dürfen Benachteiligten vor und in einem Gerichtsverfahren beratend zur Seite stehen und
ihnen Hilfe bei der Vorbereitung von Klagen und Schriftsätzen leisten, ohne dass es des
Auftretens als Prozessbevollmächtigte bedarf (vgl. Steinkühler 2007, S. 55).

---

[10] Die Bestimmung eines Ortes im Arbeitsvertrag schließt eine spätere Änderung des Arbeitsorts
kraft Direktionsrechts nicht aus; vgl. BAG-Urteil vom 28.08.2013, 10 AZR 569/12, NJW-Spezial
2014, S. 19 f.

Zusätzlichen Schutz können Betroffene auch bei einer so genannten Antidiskriminierungsstelle erhalten. Europarechtlich ist vorgeschrieben, dass Deutschland eine Antidiskriminierungsstelle schaffen muss, welche für alle im AGG genannten Diskriminierungsmerkmale zuständig ist. Diese Stelle hat ihren Sitz beim Bundesministerium für Familie,
Senioren, Frauen und Jugend. Sie ist für folgende Aufgaben zuständig: Unterstützung von
Benachteiligten bei der Durchsetzung ihrer Rechte durch Information, Beratung, Vermittlung und Mediation, Durchführung wissenschaftlicher Untersuchungen, regelmäßige Vorlage von Berichten an den Bundestag, Empfehlungen zur Beseitigung und Vermeidung
von Diskriminierungen sowie Öffentlichkeitsarbeit und Sensibilisierungsmaßnahmen
(Steinkühler 2007, S. 56). Die Öffentlichkeitsarbeit dient insbesondere dazu, sich als An-
laufpunkt für Betroffene bekannt zu machen. Die Antidiskriminierungsstelle arbeitet mit
den Bundesländern und Nichtregierungsorganisationen sowie den örtlichen Beratungs-
stellen zusammen.

2.1.4 Verfahrensrechtliches zum AGG

Normalerweise müsste der Arbeitnehmer, welcher sich auf eine Benachteiligung beruft,
auch den Beweis für eine Benachteiligung antreten. Doch sieht das „Allgemeine Gleichbehandlungsgesetz" hier eine Beweislastumkehr zu Gunsten des klagenden Arbeitnehmers
vor. So ist es für ihn ausreichend, dass er Indizien beweist, welche die von ihm behauptete
Benachteiligung vermuten lassen. Tut er dies, so wird vermutet, dass eine Benachteiligung
vorliegt und der Arbeitgeber bzw. der Unternehmer muss beweisen dass keine Diskriminierung vorliegt. Die Ansprüche des Verletzten müssen innerhalb einer Frist von zwei
Monaten geltend gemacht werden. Lediglich bei einer schuldlosen Verhinderung ist ein
Überschreiten dieser Frist möglich.

Insbesondere nach der Einführung des AGG birgt jedwedes Einstellungsverfahren für
den Arbeitgeber eine große Gefahr nach dem AGG in Anspruch genommen zu werden.[11]
Bereits kleine Fehler im Rahmen des Einstellungsverfahrens können dazu führen, dass
ein Unternehmen sich Schadensersatzansprüchen ausgesetzt sieht. So sollte bereits bei
der Stellenausschreibung darauf geachtet werden, nicht gegen die Vorgaben des AGG zu
verstoßen. Sollte ein Arbeitgeber im Nachhinein bemerken, dass seine Stellenausschreibung fehlerhaft ist, so ist ihm anzuraten den Bewerbern mitzuteilen, dass das Einstellungsverfahren nicht mehr fortgeführt wird. Durch diesen Trick kann er sich Entschädi-
gungsansprüchen entziehen. Denn ein Schadensersatzanspruch kann nicht durchgesetzt
werden, soweit die ausgeschriebene Stelle nicht besetzt wird (Wisskirchen und Bissels
2007, S. 169 ff. (S. 170 f.); Kania und Merten 2007, S. 8 ff. (S. 13); a. A. Thüsing 2007,
Rn. 531).[12] Es bleibt dem Unternehmen unbenommen, dieselbe Stelle später AGG-kon-
form erneut auszuschreiben.

---

[11] Vgl. zum Auskunftsanspruch bei abgelehnter Bewerbung: BAG-Urteil vom 25.04.2013, 8 AZR
287/08, NJW-Spezial 2013, S. 594 f.
[12] Vgl. außerdem: LAG Düsseldorf, NZA-RR 2002, S. 345.

2.2 Neutrale Stellenausschreibung

Beispiel

Der Unternehmer U betreibt eine Druckerei. Er lässt folgende Stellenanzeige in die Zeitung setzen: „Wir sind ein mittelständisches Unternehmen mit 25 Mitarbeitern. Ein verdienter Drucker wird im Oktober 2009 in den Ruhestand treten. Für ihn suchen wir einen Nachfolger als Offsetdrucker. Er sollte eine abgeschlossene Ausbildung als Drucker haben. Es besteht die Möglichkeit der Weiter- und Ausbildung…". Nachdem die Stellenanzeige in der Regionalzeitung erschienen ist kommen U Zweifel, ob er die Anzeige korrekt formuliert hat.

Nach § 11 AGG ist der Arbeitgeber verpflichtet, Arbeitsplätze intern und extern neutral auszuschreiben (vgl. Steinkühler 2007, S. 59). Dies gilt auch bei Ausschreibungen im Bereich der beruflichen Aus- und Weiterbildung. Der Arbeitgeber muss sicherstellen, dass Stellenausschreibungen nicht nur geschlechtsneutral formuliert sind, sondern auch keine Benachteiligung aus anderen Gründen enthalten. Es wird empfohlen, auf die Anforderung von Fotos, Alters- und Geburtsortsangabe zu verzichten (IHK Berlin o. J., S. 7). Als Faustformel sollte daher gelten, dass sich Stellenausschreibungen nur noch auf die Tätigkeit selbst beziehen und nur Anforderungen auflisten dürfen, die für den ausgeschriebenen Arbeitsplatz je nach Stellenprofil wirklich erforderlich sind. Zu einer AGG-konformen Ausschreibung gehört insbesondere, dass die Stelle geschlechtsneutral bzw. mit dem Zusatz „m/w" oder einem angehängten „/in" ausgeschrieben wird. Auf eine neutrale Bezeichnung muss unbedingt auch in der nachfolgenden Arbeitsplatzbeschreibung geachtet werden.

Die im obigen Beispielsfall abgedruckte Stellenanzeige des Druckereiunternehmers U ist deshalb grob fehlerhaft. Sie ist nicht geschlechtsneutral formuliert. Um die Zahl der Bewerber von vornherein zu reduzieren, sollte eine freie Stelle zumindest extern nur sehr selektiv ausgeschrieben werden. Insbesondere sollten hierbei nur Medien genutzt werden, die tatsächlich geeignet sind, die gewünschten Kandidaten anzusprechen (vgl. Steinkühler 2007, S. 60).

2.3 Auswahl und Bewerbungsgespräch

Unter den Bewerbern sollte anhand von, im Vorfeld aufgestellten und schriftlich dokumentierten Kriterien, eine Vorauswahl getroffen werden. Solche Kriterien können z. B. die vollständige Einsendung der Bewerbungsunterlagen, die Fehlerfreiheit der Bewerbungsunterlagen sowie der Nachweis qualitativer Anforderungen je nach Stellenprofil sein. Das Fragerecht des Arbeitgebers im Bewerbungsgespräch unterlag bereits vor Inkrafttreten des AGG zahlreichen Einschränkungen (vgl. Rühl und Hoffmann 2008, S. 153). Diese gelten nach wie vor und werden durch das AGG sogar weiter ausgedehnt. Kritisch und in

der Regel unzulässig sind folgende Fragen: Familienstand, Familienplanung, Religionszugehörigkeit, Behinderungen, Schwangerschaft, sowie Wehr- und Ersatzdienst (vgl. Rühl
und Hoffmann 2008, S. 153).

Die Auswahl der Bewerber sollte in allen Stadien des Bewerbungsverfahrens begründet und lückenlos dokumentiert werden. Nur so kann der Arbeitgeber im Streitfall erfolg-
reich darlegen und beweisen, dass er die Bewerberauslese benachteiligungsfrei durchgeführt hat (vgl. Rühl und Hoffmann 2008, S. 153). Für die Praxis ist es hilfreich, einen
standardisierten Bewertungsbogen zu erstellen. Hierin sollten sowohl objektive als auch
subjektive Auswahlkriterien aufgeführt werden. Von Vorteil für die Beweislage wäre es
für den Arbeitgeber, wenn das Bewerbungsgespräch von zwei Personen des Unternehmens geführt wird.

2.3.1 Das Bewerbungsgespräch

Im Rahmen des Bewerbungsgespräches gibt es drei Kategorien von Aspekten: Themen
mit Offenbarungspflicht, zulässige Fragen und unzulässige Fragen.

Beispiel

A ist als angestellter Anwalt aus einer großen Münchner Anwaltskanzlei ausgeschie-
den. Gegen eine angemessene finanzielle Abfindung hat er sich verpflichtet, innerhalb
des nächsten Jahres nicht als Anwalt in München zu arbeiten. Er bewirbt sich nun in
Hamburg bei einer Kanzlei und fragt sich, ob er seinen potentiellen neuen Arbeitgeber
von dem Wettbewerbsverbot in Kenntnis setzen muss.

Bei den Themen mit Offenbarungspflicht muss der Bewerber um die Arbeitsstelle bestimmte Aspekte von sich aus ansprechen. Zu diesen Aspekten gehören: Krankheiten,
welche die Arbeitsleistung erheblich einschränken oder sogar aufheben, bestehende Wettbewerbsverbote, noch ausstehende Haftstrafen (Abb. 2.2).

Diese Themengebiete haben alle gemeinsam, dass bei Vorliegen dieser Aspekte die
Arbeitserbringung ausgeschlossen oder erheblich eingeschränkt ist. Im obigen Beispielsfall muss der Anwalt A seinen potentiellen neuen Arbeitgeber von sich aus auf das bestehende Wettbewerbsverbot aufmerksam machen.

Eine zweite Kategorie bilden die erlaubten Fragen. Hierzu gehören Fragen des zukünftigen Arbeitgebers nach dem beruflichen Werdegang des Bewerbers. Hierbei darf der
Arbeitgeber sich beispielsweise über Zeugnisse, Prüfungen und den Wehrdienst erkundi-
gen. Die bisherige Vergütungshöhe darf vom Arbeitgeber erfragt werden, wenn der Bewerber eine bestimmte Vergütung verlangt, oder dies Rückschlüsse auf die Eignung des
Bewerbers für eine bestimmte Position zulässt. Insofern sollte der Bewerber bereits vor
dem Vorstellungsgespräch in seinem alten Arbeitsvertrag überprüft haben, ob dieser eine
Verschwiegenheitsklausel enthält. Sollte dieses der Fall sein, so ist es ihm von Seiten des

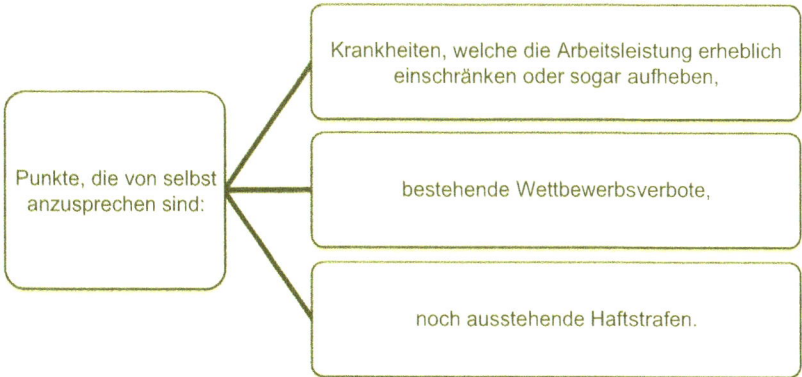

Abb. 2.2 Themen mit Offenbarungspflicht

vorherigen Arbeitgebers untersagt, Angaben über die bisherige Vergütungshöhe zu machen. Die Pflicht zur Abgabe wahrheitsgemäßer Antworten im Rahmen des Bewerbungsgesprächs wird durch den Bewerber nicht verletzt, wenn er im Bewerbungsgespräch als
Antwort lediglich auf die Verschwiegenheitsklausel verweist. Eine Frage über die eigenen
Vermögensverhältnisse ist grundsätzlich nur dann zulässig, wenn es sich um eine leitende
Anstellung handelt, die gegebenenfalls auch mit der Verfügungsgewalt über Vermögen
verbunden ist. Durch die Frage möchte der Arbeitgeber sicherstellen, dass die Vermögensverhältnisse des Arbeitnehmers geordnet sind.

Die dritte Kategorie an Fragen sind die nicht erlaubten Fragen. Hierzu zählen alle Fragen nach Themen, die zum Privatbereich gehören und nichts mit dem Arbeitsplatz zu
tun haben. Dies umfasst unter anderem Fragen nach folgenden Punkten: Kinderwunsch,
Schwangerschaft, bevorstehende Heirat.

Verboten sind grundsätzlich auch Fragen nach einer Gewerkschafts-, Partei- oder Religionszugehörigkeit. Eine Ausnahme besteht aber für so genannte Tendenzbetriebe[13] wie
Kirchen, Parteien oder Gewerkschaften. Ihnen ist ausnahmsweise gestattet, die ihren Tätigkeitsbereich betreffenden verbotenen Fragen zu stellen (Abb. 2.3).

Beispiel

Die CDU hat für ihre Parteizentrale in Berlin eine Stelle für Öffentlichkeitsarbeit ausgeschrieben. Die Bewerberin B ist Parteimitglied bei der Linkspartei und bewirbt sich
um diese Stelle, weil sie an Öffentlichkeitsarbeit besonders den Umgang mit Menschen
schätzt. Im Rahmen des Bewerbungsgesprächs wird sie nach ihrer Parteizugehörigkeit
gefragt. Aus Angst, die Stelle nicht zu bekommen, wenn sie zugibt, Parteimitglied der
Linken zu sein, sagt B, sie sei parteilos.

---

[13] Zur Frage der Einordnung von Kindertageseinrichtungen als Tendenzbetrieb vgl.: Stölzel 2009,
S. 239 ff.

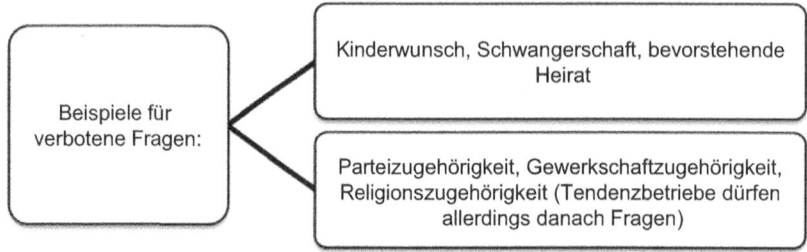

Abb. 2.3 Verbotene Fragen

Anders als für gewöhnliche Arbeitgeber, spielt es für die Tendenzbetriebe „Kirchen", „Parteien" und „Gewerkschaften" eine große Rolle, ob der Bewerber ihre Weltanschauung bzw. Lebensauffassung teilt. Hier gestattet die Rechtsprechung ausnahmsweise die verbotenen Fragen. So darf die Kirche nach Religionszugehörigkeit, eine Gewerkschaft nach Gewerkschaftszugehörigkeit und eine Partei nach der Parteizugehörigkeit des Bewerbers fragen. Andere verbotene Fragen dürfen aber auch Tendenzbetriebe nicht stellen. Lügen des Bewerbers auf für Tendenzbetriebe ausnahmsweise erlaubte Fragen haben dann dieselbe Konsequenz als hätte der Bewerber auf sonstige zulässige Fragen gelogen. Im vorliegenden Beispielfall bedeutet das, die CDU als Arbeitgeber könnte den Arbeitsvertrag der B wegen arglistiger Täuschung anfechten, weil sie als Bewerberin eine Partei bezüglich der eigenen Parteizugehörigkeit belogen hat.

Sollte ein Arbeitgeber eine der verbotenen Frage stellen, so ist es dem Bewerber erlaubt auf diese Frage zu lügen, ohne dass dies rechtliche Konsequenzen für ihn hätte. Würde nämlich beispielsweise eine Bewerberin die Frage nach einer bestehenden oder geplanten Schwangerschaft wahrheitsgetreu beantworten, so würde sie sich möglicherweise in ein ungünstiges Licht stellen und wäre bei der Kandidatenauswahl stark benachteiligt. Auch die Verweigerung einer Antwort zu dieser Frage, würde möglicherweise einen negativen Eindruck beim Arbeitgeber hinterlassen. Somit ist eine Lüge hier ausnahmsweise gerechtfertigt, um die eigenen Chancen auf den Arbeitsplatz nicht zu beeinträchtigen (vgl. Junker 2006, 5. Aufl., Rn. 158). Lügen ist wohlgemerkt nur bei den Antworten auf verbotene Fragen des Arbeitgebers ohne rechtliche Konsequenz erlaubt. Zulässige Fragen müssen wahrheitsgemäß beantwortet werden und Themen mit Offenbarungspflicht müssen von selbst wahrheitsgemäß angesprochen werden.

Hat ein Arbeitnehmer die Offenbarungspflicht verletzt und Tatsachen verschwiegen, die er von sich aus hätte ansprechen müssen, oder hat der Bewerber im Rahmen des Vorstellungsgespräches auf zulässige Fragen wahrheitswidrig geantwortet und es wurde daraufhin mit ihm ein Arbeitsvertrag geschlossen, so kann der Arbeitgeber den Arbeitsplatz anfechten. Hat der Bewerber hingegen unzulässige Fragen mit einer Lüge beantwortet, so hat der Arbeitgeber diesbezüglich auch kein Recht den Arbeitsplatz wegen arglistiger Täuschung anzufechten.

2.3.2 Anfechtung

Für eine wirksame Anfechtung müssen drei Voraussetzungen vorliegen. Erstens muss der Anfechtende eine Anfechtungserklärung abgeben, welche dem Vertragspartner, hier also dem Arbeitnehmer, zugehen muss. Das Wort Anfechtung muss hierbei noch nicht einmal erwähnt werden. Es genügt, wenn der Arbeitgeber hierbei seinem Vertragspartner zu verstehen gibt, dass er sich nicht mehr an den geschlossenen Vertrag gebunden fühlt. Zweite Voraussetzung ist das Vorliegen eines gesetzlich anerkannten Anfechtungsgrundes. Das Bürgerliche Gesetzbuch kennt drei zulässige Anfechtungsgründe, nämlich Irrtum (§ 119 BGB), falsche Übermittlung (§ 120 BGB) und arglistige Täuschung bzw. Bedrohung (§ 123 BGB) (Abb. 2.4).

Sofern der Arbeitnehmer im Rahmen der Bewerbung bzw. im Rahmen des Vorstellungsgesprächs gelogen hat oder seiner Offenbarungspflicht nicht nachgekommen ist, so wäre der § 123 BGB der richtige Anfechtungsgrund, welcher dem Arbeitgeber zur Verfügung steht. Diese Vorschrift lautet:

§ 123 BGB Anfechtbarkeit wegen Täuschung oder Drohung
(1) Wer zur Abgabe einer Willenserklärung durch arglistige Täuschung oder widerrechtlich durch Drohung bestimmt worden ist, kann die Erklärung anfechten.
(2) Hat ein Dritter die Täuschung verübt, so ist die Erklärung, die einem anderen gegenüber abzugeben war, nur dann anfechtbar, wenn dieser die Täuschung kannte oder kennen musste. Soweit ein anderer als derjenige, welchem gegenüber die Erklärung abzugeben war, aus der Erklärung unmittelbar ein Recht erworben hat, ist die Erklärung ihm gegenüber anfechtbar, wenn er die Täuschung kannte oder kennen musste.

Anders als bei der Anfechtung von Willenserklärungen nach den §§ 119, 120 BGB, welche unverzüglich erfolgen müssen, besteht bei einer Anfechtung wegen arglistiger Täuschung nach § 124 Abs. 1 BGB eine Anfechtungsfrist von einem Jahr. Die Frist beginnt erst von dem Moment an zu laufen, in welchem der Anfechtungsberechtigte die Täuschung entdeckt. Der § 124 BGB lautet:

§ 124 BGB Anfechtungsfrist
(1) Die Anfechtung einer nach § 123 anfechtbaren Willenserklärung kann nur binnen Jahresfrist erfolgen.
(2) Die Frist beginnt im Falle der arglistigen Täuschung mit dem Zeitpunkt, in welchem der Anfechtungsberechtigte die Täuschung entdeckt, im Falle der Drohung mit dem Zeitpunkt, in welchem die Zwangslage aufhört. Auf den Lauf der Frist finden die für die Verjährung geltenden Vorschriften der §§ 206, 210 und 211 entsprechende Anwendung.
(3) Die Anfechtung ist ausgeschlossen, wenn seit der Abgabe der Willenserklärung zehn Jahre verstrichen sind.

Rechtsfolge einer zulässigen Anfechtung ist die Nichtigkeit des Vertrages. Gewöhnlich sieht das BGB in § 142 Abs. 1 vor, dass die Nichtigkeit von Anfang an eintritt; als hätte es den Vertrag nie gegeben. Im Arbeitsrecht besteht hier eine Ausnahme, die zu einer

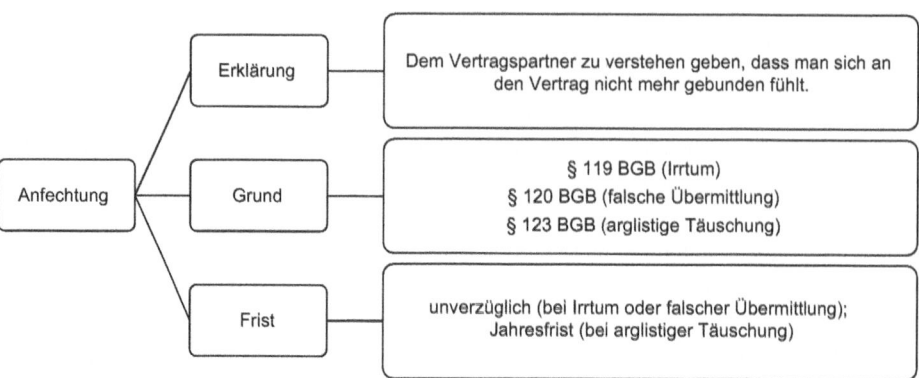

Abb. 2.4 System der Anfechtung

Differenzierung zwingt. Sollte der Arbeitgeber die Lüge des Bewerbers nach Vertragsschluss und vor Aufnahme der Berufstätigkeit durch den Bewerber entdecken und die Anfechtung wegen arglistiger Täuschung erklären, so tritt die Nichtigkeit von Anfang an ein.
Hat der Bewerber hingegen die vertraglich vereinbarte Tätigkeit bereits aufgenommen,
so wird dies als Aktualisierung des Arbeitsverhältnisses bezeichnet. Nach Aufnahme der
Berufstätigkeit kann die Rechtsfolge einer danach ausgesprochenen Anfechtung nur noch
die Nichtigkeit des Arbeitsvertrages ab dem Zeitpunkt der Anfechtung an sein.

2.3.3 Besonderheiten im Rahmen des Bewerbungsgesprächs

Auch wenn es dem Arbeitgeber im Rahmen des Bewerbungsgespräches verboten ist,
Fragen nach Religionszugehörigkeit, der Gewerkschaftszugehörigkeit und private Fragen zu stellen, so ist es dem Arbeitgeber jedoch nach Abschluss des Arbeitsvertrages erlaubt nach der Gewerkschaftszugehörigkeit zu fragen. Denn nur auf diese Weise kann er
die Verpflichtung zur Anwendung tariflicher Normen auf das Arbeitsverhältnis feststellen. Auch die Frage nach der Religionszugehörigkeit ist nachträglich erlaubt, damit der
Arbeitgeber die Kirchensteuer ordnungsgemäß abführen kann. Angaben über Lohn- und
Gehaltsabrechnungen, sowie über den Familienstand und Kinderzahl sind erforderlich für
eine ordnungsgemäße Lohnabrechnung und dürfen deshalb nach Vertragsschluss auch erfragt werden. All diese nachträglich gestellten Fragen ziehen keine Konsequenzen für den
Arbeitnehmer bzw. den Abschluss des Arbeitsvertrages nach sich und können deshalb
nicht zum Nachteil des Arbeitnehmers verwendet werden.

   In der Praxis wird häufig versucht, in Bewerbungsgesprächen die nicht zulässigen Fragen auszuhebeln, indem rein berufliche Fragen gestellt werden, die aber schwer zu beantworten sind, ohne zugleich auch private Pläne offen zu legen. So fragt man mit der
Frage: „Wo sehen Sie sich in 3 Jahren?" vordergründig nur nach beruflichen Visionen und
Zielen. Je nachdem wie die Antwort ausfällt, kann der Arbeitgeber aber hieraus auf mögliche private Einflussfaktoren schließen und sogar mit entsprechenden Fragen nachhaken.

2.4   Absage an einen Bewerber

Auskünfte auf Bewerbungen sollten generell nicht mehr mündlich erteilt werden. Das gilt insbesondere für die Absage gegenüber einem abgelehnten Bewerber. Denn hierbei besteht das verstärkte Risiko, dass dem jeweiligen Kandidaten gegenüber missverständliche Äußerungen erteilt werden, welche dieser zum Gegenstand einer Schadensersatz- bzw. Entschädigungsklage machen kann.

Das Absageschreiben sollte deshalb so neutral und inhaltsleer wie möglich formuliert werden. Im Rahmen einer Absage kann der absagende Unternehmer schlicht für die Bewerbung danken und dem Bewerber mitteilen, dass sich das Unternehmen anderweitig entschieden hat oder bei einer Initiativbewerbung mitteilen, dass derzeit keine offene Position vorhanden ist (vgl. Rühl und Hoffmann 2008, S. 153).

2.5   Die Kosten des Bewerbungsverfahrens

Der Stellenbewerber kann, auch wenn er die Arbeitsstelle nicht erhält, die Kosten für das Bewerbungsgespräch erstattet bekommen. Dieser Anspruch besteht also unabhängig davon, ob der Bewerber einen Arbeitsvertrag erhält oder nicht.[14]

Der potenzielle Arbeitgeber, welcher ihn zum Vorstellungsgespräch eingeladen hat, ist grundsätzlich dazu verpflichtet, die Unkosten für das Bewerbungsgespräch, also Fahrt-, Übernachtungs- und Verpflegungskosten, zu erstatten. Grundlage für diesen Anspruch ist § 670 BGB. Diese Vorschrift lautet:

§ 670 BGB Ersatz von Aufwendungen
Macht der Beauftragte zum Zwecke der Ausführung des Auftrags Aufwendungen, die er den Umständen nach für erforderlich halten darf, so ist der Auftraggeber zum Ersatz verpflichtet.

Bereits die Formulierung „den Umständen nach für erforderlich halten durfte", macht deutlich, dass die genaue Höhe vom Einzelfall abhängig ist. Das Auftragsverhältnis, auf welches in § 670 BGB verwiesen wird, lautet:

§ 662 BGB Vertragstypische Pflichten beim Auftrag
Durch die Annahme eines Auftrags verpflichtet sich der Beauftragte, ein ihm von dem Auftraggeber übertragenes Geschäft unentgeltlich zu besorgen.

Wenn sich also ein Arbeitnehmer unentgeltlich bei einem potentiellen Arbeitgeber im Rahmen eines Bewerbungsgespräches auf Einladung des Arbeitgebers vorstellen soll, so ist dies juristisch wie ein Auftrag zu werten, bei welchem der Arbeitgeber die Aufwendungen ersetzen muss, die der Beauftragte für erforderlich halten darf.

---

[14] Vgl. BAG vom 14.02.1977, EzA § 196 BGB Nr. 3; BAG vom 29.06.1988, EzA § 670 BGB Nr. 21.

Beispiel

Der Topmanager M aus Hamburg bewirbt sich bei einem großen Konzern in München. Er wird zu einem Vorstellungsgespräch an einem Montag um 8.00 Uhr nach München eingeladen. Zu diesem Zweck reist er bereits Sonntag am Nachmittag mit dem Zug erster Klasse an und übernachtet im teuersten Hotel der Stadt. Der Hausmeister H aus Bremen bewirbt sich ebenfalls; allerdings auf einen Hausmeisterposten im selben Unternehmen in München. Auch er wird zu einem Vorstellungsgespräch montags 8.00 Uhr eingeladen, reist mit dem Zug erster Klasse am Sonntagabend an und übernachtet im teuersten Hotel der Stadt. Werden beide ihre Bewerbungskosten erstattet bekommen?

Der Wortlaut des Gesetzes sagt explizit, dass der potenzielle Arbeitgeber nur die Aufwendungen ersetzen muss, die der Beauftragte für erforderlich halten darf. Letztlich ist die Höhe dessen, was ersetzt werden muss, von der Art des Arbeitsplatzes abhängig, um den sich der Bewerber bemüht. Ein Topmanager, der sich in einem renommierten Unternehmen auf eine sehr gut dotierte Stelle bewirbt, darf aus diesem Grunde sicherlich mehr Ausgaben und eine andere Unterkunft erwarten als ein Hausmeister. Im genannten Beispielfall wird der Hausmeister H sicherlich nicht die Zugfahrt erster Klasse und das Zimmer im teuersten Hotel der Stadt vollständig erstattet bekommen, weil es sich hierbei nicht um Ausgaben handelt, die er den Umständen nach für erforderlich halten durfte. Diese Gesetzesformulierung machen sich in der Praxis auch viele Arbeitgeber zunutze und hebeln den Erstattungsanspruch ihrer Bewerber vollends aus, indem sie beispielsweise bereits in die Einladung zum Vorstellungsgespräch folgenden Passus schreiben:

Fahrtkosten und sonstige Bewerbungskosten werden nicht erstattet.

Ein Arbeitnehmer, welcher sich aufgrund der Einladung beim Vorstellungsgespräch einfindet, hat nun keinen Anspruch auf Erstattung der Bewerbungskosten, denn er durfte sie nach der eindeutigen Aussage des potenziellen Arbeitgebers den Umständen nach nicht im Sinne des § 670 BGB für erforderlich halten. Ebenso besteht auch kein Anspruch, wenn ein Bewerber sich ohne Einladung durch den Arbeitgeber bei diesem vorstellt. In derartigen Fällen kann er nämlich den Umständen nach ebenfalls mit keiner Erstattung seiner Auslagen rechnen. Eine Besonderheit besteht dann, wenn sich ein Stellenbewerber auf Vorschlag der Agentur für Arbeit bei dem potenziellen Arbeitgeber meldet. Zwar entfällt auch in diesem Fall die Erstattungspflicht des Arbeitgebers, doch kann der Stellenbewerber gegebenenfalls nach § 45 SGB III von der Agentur für Arbeit einen Zuschuss zu den Bewerbungskosten erhalten.

2.6   Zusammenfassung

Zusammenfassung

Im Rahmen von Bewerbungsverfahren ist darauf zu achten, dass niemand diskriminiert wird. Gesetzliche Vorgaben finden sich im „Allgemeinen Gleichbehandlungsgesetz (AGG)."

Bei Vorstellungsgesprächen gibt es drei Kategorien von Themen:

1. Themen mit Offenbarungspflicht, welche der Bewerber von sich aus ansprechen muss. Insbesondere handelt es sich hierbei um Aspekte, die die berufliche Leistungserbringung vollständig aufheben oder zumindest erheblich beeinträchtigen.
2. Erlaubte Fragen. Hierunter fallen gewöhnlich Aspekte, die mit der Ausbildung oder dem beruflichen Werdegang des Bewerbers verknüpft sind.
3. Verbotene Fragen. Dazu zählen alle privaten und intimen Aspekte.

Werden Themen mit Offenbarungspflicht nicht von selbst angesprochen oder wird auf erlaubte Fragen gelogen, so ist der Arbeitgeber dazu berechtigt, den Arbeitsvertrag wegen arglistiger Täuschung (§ 123 BGB) anzufechten. Die Rechtsfolge wäre vor Arbeitsaufnahme eine Nichtigkeit des Vertrages von Anfang an; nach Arbeitsaufnahme eine Nichtigkeit des Vertrages vom Zeitpunkt der Anfechtung an.

Wegen einer Lüge im Rahmen der Beantwortung verbotener Fragen ist der Arbeitgeber nicht zu einer Anfechtung berechtigt. Ausnahmen bestehen nur bei so genannten Tendenzbetrieben wie Kirchen, Gewerkschaften und Parteien. Sie dürfen ausnahmsweise Fragen nach Religions-, Gewerkschafts-, bzw. Parteizugehörigkeit stellen und dementsprechend den Arbeitsvertrag anfechten, sofern auf die jeweilige ansonsten verbotene Frage unwahr geantwortet wurde.

Grundsätzlich hat derjenige, der zu einem Bewerbungsgespräch eingeladen wird, gegen das einladende Unternehmen nach §§ 662, 670 BGB einen Anspruch darauf, dass die Fahrt- und gegebenenfalls auch Übernachtungskosten ersetzt werden. Einen derartigen Anspruch kann der potentielle Arbeitgeber aushebeln, indem er in das Einladungsschreiben einen Passus aufnimmt, in dem er explizit darlegt, dass Bewerbungskosten nicht erstattet werden.

Literatur

Adomeit K, Mohr S (2009) Zugangsgleichheit und Entgeltgleichheit bei Beschäftigungsverhältnissen als verschiedenartige Ziele des AGG. JZ: 183 ff.

Annuß G (2006) Das Allgemeine Gleichbehandlungsgesetz im Arbeitsrecht. BB: 1629 ff.

Bauer JH, Evers M (2006) Schadensersatz und Entschädigung bei Diskriminierung – Ein Fass ohne Boden? NZA: 893 ff.

Bauer, JH, Thüsing G, Schunder A (2006) Das Allgemeine Gleichbehandlungsgesetz – Alter Wein in neuen Schläuchen. NZA: 774 ff.

Bissels A, Lützeler M (2009a) Aktuelle Entwicklung der Rechtsprechung zum AGG (Teil 1). BB: 774 ff.

Bissels A, Lützeler M (2009b) Aktuelle Entwicklung der Rechtsprechung zum AGG (Teil 2). BB: 833 ff.

Boemke B, Danko F L (2007) AGG im Arbeitsrecht. Berlin

Grobys M (2006) Die Beweislast im Anti-Diskriminierungsprozess. NZA: 898 ff.

Heyn J, Meinel G (2009) Rückenwind für Diskriminierungsklagen – Die Entscheidung des LAG Berlin-Brandenburg vom 26.11.2008. NZA: S. 20 ff.

IHK Berlin (Hrsg.) (o. J.) Das Allgemeine Gleichbehandlungsgesetz, Bereich Wirtschafts- und Steuerrecht, Merkblatt zum Arbeitsrecht. In: Wirtschafts- und Steuerrecht.

Junker A (2006) Grundkurs Arbeitsrecht. München

Kania T, Merten S (2007) Auswahl und Einstellung von Arbeitnehmern unter Geltung des AGG. ZIP: 8 ff.

Lipperheide PJ (2005) Arbeitsrecht. Stuttgart

Memento Rechtshandbuch (2007) Personalrecht für die Praxis. Freiburg

Richardi R (2006) Neues und Altes – Ein Ariadnefaden durch das Labyrinth des Allgemeinen Gleichbehandlungsgesetzes. NZA: 881 ff.

Rühl M, Hoffmann J (2008) Das AGG in der Unternehmenspraxis

Steinkühler B (2007) Allgemeines Gleichbehandlungsgesetz. Berlin

Stölzel S (2009) Neue Entwicklungen zum Tendenzbetrieb mit erzieherischer Zwecksetzung. NZA: 239 ff.

Thüsing G (2007) Arbeitsrechtlicher Diskriminierungsschutz

Walker WD (2009) Der Entschädigungsanspruch nach § 15 II AGG. NZA: 5 ff.

Willemsen HJ, Schweibert U (2006) Schutz der Beschäftigten im Allgemeinen Gleichbehandlungs-gesetz. NJW: 2583 ff.

Wisskirchen G (2006) Der Umgang mit dem Allgemeinen Gleichbehandlungsgesetz – Ein Koch-rezept für Arbeitgeber. DB: 1491 ff.

Wisskirchen G, Bissels, A (2007) Das Fragerecht des Arbeitgebers bei Einstellung unter Berück-sichtigung des AGG. NZA: 169 ff.

Worzalla, M (2006) Das neue Allgemeine Gleichbehandlungsgesetz

Arbeitsvertrag

3

3.1 Grundsätzliches

Beispielfall

Der Arbeitslose A trifft in einem Restaurant den E, der mehrere Supermärkte betreibt. Beide kommen ins Gespräch und E sagt zu A, er könne am nächsten Tag im Lager einer seiner Geschäfte als Lagerarbeiter anfangen. Er gibt dem A die Adresse und sagt ihm, er könne dort am nächsten Tag um 8.00 Uhr mit der Arbeit beginnen. A ist begeistert. Am nächsten Tag meldet er sich im Lager des E und arbeitet dort. Aber plötzlich kommen ihm Zweifel. Hat er mit E überhaupt einen wirksamen Arbeitsvertrag geschlossen? Steht A überhaupt Lohn für die Arbeit zu? Über Geld hatten A und E ja überhaupt nicht gesprochen.

Der Arbeitsvertrag stellt eine besondere Form des Dienstvertrages im Sinne des § 611 BGB dar. Diese Vorschrift lautet:

§ 611 BGB Vertragstypische Pflichten beim Dienstvertrag
(1) Durch den Dienstvertrag wird derjenige, welcher Dienste zusagt, zur Leistung der versprochenen Dienste, der andere Teil zur Gewährung der vereinbarten Vergütung verpflichtet.
(2) Gegenstand des Dienstvertrages können Dienste jeder Art sein.

Ein Arbeitsvertrag kommt durch zwei übereinstimmende Willenserklärungen, nämlich Angebot und Annahme, zustande. Diese Willenserklärungen können grundsätzlich mündlich, schriftlich oder sogar durch schlüssiges Verhalten abgegeben werden. Es genügt also, wenn die Beteiligten – wie im vorliegenden Fall – ihre Willenserklärungen mündlich abgeben. Gewöhnlich wird in der Praxis detailliert über den Arbeitslohn gesprochen und im Arbeitsvertrag eine explizite Absprache getroffen. Doch auch wenn nicht über den wesentlichen Aspekt „Geld" gesprochen wurde, kann ein Arbeitsvertrag wirksam zustande kommen. Anders als beispielsweise bei einem Kaufvertrag, bei dem zwingend seine wesentlichen Punkte,

© Springer Fachmedien Wiesbaden 2014
A. Wien, N. Franzke, *Personalrecht*, DOI 10.1007/978-3-658-02968-5_3

nämlich Kaufsache, Vertragsparteien und Preis, vereinbart werden müssen, damit er wirksam werden kann, wenn bei dem Vertragsschluss nicht über Geld gesprochen wurde, kann ein Arbeitsvertrag auch wirksam abgeschlossen werden, ohne dass über Geld gesprochen wurde.[1] Dies ist zwar ungewöhnlich aber rechtlich möglich. Hierbei kann der Arbeitnehmer dann auf der Grundlage des § 612 BGB ein Entgelt verlangen. Diese Vorschrift lautet:

§ 612 BGB Vergütung
(1) Eine Vergütung gilt als stillschweigend vereinbart, wenn die Dienstleistung den Umständen nach nur gegen eine Vergütung zu erwarten ist.
(2) Ist die Höhe der Vergütung nicht bestimmt, so ist bei dem Bestehen einer Taxe die taxmäßige Vergütung, in Ermangelung einer Taxe die übliche Vergütung als vereinbart anzusehen.

Absatz 1 dieser Vorschrift sagt also aus, dass selbst ohne Vereinbarung eines Entgelts dann ein Entgelt gefordert werden kann, wenn zu erwarten ist, dass diese Tätigkeit nur gegen ein Entgelt verrichtet wird. Im vorliegenden Beispielfall musste der E davon ausgehen, dass der A nur gegen Bezahlung als Lagerarbeiter arbeitet. Insofern kann von einem Anspruch des E auf Bezahlung ausgegangen werden. Doch wie hoch muss die Bezahlung sein? Der in Absatz 2 des § 612 BGB verwendete Begriff „Taxe" ist die altertümliche Bezeichnung für „Gebührentabelle". Sofern eine Honorartabelle für eine Tätigkeit besteht, ist hiernach zu entlohnen. Liegt eine solche nicht vor, so muss auf die für die Tätigkeit übliche, insbesondere auch ortsübliche Vergütung zurückgegriffen werden. Hierbei kann man sich daran orientieren, was andere Arbeitnehmer für vergleichbare Tätigkeiten in der betreffenden Region erhalten. Da es keine Honorarordnung für Lagerarbeiter gibt, muss der E im Beispielfall dem A das ortsübliche Entgelt für die Tätigkeit als Lagerarbeiter zahlen.

Beispielfall

Der Bauunternehmer U gibt dem Arbeitssuchenden A eine Anstellung als Bauarbeiter. Den Vertrag schließen beide mündlich ab. Ein schriftlicher Vertrag existiert nicht. In diesem Vertrag ist vorgesehen, dass U dem A einen Bruttolohn in Höhe von 1650 € pro Monat zu zahlen hat. Nach mehreren Monaten kommt es zwischen U und A zu einem Zerwürfnis. Der A fordert von U die Zahlung der letzten sieben Monate Lohn. A behauptet nun, beide hätten bei der mündlichen Absprache einen Bruttolohn in Höhe von 2900 € pro Monat vereinbart. Da es für die mündliche Absprache keine Zeugen gab, stellt sich nun die Frage, wer von beiden im Rahmen eines Rechtsstreits beweispflichtig ist bzw. wer von beiden vor Gericht die besseren Chancen hätte.

Auch wenn der Arbeitsvertrag nicht der Schriftform bedarf und mündlich, schriftlich, oder sogar durch schlüssiges Verhalten abgeschlossen werden kann, so gibt es gesetzliche

---

[1] Andere Ansicht anscheinend Senne, die ausdrücklich anführt: „… mindestens darüber einigen, dass der Arbeitnehmer gegen Vergütung Arbeitsleistungen erbringen soll …" (Senne 2007, S. 37).

Vorschriften, die dazu führen, dass der Arbeitgeber fast ausnahmslos verpflichtet ist, dem Arbeitnehmer zumindest nach Vertragsschluss einen schriftlichen Arbeitsvertrag auszuhändigen. Diese Vorschriften sind für Auszubildende der § 11 BBiG[2] und für die übrigen Arbeitnehmer der § 2 NachwG[3]. Beide Vorschriften sind sehr ähnlich ausgestaltet. Sie lauten:

§ 11 BBiG Vertragsniederschrift

(1) Ausbildende haben unverzüglich nach Abschluss des Berufsausbildungsvertrages, spätestens vor Beginn der Berufsausbildung, den wesentlichen Inhalt des Vertrages gemäß Satz 2 schriftlich niederzulegen; die elektronische Form ist ausgeschlossen. In die Niederschrift sind mindestens aufzunehmen
 1. *Art, sachliche und zeitliche Gliederung sowie Ziel der Berufsausbildung, insbesondere die Berufstätigkeit, für die ausgebildet werden soll,*
 2. *Beginn und Dauer der Berufsausbildung,*
 3. *Ausbildungsmaßnahmen außerhalb der Ausbildungsstätte,*
 4. *Dauer der regelmäßigen täglichen Ausbildungszeit,*
 5. *Dauer der Probezeit,*
 6. *Zahlung und Höhe der Vergütung,*
 7. *Dauer des Urlaubs,*
 8. *Voraussetzungen, unter denen der Berufsausbildungsvertrag gekündigt werden kann,*
 9. *ein in allgemeiner Form gehaltener Hinweis auf die Tarifverträge, Betriebs- oder Dienstvereinbarungen, die auf das Berufsausbildungsverhältnis anzuwenden sind.*
(2) Die Niederschrift ist von den Ausbildenden, den Auszubildenden und deren gesetzlichen Vertretern und Vertreterinnen zu unterzeichnen.
(3) Ausbildende haben den Auszubildenden und deren gesetzlichen Vertretern und Vertreterinnen eine Ausfertigung der unterzeichneten Niederschrift unverzüglich auszuhändigen.
(4) Bei der Änderung des Berufsausbildungsvertrages gelten die Absätze 1 bis 3 entsprechend.

Was für Auszubildende bereits seit Jahren Bestand hatte, wurde später dann auch durch das Nachweisgesetz[4] für nahezu alle Arbeitsverhältnisse vorgeschrieben.

§ 2 NachwG Nachweispflicht

(1) Der Arbeitgeber hat spätestens einen Monat nach dem vereinbarten Beginn des Arbeitsverhältnisses die wesentlichen Vertragsbedingungen schriftlich niederzulegen, die Niederschrift zu unterzeichnen und dem Arbeitnehmer auszuhändigen. In die Niederschrift sind mindestens aufzunehmen:
 1. *der Name und die Anschrift der Vertragsparteien,*
 2. *der Zeitpunkt des Beginns des Arbeitsverhältnisses,*
 3. *bei befristeten Arbeitsverhältnissen: die vorhersehbare Dauer des Arbeitsverhältnisses,*

---

[2] Gesetz vom 23.03.2005, BGBl. I, S. 931.

[3] Gesetz vom 20.07.1995, BGBl. I, S. 946.

[4] Gesetz über den Nachweis der für ein Arbeitsverhältnis geltenden wesentlichen Vorschriften (Nachweisgesetz), Gesetz vom 20.07.1995, BGBl. I, S. 946.

4. *der Arbeitsort oder, falls der Arbeitnehmer nicht nur an einem bestimmten Arbeitsort tätig sein soll, ein Hinweis darauf, dass der Arbeitnehmer an verschiedenen Orten beschäftigt werden kann,*

5. *eine kurze Charakterisierung oder Beschreibung der vom Arbeitnehmer zu leistenden Tätigkeit,*

6. *die Zusammensetzung und die Höhe des Arbeitsentgelts einschließlich der Zuschläge, der Zulagen, Prämien und Sonderzahlungen sowie anderer Bestandteile des Arbeitsentgelts und deren Fälligkeit,*

7. *die vereinbarte Arbeitszeit,*

8. *die Dauer des jährlichen Erholungsurlaubs,*

9. *die Fristen für die Kündigung des Arbeitsverhältnisses,*

10. *ein in allgemeiner Form gehaltener Hinweis auf die Tarifverträge, Betriebs- oder Dienstvereinbarungen, die auf das Arbeitsverhältnis anzuwenden sind.*

(2) *Hat der Arbeitnehmer seine Arbeitsleistung länger als einen Monat außerhalb der Bundesrepublik Deutschland zu erbringen, so muss die Niederschrift dem Arbeitnehmer vor seiner Abreise ausgehändigt werden und folgende zusätzliche Angaben enthalten:*

1. *die Dauer der im Ausland auszuübenden Tätigkeit,*

2. *die Währung, in der das Arbeitsentgelt ausgezahlt wird,*

3. *ein zusätzliches mit dem Auslandsaufenthalt verbundenes Arbeitsentgelt und damit verbundene zusätzliche Sachleistungen,*

4. *die vereinbarten Bedingungen für die Rückkehr des Arbeitnehmers.*

(3) *Die Angaben nach Absatz 1 Satz 2 Nr. 6 bis 9 und Absatz 2 Nr. 2 und 3 können ersetzt werden durch einen Hinweis auf die einschlägigen Tarifverträge, Betriebs- oder Dienstvereinbarungen und ähnliche Regelungen, die für das Arbeitsverhältnis gelten. Ist in den Fällen des Absatzes 1 Satz 2 Nr. 8 und 9 die jeweilige gesetzliche Regelung maßgebend, so kann hierauf verwiesen werden.*

(4) *Wenn dem Arbeitnehmer ein schriftlicher Arbeitsvertrag ausgehändigt worden ist, entfällt die Verpflichtung nach den Absätzen 1 und 2, soweit der Vertrag die in den Absätzen 1 bis 3 geforderten Angaben enthält.*

Natürlich kann der Pflicht auch dadurch nachgekommen werden, dass bereits der Arbeitsvertrag schriftlich abgeschlossen wird, sofern dieser schriftliche Vertrag alle im Gesetz genannten erforderlichen Punkte enthält. Nach § 2 Abs. 1 Satz 2 NachwG ist der Arbeitgeber also verpflichtet, wesentliche Inhalte des Arbeitsvertrages in Schriftform mit Unterschrift dem Arbeitnehmer zukommen zu lassen. Dies gilt ebenso für nachträgliche Änderungen des Arbeitsvertrages.

Für die Wirksamkeit eines Arbeitsvertrages ist es allerdings unerheblich, ob der Arbeitgeber seiner Pflicht aus dem Nachweisgesetz nachgekommen ist. Der Nachweis hat also nur deklaratorischen Charakter.[5] Es ist einem Arbeitgeber dringend anzuraten, einen schriftlichen Arbeitsvertrag zu schließen und darin die Vorgaben des Nachweisgesetzes zu beachten. Zwar hat der Gesetzgeber bei der Schaffung des Nachweisgesetzes darauf verzichtet, den Arbeitgeber mit einer Strafe zu belegen, sofern er sich nicht an die Vorgaben des Nachweisgesetzes hält; doch kann eine Nichtbefolgung dennoch schwere Folgen

---

[5] Vgl. BAG vom 17.04.2003, EzA § 2 NachwG Nr. 5.

nach sich ziehen. Zum einen kann der Arbeitnehmer den Arbeitgeber auf Ausstellung und Aushändigung einer Niederschrift des Vertrages verklagen; zum anderen führt die Nicht-ausstellung der Niederschrift im Rahmen von Arbeitsgerichtsverfahren zu einer Beweis-vereitelung, welche einen Nachteil für den Arbeitnehmer bedeutet. Aus diesem Grunde kann der Arbeitnehmer sich auf den Standpunkt stellen, dass der Arbeitgeber durch die Nichtbefolgung des Nachweisgesetzes eine Pflicht im Sinne des § 280 BGB verletzt hat (vgl. Senne 2007, S. 38) und der Arbeitgeber dementsprechend nach § 286 BGB Scha-densersatz zu leisten hat.

Für den oben genannten Beispielfall bedeutet dies, dass A im Falle eines Rechtsstreits die besseren Chancen hat, als der Bauunternehmer U. Dies ist darauf zurückzuführen, dass viele Arbeitsgerichte und auch viele Landesarbeitsgerichte zu einer Beweiserleichterung zu Gunsten des Arbeitnehmers tendieren, wenn die Regelungen des Nachweisgesetzes vom Arbeitgeber nicht erfüllt werden. Insofern führt im vorliegenden Fall die fehlende Niederschrift des Arbeitsvertrages zu einer Beweislastumkehr zum Vorteil des Arbeitneh-mers A. Dementsprechend müsste der Arbeitgeber U im Beispielfall den Nachweis für die Höhe des vereinbarten Gehaltes antreten. Kann er dieses nicht, so hat A die Chance, einen etwaigen Prozess über die Zahlung des von ihm geforderten Bruttogehaltes zu gewinnen.

Bei dem durch das Nachweisgesetz vorgeschriebenen Schriftstück, handelt es sich nicht um einen Vertrag – den hat man ja bereits mündlich zuvor geschlossen. Es handelt sich bei dem Schriftstück lediglich um die schriftliche Aufführung bestimmter Aspekte des mündlich geschlossenen Arbeitsvertrages bzw. bei nachträglichen Änderungen um schriftlich aufgeführte Änderungen der wesentlichen Vertragsbedingungen. Der § 2 Abs. 1 Satz 2 Nr. 1 bis 10 NachwG normiert die durch das Nachweisgesetz vorgeschriebenen Punkte, die das Schriftstück enthalten soll.

3.2 Inhalt des Arbeitsvertrages

Arbeitgeber und Arbeitnehmer können im Arbeitsvertrag Regelungen vereinbaren, welche von gesetzlichen Vorschriften abweichen, sofern das Gesetz dieses zulässt. Bei derartigen Regelungen spricht man auch von so genanntem dispositivem Recht. Zu derartigen Re-gelungen zählt zum Beispiel der § 616 BGB. Einschränkungen der Vertragsfreiheit kön-nen drüber hinaus auch durch das Recht der allgemeinen Geschäftsbedingungen (§ 305 ff. BGB), dem Gleichbehandlungsgrundsatz und kollektivvertraglichen Regelungen, also durch Tarifverträge und Betriebsvereinbarungen, entstehen.

Ein Arbeitsvertrag enthält gewöhnlich zumindest Regelungen folgender Aspekte: Der Name und die Adresse von Arbeitgeber und Arbeitnehmer und Angaben zum Beginn des vereinbarten Arbeitsverhältnisses. Sofern es sich um ein befristetes Arbeitsverhältnis han-delt, ist auch das Ende des Vertragsverhältnisses anzugeben. Ein Arbeitsverhältnis erlischt nicht automatisch mit dem 65. Lebensjahr des Arbeitnehmers oder mit dessen Bezug einer Rente. Legt ein Arbeitgeber Wert auf eine Beendigung des Arbeitsverhältnisses wegen Erreichens einer Altersgrenze, so muss dieses einzelvertraglich oder kollektivrechtlich vereinbart werden (vgl. Bahnsen 2008, S. 407 ff.). Dann folgt eine Benennung und Beschreibung der Tätigkeit des Arbeitnehmers. Gegebenenfalls sind auch Angaben zum Ort zu machen, an dem die Arbeit zu verrichten ist. Wichtig sind auch Angaben zur vereinbarten wöchentlichen Arbeitszeit. Hier kann festgelegt werden, wann die tägliche Arbeitszeit beginnen und enden soll. Ein weiterer wichtiger Aspekt sind die Angaben zur Vergütung. Hier können neben Angaben zur Vergütungshöhe auch Aussagen zu Zulagen, Prämien oder Sonderzahlungen sowie deren Fälligkeit getroffen werden. Ebenfalls wichtig sind Aussagen zu der Dauer des Erholungsurlaubs pro Kalenderjahr und Regelungen zur Kündigung des Arbeitsverhältnisses.

Darüber hinaus können noch Regelungen zu Nebenbeschäftigungen, Verschwiegenheitspflichten oder Hinweise auf Tarifverträge oder Betriebsvereinbarungen aufgeführt werden.

3.3   Allgemeine Geschäftsbedingungen in Arbeitsverträgen

Viele Arbeitsverträge werden heutzutage nicht mehr individuell ausgehandelt sondern sind Vordrucke, also Formularverträge, in welche lediglich einzelne Bedingungen, wie beispielsweise die Höhe des Lohnes, eingetragen werden. Dies kann auch als Allgemeine Geschäftsbedingungen bezeichnet werden. Denn nach § 305 Abs. 1 BGB versteht man darunter alle für eine Vielzahl von Verträgen vorformulierte Vertragsbedingungen, welche eine Vertragspartei (Verwender) der anderen Vertragspartei bei Vertragsschluss stellt.

Das Bürgerliche Gesetzbuch enthält in den Normen § 305 ff. BGB Regelungen, welche auch bei einer Überprüfung von Formulararbeitsverträgen zur Anwendung kommen können. Der § 310 Abs. 4 Satz 2 BGB sieht nämlich vor, dass diese eigentlich für den Verbraucherschutz geschaffenen Vorschriften auf Arbeitsverträge unter der Maßgabe Anwendung finden, dass die im Arbeitsrecht geltenden Besonderheiten angemessen berücksichtigt werden. Nach der Rechtsprechung des Bundesarbeitsgerichts ist hierdurch eine differenzierte Anwendung der Kontrollmöglichkeiten gegeben.[6] Überprüft werden können wohlgemerkt nur vorformulierte Vertragsbedingungen. Individualabsprachen, welche die Vertragspartner bei Vertragsschluss ausgehandelt und in das Vertragsformular eingefügt haben, genießen nach § 305b BGB Vorrang vor den vorformulierten Regelungen und sind nach § 305 Abs. 1 Satz 3 BGB auch keiner Inhaltskontrolle durch die §§ 305 ff. zu unterwerfen.

3.4   Die Schriftformklausel in Arbeitsverträgen

Sinn der Schriftformklausel, welche sich gewöhnlich am Ende von Arbeitsverträgen befindet, ist sicherzustellen, dass eine Veränderung oder Ergänzung des Vertragstextes wirklich nur dann vorgenommen werden kann, wenn hierüber zwischen den Vertragspartei-

---

[6] Vgl. BAG vom 04.03.2004, 8 AZR 196/03.

en eine schriftliche Vereinbarung vorliegt. Weil jedoch eine einfache Vereinbarung, dass Änderungen und Ergänzungen der Schriftform bedürfen, in der Praxis schnell umgangen werden konnte, wenn man danach mündlich vereinbarte, dass das Schriftformerfordernis wieder aufgehoben wird, haben sich die meisten Arbeitgeber seit Jahren durch eine so genannte doppelte Schriftformklausel abgesichert. Nach dieser Absicherung bedürfen nicht nur Änderungen und Ergänzungen des Arbeitsvertrages der Schriftform, sondern darüber hinaus ist auch für eine Einigung über die Aufhebung des Schriftformerfordernisses eine zwingend schriftliche Form vorgesehen. Nachdem die Wirksamkeit einer solchen doppelten Absicherung in der wissenschaftlichen Literatur seit langem angezweifelt wurde[7], hat das Bundesarbeitsgericht im Jahre 2008 erstmals durch Urteil festgestellt, dass diese Art der Absicherung unwirksam ist und gegen § 307 Abs. 1 BGB verstößt.[8] Das Bundesarbeitsgericht sieht nämlich in der doppelten Schriftformklausel eine unangemessene Benachteiligung des Arbeitnehmers, weil die Formulierung zu weit gefasst sei und entgegen § 305b BGB den Eindruck erwecke, eine mündliche Vereinbarung sei unwirksam.

Dieses ist nach Ansicht des Gerichts jedenfalls dann gegeben, sofern die Klausel die Wirksamkeit explizit geschlossener mündlich getroffener Absprachen ausschließt. Inwieweit die Schriftformklausel in Arbeitsverträgen überhaupt noch anzuwenden ist, ist nach dieser Entscheidung des Bundesarbeitsgerichts noch nicht abzusehen. Es bleibt der Rechtsprechung vorbehalten die genauen Grenzen der künftigen Wirksamkeit festzulegen.

3.5 Gültigkeit anderer Regelungen

Neben den im Arbeitsvertrag vereinbarten Regelungen können Arbeitgeber und Arbeitnehmer ihre Ansprüche auch auf weitere Grundlagen stützen. Hierbei handelt es sich nicht um gesetzlich kodifizierte Normen, sondern um allgemeine Rechtsgrundsätze, die von der Rechtsprechung entwickelt wurden. Diese stellen jedoch nicht für sich alleine eine eigene Anspruchsgrundlage dar, sondern stehen nur ergänzend neben dem Arbeitsvertrag. Aus diesem Grunde ist die Anspruchsgrundlage jeweils der Arbeitsvertrag im Sinne des § 611 BGB in Verbindung mit dem jeweiligen Rechtsgrundsatz.

3.5.1 Betriebliche Übung

Einer dieser Rechtsgrundsätze ist die betriebliche Übung.[9] Unter dem Begriff der betrieblichen Übung wird die regelmäßige Wiederholung eines Arbeitgeberverhaltens verstan-

---

[7] Vgl. beispielsweise zur Ansicht einer eingeschränkten Anwendbarkeit: Hromadka 2004, S. 1261; Ulrici 2005, S. 1902.

[8] Vgl. BAG-Entscheidung vom 20.05.2008, 9 AZR 382/07, DB 2008, S. 2365; hierzu und im Folgenden auch Schramm und Kröpelin 2008, S. 2362 ff.

[9] Eine Übersicht zu der Reichweite der betrieblichen Übung findet sich in: Preis 2009, S. 281 ff., S. 286 f.

den, aus welchem der Arbeitnehmer schlussfolgern kann, dass er auch künftig die entsprechende Leistung erhält.

Beispiel

Der Arbeitnehmer A arbeitet im Unternehmen des U. Obwohl es im Arbeitsvertrag keine Regelung bezüglich der Zahlung etwaiger Weihnachtsgratifikationen gibt, erhält A bereits seit vier Jahren in Folge von U eine freiwillig von diesem gezahlte Weihnachtsgratifikation von 150 €. Im fünften Jahr gehen die Umsätze des Unternehmens drastisch zurück. Der Unternehmer U möchte sparen und ist daher bestrebt, mit diesen freiwilligen Zahlungen aufzuhören.

Bevor dieser Fall näher betrachtet wird, ist es erforderlich, Grundsätzliches zu Sonderzahlungen des Arbeitgebers – wie beispielsweise Gratifikationen – darzustellen. Geldzahlungen oder andere geldwerte Vorteile, welche der Arbeitgeber über das gewöhnliche Gehalt hinaus zahlt, werden als Sonderzuwendungen bezeichnet. Hierzu können beispielsweise Gratifikationen oder Urlaubsgeld gehören. Im Rahmen der Differenzierung zwischen 13. Monatsgehalt und Sonderzuwendungen (Gratifikation) ist auf folgende Punkte zu achten:

Während das 13. Monatsgehalt quasi lediglich als Belohnung für in der Vergangenheit geleistete gute Arbeit angesehen wird, ist die Gratifikation zugleich als Anreiz für die künftige Tätigkeit gesehen.[10]

Weil eine Gratifikation einen Anreiz für künftige Leistungen darstellt, bekommt ein Arbeitnehmer sie nicht, auch nicht anteilig, sofern er vor dem Zahlungstermin aus dem Unternehmen ausscheidet. Handelt es sich hingegen um ein 13. Monatsgehalt, so ist einem Arbeitnehmer, der vor dem Zahlungsdatum aus dem Unternehmen ausscheidet der Betrag anteilsmäßig zu erstatten, da es sich hierbei ja um eine Belohnung für bereits geleistete Dienste handelt (vgl. hierzu: Teschke-Bährle 2006, S. 99).

Bei Gratifikationen besteht auch eine zeitliche und zahlenmäßige Staffelung der Rückzahlung.[11]

Möchte ein Arbeitgeber eine Gratifikation wegen der Elternzeit kürzen, so sollte er hierzu explizit eine Regelung treffen. Auch das AGG ist hierbei zu beachten.[12]

Auf den ersten Blick sieht es so aus, als wäre es für den Unternehmer im Beispielfall unproblematisch, die Zahlung der Weihnachtsgratifikation einzustellen. Doch der Grundsatz der betrieblichen Übung besagt, dass ein regelmäßig wiederholtes Verhalten des Arbeitgebers dazu führen kann, dass der Arbeitnehmer davon ausgehen kann, diese Leistung auch weiterhin zu erhalten und diese Leistung quasi als vertraglichen Anspruch fordern kann. Die Anspruchsgrundlage wäre damit der Arbeitsvertrag im Sinne des § 611

---

[10] Ständige Rechtsprechung des Bundesarbeitsgerichts seit BAG vom 06.03.1956, 3 AZR 175/55, AP Nr. 3 zu § 611 BGB Gratifikation (am Beispiel der Weihnachtsgratifikation).

[11] Vgl. hierzu: BAG vom 10.05.1962, 5 AZR 452/61, AP Nr. 22 zu § 611 BGB, Gratifikation.

[12] Vgl. BAG, Urteil vom 10.12.2008, 10 AZR 35/08, NJW-Spezial, Heft 5, 2009, S. 148.

BGB in Verbindung mit der betrieblichen Übung. Da es sich jedoch bei der betrieblichen Übung um einen ungeschriebenen Rechtsgrundsatz handelt, kann auf diese Grundlage nur zurückgegriffen werden, wenn nicht bereits ein Anspruch auf der expliziten Grundlage des Arbeitsvertrages oder eines Tarifvertrages besteht.

Nach ständiger Rechtsprechung des Bundesarbeitsgerichts führt bereits eine dreimalige vorbehaltlose Gewährung einer Weihnachtsgratifikation dazu, dass der Arbeitnehmer diese auch künftig für sich beanspruchen kann.[13] Allerdings ist festzustellen, dass die Rechtsprechung zu derartigen Fällen in den letzten Jahren immer restriktiver geworden ist. So hat das Bundesarbeitsgericht beispielsweise das Vorliegen einer betrieblichen Übung verneint, wenn der Arbeitgeber eine Gratifikation zwar regelmäßig gezahlt hat, dieses aber in gravierend unterschiedlicher Höhe geschehen ist.[14] Denn dann könne bei dem Arbeitnehmer kein Vertrauen darin entstanden sein, derartige Zahlungen auch zukünftig zu erhalten. Tritt ein neuer Arbeitnehmer in ein Arbeitsverhältnis ein, so hat auch er Anspruch auf die Leistung des Arbeitgebers. Dies gilt unabhängig davon, ob er die betriebliche Übung kennt.

Im oben genannten Beispielfall hat der Arbeitnehmer A gegen U einen Anspruch auf Weiterzahlung der Weihnachtsgratifikation. Es handelt sich hierbei nämlich um eine betriebliche Übung.

In der Praxis schließen Arbeitgeber das Vorliegen einer betrieblichen Übung aus, indem sie die zu zahlende Leistung unter einen so genannten Freiwilligkeitsvorbehalt (vgl. Bayreuther 2009, S. 102)[15] stellen und die betreffenden Arbeitnehmer eindeutig darauf hinweisen, dass mit einer künftigen Zahlung nicht gerechnet werden darf.[16]

So hätte der Unternehmer U im Beispielsfall dem Arbeitnehmer A etwa folgendes bei jeder Zahlung mitteilen können:

Beispiel

Es wird eine Weihnachtsgratifikation in Höhe von 150 € gezahlt. Die Zahlung dieses Betrages erfolgt auf freiwilliger Basis. Sie begründet keinen Rechtsanspruch auf künftige Zahlungen. Vielmehr behalten wir uns vor, frei darüber zu entscheiden, ob eine Weihnachtsgratifikation auch im kommenden Jahr erfolgen wird.

---

[13] Ständige Rechtsprechung seit BAG vom 06.03.1956, 3 AZR 175/55, AP Nr. 3 zu § 611 BGB Gratifikation.

[14] Vgl. BAG vom 28.02.1996, 10 AZR 516/95, NJW 1996, S. 3166.

[15] Vgl. hierzu auch: BAG vom 21.01.2009, 10 AZR 219/08, NJW-Spezial, Heft 7, 2009, S. 211; BAG vom 30.07.2008, 10 AZR 606/07, MDR 2008, S. 1342 f.

[16] Eine Analyse der neueren Rechtsprechung zu Freiwilligkeitsvorbehalten findet sich in: Preis 2009, S. 281 ff.

Derartige Ausschlüsse werden gewöhnlich vom Bundesarbeitsgericht akzeptiert[17], sofern damit deutlich gemacht wird, dass die Leistung nicht allein freiwillig erfolgt, sondern überdies auch ausdrücklich ohne einen Rechtsbindungswillen für die Zukunft erbracht wird.[18]

3.5.2 Direktionsrecht

Ein weiterer Rechtsgrundsatz, der zur Ergänzung des Arbeitsvertrages beiträgt, ist das Direktionsrecht, welches bisweilen auch synonym als Direktionsbefugnis bezeichnet wird. Hierunter ist das Recht des Arbeitgebers zu verstehen, dem Arbeitnehmer im Rahmen des Arbeitsvertrages bestimmte Arbeiten zuweisen zu können.

So kann der Arbeitgeber seine Rechte aus dem Arbeitsvertrag ergänzend auch auf die so genannte Direktionsbefugnis stützen. Anspruchsgrundlage wäre also hierbei der Arbeitsvertrag im Sinne des § 611 BGB in Verbindung mit der Direktionsbefugnis.

3.6 Probezeit

Zumeist wird im Rahmen des Arbeitsvertrages für den Anfang des Arbeitsverhältnisses eine Probezeit vereinbart. Gründe hierfür sind zum einen, dass sowohl der Arbeitgeber als auch der Arbeitnehmer während dieser Zeit feststellen kann, ob der Arbeitnehmer sich für die Arbeit eignet bzw. sich gut in den Arbeitsablauf und das Unternehmen integrieren kann. Zum anderen hat der Arbeitgeber durch verkürzte Kündigungsfristen während der Probezeit die Möglichkeit, sich schneller vom Arbeitnehmer zu trennen, sofern dieser den Anforderungen nicht entspricht. Eine Probezeit besteht nicht automatisch. Sie muss im Rahmen des Arbeitsvertrages vereinbart oder durch einen Tarifvertrag vorgegeben sein, damit sie mit ihren verkürzten Kündigungsfristen angewandt werden kann. Anders als man auf den ersten Blick meinen könnte, gibt der § 622 Abs. 3 BGB keine exakte Länge der Probezeit vor. Die gesetzliche Regelung gibt lediglich einen Hinweis darauf, dass der Gesetzgeber eine Dauer von maximal sechs Monaten im Normalfall für angemessen hält. Abgesehen von Regelungen zur Probezeit in Berufsausbildungsverhältnissen gibt es keine feststehenden Vorgaben für eine Höchstdauer. Sofern eine Vereinbarung im Arbeitsvertrag getroffen wird, wird eine Höchstgrenze von maximal sechs Monaten als sinnvoll angesehen. Während dieser Probezeit gelten verkürzte Kündigungsfristen. Individualrechtliche Vertragsvereinbarungen, die eine kürzere Kündigungsfrist als die gesetzlich normierte Frist von zwei Wochen vorsehen, sind unwirksam. Bei besonders anspruchsvoller wissenschaftlicher oder künstlerischer Arbeit kann im besonderen Fall ausnahmsweise eine

---

[17] Vgl. BAG vom 02.09.1992, EzA § 611 BGB Gratifikation, Prämie Nr. 95.
[18] Vgl. BAG vom 11.04.2000, EzA § 611 BGB Gratifikation, Prämie Nr. 160.

längere Probezeit von neun bis maximal zwölf Monaten toleriert werden.[19] Allerdings ist hierbei zu beachten, dass ab dem Beginn des siebenten Monats eine Grundkündigungsfrist von vier Wochen besteht. Nach Auffassung des Bundesarbeitsgerichts[20] kann die Probezeit dann, wenn sich nach Ablauf der vereinbarten Probezeit die Eignung des Arbeitnehmers noch nicht verlässlich beurteilen lässt, einmalig verlängert werden, sofern der Arbeitnehmer hierzu seine Zustimmung gibt.

3.7 Probleme im Rahmen der Wirksamkeit von Arbeitsverträgen

3.7.1 Gesetzliche Verbote und Sittenwidrigkeit

Sofern ein Rechtsgeschäft gegen ein gesetzliches Verbot verstößt, kann es aufgrund der Regelung des § 134 BGB nichtig sein. Diese Vorschrift lautet:

§ 134 BGB Gesetzliches Verbot
Ein Rechtsgeschäft, das gegen ein gesetzliches Verbot verstößt, ist nichtig, wenn sich aus dem Gesetz nicht ein anderes ergibt.

Gesetzliche Verbote können sich ergeben aus:

- Garantien des Grundgesetzes (wie z. B. der Koalitionsfreiheit[21] des Art. 9 Abs. 3 GG und den speziellen Ausprägungen des Gleichheitsgrundsatzes[22] des Art. 3 Abs. 2 und Abs. 3 GG)
- Grundnormen des EU-Rechts (wie z. B. Art. 39 EGV – Freizügigkeit der Arbeitnehmer[23] oder Art. 141 EGV – gleiches Entgelt für Frauen und Männer[24]).
- Regelungen in Gesetzen: Hier gibt es eine Vielzahl an Schutzregelungen. Arbeitsvertragliche Regelungen, die versuchen zwingende Schutzregelungen für Arbeitnehmer oder Arbeitnehmergruppen zu umgehen, sind gesetzeswidrig und führen zu einer Nichtigkeit nach § 134 BGB. So kommen hier beispielsweise Regelungen für schutzbedürftige Arbeitnehmergruppen wie Schwangere, Schwerbehinderte und Jugendliche in Betracht, welche durch § 134 BGB vor einer vertraglichen Aushebelung geschützt werden sollen.

Ebenso kann eine Nichtigkeit eintreten, wenn ein Rechtsgeschäft nach § 138 BGB gegen die guten Sitten verstößt. Diese Vorschrift lautet:

---

[19] Vgl. BAG vom 15.03.1978, Az. 5 AZR 831/76.
[20] Vgl. BAG vom 15.03.1978, Az. 5 AZR 831/76.
[21] Vgl. BAG vom 05.03.1987, 2 AZR 187/86.
[22] Vgl. BAG vom 09.10.1996, 5 AZR 338/95.
[23] Vgl. BAG vom 20.11.1996, 5 AZR 518/95.
[24] Vgl. BAG vom 07.11.1995, 3 AZR 1064/94.

§ 138 BGB Sittenwidriges Rechtsgeschäft; Wucher

(1) Ein Rechtsgeschäft, das gegen die guten Sitten verstößt, ist nichtig.

(2) Nichtig ist insbesondere ein Rechtsgeschäft, durch das jemand unter Ausbeutung der Zwangslage, der Unerfahrenheit, des Mangels an Urteilsvermögen oder der erheblichen Willensschwäche eines anderen sich oder einem Dritten für eine Leistung Vermögensvorteile versprechen oder gewähren lässt, die in einem auffälligen Missverhältnis zu der Leistung stehen.

Im Arbeitsrecht kann von einem Verstoß gegen die guten Sitten ausgegangen werden, wenn ein Arbeitsvertrag seiner Intention oder dem Inhalt nach „dem Anstandsgefühl aller billig und gerecht Denkenden widerspricht".[25] Dies kann beispielsweise dann gegeben sein, wenn der Arbeitgeber versucht, sein Wirtschafts- oder Betriebsrisiko vertraglich auf den Arbeitnehmer abzuwälzen oder der Vertrag den Arbeitnehmer unangemessen lange wirtschaftlich und beruflich beschränkt. Nichtigkeit im Sinne des § 138 BGB ist auch dann gegeben, wenn ein Arbeitgeber die Zwangslage, die Unerfahrenheit, den Mangel an Urteilsvermögen oder die erhebliche Willensschwäche eines Arbeitnehmers ausbeuten möchte und für die Arbeit einen Wucher-Lohn, also einen Lohn zahlt, der in einem auffälligen Missverhältnis zu der geleisteten Arbeit steht.[26] Auf die besondere Frage der Teilnichtigkeit von Verträgen wird unten noch näher eingegangen.

3.7.2   Schwarzarbeit

Die Qualifizierung einer Tätigkeit als Schwarzarbeit entsteht bei der Fertigung und Erstellung legaler Güter bzw. Dienstleistungen, wobei es allerdings hier an der Zahlung der üblichen Abzüge wie Steuern und Sozialabgaben mangelt. Das Gesetz zur Bekämpfung der Schwarzarbeit und illegalen Beschäftigung (SchwarzArbG)[27] ordnet in § 1 Abs. 2 SchwarzArbG eine Handlung dann als Schwarzarbeit ein, wenn jemand Dienst- oder Werkleistungen erbringt oder ausführen lässt und dabei:

1. als Arbeitgeber, Unternehmer oder versicherungspflichtiger Selbstständiger seine sich aufgrund der Dienst- oder Werkleistungen ergebenden sozialversicherungsrechtlichen Melde-, Beitrags- oder Aufzeichnungspflichten nicht erfüllt,
2. als Steuerpflichtiger seine sich aufgrund der Dienst- oder Werkleistungen ergebenden steuerlichen Pflichten nicht erfüllt,
3. als Empfänger von Sozialleistungen seine sich aufgrund der Dienst- oder Werkleistungen ergebenden Mitteilungspflichten gegenüber dem Sozialleistungsträger nicht erfüllt,

---

[25] So das Bundesarbeitsgericht in: BAG vom 01.04.1976, 4 AZR 96/75.

[26] Vgl. hierzu auch BAG DB 1985, S. 1352.

[27] Gesetz zur Bekämpfung der Schwarzarbeit und illegalen Beschäftigung, Schwarzarbeitsbekämpfungsgesetz vom 23.07.2004, BGBl I, S. 1842 mit späteren Änderungen.

4. als Erbringer von Dienst- oder Werkleistungen seiner sich daraus ergebenden Verpflichtung zur Anzeige vom Beginn des selbstständigen Betriebes eines stehenden Gewerbes (§ 14 der Gewerbeordnung) nicht nachgekommen ist oder die erforderliche Karte (§ 55 der Gewerbeordnung) nicht erworben hat,

5. als Erbringer von Dienst- oder Werkleistungen ein Zulassungshandwerk als stehendes Gewerbe selbstständig betreibt, ohne in der Handwerksrolle eingetragen zu sein (§ 1 der Handwerksordnung).

Insofern fallen unter den Begriff der illegalen Beschäftigung insbesondere die illegale Arbeitnehmerüberlassung, die Beschäftigung von Ausländern ohne erforderliche Arbeitsgenehmigung bzw. ohne Aufenthaltstitel sowie Verstöße gegen das Arbeitnehmer-Entsendegesetz.[28]

Der § 8 Abs. 3 SchwarzArbG sieht für einen Verstoß gegen das Gesetz zur Bekämpfung der Schwarzarbeit und der illegalen Beschäftigung folgende Bußgeldvorschriften vor: Bis zu 300.000 € bei nicht eingehaltener Mitteilungspflicht gegenüber Sozialversicherungsträgern, der Agentur für Arbeit und der Meldepflicht nach Asylbewerberleistungsgesetz, bis 50.000 € bei nicht eingehaltener Anzeige für ein Beginnen des selbstständig geführten stehenden Gewerbes bzw. die Notwendigkeit einer Reisegewerbekarte, bis zu 30.000 € bei bewusster, vorsätzlicher oder fahrlässiger Nichterfüllung der Duldungs- und Mitwirkungspflichten bei Prüfungen und bis zu 5000 € bei Nichtmitführung oder einer nicht rechtzeitigen Vorlage eines in § 2a Abs. 1 SchwarzArbG genannten Dokuments.

Nach § 10 Abs. 2 des Gesetzes zur Bekämpfung der Schwarzarbeit und illegalen Beschäftigung liegt ein besonders schwerer Fall in der Regel vor, wenn der Täter gewerbsmäßig oder aus grobem Eigennutz handelt. Hier werden Straftaten mit Freiheitsstrafe von sechs Monaten bis zu fünf Jahren geahndet. Andere Vergehen, wie beispielsweise die Erschleichung von Sozialleistungen im Zusammenhang mit der Erbringung von Dienst- oder Werkleistungen werden gemäß § 9 SchwarzArbG mit Freiheitsstrafe bis zu drei Jahren oder mit Geldstrafe geahndet. Von diesen Vorschriften sind sowohl der Schwarzarbeiter als auch der Arbeitgeber bzw. das Unternehmen, welches die Möglichkeit zur Schwarzarbeit bietet, betroffen.

Insbesondere im Bau-Sektor spielt Schwarzarbeit eine große Rolle. Im Rahmen von Schwarzarbeitsverträgen muss nach bisher nahezu unbestrittener Auffassung gewöhnlich zwischen einem so genannten einseitigen und einem zweiseitigen Gesetzesverstoß unterschieden werden. Sofern nur ein Vertragspartner ohne Wissen des anderen gegen das Gesetz zur Bekämpfung von Schwarzarbeit verstößt, wurde der Bauvertrag gewöhnlich nach der h.M.[29] für wirksam gehalten, so dass für den gesetzestreuen Besteller die Möglichkeit

---

[28] Gesetz über zwingende Arbeitsbedingungen für grenzüberschreitend entsandte und für regelmäßig im Inland beschäftigte Arbeitnehmer und Arbeitnehmerinnen (AEntG) vom 20.04.2009, BGBl. I, S 799 mit späteren Änderungen.

[29] Vgl. BGH vom 19.01.1984, VII ZR 121/83, BauR 1984, S. 290; LG Leipzig, vom 21.08.1998, 16 O 561/98, BauR 1999, S. 923; a. A. OLG Düsseldorf vom 29.11.1977, 24 U 55/77, BauR 1978, S. 412.

bestand, vertragliche Erfüllung und Mängelansprüche durchzusetzen. Verstoßen hingegen sowohl Auftraggeber als auch Auftragnehmer bewusst gegen das Gesetz zur Bekämpfung von Schwarzarbeit, so ist nach bisher h.M. der gesamte Vertrag als nichtig angesehen worden und der Schwarzarbeiter, der mit Materialien in Vorleistung getreten ist, konnte möglicherweise gestützt auf die §§ 812 und 818 Abs. 2 BGB Wertersatz beanspruchen, bei welchem aber ein erheblicher Wertabschlag eingerechnet wurde. Wegen der Nichtigkeit des Vertrages schieden Mängelgewährleistungsansprüche des Auftraggebers aus.

Durch zwei Entscheidungen des Bundesgerichtshofs[30] vom 24. April 2008 ist diese bisher gefestigte Rechtsprechung allerdings ins Wanken geraten. In diesen beiden Entscheidungen hat der Bundesgerichtshof nun erstmalig im Rahmen des zweiseitigen Gesetzesverstoßes dem Besteller Mängelgewährleistungsrechte zugestanden, obwohl der Werkvertrag nichtig ist. Mit diesen beiden Entscheidungen unterläuft der Bundesgerichtshof eindeutig den Regelungszweck des Gesetzes zur Bekämpfung von Schwarzarbeit (SchwarzArbG), welches eigentlich das Ziel hat, die Schwarzarbeit zurückzudrängen.

3.7.3   Teilnichtigkeit

Zur Teilnichtigkeit findet sich eine Regelung in § 139 BGB. Diese Vorschrift lautet:

§ 139 BGB Teilnichtigkeit
Ist ein Teil eines Rechtsgeschäfts nichtig, so ist das ganze Rechtsgeschäft nichtig, wenn nicht anzunehmen ist, dass es auch ohne den nichtigen Teil vorgenommen sein würde.

Die Teilnichtigkeit kann, so wie sie im BGB beschrieben ist, im Arbeitsrecht nicht zur Anwendung kommen. Denn ansonsten würde möglicherweise ein Arbeitnehmer nur deshalb keinen wirksamen Arbeitsvertrag haben, weil eine einzige Regelung des Vertrages nicht mit dem Gesetz konform ist. Aus dem Gesichtspunkt des Arbeitnehmerschutzes ist deshalb ausnahmsweise der § 139 BGB im Arbeitsrecht immer dann nicht anzuwenden, wenn diese Vorschrift zu einem Unterlaufen des Arbeitnehmerschutzes führen würde. Stattdessen behält der übrige Arbeitsvertrag seine Wirksamkeit und lediglich die unzulässige Vertragsklausel wird durch eine gesetzliche oder tarifvertragliche Regelung ersetzt.

3.7.4   Minderjährigkeit

Ein anderer Punkt, der zu Schwierigkeiten im Rahmen des Vertragsschlusses führen kann, ist die Minderjährigkeit des Arbeitnehmers. Insbesondere bei Verträgen mit Auszubildenden sind die Lehrlinge zumeist noch keine 18 Lebensjahre alt. Der § 106 BGB stellt klar,

---

[30] Vgl. BGH vom 24.04.2008, VII ZR 42/07, MDR 2008, S. 910; BGH vom 24.04.2008, VII ZR 140/07, NZBau, S. 434 (436).

dass Minderjährige, die das siebte Lebensjahr vollendet haben, als beschränkt geschäfts-fähig angesehen werden. Nach § 107 BGB bedarf ein solcher Minderjähriger zur Abgabe einer Willenserklärung, durch die er nicht lediglich einen rechtlichen Vorteil erlangt, der Einwilligung seines gesetzlichen Vertreters. Gewöhnlich sind die gesetzlichen Vertreter die Eltern. Beim Abschluss eines Ausbildungsvertrages bzw. Arbeitsvertrages braucht der Minderjährige zwingend die Einwilligung des gesetzlichen Vertreters, weil er sich darin zur Erbringung einer Arbeitsleistung verpflichtet, so dass die Ausnahme eines lediglich rechtlichen Vorteils hier nicht greift. Ohne die Einwilligung der gesetzlichen Vertreter kann entsprechend § 108 BGB kein wirksamer Arbeitsvertrag zustande kommen. Diese Vorschrift lautet:

§ 108 BGB Vertragsschluss ohne Einwilligung
(1) Schließt der Minderjährige einen Vertrag ohne die erforderliche Einwilligung des gesetzlichen Vertreters, so hängt die Wirksamkeit des Vertrages von der Genehmigung des Vertreters ab.
(2) Fordert der andere Teil den Vertreter zur Erklärung über die Genehmigung auf, so kann die Erklärung nur ihm gegenüber erfolgen; eine vor der Aufforderung dem Minderjährigen gegenüber erklärte Genehmigung oder Verweigerung der Genehmigung wird unwirksam. Die Genehmigung kann nur bis zum Ablauf von zwei Wochen nach dem Empfang der Aufforderung erklärt werden; wird sie nicht erklärt, so gilt sie als verweigert.
(3) Ist der Minderjährige unbeschränkt geschäftsfähig geworden, so tritt seine Genehmigung an die Stelle der Genehmigung des Vertreters.

Aber auch wenn die Eltern ihre Einwilligung zum Abschluss eines Arbeitsvertrages ge-geben haben, können rechtliche Probleme bestehen.

Beispiel

Der 17-jährige A wohnt in Dresden. Er sucht eine Arbeitsstelle und bewirbt sich im ge-samten Bundesgebiet. Kurz darauf bekommt er eine Zusage für eine Tätigkeit in Ham-burg. Die Eltern sind grundsätzlich einverstanden. Doch fragen sie sich nun: Braucht der A nun für jedes Rechtsgeschäft die Einwilligung der Eltern? Benötigt er die Zustim-mung der Eltern beim Abschluss eines Mietvertrages in Hamburg? Oder beim Kauf einer Monatskarte für den Bus in Hamburg?

Damit es in der Praxis zu keinen Problemen kommt, wenn die Eltern einem Minderjähri-gen den Abschluss eines Arbeitsvertrages gestatten, musste der Gesetzgeber für die Mög-lichkeiten des Abschlusses von Rechtsgeschäften eine gesetzliche Regelung schaffen, die geeignet ist, derartige Probleme zu lösen. Der § 113 BGB bringt dem Minderjährigen den Vorteil, dass er nicht für jeden Aspekt weitere Einwilligungen der Eltern benötigt. Statt-dessen wird die Einwilligung zum Abschluss des Arbeitsverhältnisses als eine Art Gene-raleinwilligung betrachtet. Die hierfür verantwortliche Vorschrift lautet:

§ 113 BGB Dienst- oder Arbeitsverhältnis

(1) Ermächtigt der gesetzliche Vertreter den Minderjährigen, in Dienst oder in Arbeit zu treten, so ist der Minderjährige für solche Rechtsgeschäfte unbeschränkt geschäfts-fähig, welche die Eingehung oder Aufhebung eines Dienst- oder Arbeitsverhältnisses der gestatteten Art oder die Erfüllung der sich aus einem solchen Verhältnis ergeben-den Verpflichtungen betreffen. Ausgenommen sind Verträge, zu denen der Vertreter der Genehmigung des Vormundschaftsgerichts bedarf.

(2) Die Ermächtigung kann von dem Vertreter zurückgenommen oder eingeschränkt werden.

(3) Ist der gesetzliche Vertreter ein Vormund, so kann die Ermächtigung, wenn sie von ihm verweigert wird, auf Antrag des Minderjährigen durch das Vormundschaftsge-richt ersetzt werden. Das Vormundschaftsgericht hat die Ermächtigung zu ersetzen, wenn sie im Interesse des Mündels liegt.

(4) Die für einen einzelnen Fall erteilte Ermächtigung gilt im Zweifel als allgemeine Er-mächtigung zur Eingehung von Verhältnissen derselben Art.

Dieser Vorschrift kommt in der Praxis jedoch keine besondere Bedeutung zu; denn sie ist auf Berufsausbildungsverhältnisse nicht anwendbar. Aber gerade Berufsausbildungsverhält-nisse machen einen Großteil der Arbeitstätigkeit von Minderjährigen aus. Grund für die Unanwendbarkeit des Arbeitsrechts ist, dass Berufsausbildungsverträge als vorrangiges Ziel die Ausbildung haben und nicht die Arbeitsleistung. Deshalb werden sie nicht als Arbeits-verhältnis angesehen (vgl. Memento 2007, Rn. 6632 und Rn. 3170). Die Besonderheiten des Ausbildungsvertrages werden deshalb im folgenden Kapitel eingehend dargestellt.

3.8 Arbeitsvertrag mit Auszubildenden

In Deutschland gibt es zwei Arten von Ausbildungsberufen: Zum einen die staatlich an-erkannten und zum anderen die staatlich nicht anerkannten Ausbildungsberufe. Jugend-liche unter 18 Jahren dürfen in der Regel nur in staatlich anerkannten Ausbildungsberufen ausgebildet werden, für die eine Ausbildungsordnung existiert. Diese Ausbildungsberufe sind im „Verzeichnis der anerkannten Ausbildungsberufe" vom Bundesinstitut für Be-rufsbildung aufgelistet. Eine Ausnahme bilden so genannte „Erprobungsverordnungen", die für Ausbildungsgänge gelten, die noch in der Entwicklung sind. Auch an solchen Ausbildungen dürfen Jugendliche teilnehmen. Erwachsene dürfen auch in staatlich nicht anerkannten Ausbildungen ausgebildet werden. Allerdings haben sie dann auch keinen staatlich anerkannten Abschluss. In der Bundesrepublik Deutschland gibt es sechs Aus-bildungsbereiche: Industrie und Handel, Handwerk, Landwirtschaft, öffentlicher Dienst, Hauswirtschaft und freie Berufe (vgl. Bundesministerium für Bildung und Forschung 2007, S. 197 ff.). Diese sechs Bereiche sind wiederum in 93 Berufsgruppen unterteilt, in welchen dann die einzelnen Ausbildungsberufe aufgelistet sind.

Eine Ausbildung dauert in der Regel zwei bis drei Jahre und unterliegt einem dualen System. Das heißt die Ausbildung ist in zwei Teile gegliedert. Im praktischen Teil lernt der Auszubildende in seinem Betrieb die notwendigen Fähigkeiten, die für die Ausübung des angestrebten Berufs nötig sind. In der Berufsschule werden ihm dann passend dazu die

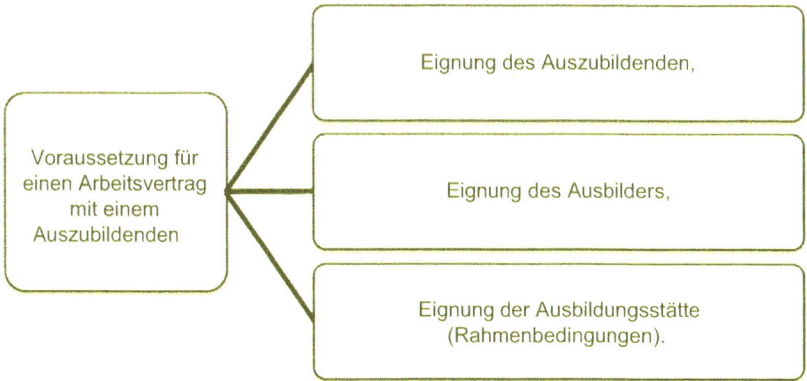

Abb. 3.1 Voraussetzungen für einen Ausbildungsvertrag

theoretischen Kenntnisse vermittelt. Im Gegensatz zum Arbeitsverhältnis eines „regulären" Arbeitnehmers, bei dem die Arbeitsleistung im Vordergrund steht, ist die Vermittlung
von grundlegenden Fähigkeiten für den angestrebten Beruf das wichtigste Ziel des Ausbil-
dungsverhältnisses. Obwohl die Ausbildung Hauptzweck des Vertrages ist, kommen nach
§ 10 Abs. 2 BBiG die für den Arbeitsvertrag geltenden allgemeinen Rechtsvorschriften
und Rechtsgrundsätze zur Anwendung (vgl. Otto 2008, Rn. 111). Um den Ausbildungs-
betrieben individuelle Gestaltungsmöglichkeiten zu geben, legt die Ausbildungsordnung
nur fest, welche Fähigkeiten hierunter mindestens fallen. Darüber hinaus wird allerdings
davon ausgegangen, dass dem Auszubildenden auch noch weitere Kenntnisse vermittelt
werden. Das Ziel einer jeden Ausbildung ist es, dem Auszubildenden grundlegende Kenntnisse des angestrebten Berufes zu vermitteln, so dass er nach Abschluss der Ausbildung in
der Lage ist, in diesem Beruf zu arbeiten.

Das Ausbildungsverhältnis kommt durch den Vertragsschluss zustande. Dieser muss
allerdings nicht schriftlich sein. Auch ein mündlicher Arbeitsvertrag ist gültig. Allerdings
schreibt § 11 des Berufsbildungsgesetzes (BBiG) vor, dass Ausbildende unverzüglich
nach dem Abschluss des Berufsausbildungsvertrages, spätestens vor Beginn der Berufsausbildung, die wichtigen Punkte des Vertrages schriftlich festhalten müssen. Dazu zählen
beispielsweise Beginn und Dauer des Arbeitsverhältnisses, die Höhe des Gehaltes, der
Urlaubsanspruch und die tägliche Arbeitszeit.

Damit der Vertrag wirksam wird, müssen folgende drei Voraussetzungen erfüllt sein:
der Ausbildende muss geeignet sein, die Ausbildungsstätte muss geeignet sein und die Zahl
der Auszubildenden darf im Verhältnis zu den Ausbildern nicht zu groß sein (Abb. 3.1).

Zwar ist der Ausbildungsvertrag nicht unwirksam, wenn eine dieser Bedingungen nicht
erfüllt ist, aber der Auszubildende hat in diesem Fall das Recht, fristlos zu kündigen.

Nachdem der Vertrag abgeschlossen wurde, wird das Ausbildungsverhältnis in das so
genannte „Verzeichnis der Berufsausbildungsverhältnisse" eingetragen. Es ist die Aufgabe des Ausbildenden, sich hierum zu bemühen. Der Eintrag ist kostenlos. Je nachdem,
in welchem Beruf sich jemand ausbilden lässt, können hierfür die verschiedenen Hand-
werkskammern, die Industrie- und Handelskammern, die Rechtsanwalts- und Notarkam-

mern, die Steuerberaterkammern, die Apothekenkammern oder die Ärztekammern zuständig sein. Die Kammern dienen in erster Linie dazu, eine ordnungsgemäße Berufsausbildung zu gewährleisten. Sie überprüfen, ob der Berufsausbildungsvertrag den gesetzlichen
Regelungen entspricht. Ist dies nicht der Fall, wird der Ausbildungsvertrag so lange nicht
eingetragen, bis der entsprechende Mangel beseitigt ist. Für diese Beseitigung wird dem
Ausbildungsbetrieb eine gewisse Frist gewährt. Neben der Überprüfung des Vertrages
achten die Kammern auch darauf, dass der Ausbildende sowohl fachlich, als auch persönlich für seine Tätigkeit geeignet ist und auch der Ausbildungsbetrieb den gesetzlich festgelegten Anforderungen entspricht (vgl. zur Eignung des Ausbilders auch: Albert 2007,
S. 125). Bei Auszubildenden unter 18 Jahren ist es außerdem notwendig, dass die Bescheinigung über die Erstuntersuchung vorgelegt wird. Falls sich während der Ausbildungszeit
gravierende Änderungen im Vertrag ergeben, müssen diese unverzüglich an die Kammer
gemeldet werden. Doch was charakterisiert einen Auszubildenden und welche Rechte und
Pflichten obliegen ihm während seiner Ausbildung?

3.8.1 Der Auszubildende

In Bezug auf den Auszubildenden muss man grundsätzlich zwischen zwei Arten unterscheiden. Zum einen gibt es den jugendlichen Auszubildenden unter 18 Jahren, für den
die Eltern einen Ausbildungsvertrag abschließen müssen, damit dieser wirksam wird. Der
jugendliche Arbeitnehmer unterliegt dem Jugendarbeitsschutzgesetz. In diesem Gesetz
sind Regelungen getroffen für Jugendliche, das heißt, Personen, die älter als 15 aber noch
nicht 18 Jahre alt sind. Unter diese Regelungen fallen beispielsweise besondere Vorschriften zur Dauer der Arbeitszeit, zur Schichtarbeit oder der gesundheitlichen Betreuung des
Auszubildenden.

Zum anderen gibt es die erwachsenen Auszubildenden ab 18 Jahren, die eigenständig
einen Ausbildungsvertrag abschließen können. Sie unterliegen dem Arbeitsrecht.

Der Auszubildende ist kein Arbeitnehmer im eigentlichen Sinne, da bei ihm nicht die
Arbeitspflicht, sondern die so genannte Lernpflicht im Vordergrund steht (vgl. § 13 Satz
1 BBiG). Dies bedeutet, dass der Auszubildende sich geistig und körperlich darum bemühen muss, das Ausbildungsziel, nämlich den Erwerb der grundlegenden Kenntnisse
des Berufs, zu erreichen. Um dieses Ziel zu verwirklichen, muss der Auszubildende sich
an gewisse Pflichten halten. So muss er am Berufsschulunterricht teilnehmen und die Anordnungen seines Ausbilders befolgen.

Neben seiner Hauptpflicht, der Pflicht zu lernen, hat der Auszubildende auch eine Reihe
anderer Pflichten zu erfüllen. So ist er verpflichtet, Betriebsgeheimnisse für sich zu behalten und muss mit den Werkzeugen und Maschinen des Betriebes sorgsam umgehen. Bleibt
er der Ausbildung z. B. wegen Krankheit fern, so muss er dies seinem Ausbilder melden.
Für den Fall, dass ein Auszubildender eine der genannten Pflichten verletzt, gibt es verschiedene Vorgehensweisen. Je nach Schwere der Verletzung ist eine Kündigung möglich.
Der Auszubildende kann auch zu Schadensersatzzahlungen verpflichtet werden. Trägt der

Ausbilder eine Mitschuld, z. B. dadurch, dass er den Auszubildenden nicht genügend beaufsichtigt hat, kann der Schadensersatz für den Auszubildenden gemindert werden.

3.8.2 Pflichten des Ausbilders

Die Hauptpflicht des Ausbilders besteht in der so genannten Ausbildungspflicht. Um dieser nachgehen zu können, muss der Ausbilder fachlich und persönlich geeignet sein. Das heißt, er muss die beruflichen und pädagogischen Fähigkeiten besitzen, um einem Auszubildenden grundlegende Kenntnisse in seinem Beruf vermitteln zu können (Albert 2007, S. 125). In handwerklichen Berufen weist der Ausbilder diese Fähigkeiten durch das Bestehen der Meisterprüfung nach.[31] Ist der Ausbilder wegen mangelnder fachlicher oder persönlicher Eignung nicht in der Lage selber auszubilden, so muss er eine Person beauftragen, welche die Ausbildung für ihn übernehmen kann. Führt eine Person ohne Ausbildungsbefugnis die Ausbildung durch, so darf der Auszubildende fristlos kündigen und kann unter Umständen sogar Schadensersatzansprüche geltend machen. Der vermeintliche Ausbilder kann dann mit einer Geldbuße in Höhe von bis zu 5000 € bestraft werden.

Neben dem Ausbilder muss auch die Ausbildungsstätte geeignet sein. Das bedeutet, dass der Auszubildende dort Bedingungen vorfinden muss, in denen er alle grundlegenden Fähigkeiten für die spätere Ausübung des angestrebten Berufs lernen kann. Ist das der nicht Fall, so muss ein zusätzlicher oder anderer Ausbildungsort gefunden werden, an welchem der Auszubildende diese Kenntnis erlangen kann. Ist eine Ausbildungsstätte nicht für die Ausbildung geeignet und sorgt der Ausbildungsbetrieb nicht für geeigneten Ersatz, so kann die Ausbildung dort durch die Landesbehörde verboten werden.

Während der gesamten Ausbildungszeit muss der Ausbilder die für jeden Ausbildungsberuf individuell vorgeschriebene Ausbildungsordnung einhalten. Zusätzlich muss er dem Auszubildenden die Ausbildungsmittel kostenlos zur Verfügung stellen und diesen für die Zeit, in der er zur Berufsschule geht, freizustellen. Außerdem soll er den Auszubildenden dazu anhalten, Berichthefte zu schreiben, die den Verlauf seiner Ausbildung dokumentieren. Der Ausbilder darf dem Auszubildenden nur Aufgaben übertragen, die auch zum Vorankommen seiner Ausbildung beitragen.

Beispiel

Ein junges Mädchen, welches eine Ausbildung zur Industriekauffrau absolviert besteht wegen ungenügender Leistungen in den Fächern „kaufmännisches Rechnen" und „Buchführung" die Abschlussprüfung nicht. Es stellt sich heraus, dass sie im Rahmen ihrer Ausbildung zwar in der Buchhaltung des Betriebes beschäftigt worden ist, dort allerdings nur für minderwertige Tätigkeiten wie Ablage und Botengänge eingesetzt

---

[31] Eine Tabelle der beruflichen Fertigkeiten und deren Nachweise findet sich im Memento Rechtshandbuch (2007, Rn. 3192).

wurde. Nach einer Verlängerung der Ausbildung besteht sie ein halbes Jahr später die Prüfung und fordert vom ausbildenden Betrieb Schadensersatz (Beispiel nach: Hanau und Adomeit 2007, Rn. 570)[32].

In diesem Beispielfall fordert die Auszubildende nach Ansicht des Bundesarbeitsgerichts zu Recht Schadensersatz (vgl. Hanau und Adomeit 2007, Rn. 570)[33]. Die Differenz zwischen der Ausbildungsbeihilfe und dem üblichen Gehalt einer kaufmännischen Angestellten ist der Schaden, welcher ihr in dem halben Jahr der Ausbildungsverlängerung entstanden ist.

Spätestens am Ende der Ausbildungszeit ist der Ausbilder verpflichtet, dem Auszubildenden ein Zeugnis zu schreiben, in welchem die Dauer, Art und das Ziel der Berufsausbildung, sowie die erworbenen Fähigkeiten erläutert werden.[34] Der Ausbilder bzw. der Ausbildungsbetrieb müssen dem Auszubildenden eine Vergütung zahlen. Diese ist auch für die Zeiträume zu zahlen, in welchen der Auszubildende krank ist oder zur Berufsschule geht. Die Vergütung muss mindestens einmal pro Jahr erhöht werden.

Neben diesen relativ klar definierten Pflichten des Ausbilders, gehört es auch zu seinen Aufgaben, die Persönlichkeit des Auszubildenden zu fördern. Diese Aufgabe kann natürlich je nach Verhältnis zwischen Ausbilder und Auszubildendem sehr unterschiedlich ausfallen und ist nur schwer messbar. Für den Fall, dass der Ausbilder seiner Pflicht absichtlich nicht nachkommt, hat der Auszubildende Anspruch auf Schadensersatz. Ist jedoch nachweisbar, dass der Auszubildende die Verletzung der Pflicht mit verursacht hat, so kann der Schadensersatz geringer ausfallen.

3.8.3 Beginn und Ende der Ausbildungszeit

Das Ausbildungsverhältnis beginnt immer mit einer Probezeit, die mindestens einen Monat und maximal drei Monate dauert. Sofern der Auszubildende die Probezeit beispielsweise wegen Arbeitsunfähigkeit unterbrechen muss, kann diese Frist auch verlängert werden. Der Ausbilder hat während der Probezeit die Pflicht, zu überprüfen, ob der Auszubildende für die Ausbildung geeignet ist. Auch der Auszubildende soll in dieser Zeit prüfen, ob er sich für den richtigen Ausbildungsberuf entschieden hat. Da die Probezeit bereits zu der Ausbildung gehört, bestehen sowohl für den Ausbilder als auch für den Auszubildenden bereits alle Pflichten. Während der Probezeit können sowohl der Auszubildende, als auch der Ausbilder das Arbeitsverhältnis ohne Angabe von Gründen schriftlich kündigen. Für den Arbeitgeber ist es nach Ablauf der Probezeit relativ schwierig, dem Auszubildenden zu kündigen. Eine ordentliche Kündigung ist gar nicht mehr möglich und neben einer

---

[32] In Anlehnung an BAG vom 10.06.1976, EzA § 6 BBiG Nr. 2.

[33] Unter Hinweis auf BAG vom 10.06.1976, EzA § 6 BBiG Nr. 2 und BAG vom 11.08.1987, EzA § 16 BBiG Nr. 1.

[34] Kein Schadensersatzanspruch wegen verspäteter Erteilung eines Zeugnisses; vgl. BAG-Entscheidung vom 12.02.2013, 3 AZR 120/11, NZA 2014, S. 31.

außerordentlichen Kündigung besteht für ihn nur noch die Möglichkeit eines Aufhebungsvertrages. Damit eine außerordentliche Kündigung möglich ist, müssen wichtige Gründe,
wie beispielsweise Diebstahl oder andere Straftaten vorliegen. Diese Kündigungsgründe
dürfen dem Arbeitgeber nicht länger als zwei Wochen bekannt sein.

Für den Auszubildenden hingegen ist es auch nach Ablauf der Probezeit immer noch relativ einfach, das Arbeitsverhältnis zu kündigen. Für ihn ist die Begründung ausreichend,
dass er die Ausbildung abbrechen möchte, bzw. sich für eine andere Berufsausbildung
entschieden hat. Der Auszubildende muss dabei die Kündigungsfrist von vier Wochen einhalten und eine schriftliche Kündigung einreichen (vgl. Otto 2008, Rn. 310).

Ansonsten kann nach Ablauf der Probezeit das Arbeitsverhältnis lediglich noch durch
eine einverständliche Auflösung des Arbeitsvertrages erreicht werden. Das heißt, dass sowohl der Auszubildende als auch sein Arbeitgeber mit der Auflösung des Vertrages einverstanden sein müssen. Sowohl der Auszubildende als auch der Arbeitgeber können vom anderen Schadensersatz verlangen, wenn der andere die Schuld für die Auflösung trägt. Der
Anspruch auf Schadensersatz muss innerhalb von drei Monaten geltend gemacht werden.

In der Regel endet das Ausbildungsverhältnis jedoch nachdem die Ausbildungszeit
beendet ist und der Auszubildende seine Abschlussprüfung bestanden hat. Für den Fall,
dass der Auszubildende die Prüfung bereits vor Ablauf der Ausbildungszeit besteht, endet
das Ausbildungsverhältnis mit dem Bestehen der Prüfung. Falls der Auszubildende die
Prüfung nicht besteht, kann er das Ausbildungsverhältnis um maximal ein Jahr bis zum
nächstmöglichen Prüfungstermin verlängern.

Nachdem der Auszubildende die Abschlussprüfung bestanden hat, ist der Ausbildungsbetrieb nicht verpflichtet, ihn weiterhin zu beschäftigen. Falls der Arbeitgeber den Auszubildenden jedoch weiterbeschäftigt, ohne dass es eine Vereinbarung darüber gibt, gilt dies
als Begründung eines Arbeitsverhältnisses auf unbestimmte Dauer.

3.8.4 Gesetzliche Regelungen für Ausbildungsverhältnisse

Das Berufsbildungsgesetz (BBiG)[35] regelt für alle Berufszweige grundlegend das Verhältnis zwischen Ausbilder und Auszubildendem. Unter anderem sind hier auch die Pflichten
von Ausbilder und Auszubildendem, sowie die Anerkennung von Ausbildungsberufen
normiert.

Für alle Berufsgruppen im Handwerk legt die Handwerksordnung (HandwO) gesetzlich fest, unter welchen Bedingungen Auszubildende eingestellt werden dürfen; das heißt,
welche Voraussetzungen ein Unternehmen erfüllen muss, um ausbilden zu können. Darüber hinaus existieren noch spezielle Prüfungsregelungen für handwerkliche Berufe. Neben
diesen eben erwähnten besonderen Gesetzen für die Berufsausbildung gibt es noch ein
Gesetz, das für alle Auszubildenden gilt, die noch nicht 18 Jahre alt sind. Es ist das Jugendarbeitsschutzgesetz. Dieses Gesetz regelt zum Beispiel, wie lange Jugendliche arbei-

---

[35] Gesetz vom 23.03.2005, BGBl. I S. 931.

ten dürfen. Es gibt spezielle Regelungen für die Schicht-, Wochenend-, oder Nachtruhe vor und legt in einem gesonderten Teil die Gesundheitsbetreuung der Jugendlichen fest.

3.8.5   Ärztliche Untersuchungen

Damit ein jugendlicher Auszubildender seine Ausbildung überhaupt beginnen darf, muss er innerhalb der letzten 14 Monate ärztlich untersucht worden sein. Eine Bescheinigung darüber muss er seinem Ausbilder vorlegen. Ziel dieser Untersuchung ist es, dass der Arzt sowohl die körperliche als auch die geistige Entwicklung des Jugendlichen feststellt. Ein Jahr nach Ausbildungsbeginn, muss der Jugendliche sich erneut untersuchen lassen und diese Bescheinigung ebenfalls seinem Ausbilder vorlegen. In dieser Nachuntersuchung soll neben der erneuten Feststellung der geistigen und körperlichen Entwicklung des jugendlichen Auszubildenden auch geklärt werden, ob seine Gesundheit durch die Arbeit in irgendeiner Form beeinträchtigt wird. Die Kosten für diese Untersuchung muss der Arbeitgeber übernehmen, und er muss den Jugendlichen für die Zeit der Untersuchung von der Arbeit freistellen. Die erste Nachuntersuchung ist verpflichtend. Ohne diese Untersuchung darf der Arbeitgeber den Jugendlichen nicht weiter beschäftigen. Nach der ersten Nachuntersuchung kann der Jugendliche sich zwar einmal pro Jahr untersuchen lassen; diese Untersuchungen sind dann jedoch nicht mehr verpflichtend und der Arbeitgeber darf ihn auch ohne diese weiter beschäftigen.

Es gehört zu den Pflichten des Ausbilders, den Auszubildenden neun Monate nach Ausbildungsbeginn an die Nachuntersuchung zu erinnern. Für den Fall, dass der Jugendliche sich nicht untersuchen lässt, ist der Arbeitgeber verpflichtet, ihn schriftlich dazu aufzufordern. Falls der Jugendliche sich trotzdem nicht untersuchen lässt, darf der Arbeitgeber ihn nicht weiter beschäftigen, bis die erforderliche Bescheinigung vorliegt. Der Auszubildende muss damit rechnen, dass sein Ausbildungsverhältnis bei der zuständigen Kammer gelöscht wird. Wenn der Ausbilder seiner Verpflichtung nicht nachkommt und den jugendlichen Auszubildenden nicht pflichtgemäß an die Nachuntersuchung erinnert, muss er mit einer Geldbuße rechnen.[36]

3.8.6   Der Berufsschulunterricht

Auch für den Berufsschulunterricht gibt es Regelungen und Gesetze. Da die Berufsausbildung einem so genannten dualen System unterliegt, gehört es dazu, dass jeder Auszubildende sich neben dem Erlernen der praktischen Fähigkeiten in seinem Ausbildungsbetrieb auch das theoretische Wissen aneignet. Die Dauer des Berufsschulbesuches kann je nach Ausbildung und angestrebtem Beruf unterschiedlich sein. In einigen Ausbildungsberu-

---

[36] Eine Tabelle mit einer Zusammenstellung von Pflichtverletzungen und den dazu festgelegten Geldbußen ist abgedruckt in: Memento Rechtshandbuch (2007, Rn. 3234).

fen findet die theoretische Ausbildung parallel zur praktischen Ausbildung an ein oder mehreren Tagen in der Woche statt. In anderen Ausbildungsberufen hingegen wechseln sich Theorie- und Praxisblöcke ab und der Auszubildende verbringt mehrere Wochen oder Monate am Stück in der Berufsschule, bzw. in seinem Ausbildungsunternehmen. Der Berufsschulunterricht ist nicht freiwillig, sondern der Auszubildende ist dazu verpflichtet, die Berufsschule zu besuchen. In einigen Bundesländern ist diese Verpflichtung sogar im Schulgesetz festgehalten. Von seinem Ausbildungsbetrieb muss der Auszubildende für die Zeit des Berufsschulbesuchs von der Arbeit freigestellt werden. Auch für den Fall, dass die Berufsschule Betriebsbesichtigungen oder ähnliche Dinge unternimmt, welche die Kenntnisse des Auszubildenden über seinen zukünftigen Beruf erweitern, muss der Ausbildungsbetrieb den Auszubildenden hierfür freistellen. Der Ausbilder ist zudem dazu verpflichtet, den Auszubildenden zum Berufsschulbesuch anzuhalten. Bei einem Verstoß muss der Ausbilder mit einer Geldstrafe bis zu 5000 € rechnen. Beinhaltet der Verstoß auch eine Verletzung des Jugendarbeitsschutzgesetzes, so kann er sogar mit einer Geldbuße bis zu 15.000 € bestraft werden.

3.8.7   Regelung der Arbeitszeiten

Die Arbeitszeiten sind für jugendliche Auszubildende im Jugendarbeitsschutzgesetz (JArbSchG) geregelt. Sie dürfen demnach nicht mehr als acht Stunden pro Tag und insgesamt nicht mehr als 40 h pro Woche arbeiten (vgl. § 8 Abs. 1 JArbSchG). Für erwachsene Auszubildende gilt wie für alle übrigen Arbeitnehmer das Arbeitszeitgesetz (ArbZG)[37]. Darin ist eine maximale Wochenarbeitszeit von 48 h festgelegt, welche sich rechnerisch aus den gesetzlichen Vorgaben ergibt. Jugendliche Auszubildende dürfen nach § 14 JArbSchG frühestens um 6 Uhr anfangen zu arbeiten. Ausnahmen gelten in Bäckereien, Konditoreien und in der Landwirtschaft, wo Jugendliche über 16 Jahren bereits um 5 Uhr mit der Arbeit beginnen dürfen. Sonderregelungen gelten auch für Betriebe, in denen im Schichtverfahren gearbeitet wird. Bedingung ist allerdings, dass die Aufsichtsbehörde informiert ist, die eine Genehmigung auch nur dann erteilen darf, wenn es im Betriebsablauf zu Wartezeiten kommen würde, falls der Auszubildende später mit seiner Arbeit beginnt. Eine weitere Ausnahme sind Betriebe, in denen es im Sommer sehr heiß werden kann wie z. B. in der Glasherstellung. Mit einer Genehmigung der Aufsichtsbehörde dürfen Jugendliche auch hier schon um 5 Uhr beginnen. Pausen sind während der Arbeitszeit gesetzlich vorgeschrieben. Dauert diese zwischen viereinhalb und sechs Stunden, muss der Auszubildende mindestens 30 min pausieren; bei einer Arbeitszeit von mehr als sechs Stunden muss die Pause sogar mindestens 60 min betragen.

Laut Jugendarbeitsschutz dürfen jugendliche Auszubildende grundsätzlich nur bis maximal 20.00 Uhr arbeiten. Doch auch hier gibt es Ausnahmen. So werden in Betrieben, in denen jugendliche Auszubildende über 16 Jahren auch länger arbeiten dürfen, auch Aus-

---

[37] Gesetz vom 06.06.1994, BGBl. I, S. 1170.

nahmen gemacht; z. B. in der Landwirtschaft bis 21.00 Uhr, im Gaststättengewerbe bis
22.00 Uhr, im Schaustellergewerbe bis 22.00 Uhr, in der Binnenschifffahrt bis 22.00 Uhr,
bei Funk- und Fernsehaufnahmen bis 23.00 Uhr und bei Mehrschichtbetrieben bis 23.00
Uhr. Bis 23.00 Uhr dürfen die jugendlichen Auszubildenden nur unter der Voraussetzung
arbeiten, dass sie am folgenden Tag vor 9.00 Uhr keinen Unterricht in der Berufsschule
haben. Voraussetzungen für diese verlängerten Arbeitszeiten ist auch hier eine Genehmigung der Aufsichtsbehörde.

Neben den bereits genannten Ausnahmen können auch individuelle Betriebsvereinbarungen und Tarifverträge zu anderen Arbeitszeiten bei jugendlichen Auszubildenden
führen. Auf keinen Fall darf es durch zu frühe, zu späte, oder zu lange andauernde Arbeitszeiten zu körperlichen, geistigen oder seelischen Fehlentwicklungen bei den jugendlichen
Auszubildenden kommen.

Am Samstagen und Sonntagen dürfen jugendliche Auszubildende in der Regel nicht beschäftigt werden. Ausnahmen gibt es beispielsweise für den ärztlichen Notdienst, für Friseu-
re oder Auszubildende in Pflegeheimen. Allerdings müssen sie mindestens zwei Samstage
bzw. Sonntage im Monat frei haben. Für den Samstag bzw. Sonntag, an dem sie gearbeitet
haben, müssen sie in der direkt darauf folgenden Woche einen Tag frei bekommen, an dem
sie auch nicht zur Berufsschule gehen müssen. Falls sie sogar ein komplettes Wochenende
(also Samstag und Sonntag) arbeiten müssen, bekommen sie im Gegenzug zwei Tage, an
welchen kein Berufsschulunterricht stattfindet, in der darauf folgenden Woche frei.

An Feiertagen ist die Beschäftigung jugendlicher Auszubildender ebenfalls nicht erlaubt. In einigen Ausbildungsberufen gelten jedoch wieder Ausnahmen. Allerdings dürfen
an gesetzlichen Feiertagen grundsätzlich nur diejenigen Auszubildenden beschäftigt werden, die auch an Sonntagen arbeiten dürfen. An einigen Feiertagen dürfen Auszubildende
nicht nach 14.00 Uhr beschäftigt werden. Genauso wie für die Arbeitszeit an Wochenen-
den, müssen sie auch für die Arbeit an einem Feiertag mit einem freien Arbeitstag in der
darauf folgenden Woche entschädigt werden. Verstöße gegen das Jugendarbeitsschutzgesetz werden strafrechtlich verfolgt und können mit einer Geldstrafe bis zu 15.000 € oder
sogar einer Gefängnisstrafe sanktioniert werden.

3.8.8 Urlaub

Um sich von der betrieblichen und schulischen Ausbildung zu erholen, muss der Arbeitgeber sowohl dem jugendlichen, als auch dem erwachsenen Auszubildenden eine gewisse
Anzahl an Urlaubstagen im Kalenderjahr zur Verfügung stellen. Die Anzahl der Urlaubstage muss im Ausbildungsvertrag festgehalten werden und gilt immer für ein Kalenderjahr.
Grundlegend muss hier zwischen dem Urlaubsanspruch eines erwachsenen Auszubildenden, der im Bundesurlaubsgesetz geregelt ist, und dem Urlaubsanspruch eines jugendlichen Auszubildenden, der im Jugendarbeitsschutzgesetz festgelegt ist, unterschieden
werden. Bei jugendlichen Auszubildenden richtet sich die Dauer des Urlaubs nach dem
Alter. Jugendliche, die noch nicht 16 Jahre alt sind, müssen mindestens 30 Tage Urlaub

pro Jahr bekommen. Diejenigen, die noch nicht 17 Jahre alt sind, bekommen mindestens 27 Tage und jugendliche Auszubildende, die noch keine 18 Jahre alt sind, bekommen mindestens 25 Tage Urlaub pro Kalenderjahr. Erwachsene Auszubildende haben Anspruch auf mindestens 24 Urlaubstage im Kalenderjahr. Der Urlaub eines Auszubildenden muss vom Arbeitgeber während der Berufsschulferien gewährt werden. Da die Urlaubszeit als Erholung von der Ausbildung gilt, darf der Auszubildende während seines Urlaubs keiner Arbeit nachgehen, die diesem Zweck nicht entspricht. Ein Auszubildender im Gastronomiegewerbe dürfte beispielsweise während seines Urlaubs nicht als Kellner arbeiten.

3.8.9   Vorzeitige Beendigung

Zur vorzeitigen Beendigung eines Berufsausbildungsverhältnisses hat das Bundesarbeitsgericht explizit festgestellt[38]:

1. Wird ein Berufsausbildungsverhältnis nach der Probezeit vorzeitig gelöst, so kann der Auszubildende Schadensersatz verlangen, wenn der Ausbildende den Grund für die Auflösung zu vertreten hat.
2. Danach kann der Auszubildende die bis zum vertraglich vereinbarten Beendigungszeitpunkt des Berufsausbildungsverhältnisses ausfallende Ausbildungsvergütung verlangen. Auf diesen Nachteil wird jedoch im Rahmen des von der Rechtsprechung entwickelten adäquat kausalen Vorteilsausgleiches dasjenige angerechnet, was er in dieser Zeit durch eine anderweitige Tätigkeit erworben hat, die er bei Fortsetzung seines Berufsausbildungsverhältnisses nicht hätte ausüben können.

3.9   Besondere Arbeitsverhältnisse nach dem Teilzeit- und Befristungsgesetz

Für die Personalpolitik (vgl. Duchstein 2013, S. 3066 ff.) eines Unternehmens ist es notwendig, genau zu kalkulieren, wie viele Arbeitnehmer benötigt werden und in welchem Umfang die Beschäftigung vereinbart werden soll. Neben der Vollzeitbeschäftigung gibt es noch andere Arten, einen Arbeitnehmer in den Produktionsablauf zu integrieren. Dabei können die Arbeitszeiten der Mitarbeiter sehr flexibel gestaltet werden. Die meisten dieser Beschäftigungsverhältnisse werden unter dem Begriff „Teilzeit" zusammengefasst. Aber auch der Arbeitnehmer muss sich im Vorfeld informieren, welche Beschäftigungsform für ihn zeitlich und finanziell am besten geeignet ist.

Eine weitere Möglichkeit zur Personalplanung ist die Leiharbeit.[39] Auch diese Form bietet eine sehr hohe Flexibilität für Arbeitgeber und Arbeitnehmer (vgl. hierzu auch:

---

[38] BAG vom 08.05.2007, 9 AZR 527/06, JR 2008, S. 220.

[39] Vgl. zum Werkvertrag als Alternative zur Leiharbeit: Zintl und Zimmerling 2013, S. 562 f.

Maschmann 2013, S. 1305 ff.). Es eilt dieser Form der Beschäftigung immer noch ein schlechter Ruf voraus. Im Anfangsstadium dieser modernen Arbeitskräftesteuerung stand den Leiharbeiterfirmen noch ein breites Spektrum zur Lohnmanipulation zur Verfügung. Doch die Entwicklung dieses Arbeitsmarktes machte es notwendig, dass für diesen gesellschaftlichen Bereich feste Normen unter demokratischen Gesetzesfunktionen geschaffen wurden.

3.9.1   Teilzeit

3.9.1.1   Begriff

Grundsätzlich sind die Rechte und Pflichten von Vollzeit- und Teilzeitarbeitnehmern gleich. Wesentliches Merkmal der Teilzeitarbeit ist zunächst die kürzere Arbeitszeit, wobei nicht genau festgeschrieben ist, wie viel Arbeitszeit höchstens oder mindestens erbracht werden muss. Eine Definition von Teilzeitarbeit ist zudem in § 2 Abs. 1 des Teilzeit- und Befristungsgesetzes (TzBfG) nachzulesen. Diese Vorschrift lautet:

§ 2 TzBfG Begriff des teilzeitbeschäftigten Arbeitnehmers

(1) Teilzeitbeschäftigt ist ein Arbeitnehmer, dessen regelmäßige Wochenarbeitszeit kürzer ist, als die eines vergleichbaren vollzeitbeschäftigten Arbeitnehmers. Ist eine regelmäßige Wochenarbeitszeit nicht vereinbart, so ist ein Arbeitnehmer teilzeitbeschäftigt, wenn seine regelmäßige Arbeitszeit im Durchschnitt eines bis zu einem Jahr reichenden Beschäftigungszeitraums unter der eines vergleichbaren vollzeitbeschäftigten Arbeitnehmers liegt. Vergleichbar ist ein vollzeitbeschäftigter Arbeitnehmer des Betriebes mit derselben Art des Arbeitsverhältnisses und der gleichen oder einer ähnlichen Tätigkeit. Gibt es im Betrieb keinen vergleichbaren vollzeitbeschäftigten Arbeitnehmer, so ist der vergleichbare vollzeitbeschäftigte Arbeitnehmer aufgrund des anwendbaren Tarifvertrages zu bestimmen; in allen anderen Fällen ist darauf abzustellen, wer im jeweiligen Wirtschaftszweig üblicherweise als vergleichbarer vollzeitbeschäftigter Arbeitnehmer anzusehen ist.

(2) Teilzeitbeschäftigt ist auch ein Arbeitnehmer, der eine geringfügige Beschäftigung nach § 8 Abs. 1 Nr. 1 des Vierten Buches Sozialgesetzbuch ausübt.

3.9.1.2   Voraussetzungen für Teilzeitarbeit

Laut § 8 TzBfG hat jeder Arbeitnehmer das Recht seine Arbeitszeit zu verkürzen. Natürlich sind an diese gesetzliche Regelung bestimmte Voraussetzungen geknüpft:

* Der Arbeitnehmer muss den Arbeitgeber spätestens drei Monate im Voraus auf seinen Wunsch der Arbeitsverkürzung aufmerksam machen und auch die gewünschte Arbeitszeitverteilung angeben.
* Der Betrieb muss mindestens 15 Mitarbeiter haben.
* Der Arbeitnehmer muss mindestens sechs Monate im Betrieb beschäftigt sein.
* Der Arbeitgeber muss nach der Anfrage des Arbeitnehmers eine mögliche Teilzeit prüfen.

• Der Arbeitsplatz muss für die Teilzeitarbeit geeignet sein; d. h. es dürfen aufgrund von Verkürzung der Arbeitszeit keine betrieblichen Probleme, wie z. B. Lieferengpässe oder zu hohe Kosten, auftreten.

Einen Monat vor Beginn der gewünschten Teilzeit muss der Arbeitgeber schriftlich seine Entscheidung mitteilen.

3.9.1.3 Arbeitszeit

Für die Vollzeitbeschäftigten richtet sich die Arbeitszeit nach dem für den Betrieb anzuwendenden Tarifvertrag. Danach werden für die Vollzeitbeschäftigten die Arbeitsstunden festgelegt, wobei dies von Betrieb zu Betrieb variieren kann. Ob Teilzeitarbeit vorliegt, richtet sich also nach der Zahl der vollzeitlich geleisteten Arbeitsstunden an einem vergleichbaren Arbeitsplatz. Liegt die wöchentliche Arbeitszeit eines Arbeitnehmers auch nur eine Stunde unter derjenigen der übrigen Arbeitnehmer, so spricht man schon von Teilzeitarbeit. Anders verhält es sich, wenn im gesamten Betrieb oder in einer Abteilung die Arbeitszeit vorübergehend oder langfristig verringert wird oder ein Arbeitnehmer nicht auf Dauer, sondern nur für eine kurze Zeit weniger Stunden arbeitet als die übrigen Mitarbeiter. Diese Fälle zählen nicht zur Teilzeitarbeit, sondern sind Vollzeitstellen. Teilzeitarbeit liegt nur dann vor, wenn der Arbeitnehmer bei einem Betrieb angestellt ist, ein Arbeitsvertrag vorliegt, der ihn an das Unternehmen bindet und er bezüglich Ort und Art der zu erbringenden Arbeit weisungsgebunden ist.

3.9.1.4 Arten von Teilzeitarbeit

Im Rahmen der Teilzeitarbeit existieren verschiedene Ausgestaltungsmöglichkeiten (zur Altersteilzeit vgl. Hanau 2009, S. 225 ff.). So gibt es beispielsweise die geringfügige Beschäftigung. Sie ist die simpelste Form der Teilzeitarbeit. Arbeitnehmer in einem solchen Beschäftigungsverhältnis sind nicht versicherungspflichtig. Die Begründung hierfür liegt im niedrigen Arbeitsentgelt, welches nicht als Lebensgrundlage dienen kann.

Man unterscheidet zwei Arten von geringfügiger Beschäftigung (vgl. hierzu: Memento 2007, Rn. 4751): Die erste Art ist die Entgeltgeringfügigkeit im Sinne des § 8 Abs. 1 Nr. 1 SGB IV. Im Rahmen dieser auf Dauer angelegten Beschäftigungen wird die Geringfügigkeit allein von der geringen Höhe des Arbeitsentgelts hergeleitet. Das Arbeitsentgelt liegt hier nicht höher als 450,00 € pro Monat. Die zweite Art ist die Zeitgeringfügigkeit bzw. kurzzeitige Beschäftigung im Sinne des § 8 Abs. 1 Nr. 2 SGB IV. Dies bezieht sich auf die geleistete Arbeitszeit, welche zwei Monate pro Jahr oder 50 Kalendertage nicht überschreiten darf.

Im Rahmen der Entgeltgeringfügigkeit ist der Arbeitgeber verpflichtet für die Lohnsteuer und die Sozialversicherung pauschalierte Abgaben zu entrichten. Bei der Zeitgeringfügigkeit ist lediglich auf die Steuerpflicht zu achten. Sozialversicherung fällt hingegen nicht an.

Nach § 7 Abs. 1 SGB V sind einige Personengruppen trotz Unterschreitung der Entgeltgrenze versicherungspflichtig. Dazu gehören Auszubildende, Praktikanten und Personen, die ein freiwilliges soziales oder ökologisches Jahr absolvieren. Da eine Geringbeschäftigung als reguläres Arbeitsverhältnis gilt, sind dem Arbeitnehmer alle Sonderleistungen, Zuschüsse und Urlaubsansprüche zu gewähren, welche den übrigen Mitarbeitern des Betriebs auch zustehen. Darüber hinaus gelten die regulären Kündigungsfristen. Geringfügig Beschäftigte müssen in der Mini-Job-Zentrale bzw. der Knappschaft angemeldet werden.

Eine weitere Art der Teilzeitarbeit sind Arbeitsverhältnisse mit Gleitzone. Hierunter ist ein Arbeitsverhältnis zu verstehen, bei dem der Arbeitnehmer monatlich ein Arbeitsentgelt ausgezahlt bekommt, welches zwischen 450,01 und 850,00 € liegt. Diese Situation kann auch entstehen, wenn ein Arbeitnehmer mehrere geringfügige Beschäftigungen ausübt. Ein Arbeitnehmer in der Gleitzone ist sozialversicherungs- und steuerpflichtig. Die Beiträge richten sich nach dem Einkommen des Arbeitnehmers und werden prozentual an die normalen Sätze angeglichen. Der Arbeitgeber zahlt immer die Hälfte des gesamten Betrages. Anders als bei geringfügig Beschäftigten hat ein solcher Arbeitnehmer über den Betrieb Anspruch auf Leistungen der Krankenversicherung. Die Gleitzone ist im § 20 Abs. 2 SGB IV definiert.

3.9.1.5 Teilzeitarbeitsmodelle

Es existieren unterschiedliche Modelle die Teilzeitarbeit auszugestalten. So gibt es beispielsweise die herkömmliche Teilzeit. Hierbei umfasst die wöchentliche Arbeitszeit weniger Stunden als bei einem Vollbeschäftigten. Lage und Verteilung der Arbeitszeit sind aber ähnlich. So muss beispielsweise eine bestimmte Anzahl an Stunden in der Woche geleistet werden, oder es sind ein oder mehrere Tage pro Woche festgelegt. Mit der herkömmlichen Zeitarbeit ist es Unternehmen auch möglich, ihre Betriebszeiten zu verlängern oder arbeitsintensive Tage bzw. Tageszeiten besser zu bewältigen, z. B. durch Einführung zusätzlicher Schichten. Diese Form findet sich vor allem im Dienstleistungssektor und im Einzelhandel.

Ein weiteres Modell ist das so genannte Job-Sharing. Job-Sharing bedeutet übersetzt „Arbeitsteilung". Dieser Begriff beschreibt die Arbeitsform bereits sehr genau. Zwei oder mehr Arbeitnehmer teilen einen Vollzeitarbeitsplatz. Dies hat aber zum Nachteil, dass die Arbeitszeit pro Arbeitnehmer höchstens die Hälfte einer Vollzeitstelle ausmacht, wodurch sich auch das Arbeitsentgelt entsprechend verringert. Aus diesem Grund wird von vielen Arbeitssuchenden diese Form nicht gerne gewählt. Sie müssen untereinander Absprachen über Arbeitszeit und Vertretungen treffen. Sollte der Sharing-Partner krank werden, so muss der andere für ihn einspringen. Dies ist in § 13 TzBfG geregelt. Scheidet der Sharing-Partner beispielsweise durch Kündigung aus dem Unternehmen aus, bedeutet das aber nicht das Ausscheiden des jeweilig anderen (Blanke und Graue 2007, S. 50 f.).

Eine Fortentwicklung dieser Modellvariante ist das Bilden von Arbeitsgruppen. Um das Job-Sharing etwas flexibler zu gestalten, wird häufig nicht nur eine Vollzeitstelle mit mehreren Arbeitnehmern besetzt, sondern es werden aus mehreren verwandten Vollzeitstellen so genannte Arbeitsplatzgruppen gebildet. Dadurch ergibt sich eine größere Summe an Arbeitszeit, die auf mehrere Arbeitnehmer verteilt werden kann. Dabei können sogar Wünsche der Arbeitnehmer bezüglich der Menge an Arbeitsstunden und Lage der Arbeitszeiten berücksichtigt werden.

Eine Alternative kann auch die Arbeit auf Abruf sein. Diese Form erfordert wohl die meiste Flexibilität vom Arbeitnehmer. Denn der Arbeitseinsatz richtet sich nach dem Arbeitsanfall im Betrieb. Aus diesem Grund ist es wichtig, genau festzulegen, wie viele Arbeitsstunden in einem bestimmten Zeitraum geleistet werden sollen. Hierbei besteht die Möglichkeit dieses pro Woche, pro Monat oder pro Jahr festzulegen. Dadurch wird dem Arbeitnehmer gleichzeitig ein bestimmter Mindestlohn gesichert. Das Gesetz schreibt bei dieser Form des Arbeitsvertrages eine Mindestfrist für den Abruf der Arbeit vor. Nach § 12 Abs. 2 TzBfG muss der Arbeitnehmer mindestens vier Tage vor Beginn des Einsatzes über die Lage der Arbeitszeit informiert werden. Vorteil gegenüber kurzzeitig befristeten Stellen ist bei dieser Form die Garantie auf einen dauerhaften Arbeitsplatz.

Sehr flexibel ist das Modell der Wahlarbeitszeit. Bei Wahlarbeitszeit hat der Arbeitnehmer sehr viele Möglichkeiten seine Arbeitszeit zu reduzieren. Er kann „die einzelnen Arbeitstage verkürzen, aber auch die Arbeitswoche, den Arbeitsmonat oder sogar das Arbeitsjahr" (Hanau und Peters-Lange 2004, S. 16). Eine Form der Wahlarbeitszeit ist das so genannte Baukastensystem. Ein Baustein besteht dabei aus einer Arbeitseinheit mit fester Stundenzahl. Jeder Arbeitnehmer kann sich daraus seinen individuellen Arbeitsplan zusammenstellen. Auch die Gleitzeitsysteme gehören zur Wahlzeitarbeit. Hierbei muss eine konstant bleibende Kernarbeitszeit festgelegt und eingehalten werden. Arbeitsbeginn und Ende sind vom Arbeitnehmer flexibel zu gestalten. Geleistete Arbeitsstunden, welche über die, im Arbeitsvertrag festgelegte Arbeitszeit hinausgehen, werden auf einem Zeitkonto eingetragen und durch Gleittage ausgeglichen.

Ein letztes Modell ist die Festlegung einer Jahresarbeitszeit. Solche Verträge sind in der Regel sehr weit gefasst. Sie können sich an den Interessen des Arbeitnehmers orientieren oder am Bedarf des Unternehmens. Jahresarbeitszeit kann bedeuten, dass der Arbeitnehmer in einem unregelmäßigen Schichtsystem eingesetzt wird oder nur an bestimmten Arbeitstagen; der Begriff kann aber auch Saisonarbeit bedeuten.

3.9.2 Befristete Arbeitsverhältnisse

Eine Definition des befristeten Arbeitsverhältnisses findet sich in § 3 des Teilzeit- und Befristungsgesetzes.[40] Diese Vorschrift lautet:

§ 3 TzBfG Begriff des befristet beschäftigten Arbeitnehmers

(1) Befristet beschäftigt ist ein Arbeitnehmer mit einem auf bestimmte Zeit geschlossenen Arbeitsvertrag. Ein auf eine bestimmte Zeit geschlossener Arbeitsvertrag (befristeter Arbeitsvertrag) liegt vor, wenn seine Dauer kalendermäßig bestimmt ist (kalendermäßig befristeter Arbeitsvertrag) oder sich aus Art, Zweck oder Beschaffenheit der Arbeitsleistung ergibt (zweckbefristeter Arbeitsvertrag).

---

[40] Vgl. zum Schmerzensgeld bei Benachteiligung befristet Beschäftigter: BAG-Urteil vom 21.02.2013, 8 AZR 68/12, NJW-Spezial 2013, S. 595 f.

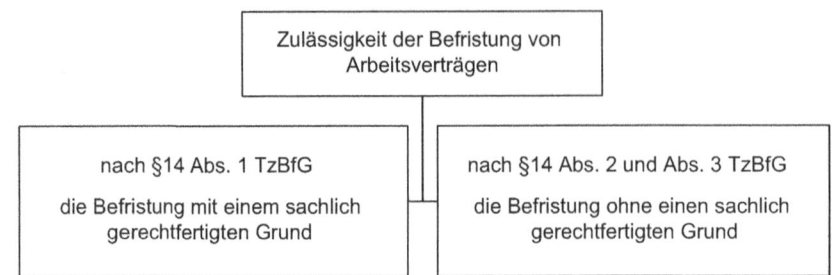

Abb. 3.2 Zulässigkeit der Befristung von Arbeitsverträgen

(2) Vergleichbar ist ein unbefristet beschäftigter Arbeitnehmer des Betriebes mit der gleichen oder einer ähnlichen Tätigkeit. Gibt es im Betrieb keinen vergleichbaren unbefristet beschäftigten Arbeitnehmer, so ist der vergleichbare unbefristet beschäftigte Arbeitnehmer aufgrund des anwendbaren Tarifvertrages zu bestimmen; in allen anderen Fällen ist darauf abzustellen, wer im jeweiligen Wirtschaftszweig üblicherweise als vergleichbarer unbefristet beschäftigter Arbeitnehmer anzusehen ist.

Sofern mehrere aufeinander folgende befristete Arbeitsverträge bestehen, „unterliegt grundsätzlich nur die Befristung des letzten Vertrages der gerichtlichen Kontrolle".[41]

3.9.2.1   Zulässigkeit der Befristung

Die Zulässigkeit der Befristung eines Arbeitsvertrages ist im § 14 TzBfG geregelt (vgl. zur Vertiefung auch: Schiefer 2011, S.1164 ff.).

Diese Vorschrift unterscheidet zwei Fälle der Befristung:

Nach § 14 Abs. 1 TzBfG die Befristung mit einem sachlich gerechtfertigten Grund; Nach § 14 Abs. 2 und Ar. 3 TzBfG die Befristung ohne einen sachlich gerechtfertigten Grund (Abb. 3.2).[42]

Dabei geht der Gesetzgeber zunächst davon aus, dass eine Befristung nur bei Vorliegen eines sachlichen Grundes zulässig ist (vgl. Boecken und Joussen 2007, § 14 Rn. 8). Von diesem Grundsatz wird nur in bestimmten Fällen bei Vorliegen festgelegter Voraussetzungen abgewichen.[43]

3.9.2.2   Befristung von Arbeitsverhältnissen mit sachlichem Grund

Nach § 14 Abs. 1 Satz 1 TzBfG ist die Befristung eines Arbeitsverhältnisses zulässig, wenn die Befristung durch einen sachlichen Grund gerechtfertigt ist.[44] Diese Voraussetzung für die Zulässigkeit von Befristungen des Arbeitsverhältnisses soll verhindern, dass mit der Befristung gesetzliche Arbeitnehmerschutzrechte, zum Beispiel der Kündigungs-

---

[41] BAG-Urteil vom 18.06.2008, 7 AZR 214/07, DB 2008, S. 2835.

[42] Vgl. hierzu auch vertiefend: LAG Berlin-Brandenburg, Urteil vom 24.06.2011, 8 Sa 559/11, DB 2011, S. 2611 f.; ArbG Berlin, Urteil vom 01.09.2011, 33 Ca 5877/11, DB 2011, S. 2612.

[43] Vgl. zum Rückkehranspruch von Teilzeitkräften auf Vollzeitbeschäftigung: Jöris 2013, S. 754 f.

[44] Vgl. zur Befristung in Formulararbeitsverträgen: BAG vom 16.04.2008, 7 AZR 132/07, MDR 2008, S. 1106 f.

schutz, umgangen werden. Liegt ein solcher Grund vor, besteht die Möglichkeit einer Zweck- oder Zeitbefristung. Eine Legaldefinition des Begriffs „sachlicher Grund" erfolgt im Gesetz nicht (vgl. Boecken und Joussen 2007, § 14 Rn. 13). Allerdings nennt § 14 Abs. 1 Satz 2 TzBfG acht Beispieltatbestände. Ein sachlicher Grund liegt nach diesem Katalog insbesondere vor, wenn:

- der betriebliche Bedarf an der Arbeitsleistung nur vorübergehend besteht (Nr. 1);
- die Befristung im Anschluss an die Ausbildung oder ein Studium erfolgt, um den Übergang des Arbeitnehmers in eine Anschlussbeschäftigung zu erleichtern (Nr. 2)[45];
- der Arbeitnehmer zur Vertretung eines anderen Arbeitnehmers beschäftigt wird (Nr. 3) (vgl. hierzu vertiefend auch: Hunold 2012, S. 288 ff.)[46];
- die Eigenart der Arbeitsleistung die Befristung rechtfertigt (Nr. 4);
- die Befristung zur Erprobung erfolgt (Nr. 5);
- in der Person des Arbeitnehmers liegende Gründe die Befristung rechtfertigen (Nr. 6);
- der Arbeitnehmer aus Haushaltsmitteln vergütet wird, die Haushaltsrechtlich für eine befristete Beschäftigung bestimmt sind, und er entsprechend beschäftigt wird (Nr. 7) oder
- die Befristung auf einem gerichtlichen Vergleich beruht (Nr. 8).

Für die Befristung muss also inhaltlich ein Grund vorliegen, welcher von der Grundsituation abweicht und den Bedarf an befristeten Arbeitsverträgen rechtfertigt. Ebenfalls muss die Dauer der Befristung in Zusammenhang mit dem inhaltlichen Grund sachlich gerechtfertigt sein. Sie hat sich also an Sachgründen für die Befristung zu orientieren.

3.9.2.3 Vorübergehender Bedarf

Das Bundesarbeitsgericht hat in seiner Rechtsprechung[47] eindeutig klargestellt, dass nach § 14 Abs. 1 Satz 2 Nr. 1 TzBfG ein sachlicher Grund für die Befristung eines Arbeitsverhältnisses dann vorliegt, wenn nur vorübergehend der betriebliche Bedarf an Arbeitsleistung besteht. Der hierzu erforderlichen Prognose müssen konkrete Anhaltspunkte zugrunde liegen. Die Frage, ob ein sachlicher Grund gegeben ist, hat gewöhnlich aufgrund einer vom Arbeitgeber vorzunehmenden zukunftsbezogenen Prognose zu erfolgen, dass über das vorgesehene Vertragsende hinaus kein Bedarf an dem befristet eingestellten Arbeitnehmer mehr besteht.[48] „Die Richtigkeit der Prognose des Arbeitgebers wird nicht da-

---

[45] Zum befristeten Arbeitsvertrag im Anschluss an die Ausbildung vgl. auch: BAG, Urt. vom 10.10.2007, 7 AZR 795/06, NJW 2008, S. 538; BAG-Urteil vom 24.08.2011, 7 AZR 368/10, DB 2012, S. 292 f.

[46] Zur EuGH-Rechtsprechung zu Kettenbefristungen vgl. auch: EuGH-Urteil vom 26.01.2012, Rs. C-586/10, DB 2012, S. 290 ff.

[47] Vgl. BAG-Urteil vom 20.02.2008, 7 AZR 950/06, DB 2008, S. 2598.

[48] Vgl. BAG vom 17.04.2002, 7 AZR 283/01, EzA § 620 BGB Nr. 191; BAG vom 06.12.2000, 7 AZR 262/99, NZA 2001, S. 721 ff. (S. 722).

durch in Frage gestellt, dass der prognostizierte vorübergehende Bedarf an der Arbeitsleistung über das Vertragsende des befristet beschäftigten Arbeitnehmers noch andauert."[49]

Darüber hinaus setzt die Wirksamkeit einer Befristung wegen eines vorübergehenden Mehrbedarfs voraus, „dass der Arbeitnehmer gerade zur Deckung dieses Mehrbedarfs eingestellt wird. Es genügt aber, wenn zwischen dem zeitweilig erhöhten Arbeitsanfall und der befristeten Einstellung ein vom Arbeitgeber darzulegender ursächlicher Zusammenhang besteht".[50] Ein solcher vorübergehender betrieblicher Bedarf kann beispielsweise bei einem kurzfristig erhöhten Arbeitskräftebedarf[51] während der Erntesaison oder bei einem künftig entfallenden Arbeitskräftebedarf[52] wegen der Inbetriebnahme einer neuen technischen Anlage auftreten. Voraussetzung ist, dass bei Abschluss des befristeten Arbeitsvertrages mit Sicherheit feststeht, dass der zusätzliche Bedarf nach Auslaufen der Befristung auch entfällt.

3.9.2.4 Befristung im Anschluss an Ausbildung oder Studium

Gemäß § 14 Abs. 1 Satz 2 Nr. 2 TzBfG ist eine Befristung sachlich gerechtfertigt, wenn sie im Anschluss an eine Ausbildung oder ein Studium erfolgt, um den Übergang des Arbeitnehmers in eine Anschlussbeschäftigung zu erleichtern. Ziel des Befristungsgrundes ist, einem Berufsanfänger die Möglichkeit zu eröffnen, berufliche Erfahrungen zu sammeln und somit den Berufsstart zu vereinfachen (vgl. Boecken und Joussen 2007, § 14 Rn. 54). Dabei muss ein Zusammenhang zwischen befristeter Beschäftigung und Übergang in eine Anschlussbeschäftigung bestehen. Die Befristung kann allerdings nur im Rahmen des ersten Arbeitsvertrages nach der Ausbildung oder dem Studium auf diese Norm gestützt werden. Eine Vertragsverlängerung kann aufgrund dieses normierten Sachgrundes nicht mehr erfolgen.[53]

3.9.2.5 Vertretung eines anderen Arbeitnehmers

Nach § 14 Abs. 1 Satz 2 Nr. 3 TzBfG kann eine befristete Beschäftigung auch zur Vertretung einer zeitweilig ausfallenden Arbeitskraft aufgenommen werden. Voraussetzung dafür ist, dass der Arbeitgeber bereits zu dem vorübergehend ausfallenden Arbeitnehmer in einem Rechtsverhältnis steht und mit dessen Rückkehr rechnet.

Durch den Ausfall des Arbeitnehmers, beispielsweise wegen Krankheit, Urlaub, Einberufung zum Wehr- oder Zivildienst oder Abordnung ins Ausland, entsteht ein vorübergehender Bedarf an Arbeitsleistung, der durch einen befristet Beschäftigten abgedeckt

---

[49] BAG-Urteil vom 20.02.2008, 7 AZR 950/06, DB 2008, S. 2598.

[50] BAG-Urteil vom 20.02.2008, 7 AZR 950/06, DB 2008, S. 2598.

[51] Vgl. zum vorübergehend erhöhten Arbeitskräftebedarf: BAG vom 11.02.2004, 7 AZR 362/03, NZA 2004, 978 ff; BAG vom 17.04.2002, 7 AZR 283/01, EzA § 620 BGB Nr. 191.

[52] Vgl. zum entfallenden Arbeitskräftebedarf z. B.: BAG vom 03.12.1997, 7 AZR 651/96, AP zu § 620 BGB Nr. 196 Befristeter Arbeitsvertrag, hier bezogen auf den Fall einer Betriebsstillegung.

[53] Vgl. BAG vom 10.10.2007, 7 AZR 795/06, JR 2008, S. 528.

werden kann. Eine Dauervertretung wäre hierbei jedoch unzulässig; denn es muss sich um ein von vornherein zeitlich begrenztes Bedürfnis handeln.[54]

3.9.2.6 Eigenart der Arbeitsleistung

Nach § 14 Abs. 1 Satz 2 Nr. 4 TzBfG liegt ein sachlicher Grund insbesondere vor, wenn die Eigenart der Arbeitsleistung die Befristung rechtfertigt. Mit diesem sachlichen Befristungsgrund hat der Gesetzgeber die spezifische Rechtsprechung des Bundesverfassungsgerichts und Bundesarbeitsgerichts zu Rundfunkmitarbeitern aufgegriffen, die aus der Rundfunkfreiheit ein Recht der Rundfunkanstalten abgeleitet hatten, programmgestaltende Mitarbeiter aus Gründen der Gewährleistung der Programmvielfalt befristet beschäftigen zu dürfen und möchte darüber auch der Freiheit der Kunst Rechnung tragen, wonach Intendanten auch zeitlich befristete Verträge mit Solisten schließen möchten.[55] Die entscheidenden Kriterien für die Zulässigkeit einer Befristung des Arbeitsverhältnisses sind, dass der Arbeitnehmer künstlerisch tätig ist und insoweit individuelle Leistungen erbringt.[56] Insofern kann eine Befristung beispielsweise bei Choreographen, Dramaturgen, Kapellmeistern oder Theaterschauspielern in Betracht kommen.[57]

3.9.2.7 Befristung zur Erprobung

Gemäß § 14 Abs. 1 Satz 2 Nr. 5 TzBfG kann ein Arbeitsverhältnis zur Erprobung des Arbeitnehmers befristet werden. Durch die Probebeschäftigung kann der Arbeitgeber die fachliche und persönliche Eignung des Arbeitnehmers überprüfen[58], bevor ein unbefristetes Arbeitsverhältnis abgeschlossen wird. Dabei steht es dem Arbeitgeber frei, ob er nach Ablauf des Probearbeitsverhältnisses den Arbeitnehmer unbefristet beschäftigt. Grundsätzlich beschränkt sich die Befristung zur Erprobung auf Neueinstellungen von Arbeitnehmern. Die Dauer der Probezeit muss eindeutig und ausdrücklich vereinbart werden. Das Bundesarbeitsgericht orientiert sich im Rahmen der Angemessenheit der Befristungsdauer an der sechsmonatigen Wartefrist des § 1 Abs. 1 KSchG.[59] Allerdings kann diese Zeitdauer je nach erforderlicher Tätigkeit und Qualifikation auch zulässigerweise überschritten werden. So kann beispielsweise bei Lehrern durchaus ein Zeitraum von einem Schuljahr zur Probe erlaubt sein.[60]

---

[54] Vgl. BAG vom 10.03.2004, 7 AZR 402/03, NZA 2004, S. 925 ff. (S. 926); BAG vom 06.12.2000, 7 AZR 262/99, NZA 2001, S. 721 ff. (S. 722); BAG vom 24.05.2006, 7 AZR 640/05.

[55] Vgl. hierzu BT-Drucks. 14/4374, S. 19.

[56] Vgl. BAG vom 28.08.1998, 7 AZR 263/97, NZA 1999, S. 442 ff. (S. 443).

[57] Vgl. BAG vom 02.07.2003, 7 AZR 612/02, NZA 2004, S. 311 ff. (S. 313); BAG vom 28.08.1998, 7 AZR 263/97, NZA 1999, S. 442 ff. (S. 443).

[58] Vgl. hierzu die Begründung zu § 14 Abs. 1 Satz 2 Nr. 5, BT-Drucks. 14/4374, S. 19.

[59] Vgl. BAG vom 15.03.1978, 5 AZR 831/76, AP Nr. 45 zu § 620 BGB Befristeter Arbeitsvertrag.

[60] Vgl. BAG vom 31.08.1994, 7 AZR 983/93, AP Nr. 163 zu § 620 BGB Befristeter Arbeitsvertrag.

3.9.2.8 Gründe in der Person des Arbeitnehmers

Der § 14 Abs. 1 Satz 2 Nr. 6 TzBfG erkennt Gründe, die in der Person des Arbeitnehmers liegen als sachlichen Grund für eine Befristung an. Ein in der Person des Arbeitnehmers begründeter sachlicher Befristungsgrund liegt dann vor, wenn dieser aus sozialen Gründen nur vorübergehend beschäftigt wird, um beispielsweise die Zeit bis zum Beginn einer bereits feststehenden anderen Beschäftigung, des Wehrdienstes oder eines Studiums überbrücken zu können. So hat das Bundesarbeitsgericht beispielsweise die Befristung eines Arbeitsvertrages aus sozialen Gründen für sachlich gerechtfertigt angesehen, wenn diese nach Abschluss einer Promotion stattfand, um dem Arbeitnehmer die Suche nach einem neuen Arbeitsplatz aus einem gesicherten Beschäftigungsverhältnis zu ermöglichen.[61] Aber auch eine befristete Arbeitserlaubnis rechtfertigt eine befristete Beschäftigung. Darüber hinaus stellt auch der eigene Wunsch des Arbeitnehmers, über eine bestimmte Zeit hinaus nicht tätig sein zu wollen, unter bestimmten Voraussetzungen einen sachlichen Befristungsgrund dar (Steinherr 2002, S. 68; Boecken und Joussen 2007, § 14, Rn. 90)[62].

3.9.2.9 Haushaltsrechtlich befristete Mittel

Im Sinne von § 14 Abs. 1 Satz 2 Nr. 7 TzBfG liegt ein sachlicher Grund für eine Befristung eines Arbeitsvertrages dann vor, wenn der Arbeitnehmer aus Haushaltsmitteln vergütet wird, welche haushaltsrechtlich für eine befristete Beschäftigung bestimmt sind, und er auch dementsprechend beschäftigt wird.[63] Dieser Befristungsgrund bezieht sich auf den öffentlichen Dienst und darf nicht auf die Privatwirtschaft übertragen werden (vgl. Ring 2001, S. 154).

3.9.2.10 Gerichtlicher Vergleich

Der § 14 Abs. 1 Satz 2 Nr. 8 TzBfG sieht vor, dass eine Befristung auch dann in Betracht kommt, wenn die Befristung auf einem gerichtlichen Vergleich beruht (vgl. hierzu Boecken und Joussen 2007, § 14 Rn. 98 ff.).

3.9.2.11 Befristung von Arbeitsverhältnissen ohne sachlichen Grund

Außerhalb der Zulassungsvoraussetzungen des § 14 Abs. 1 TzBfG ist der Abschluss eines befristeten Arbeitsverhältnisses nur ausnahmsweise in folgenden Fällen erlaubt:

- bei Neueinstellungen (§ 14 Abs. 2 TzBfG),
- bei Gründung eines Unternehmens (§ 14 Abs. 2a TzBfG),
- bei Arbeitnehmern, die bei Vertragsabschluss das 52. Lebensjahr vollendet haben (§ 14 Abs. 3 TzBfG).

---

[61] Vgl. BAG vom 19.08.1981, 7 AZR 252/79, AP Nr. 60 zu § 620 BGB Befristeter Arbeitsvertrag; BAG vom 07.03.1980, 7 AZR 177/78, AP Nr. 54 zu § 620 BGB Befristeter Arbeitsvertrag.

[62] Vgl. BAG vom 26.08.1998, 7 AZR 349/97, NZA 1999, S. 476 ff. (S. 477).

[63] Vgl. zur Befristung von Arbeitsverträgen im öffentlichen Dienst: BAG-Urteil vom 07.05.2008, 7 AZR 198/07, Betriebs-Berater 2008, S. 2016 ff.

3.9.2.12 Befristung bei Neueinstellungen

Nach § 14 Abs. 2 Satz 2 TzBfG ist die Befristung ohne Vorliegen eines sachlichen Grundes nur möglich, wenn bei demselben Arbeitgeber zuvor kein befristetes oder unbefristetes Arbeitsverhältnis bestanden hat. Es handelt sich bei dieser Vorschrift um eine Ausnahme des in § 14 Abs. 1 TzBfG normierten Grundsatzes, wonach die Befristung des Arbeitsvertrages eines sachlich rechtfertigenden Grundes bedarf. Gemäß § 14 Abs. 2 Satz 1 TzBfG ist dabei nur eine kalendermäßige Befristung bis zur Dauer von zwei Jahren zulässig.[64] Wird dieser Zeitraum bei Abschluss des ersten Vertrages nicht ausgeschöpft, sind bis zu drei Verlängerungen möglich. So kann zum Beispiel nach einer Ausgangsbefristung von sechs Monaten der Vertrag dreimal um jeweils weitere sechs Monate verlängert werden.

Eine Verlängerung ist nur dann zulässig, wenn der neue Vertrag ohne Unterbrechung an den alten Vertrag anschließt, die Verlängerung vor Ablauf des befristeten Arbeitsverhältnisses abgeschlossen wird und die Vertragsbedingungen sich nicht verändert haben.[65] Wird die Verlängerung hingegen erst nach dem Ablauf der Befristungszeit vorgenommen, so ist dieses als Neuabschluss eines sachgrundlos befristeten Arbeitsvertrages zu sehen, der dann aufgrund des Anschlussverbotes (vgl. Boecken und Joussen 2007, § 14 Rn. 117 ff.) nach § 14 Abs. 2 Satz 2 TzBfG unzulässig ist.[66]

3.9.2.13 Befristung bei Unternehmensneugründungen

Der § 14 Abs. 2a TzBfG ermöglicht Existenzgründern sachgrundlose Befristungen von Arbeitsverträgen. Ziel dieser Regelung ist, die Entscheidung zur Einstellung von Arbeitnehmern in der Aufbauphase zu erleichtern[67], da in diesem Stadium der Personalbedarf nur schwer einschätzbar ist. Deshalb können in den ersten vier Jahren nach der Gründung eines Unternehmens Arbeitsverträge kalendermäßig ohne Vorliegen eines sachlichen Grundes bis zur Dauer von vier Jahren befristet bzw. bis zu einer Gesamtdauer von vier Jahren mehrfach verlängert werden. Ausgenommen sind Neugründungen im Zusammenhang mit der rechtlichen Umstrukturierung von Unternehmen und Konzernen (vgl. Weyand und Düwell 2005, S. 110 ff. (S. 113)).

3.9.2.14 Befristung älterer Arbeitnehmer

Der § 14 Abs. 3 TzBfG ist novelliert worden und in seiner neuen Ausgestaltung zum 1. Mai 2007 in Kraft getreten.[68] Er sieht eine erleichterte Befristungsmöglichkeit für Arbeitnehmer nach Vollendung des 52. Lebensjahres vor.

---

[64] Vgl. hierzu auch BAG vom 15.01.2003, 7 AZR 535/02, NZA 2003, S. 1092 ff. (S. 1092).

[65] Vgl. BAG vom 15.01.2003, 7 AZR 535/02, NZA 2003, S. 1092 ff. (S. 1093); BAG vom 25.05.2005, 7 AZR 286/04; BAG vom 19.10.2005, 7 AZR 31/05, NZA 2006, S. 154 f. (S. 155); BAG vom 18.01.2006, 7 AZR 178/05, NZA 2006, S. 605 ff. (S. 606); BAG vom 23.08.2006, 7 AZR 12/06.

[66] Vgl. BAG vom 19.10.2005, 7 AZR 31/05, NZA 2006, S. 154 f. (S. 155).

[67] Vgl. BT-Drucks. 15/1204, S. 10.

[68] Vgl. Gesetz vom 19.04.2007, BGBl. I 2007, S. 538, welches mit Wirkung zum 01.05.2007 in Kraft getreten ist.

Danach ist eine sachgrundlose Befristung von Arbeitsverhältnissen ohne Vorliegen eines sachlichen Grundes bis zu einer Dauer von fünf Jahren mit solchen Arbeitnehmern möglich, die bei Beginn des befristeten Arbeitsverhältnisses das 52. Lebensjahr bereits vollendet haben und unmittelbar vor Beginn des befristeten Arbeitsverhältnisses mindestens vier Monate beschäftigungslos gewesen sind, Transferkurzarbeitergeld bezogen haben oder an einer öffentlich geförderten Beschäftigungsmaßnahme nach dem „Zweiten" oder „Dritten Buch" des Sozialgesetzbuchs teilgenommen haben.

3.9.2.15 Schriftformerfordernis

Nach § 14 Abs. 4 TzBfG in Verbindung mit § 125 Satz 1 BGB ist eine nur mündlich vereinbarte Befristung nichtig. Mangels wirksamer Befristung ist in derartigen Fällen von einem unbefristeten Arbeitsverhältnis auszugehen. Ziel des Schriftformerfordernisses ist es, im Hinblick auf die besondere Bedeutung der Befristung, eine größtmögliche Rechtssicherheit zu gewährleisten.[69]

Eine spätere, nachträgliche schriftliche Fixierung einer anfänglich nur mündlich vereinbarten Befristung kann nicht dazu führen, dass eine zunächst formnichtige Befristung rückwirkend Wirksamkeit erlangt.[70] Das Schriftformerfordernis gilt nur für die Befristung und für jede Verlängerung. Alle anderen Bestandteile des Arbeitsvertrages sowie auch der Befristungsgrund unterliegen dieser Formvorschrift nicht (vgl. Boecken und Joussen 2007, § 14 Rn. 157).

3.9.2.16 Ende des befristeten Arbeitsvertrages

Der § 15 TzBfG beinhaltet Vorschriften für die:

- Beendigung eines kalendermäßig befristeten Arbeitsvertrages und
- Beendigung eines zweckbefristeten Arbeitsvertrages.
- Neben den Beendigungsvorschriften eröffnet diese Norm unter bestimmten Voraussetzungen auch eine Kündigungsmöglichkeit während der Laufzeit der Befristung.
- Ein kalendermäßig befristeter Arbeitsvertrag endet nach § 15 Abs. 1 TzBfG mit Ablauf der vereinbarten Zeit. Einer Kündigung bedarf es nicht. Diese Beendigungsfrist gilt sowohl für die entsprechenden befristeten Arbeitsverträge mit sachlichem Grund als auch für die Befristung ohne Sachgrund.

Nach § 15 Abs. 2 TzBfG endet ein zweckbefristeter Arbeitsvertrag grundsätzlich mit Erreichen des Zwecks. Allerdings muss diese Zweckerreichung dem Arbeitnehmer mitgeteilt werden, so dass das Arbeitsverhältnis frühestens zwei Wochen nach Zugang der schriftlichen Mitteilung des Arbeitgebers endet. Der Arbeitgeber muss den Arbeitnehmer

---

[69] Vgl. BAG vom 16.03.2005, 7 AZR 289/04, NZA 2005, S. 923 ff. (S. 925).

[70] Vgl. BAG vom 01.12.2004, 7 AZR 189/04, NZA 2005, S. 575 ff. (S. 576); BAG vom 16.03.2005, 7 AZR 289/04, NZA 2005, S. 923 ff. (S. 924); BAG-Urteil vom 16.04.2008, 7 AZR 1048/06, DB 2008, S. 2255 f.

unverzüglich unter dem Schriftformerfordernis des § 126 BGB über den konkreten Zeit-punkt der Zweckerreichung informieren. Gemäß § 130 BGB beginnt die Zweiwochenfrist erst nach Zugang dieser Erklärung. Gibt der Arbeitgeber die Mitteilung verspätet ab, so dauert das Arbeitsverhältnis bis zum Ablauf der gesetzlichen Auslauffrist an, obwohl der Zweck bereits erreicht ist.

Nach § 15 Abs. 3 TzBfG kann ein befristetes Arbeitsverhältnis ordentlich gekündigt werden, wenn dies einzelvertraglich oder in einem anwendbaren Tarifvertrag vereinbart worden ist. Auch eine außerordentliche Kündigung ist nach § 626 BGB möglich. Für den Fall, dass das Arbeitsverhältnis für die Lebenszeit einer Person oder für längere Zeit als fünf Jahre eingegangen worden ist, räumt der § 15 Abs. 4 TzBfG dem Arbeitnehmer ein Kündigungsrecht ein. Dieses kann erstmalig nach Ablauf von fünf Jahren mit einer Kün-digungsfrist von sechs Monaten ausgeübt werden.

Der § 15 Abs. 5 TzBfG regelt den Fall, dass das Arbeitsverhältnis nach Ablauf der Zeit oder nach der vereinbarten Zweckerreichung mit Kenntnis des Arbeitgebers fortgesetzt wird. Das Arbeitsverhältnis gilt dann als auf unbestimmte Zeit verlängert. Um das Ent-stehen eines unbefristeten Arbeitsverhältnisses zu verhindern, muss der Arbeitgeber un-verzüglich, also gemäß § 121 Abs. 1 BGB ohne schuldhaftes Zögern, widersprechen oder den Arbeitnehmer über die Zweckerreichung informieren.

Folgen unwirksamer Befristung

Der § 16 TzBfG legt die Rechtsfolge einer unzulässigen Befristung fest und differenziert dabei zwischen zwei Fällen:

- Die Befristungsabrede ist unwirksam oder
- die Befristung ist mangels Einhaltung der Schriftform unwirksam.

Eine Befristung kann unwirksam werden, wenn ein Sachgrund fehlt oder die Vorausset-zungen einer sachgrundlosen Befristung nicht eingehalten werden. Die Unwirksamkeit der Befristungsabrede führt nicht zur Nichtigkeit des Arbeitsvertrages, sondern an die Stelle eines unwirksamen befristeten Arbeitsverhältnisses tritt nach § 16 Satz 1 TzBfG ein unbefristetes Arbeitsverhältnis, welches erst nach Ablauf des vereinbarten Endes vom Arbeitgeber ordentlich gekündigt werden kann. Eine ordentliche Kündigung zu einem früheren Zeitpunkt ist nur möglich, wenn gemäß § 15 Abs. 3 TzBfG eine ordentliche Kündigungsmöglichkeit einzelvertraglich oder im anwendbaren Tarifvertrag vereinbart worden ist.

Ist die Unwirksamkeit der Befristung auf Mangel der Schriftform zurückzuführen, gilt auch hier das befristete Arbeitsverhältnis als auf unbestimmte Zeit abgeschlossen. Jedoch kann nach § 16 Satz 2 TzBfG der Arbeitsvertrag vor dem vereinbarten Ende ordentlich gekündigt werden.

3.9.2.17   Anrufung des Arbeitsgerichtes

Will der Arbeitnehmer geltend machen, dass die Befristung eines Arbeitsvertrages rechts-
unwirksam ist, so muss er innerhalb von drei Wochen nach dem vereinbarten Ende des
befristeten Arbeitsvertrages Klage nach § 17 Satz 1 TzBfG beim Arbeitsgericht auf Feststellung erheben, dass das Arbeitsverhältnis aufgrund der Befristung nicht beendet ist.
Hierbei kann nur die letzte Befristung rechtlich angegriffen werden.[71] Wird die Frist zur
Klageerhebung versäumt, so gilt die Befristung nach § 17 Satz 2 TzBfG in Verbindung mit
§ 7 KSchG als von Anfang an rechtswirksam; es sei denn, es werden die Voraussetzungen
für eine Zulassung verspäteter Klagen nach § 5 KSchG erfüllt. Die Beweislast für das Vorliegen eines Sachgrundes bzw. der Voraussetzungen der sachgrundlosen Befristung trägt
in der Regel der Arbeitgeber. Der § 17 Satz 3 TzBfG sieht für den Fall, dass das Arbeitsverhältnis nach dem vereinbarten Ende fortgesetzt wird, eine Sonderregelung vor. Danach
beginnt die Frist erst mit dem Zugang der schriftlichen Erklärung des Arbeitgebers, dass
das Arbeitsverhältnis aufgrund der Befristung beendet ist.

3.9.2.18   Aus- und Weiterbildung

Nach § 19 TzBfG hat der Arbeitgeber dafür Sorge zu tragen, dass auch befristet beschäftigte Arbeitnehmer an angemessenen Aus- und Weiterbildungsmaßnahmen zur Förderung
der beruflichen Entwicklung und Mobilität teilnehmen können. Zweck der Regelung ist
die Förderung befristeter Beschäftigter, um ihre Chancen auf einen unbefristeten Arbeitsplatz zu verbessern. Es muss sich um eine angemessene Aus- und Weiterbildungsmaß-
nahme handeln. Dies ist dann der Fall, wenn die Teilnahme nach der Art der Tätigkeit,
der vorgesehenen Dauer der befristeten Beschäftigung, der Dauer und nach dem für den
Arbeitgeber entstehenden Kostenaufwand sinnvoll erscheint. Eine Ausnahme gilt dann,
wenn dringende betriebliche Gründe oder Aus- und Weiterbildungswünsche anderer
Arbeitnehmer dem entgegenstehen.

Darüber hinaus ist der Arbeitgeber verpflichtet, die Arbeitnehmervertretung unaufge-
fordert über die Anzahl der befristet beschäftigten Arbeitnehmer und ihren Anteil an der
Gesamtbelegschaft des Betriebes und des Unternehmens zu informieren.

3.10   Geringfügige Beschäftigung (Minijobs)

Begrifflich lässt sich die geringfügige Beschäftigung in zwei Kategorien einteilen: zum
einen die so genannte Entgeltgeringfügigkeit, die zwar eine dauerhafte, langfristige Beschäftigung darstellt und lediglich eine geringfügige Vergütungshöhe bietet und zum anderen die so genannte Zeitgeringfügigkeit im Sinne einer kurzfristigen Beschäftigung.
Gesetzlich geregelt ist die geringfügige Beschäftigung ab § 8 SGB IV.

---

[71] Vgl. zur Missbrauchskontrolle bei mehreren Befristungen BAG-Urteil vom 13.2.2013, 7 AZR
225/11, NJW-Spezial 2013, S. 435 f.

3.10.1   Entgeltgeringfügigkeit

Die geringfügige Beschäftigung wird – sofern es sich um eine Entgeltgeringfügigkeit handelt – umgangssprachlich auch als Minijob bezeichnet. Für geringfügig entlohnte Beschäftigte ist die Entgeltgrenze seit dem 1.1.2013 einheitlich für Ostdeutschland und Westdeutschland auf 450 € angehoben worden. Damit bei Spitzen im Arbeitspensum im Rahmen des Feldes keine Schwierigkeiten bestehen, ist es zulässig, dass das Einkommen in zwei Monaten im Kalenderjahr die Grenze von 450 € überschreiten darf, ohne dass dieses sich auf die versicherungsrechtliche Einordnung auswirkt.

3.10.2   Zeitgeringfügigkeit

Als Zeitgeringfügigkeit wird angesehen, wenn die Beschäftigung des Arbeitnehmers innerhalb eines Kalenderjahres maximal zwei Monate beträgt oder wenn sie nach ihrer Eigenart auf 50 Arbeitstage begrenzt ist oder im Voraus vertraglich begrenzt ist.

Sofern ein Beschäftigungsverhältnis abgeschlossen werden soll, welches die Form einer Zeitgeringfügigkeit darstellt, ist es erforderlich, – da es sich hierbei um ein befristetes Arbeitsverhältnis handelt – dass der Abschluss dieses Vertrages nach § 14 Abs. 4 TzBfG der Schriftform bedarf; denn eine Nichtbeachtung dieser Formvorschrift würde nach § 16 TzBfG das Arbeitsverhältnis zu einem unbefristeten Arbeitsverhältnis machen. Dann kann es allerdings nicht mehr im Sinne des § 8 Abs. 1 Nr. 2 SGB IV als geringfügig angesehen werden.

3.10.3   Rentenversicherungspflicht im Rahmen geringfügiger Beschäftigung

Seit dem Jahre 2013 hat im Rahmen der Rentenversicherungspflicht bei geringfügigen Beschäftigungsverhältnissen ein grundlegender Wandel stattgefunden. Unterlagen bis zum 31.12.2012 noch geringfügig Beschäftigte grundsätzlich nicht der Rentenversicherung und wurde den Beschäftigten lediglich die Möglichkeit gelassen auf eigenes Bestreben hin Versicherungspflichtig zu werden, so ist dies seit Januar 2013 genau umgekehrt geregelt: seit dem Jahre 2013 sind Personen, welche einer geringfügigen Beschäftigung nachgehen, grundsätzlich Rentenversicherungspflichtig. In diesem Fall hat der Arbeitgeber dann einen Arbeitgeberanteil in Höhe von 15 % des Arbeitsentgelts zu zahlen; wohingegen der geringfügig Beschäftigte lediglich den Differenzbetrag, welcher für den Beitragssatz der Rentenversicherung noch offen ist, zu entrichten hat. Ist der Arbeitnehmer hierzu nicht bereit, so hat er die Möglichkeit, einen Antrag zu stellen, um von der Versicherungspflicht in allen Versicherungsarten befreit zu werden. Hierfür muss er bei seinem Arbeitgeber einen schriftlichen Antrag auf Befreiung einreichen. Rückwirkend von Beginn des Monats an, in welchem der Arbeitnehmer den Antrag beim Arbeitgeber eingereicht hat, gilt seine Befreiung. Den Antrag auf Befreiung fügt der Arbeitgeber den Lohnunterlagen bei, nachdem er sie mit einem Eingangsdatum versehen hat. Ab Mitte 2013 ist der Antrag auf Befreiung an die Minijob-Zentrale im Rahmen des DEÜV-Verfahrens zu melden. Der Mitarbeiter gilt dann als von der Rentenversicherung befreit, wenn die Minijob-Zentrale nicht innerhalb einer Monatsfrist widerspricht.

3.11   Leiharbeit

3.11.1   Begriff

Im Rahmen der Leiharbeit können begrifflich zwei Ausgestaltungen unterschieden werden: Die erste Ausgestaltung ist die echte Leiharbeit. Hierunter ist zu verstehen, dass ein Arbeitgeber den Arbeitnehmer mit dessen Zustimmung zeitlich begrenzt an einen Dritten überlässt. Hierbei ist entscheidend, dass dieses ohne gewerbsmäßiges Interesse geschieht. Diese Fälle sind unproblematisch; es ist hierfür nicht einmal eine Erlaubnis der Bundesagentur für Arbeit erforderlich. Die zweite Ausgestaltung ist die so genannte „unechte" Leiharbeit. Hierbei findet eine gewerbsmäßige, also entgeltliche Überlassung von Arbeitskräften an Dritte statt.

Leiharbeit ermöglicht dem Arbeitgeber auf externe Arbeitnehmer zugreifen zu können (vgl. hierzu vertiefend: Bauer und Heimann 2013, S. 3287 ff.). Dafür gibt es speziell so genannte Leiharbeitsfirmen, welche auch als Zeitarbeitsfirmen bezeichnet werden. Sie treten als selbständige Unternehmen auf, welche mit verschiedenen Arbeitnehmern Arbeitsverträge abgeschlossen haben, um die Arbeitnehmer dann anderen Unternehmen zur Verfügung zu stellen.[72] Bei dieser Form der Personalbeschaffung handelt es sich um ein befristetes Arbeitsverhältnis zwischen dem Leiharbeiter und dem entleihenden Unternehmen. Für den Begriff „Leiharbeit" werden auch häufig die juristisch treffenderen Bezeichnungen Zeitarbeit, Arbeitnehmerüberlassung[73] oder Arbeitnehmerleasing verwendet (vgl. zur Vertiefung auch: Thüsing 2014, S. 10 ff.). Diese Worte sind insofern treffender, weil juristisch „Leihe" eine unentgeltliche Gebrauchsüberlassung bedeutet (vgl. Brox und Walker 2006 § 16 Rn. 1). Aber unentgeltlich stellen die Zeitarbeitsfirmen ihre Mitarbeiter gewöhnlich nicht zur Verfügung.

Drei Parteien sind in der Regel an einem solchen Arbeitsverhältnis beteiligt: der Verleiher, also das Leiharbeitsunternehmen, der Entleiher, also der Betrieb, welcher den Arbeitnehmer benötigt und der Leiharbeitnehmer (vgl. Senne 2007, S. 48).

---

[72] Vgl. zum Werkvertrag als Alternative zur Leiharbeit: Zintl und Zimmerling 2013, S. 562 f.

[73] Vgl. zu den Rechtsfolgen einer nicht nur vorübergehenden Arbeitnehmerüberlassung: BAG-Entscheidung vom 10.12.2013, 9 AZR 51/13, NZA 2014, S. 196 f.

3.11.2 Geschichte und gesetzliche Grundlagen

Die Idee, Arbeitnehmer je nach Bedarf zu leihen und sie nicht fest anstellen zu müssen, stammt ursprünglich aus den USA. In den sechziger Jahren gab es dann auch in Deutschland die ersten Leiharbeitsunternehmen. Das Interesse an Leiharbeitern war so groß, dass die Branche sehr schnell wuchs. Allerdings gab es zu Beginn keine ausreichenden Rechtsgrundlagen, welche die Rechte und Pflichten der Arbeitnehmer sowie der Arbeitgeber in einem solchen Arbeitsverhältnis festlegten. Erst 1972 wurde das Arbeitnehmerüberlassungsgesetz (AÜG) verabschiedet, welches bis heute als rechtliche Grundlage für Leiharbeit gilt und die formalen Abläufe einer Arbeitnehmerüberlassung regelt.[74]

Das Arbeitnehmerüberlassungsgesetz soll in erster Linie dafür sorgen, dass kein Missbrauch mit dieser Möglichkeit der Personalbeschaffung getrieben wird. Aus diesem Grund benötigt der Arbeitgeber, der als Verleiher auftritt, nach § 1 Abs. 1 Satz 1 AÜG immer eine Erlaubnis der Bundesagentur für Arbeit.

Grundsätzlich gilt auch im Rahmen der Arbeitnehmerüberlassung das BGB als Grundlage für den Abschluss von Arbeitsverträgen. Daneben finden aber auch allgemeine Gesetze, wie das Arbeitssicherheitsgesetz (ASiG), das Tarifvertragsgesetz (TVG), das Bundesurlaubsgesetz (BUrlG), das Betriebsverfassungsgesetz (BetrVG), das Arbeitszeitgesetz, das Mutterschutzgesetz sowie das Kündigungsschutzgesetz (vgl. hierzu vertiefend aber auch: Fuhlrott und Fabritius 2014, S. 122) auf derartige Arbeitsverhältnisse Anwendung. Weiterhin müssen zahlreiche weitere rechtliche Vorschriften beachtet werden.

3.11.3 Das Arbeitnehmerüberlassungsgesetz (AÜG)

In diesem Gesetz befinden sich Regelungen, welche alle drei an einer Arbeitnehmerüberlassung beteiligten Parteien betreffen (zur aktuellen Gesetzes- und Tariflage vgl. auch: Düwell und Dahl 2009, S. 1070 ff.). In § 1 AÜG ist die gesetzliche Voraussetzung für ein Unternehmen, welches Arbeitnehmerüberlassung gewerblich betreiben möchte, festgelegt. Um ein Leiharbeitsunternehmen gewerblich zu betreiben, benötigt man eine staatliche Erlaubnis. Diese erhält man von der Bundesagentur für Arbeit (BA). Sie kann die Genehmigung erteilen, verlängern und gegebenenfalls auch wieder entziehen. Hier kann sich ein Leiharbeitnehmer auch über sein Unternehmen beschweren. Leiharbeiterfirmen werden auch regelmäßig von der Bundesagentur für Arbeit geprüft, indem unter Anderem außerplanmäßige Inspektionen durchgeführt werden.

Der § 3 AÜG enthält den Gleichbehandlungsgrundsatz. Danach soll ein Leiharbeitnehmer im Kundenbetrieb den fest angestellten Mitarbeitern bezüglich der Arbeitsbedingungen, wie Dauer der Arbeitszeit, Urlaub, Nutzung sozialer Einrichtungen beispielsweise zur Kinderbetreuung und im Arbeitsentgelt gleichgestellt sein. Dies besagt auch das so

---

[74] Vgl. Gesetz zur Regelung der gewerbsmäßigen Arbeitnehmerüberlassung – Arbeitnehmerüberlassungsgesetz vom 03.02.1995, BGBl. I S. 159.

genannte „Diskriminierungsverbot für Leasingkräfte, die sich im Kundeneinsatz befinden" aus dem Jahre 2004, welches in § 9 Nr. 2 AÜG seinen Niederschlag gefunden hat.

Muss ein Zeitarbeitnehmer zu schlechteren Bedingungen arbeiten als ein Festangestellter, sind alle Vereinbarungen, die das rechtfertigen nach § 9 Nr. 2 AÜG ungültig (vgl. zur Wirksamkeit tariflicher Regelungen auch: Ulber 2009, S. 232 ff.). Der Leiharbeitnehmer hat sogar das Recht, diese Ungleichbehandlung durch Nachzahlung von der Leiharbeiterfirma ausgleichen zu lassen.

Erst seit einiger Zeit ist das Synchronisationsverbot für Leiharbeitsunternehmen aufgehoben worden. Seitdem können Leiharbeitsunternehmen mehrfach mit einem Leiharbeitnehmer ein, auf eine bestimmte Dauer befristetes Arbeitsverhältnis abschließen. Dabei ist aber keine Sachbefristung zulässig, sondern nur ein Datum als Fristende. Damit verbunden ist, dass eine Person quasi unbegrenzt oft als Leiharbeiter bei einer Leiharbeitsfirma beschäftigt sein darf. Leiharbeiter dürfen auch beliebig lange und beliebig oft in demselben Betrieb eingesetzt werden.

3.11.4 Erlaubnis

Wie oben bereits angesprochen, ist nach § 1 Abs. 1 Satz 1 AÜG in Verbindung mit § 17 AÜG eine gewerbsmäßige Arbeitnehmerüberlassung nur mit einer Erlaubnis der Bundesagentur für Arbeit rechtlich zulässig. Der Erhalt einer Erlaubnis muss nach § 2 Abs. 1 AÜG schriftlich beantragt werden und setzt als materielle Voraussetzung die „Zuverlässigkeit" des Antragstellers voraus. Diese liegt nach § 3 Abs. 1 AÜG dann vor, wenn das Sozialversicherungs-, das Lohnsteuer-, das Arbeitsvermittlungs-, sowie das Arbeitsschutzrecht beachtet werden. Die Beachtung des Schutzrechts ist gewährleistet, sofern der Verleiher seiner Pflicht zum Abführen der Sozialversicherungsbeiträge nachkommt. Hierzu zählen Kranken-, Renten-, Unfall-, Pflege- und Arbeitslosenversicherung. Die Bundesagentur für Arbeit hat das Recht, die Einhaltung der Vorschriften zu überprüfen und Kontrollen beim Verleiher durchzuführen. Mit dem Fehlen bzw. mit dem Wegfall der Erlaubnis wird der Arbeitnehmerüberlassungsvertrag unwirksam. Diese Rechtsfolge tritt nicht rückwirkend sondern erst ab dem Zeitpunkt des Wegfalls ein.

3.11.5 Der Verleiher

Zwischen ihm und dem Leiharbeitnehmer muss ein, zumeist unbefristeter Arbeitsvertrag geschlossen sein (vgl. Berthel und Becker 2007, S. 252). Das Beschäftigungsrisiko trägt die Leiharbeiterfirma, also der Verleiher. Zwischen der Leiharbeiterfirma und dem Entleiher muss ein Arbeitnehmerüberlassungsvertrag geschlossen werden. Der Verleiher muss dem Leiharbeitnehmer den Nettolohn zahlen[75] und für ihn Steuern und Sozialabgaben sowie ggf. Sonderzulagen leisten. Er ist verpflichtet, die Befähigung des Leiharbeitnehmers zu prüfen und diese dem Entleiher zu garantieren. Hierbei ist er aber nicht für das erbrachte Arbeitsergebnis verantwortlich.

3.11.6 Der Entleiher

Zwischen dem Entleiher und dem Leiharbeitsunternehmen muss ein Überlassungsvertrag geschlossen werden. Der Leiharbeiter wird in seinem Unternehmen für einen bestimmten Zeitraum und für eine bestimmte Tätigkeit eingesetzt. Für die Arbeit des Leiharbeitnehmers muss der Entleiher den vereinbarten Betrag an das Leiharbeitsunternehmen entrichten. Er selbst zahlt dem Leiharbeitnehmer weder Lohn noch Sonderzahlungen. Der Entleiher hat dem Leiharbeiter gegenüber ein begrenztes Weisungsrecht. Das heißt, das Weisungsrecht besteht nur für die Tätigkeit vor Ort. Der Entleiher übernimmt aber die Fürsorgepflicht für den Leiharbeiter. Bei guter Arbeitsleistung und bei Personalbedarf ist es für den Entleiher auch möglich, einen Leiharbeitnehmer für seinen Betrieb in ein festes Arbeitsverhältnis zu übernehmen. In diesem Fall muss er jedoch eine Vermittlungsprovision an das Leiharbeitsunternehmen entrichten. Zum Einsatz eines Leiharbeitnehmers muss, sofern im Unternehmen ein Betriebsrat vorhanden ist, dieser nach § 14 Abs. 3 AÜG grundsätzlich immer angehört werden. Ohne die Einwilligung des Betriebsrates darf der Unternehmer keine Leiharbeitnehmer beschäftigen, es sei denn, es gibt eine Betriebsvereinbarung, die den Einsatz von Leiharbeitnehmern im Betrieb grundsätzlich gestattet. Unternehmen, die einen Leiharbeiter einstellen, haben, wenn sie Gründe wie beispielsweise schlechte Leistungen vorweisen können, das Recht, das Beschäftigungsverhältnis aufzuheben respektive einen neuen Arbeitnehmer anzufordern. Zum Schutz des Leiharbeitnehmers gelten aber bestimmte Stundenzahlen, die ein Leiharbeitnehmer in einem Unternehmen arbeiten muss.

3.11.7 Der Leiharbeitnehmer

Leiharbeitnehmer werden auch als Leiharbeiter oder überbetriebliche Mitarbeiter bezeichnet. Aus arbeitsrechtlicher Sicht gibt es zunächst zwischen dem Arbeitsverhältnis von Leiharbeitnehmer und Leiharbeiterfirma und dem Arbeitsverhältnis von Arbeitnehmer und Arbeitgeber in jedem anderen Betrieb kaum Unterschiede (zum Gleichbehandlungsgebot vgl. auch: Fuchs 2009, S. 57 ff.). In der praktischen Auswirkung sind beide Arbeitsverhältnisse jedoch sehr verschieden. Der Arbeitsvertrag eines Leiharbeitnehmers im Leiharbeitsunternehmen ist zwar meist unbefristet, doch gibt es Unterschiede zwischen

---

[75] Vgl. zum Anspruch auf gleiches Arbeitsentgelt, BAG-Urteil vom 13.03.2013, 5 AZR 954/11, NJW-Spezial 2013, S. 436.

den Zeiten, in denen der Leiharbeiter in einem Unternehmen eingesetzt ist und den Zeiten ohne Arbeitseinsatz. Das Weisungsrecht ist auf Verleiher und Entleiher aufgeteilt. Für den Leiharbeiter wechseln häufig Ort, Zeit und Unternehmen, er behält aber einen festen Arbeitgeber: das Leiharbeitsunternehmen. Von ihm bekommt er auch sein Arbeitsentgelt, obwohl er die Leistung für den Entleiher erbracht hat.

3.11.8 Überlassungsvertrag

Zwischen dem Betrieb, welcher Leiharbeiter in Anspruch nimmt und der Leiharbeiterfirma wird ein so genannter Überlassungsvertrag geschlossen. Grundlage für diesen Vertrag ist das Arbeitnehmerüberlassungsgesetz. Dieser Vertrag muss schriftlich abgefasst sein. Da derartige Verträge in der Praxis zumeist nicht individuell ausgehandelt sondern vorformulierte Formblätter dafür genutzt werden, gilt außerdem das Recht der allgemeinen Geschäftsbedingungen (§§ 305–310 BGB).

Ein Überlassungsvertrag sollte folgendermaßen aufgebaut sein (Gutmann und Kollig 2005, S. 39 f.):

- Name und Anschrift des Leiharbeitsunternehmens mit Hinweis auf die Erlaubnis nach § 1 AÜG
- Name und Anschrift des Entleihers
- Name und Sozialversicherungsnummer des Leiharbeitnehmers
- Vorgesehene Tätigkeit des Leiharbeitnehmers im Entleihbetrieb
- Qualifikation des betreffenden Leiharbeitnehmers
- Zeitpunkt und Zeitraum der Überlassung
- Übertragung der auf die Arbeitstätigkeit bezogene Weisungsbefugnis gegenüber dem Leiharbeitnehmer vom Leiharbeitsanbieter auf den Entleiher (kann auch über die AGB geregelt werden)
- Vereinbarter Verrechnungssatz (Kundentarif)
- Vereinbarung zur Arbeitssicherheit (z. B. Bereitstellung von Schutzausrüstung oder Schutzkleidung) und zu den Arbeitsbedingungen
- Vereinbarungen über Handhabung von eventuell anfallenden Überstunden, Gewährung von Zulagen, etc.

3.11.9 Arbeitsvertrag mit dem Arbeitnehmer

Zwischen Leiharbeitsunternehmen und Leiharbeiter muss es einen schriftlichen Arbeitsvertrag geben. Voraussetzung ist, dass das Leiharbeitsunternehmen eine Erlaubnis für seine Tätigkeit besitzt. Wie bei jedem anderen Arbeitsverhältnis auch, ist der Arbeitsvertrag zwischen den beiden Parteien, nämlich dem Leiharbeiterunternehmen und dem Leiharbeiter, ein schuldrechtlicher Vertrag, welcher zunächst auf den Regelungen des BGB fußt.

Der in den §§ 611 bis 630 BGB geregelte Arbeitsvertrag ist eine Unterart des Dienstvertrages. Es gelten die Vorschriften des „Allgemeinen Teils" des BGB (§§ 1–240 BGB) sowie des allgemeinen Teils des Schuldrechts (§§ 241–432 BGB). Darüber hinaus gilt für das Arbeitsverhältnis und die Arbeitsbedingungen das Arbeitnehmerüberlassungsgesetz (AÜG). Dem Arbeitsvertrag wird gemäß § 11 Abs. 2 AÜG darüber hinaus noch ein Merkblatt von der Bundesagentur für Arbeit beigefügt, welches die Rechte und Pflichten des Arbeitgebers enthält. Wie in jedem gegenseitigen Vertrag, stehen auch die Parteien des Arbeitsvertrages in einem Austauschverhältnis von Rechten und Pflichten. Da ein Leiharbeitnehmer mit der Leiharbeitsfirma einen ganz normalen Arbeitsvertrag eingegangen ist, besitzt er auch den regulären gesetzlichen Kündigungsschutz.

3.11.10 Tarifverträge im Rahmen der Arbeitnehmerüberlassung

In vielen Leiharbeitsfirmen gibt es mittlerweile Haustarifverträge, wodurch den dort beschäftigten Leiharbeitnehmern ein angemessenes Arbeitsentgelt gesichert wird. Zudem gibt es seit einiger Zeit auch Branchentarifverträge für die Arbeitnehmerüberlassungsbranche, welches diese Unternehmen nicht nur für Arbeitnehmer attraktiver macht, sondern das Image dieser Dienstleistungsunternehmen in der Öffentlichkeit aufwertet.

3.11.11 Das Arbeitsentgelt

Nach dem Gleichbehandlungsgrundsatz muss der Nettolohn, also das Arbeitsentgelt, mindestens genauso hoch sein, wie das Arbeitslosenentgelt, welches der Leiharbeitnehmer zuletzt bezogen hat. In der Praxis ist das Arbeitsentgelt gewöhnlich jedoch höher, um die Motivation für den Arbeitnehmer zu erhöhen, eine Vollzeitstelle mit 160 h pro Monat anzunehmen. Seit 2003 gibt es auch für Leiharbeiter Tarifverträge, die den Zeitarbeitsunternehmen die tariflichen Konditionen zur Bezahlung ihrer Leiharbeitnehmer vorschreiben. Dabei ist jedoch zu beachten, dass es verschiedene Tarifvertragswerke gibt, auf denen ein Arbeitsvertrag basieren kann. Darüber hinaus existieren neun Entgeltgruppen, in die, gestaffelt nach Qualifikation, ein Leiharbeitnehmer eingeordnet werden kann. Das Arbeitsentgelt für einen Leiharbeitnehmer richtet sich nicht nach dem Ausbildungsstand sondern lediglich nach der im Entleiherbetrieb ausgeübten Tätigkeit. Arbeitet ein Leiharbeitnehmer nur vorübergehend in einer höheren Position, so wird nicht sofort eine Einstufung in eine höhere Entgeltgruppe vorgenommen. Dieses erfolgt erst nach einer sechswöchigen Tätigkeit in diesem Bereich. Im Allgemeinen verdienen Leiharbeiter aber im Schnitt 15 bis 30 % weniger als fest angestellte in einem Betrieb, sofern sie vergleichbare Tätigkeiten ausüben. Wird ein Leiharbeitnehmer nicht in einem Kundenunternehmen eingesetzt, so muss ihm nach § 11 Abs. 1 Nr. 2 und Abs. 4 AÜG trotzdem ein Arbeitsentgelt weitergezahlt werden. Die Höhe seines Einkommens wird aber höher sein, wenn er in einem Betrieb arbeitet.

3.11.12   Zulagen, Wegezeitgeld und Übernachtungsgeld

Zuschläge erhält ein Leiharbeitnehmer, genau wie andere Arbeitnehmer auch, für Nachtarbeit (gewöhnlich 25 %) und für den Einsatz an Sonn- und Feiertagen (gewöhnlich 50 %).
Die angegebenen Prozentsätze gelten, solange im Entleiherbetrieb nicht andere Sätze bestehen. Da für den Leiharbeitnehmer das Unternehmen oft wechseln kann, ergeben sich
daraus zum Teil lange Anfahrtswege zur Arbeit. Benötigt der Leiharbeiter länger als 1,5 h
zu seinem Arbeitsplatz, so steigt das Arbeitsentgelt entsprechend seiner Entgeltgruppe. Ab
zwei Stunden muss der Betrieb gegebenenfalls sogar Übernachtungskosten übernehmen.

3.11.13   Krankheit und Urlaub

Wird ein Leiharbeiter krank, so muss das Leiharbeitsunternehmen einen Ersatz stellen. Es
übernimmt auch die Lohnfortzahlung im Krankheitsfall. Da das Entleihunternehmen nur
die Stunden bezahlt, die ein Leiharbeiter im Betrieb tätig war, entstehen ihm in diesem
Fall also keine Lohnkosten. Das Leiharbeitsunternehmen wird deshalb schon allein aus
eigenem Interesse so schnell wie möglich einen Ersatz für den erkrankten Arbeitnehmer
zur Verfügung stellen. Es kommt aber nicht für den entstandenen Ausfall auf.

3.11.14   Zahlungstransfer für Leiharbeit

Das Unternehmen, welches den Leiharbeiter bei sich beschäftigt, zahlt das Arbeitsentgelt
nicht direkt an den Arbeitnehmer, sondern auf der Grundlage eines Kundentarifs an das
Leiharbeiterunternehmen. Der Vorteil für das Entleihunternehmen liegt darin, dass es nur
die reine Arbeitszeit des Leiharbeitnehmers bezahlt, also nur die Stunden, die der Leiharbeiter tatsächlich im Unternehmen arbeitet. Sonderzahlungen wie beispielsweise Weih-
nachts- und Urlaubsgeld, bezahlte Urlaubstage und Feiertage, Lohnfortzahlung im Krankheitsfall und Sozialabgaben muss das Leiharbeitsunternehmen übernehmen, bei welchem
der Leiharbeitnehmer fest angestellt ist.

3.12   Arbeitsverträge mit Auszubildenden

Die Probezeit von Auszubildenden weicht von der regulären Probezeit in gewöhnlichen
Arbeitsverträgen ab. Für Auszubildende beträgt die Probezeit mindestens einen und höchstens vier Monate. Während dieser Zeitspanne können sowohl der Auszubildende als auch
der Betrieb den Ausbildungsvertrag kündigen, ohne hierfür Gründe angeben zu müssen.
   Der Urlaubsanspruch von Auszubildenden richtet sich nach dem Lebensalter des Auszubildenden. So beträgt der gesetzliche Mindesturlaub für bis zu 15-jährige 30 Werktage.
Ein 16-jähriger Auszubildender hat hingegen 27 Werktage und ein 17-jähriger Auszubil-

dender mindestens 25 Werktage Urlaub. Die Angabe „Werktage" bedeutet die Zeit von Montag bis Samstag. Ist der Auszubildende bereits erwachsen, so stehen ihm mindestens vier Wochen Urlaub pro Jahr zu. Sofern ein Tarifvertrag existiert, kann der Urlaubsanspruch auch höher sein.

Beispiel

Der 16-jährige Auszubildende A hat eine Stelle in einem Hotel angetreten. Bereits die erste Arbeitswoche war für ihn sehr anstrengend und der Arbeitgeber gestattete ihm nur einmal am Tag eine halbe Stunde Pause. Ist dies zulässig?

Die Länge der Pausenzeiten von Auszubildenden ist abhängig von der Arbeitszeit pro Tag. Das Jugendarbeitsschutzgesetz (JArbSchG) schreibt in § 11 Abs. 1 JArbSchG vor, dass 30 min Pause gegeben werden müssen, wenn der Minderjährige bis zu sechs Stunden am Tag arbeitet. Bei längeren Arbeitszeiten beträgt die Pausenzeit sogar insgesamt 60 min. Jede Pause muss mindestens 15 min betragen. Sollte der ausbildende Arbeitgeber sich hieran nicht halten, so kann sich der Minderjährige oder dessen gesetzlicher Vertreter an das Gewerbeaufsichtsamt wenden. Allerdings sollte im Interesse aller Beteiligten zunächst das Gespräch mit dem Arbeitgeber gesucht werden.

Auch die Länge der Arbeitszeit ist vorgeschrieben. Pro Tag dürfen Jugendliche nicht mehr als acht Stunden bzw. pro Woche nicht mehr als 40 h arbeiten.

3.13 Arbeitsverträge mit Praktikanten

Beispielfall

Der Student S absolviert neben seinem BWL-Studium ein geringfügig bezahltes Praktikum in der Finanzabteilung eines großen Automobilherstellers. Sein Praktikumsvertrag ist recht kurz gehalten und er fragt sich, ob für ihn als Praktikant die Regelungen des Arbeitsrechts gelten und die im Praktikumsvertrag aufgeführten Pflichten wirklich alle Pflichten sind, die er zu beachten hat.

Im Rahmen von Arbeitsverträgen mit Praktikanten ist zwischen Schul- bzw. Hochschulpraktika und Praktikumsstellen zu unterscheiden, die unabhängig von vorgeschriebenen Schul- bzw. Hochschulpraktika vorgenommen werden.

3.13.1 Schul- bzw. Hochschulpraktika

Oftmals pflegen Wirtschaftsunternehmen Kontakte zu Bildungseinrichtungen, indem sie Stipendien vergeben, Diplom- bzw. Hausarbeiten fördern oder Praktikanten beschäftigen

(vgl. Albert 2007, S. 84). Die von Bildungseinrichtungen vorgeschriebenen Praktika dienen in erster Linie der Ausbildung. Hier steht also nicht die Arbeit sondern das Lernen
von Betriebsabläufen im Vordergrund. Deshalb ist das Arbeitsrecht auf derartige Prakti-
kantenverträge nicht anwendbar. Rechte und Pflichten der Vertragspartner, welche sich
gewöhnlich aus dem Arbeitsrecht ergeben und deshalb auch ohne explizite Regelung im
Arbeitsvertrag Gültigkeit haben, müssen mit den Praktikanten deshalb explizit im Praktikumsvertrag vereinbart werden. Betroffen hiervon sind beispielsweise die Verschwiegenheitspflicht des Praktikanten über Betriebsgeheimnisse oder die Pflicht des Betriebes zur
Ausstellung eines Praktikumszeugnisses am Ende des Praktikums. Auch eine Bezahlung
des Praktikums ändert nichts daran, dass der Praktikant im Rahmen eines vorgeschriebenen Schul- oder Hochschulpraktikums nicht als Arbeitnehmer angesehen wird.

3.13.2   Nicht von Bildungseinrichtungen vorgeschriebenes Praktikum

Anders verhält es sich mit Praktika, welche nicht in Prüfungsordnungen von Schulen oder
Hochschulen vorgeschrieben sind. Da bei derartigen Praktika nicht die Ausbildung sondern die Arbeitsleistung im Vordergrund steht, werden derartige Praktikumsverhältnisse
gewöhnlich als (normale) Arbeitsverhältnisse betrachtet. Dementsprechend gelten hier für
die Praktikumsverträge dieselben Grundsätze wie bei Arbeitsverträgen.

Im oben genannten Beispielfall hat der Student S kein von seiner Hochschule in der
Ausbildungsordnung vorgeschriebenes Praktikum absolviert. Aus diesem Grunde ist er als
normaler Arbeitnehmer zu qualifizieren, auf welchen die Regelungen des Arbeitsrechts
Anwendung finden. Insofern ist es nicht verwunderlich und vor allem auch nicht Problematisch, dass der Praktikumsvertrag recht kurz gehalten wurde. Letztlich kann S aus dem
bestehenden Arbeitsverhältnis viele Ansprüche (wie z. B. den Anspruch auf Zeugniserteil-
lung nach Ende der Tätigkeit) herleiten, ohne dass diese ausdrücklich im Vertrag hätten
vereinbart werden müssen.

3.14   Zusammenfassung

Zusammenfassung

Der Arbeitsvertrag ist eine besondere Form des Dienstvertrages (§ 611 BGB). Gesetzlich ist keine besondere Form für den Arbeitsvertrag vorgeschrieben, so dass er grundsätzlich mündlich, schriftlich oder sogar durch schlüssiges Verhalten zustande kommen
kann. Oftmals sehen aber Tarifverträge oder Individualabsprachen eine Schriftform
zwingend vor. Ein Verstoß gegen ein etwaiges Schriftformerfordernis führt gewöhnlich
aber nicht zur Nichtigkeit des Arbeitsvertrages. Vielmehr sieht § 2 Abs. 1 des Nachweisgesetzes (NachwG) eine nachträgliche schriftliche Niederlegung der mündlich
vereinbarten Vertragsaspekte vor. Neben den gewöhnlichen Arbeitsverhältnissen sind

in der Praxis etliche besondere Formen der Vertragsgestaltung anzutreffen. Zu nennen sind hier insbesondere: Teilzeitverträge oder zeitlich befristete Arbeitsverträge; Verträge mit Leiharbeitsunternehmen oder mit Auszubildenden oder Praktikanten.

Literatur

Albert G (2007) Betriebliche Personalwirtschaft, 8. Aufl., Ludwigshafen
Bahnsen V (2008) Altersgrenzen im Arbeitsrecht. NJW 407 ff.
Bauer J-H, Heimann D (2013) Leiharbeit und Werkvertrag – Achse des Bösen? NJW 3287 ff.
Bayreuther F (2009) Freiwilligkeitsvorbehalte – zulässig, aber überflüssig? BB 102
Berthel J, Becker FG (2007) Personal-Management, 8. Aufl. Stuttgart
Blanke T, Graue B (2007) Arbeitsrecht. Edewicht
Boecken W, Joussen J (2007) Teilzeit- und Befristungsgesetz, Handkommentar. Baden-Baden
Brox H, Walker W-D (2006) Besonderes Schuldrecht, 31. Aufl. München
Bundesministerium für Bildung und Forschung, Referat für Öffentlichkeitsarbeit (Hrsg) (2007) Ausbildung & Beruf – Rechte und Pflichten während der Berufsausbildung. Bonn
Duchstein M (2013) Ästhetische Kriterien in der Personalauswahl. NJW 3066 ff.
Düwell F-J, Dahl H (2009) Aktuelle Gesetzes- und Tariflage in der Arbeitnehmerüberlassung. DB 1070 ff.
Fuchs M (2009) Das Gleichbehandlungsgebot in der Leiharbeit nach der neuen Leiharbeitsrichtlinie. NZA 57 ff.
Fuhlrott M, Fabritius B (2014) Besonderheiten der betriebsbedingten Kündigung von Leiharbeitnehmern. NZA 122 ff.
Gutmann J, Kollig M (2005) Zeitarbeit – Wie Sie den Personaleinsatz optimieren. München
Hanau P (2009) Neue Altersteilzeit. NZA 225 ff.
Hanau P, Adomeit K (2007) Arbeitsrecht, 14. Aufl. Neuwied
Hanau P, Peters-Lange S (2004) Teilzeitarbeit; Mini-Jobs. München
Hromadka W (2004) Schriftformklauseln in Arbeitsverträgen. DB 1261 ff.
Hunold W (2012) Befristung zur Vertretung nur zulässig bei Totalausfall eines Mitarbeiters? DB 288 ff.
Jöris H (2013) Rückkehranspruch von Teilzeitbeschäftigten auf Vollzeitbeschäftigung. NJW-Spezial 754 f.
Memento Rechtshandbuch (2013) Fremdpersonaleinsatz im Unternehmen und die Flucht in den Werkvertrag. NZA 1305 ff.
Memento R (2007) Personalrecht für die Praxis, 9. Aufl. Freiburg
Otto H (2008) Arbeitsrecht, 4. Aufl. Berlin
Preis U (2009) Der langsame Tod der Freiwilligkeitsvorbehalte und die Grenzen der betrieblichen Übung. NZA 281 ff.
Ring G (2001) Gesetz über Teilzeit und befristete Arbeitsverträge. Bonn
Schiefer B (2011) Befristete Arbeitsverträge: Hindernisse und Fallstricke – Die aktuelle Rechtsprechung (Teil I). DB 1164 ff.
Schramm N, Kröpelin A (2008) Neue Anforderungen an die arbeitsvertragliche Gestaltung von Schriftformklauseln. DB 2362 ff.
Senne P (2007) Arbeitsrecht – Das Arbeitsverhältnis in der betrieblichen Praxis, 4. Aufl. Köln
Steinherr, F (2002) In: Sponer W, Steinherr F (Hrsg) Befristete Arbeitsverhältnisse. Heidelberg
Teschke-Bährle U (2006) Arbeitsrecht schnell erfasst, 6. Aufl. Berlin

Thüsing G (2014) Dauerhafte Arbeitnehmerüberlassung: Neues vom BAG, vom EuGH und auch vom Gesetzgeber. NZA 10 ff.

Ulber J (2009) Wirksamkeit tariflicher Regelungen zur Ungleichbehandlung von Leiharbeitnehmern. NZA 232 ff.

Ulrici B (2005) Betriebliche Übung und AGB-Kontrolle. BB 1902 ff.

Weyand J, Düwell FJ (2005) Das neue Arbeitsrecht. Hartz-Gesetze und Agenda 2010 in der arbeits- und sozialrechtlichen Praxis. Baden-Baden

Zintl D, Zimmerling S (2013) Alternativer Werkvertrag? NJW-Spezial 562 f.

4

4.1 Hauptpflicht des Arbeitnehmers

Die Hauptpflicht des berufstätigen Arbeitnehmers ist die Erbringung der vertraglich vereinbarten Arbeitsleistung. Grundlage hierfür ist § 611 BGB, der die vertragstypischen
Hauptpflichten des Dienstvertrages regelt. Hierbei stellt der § 613 BGB als Auslegungsregel klar, dass es sich bei der Pflicht zur Arbeitsleistung gewöhnlich um eine persönliche Verpflichtung des Arbeitnehmers handelt. Dies bedeutet, dass der Arbeitnehmer im
Zweifelsfall nicht das Recht hat, und dementsprechend auch nicht verpflichtet ist, im Falle
seiner Arbeitsverhinderung (z. B. durch Krankheit[1]) seine Arbeit durch eine Person erbringen zu lassen, welche ihn vertritt. Da es sich hierbei aber nur um eine Auslegungsregel
handelt, könnte theoretisch durch Arbeitsvertrag eine andere Regelung getroffen werden.
In der Praxis ist dies jedoch selten der Fall.

4.2 Nebenpflichten des Arbeitnehmers

Die Nebenpflichten des Arbeitnehmers können in Treue- und Gehorsamspflicht unterteilt werden. Diese sehr antiquiert anmutenden Begriffe charakterisieren die Pflichten des
Arbeitnehmers, welche neben der Hauptpflicht, nämlich der Arbeitsleistung, bestehen.

4.2.1 Gehorsamspflicht

Die Gehorsamspflicht stellt das Gegenstück zu dem aus § 106 GewO entspringenden Direktionsrecht des Arbeitgebers dar und bedeutet, dass der Arbeitnehmer im Rahmen der

---

[1] Zur Frage der Urlaubsabgeltung bei Krankheit vgl.: EuGH, Urt. vom 20.01.2009, C 350/06, NJW-
Spezial, Heft 4, 2009, S. 114.

© Springer Fachmedien Wiesbaden 2014
A. Wien, N. Franzke, *Personalrecht*, DOI 10.1007/978-3-658-02968-5_4

arbeitsvertraglichen Vereinbarung das zu tun hat, was der Arbeitgeber kraft seines Direktionsrechts anordnet.

Beispiel

Der Arbeitgeber fordert den Sachbearbeiter S auf, zuerst einen wichtigen anderen Auftrag zu bearbeiten, bevor er den bereits angefangenen Vorgang abschließt.

S kann hier nicht selbst wählen, was er zuerst bearbeiten möchte, sondern ist wegen der
Gehorsamspflicht verpflichtet, das zu tun, was sein Vorgesetzter ihm aufgetragen hat.
Doch wo liegt hier die Grenze?

Beispiel

Der angestellte Lehrer L wird vom Schuldirektor aufgefordert, einmal wöchentlich den
Schulkeller aufzuräumen und einmal jährlich Inventarlisten aller Räume zu erstellen.
L ist hierzu nicht bereit.

Zwar schreibt die Gehorsamspflicht als arbeitsvertragliche Nebenpflicht vor, dass der
Arbeitnehmer das zu tun hat, was der Arbeitgeber bzw. stellvertretend für diesen die Vorgesetzten dem Arbeitnehmer auftragen, doch muss die Ausübung dieses Direktionsrechts
auch durch den Arbeitsvertrag abgedeckt sein. Sieht die Stellenbeschreibung des Arbeitsvertrages die verlangte Tätigkeit nicht vor und handelt es sich nicht um eine Tätigkeit, die
zu dem umschriebenen Berufsbild gehört, so kann der Arbeitnehmer diese Anweisung des
Arbeitgebers ablehnen, ohne gegen eine Nebenpflicht des Arbeitsvertrages zu verstoßen.

4.2.2 Treuepflicht

Neben der Gehorsamspflicht ist die Treuepflicht die zweite Kategorie an arbeitsvertraglichen Nebenpflichten. Sie hat sich aus dem in § 241 Abs. 2 BGB normierten Grundsatz
von Treu und Glauben entwickelt, welcher Vertragspartner zur Rücksichtnahme auf die
Rechte, Rechtsgüter und Interessen des anderen Vertragspartners verpflichtet. Derartige
Nebenpflichten werden im Arbeitsrecht auch als Treuepflichten des Arbeitnehmers bezeichnet. Der Begriff Treuepflicht ist demnach ein Sammelbegriff für viele unterschiedliche Verpflichtungen des Arbeitnehmers. Hierzu gehört eine Anzahl facettenreicher Unter-
punkte, wie beispielsweise das Wettbewerbsverbot.

Beispielfall

Ein angestellter Steuerberater berät am Wochenende Mandanten seines Arbeitgebers
gegen Entgelt.

Ein Arbeitnehmer ist nicht dazu berechtigt, seinem Arbeitgeber im laufenden Arbeitsverhältnis Konkurrenz zu bereiten.[2] Im vorliegenden Beispielfall ist der angestellte Steuerberater nicht berechtigt, seinem Arbeitgeber Konkurrenz zu bereiten, solange dieser ihm dieses nicht gestattet hat. Andernfalls macht sich der Angestellte gegebenenfalls schadensersatzpflichtig, kann abgemahnt oder gekündigt werden. Erst nach dem Ausscheiden aus dem eingegangenen Arbeitsverhältnis erlischt das Wettbewerbsverbot. Möchte der Arbeitgeber erreichen, dass auch nach dem Ende des Arbeitsvertrages das Wettbewerbsverbot weiter besteht, so muss er dieses als nachvertragliches Wettbewerbsverbot ausdrücklich mit dem Arbeitnehmer vertraglich vereinbaren und dem ehemaligen Arbeitnehmer für die Einhaltung eine angemessene Entschädigung zahlen (zu Wettbewerbsverboten bei Geschäftsführern vgl.: Menke 2009, S. 636 ff.).

Ein weiterer Aspekt bzw. Unterpunkt der Treuepflicht ist die Verschwiegenheitspflicht. Sie ist in § 17 UWG gesetzlich geregelt und hat zum Inhalt, dass der Arbeitnehmer über Betriebs- und Geschäftsgeheimnisse Stillschweigen zu bewahren hat. Die Verschwiegenheitspflicht endet zumeist mit der Beendigung des Arbeitsverhältnisses. Eine nachfolgende vertragliche Rücksichtspflicht kann allerdings gefordert werden. Der Arbeitnehmer darf seine beruflichen Erfahrungen und sein erworbenes Wissen in Folgearbeitsverhältnissen verwenden, sofern nicht eigentumsähnliche Rechte des ehemaligen Arbeitgebers verletzt werden.

Ebenfalls ein Unterpunkt der Treuepflicht ist die Anzeige drohender Schäden.

Beispielfall

Der Fließbandarbeiter F bemerkt, dass eine Maschine in der Werkshalle merkwürdige Geräusche von sich gibt. Auch als für kurze Zeit leichter Rauch aus dem Gerät austritt, hält er es nicht für erforderlich, seinen Arbeitgeber darüber zu informieren.

Auch wenn derartige Fälle nicht im Arbeitsvertrag beschrieben sind, besteht für den Arbeitnehmer aus der Treuepflicht eine arbeitsvertragliche Nebenpflicht, drohende Schäden an Material und Gerätschaften dem Arbeitgeber zu melden.[3] In Einzelfällen kann die Treuepflicht sogar dazu führen, dass der Arbeitnehmer dazu verpflichtet ist, selbst zu handeln und aktiv drohende Schäden zu verhindern.

Ein weiterer Unterpunkt der Treuepflicht ist das Verbot der Annahme von Schmiergeldern. Arbeitnehmern ist es nicht gestattet, Schmiergeldzahlungen, Geschenke oder andere Vorteile anzunehmen. Ausnahmen bestehen lediglich bei branchen- oder verkehrsüblichen Gelegenheitsgeschenken wie z. B. Weihnachtsgeschenken, Werbegeschenken oder Geschäftsessen (vgl. Memento 2007, Rn. 2027).

---

[2] Vgl. BAG AP Nr. 10 zu § 611 BGB Treuepflicht.

[3] Vgl. z. B. LAG Berlin, Betriebs-Berater 1989, S. 630; LAG Hamm, Betriebs-Berater 1994, S. 2352; BAG, DB 1970, S. 1598.

Verstößt ein Arbeitnehmer gegen die arbeitsvertraglichen Nebenpflichten, so kann ihn der Arbeitgeber auf Unterlassung in Anspruch nehmen und den Arbeitnehmer sogar abmahnen bzw. kündigen. Sollte dem Arbeitgeber durch das Verhalten des Arbeitnehmers ein Schaden entstanden sein, so kann er diesen gemäß § 280 Abs. 1 BGB in Verbindung mit § 241 Abs. 2 BGB geltend machen. Allerdings kann hierbei zu Gunsten des Arbeitnehmers die von der Rechtsprechung entwickelte Haftungsprivilegierung greifen.

4.3   Hauptpflicht des Arbeitgebers

Während der Arbeitnehmer sich zur vereinbarten Erfüllung seiner Arbeitstätigkeit verpflichtet, ist die Hauptleistungspflicht des Arbeitgebers, das Arbeitsentgelt an den Arbeitnehmer zu zahlen. Denn durch den Dienstvertrag wird nach § 611 Abs. 1 BGB derjenige, welcher Dienste zusagt, zur Leistung der versprochenen Dienste, der andere Teil zur Gewährung der vereinbarten Vergütung verpflichtet. Da die an den Arbeitnehmer zu zahlenden Löhne, ebenso wie Schutzvorrichtungen gegen Unfälle und sonstige Gesundheitsschäden für den Unternehmer einen Kostenfaktor darstellen, den es – zumindest aus Sicht vieler Unternehmer – niedrig zu halten gilt, sind gesetzliche Regelungen umso wichtiger.

4.3.1   Bestimmung der Lohnhöhe

Die meisten Vereinbarungen bezüglich des Arbeitsentgelts, so auch jene über die Höhe, werden gewöhnlich im Arbeitsvertrag getroffen. Sofern Arbeitgeber und Arbeitnehmer tarifgebunden sind, bestehen darüber hinaus Regelungen in Lohn- und Gehaltstarifverträgen. Die Vergütungshöhe ist in diesem Fall im Tarifvertrag festgelegt und die dort festgeschriebene Mindestvergütung darf durch die jeweilige Regelung im Arbeitsvertrag nicht unterschritten werden. Meist werden Tarifverträge in der Praxis durch betriebliche Regelungen, so genannte innerbetriebliche Lohnsysteme, in Bezug auf den Tarifvertrag ergänzt. In dem Fall, dass weder eine vertragliche Vereinbarung getroffen, noch tarifliche Bindung kraft Gesetzes zur Anwendung kommt, gilt nach § 612 Abs. 2 BGB die übliche Vergütung als vereinbart, wobei dabei die in der jeweiligen Gegend und Branche übliche Entlohnung gemeint ist. Im Allgemeinen wird bei der Bestimmung der Höhe der Entlohnung vom Günstigkeitsprinzip ausgegangen (vgl. Zöllner et al. 2008, S. 166 f.).

Zusätzlich zu den Lohnkosten treten Personalzusatzkosten, wie unter anderem Arbeitgeberanteile zur Sozialversicherung, Feiertagslohnzahlung, Lohnfortzahlung bei Krankheit, Gratifikationen und Urlaubsentgelt, die in direkter Verbindung zu den weiteren Pflichten des Arbeitgebers stehen.

Die Vergütung wird grundsätzlich als Bruttobetrag angegeben, von dem der Arbeitgeber die Lohnsteuer und die Sozialversicherungsbeiträge einbehalten muss. Der Arbeitgeber ist dazu verpflichtet, die Beträge an die Einzugsstelle der gesetzlichen Sozialversicherung abzuführen, andernfalls ist er zur Nachzahlung verpflichtet. Hat er jedoch zu wenig Lohnsteuer vom Arbeitnehmer einbehalten, ist der Arbeitnehmer in diesem Fall dazu verpflichtet, dem Finanzamt Nachzahlungen zu leisten.

4.3.2 Erfüllung des Anspruchs auf Entlohnung und Entgeltfortzahlung

Da das Arbeitsentgelt zumeist die Lebensgrundlage des Arbeitnehmers darstellt, ist der Gesetzgeber hier bemüht, ihm diese Basis uneingeschränkt zu erhalten, beziehungsweise in Einzelfällen den Entzug des Arbeitsentgelts einzudämmen. Daher werden unter §§ 615, 616 BGB wichtige Sonderregelungen des Leistungsstörungsrechts behandelt (vgl. Zöllner et al. 2008, S. 178 ff.). Daneben sichert das Entgeltfortzahlungsgesetz die Erfüllung der Vergütungspflicht des Arbeitgebers. So lautet § 1 des Entgeltfortzahlungsgesetzes[4] (EntgFG):

§ 1 EntgFG Anwendungsbereich
(1) Dieses Gesetz regelt die Zahlung des Arbeitsentgelts an gesetzlichen Feiertagen und die Fortzahlung des Arbeitsentgelts im Krankheitsfall an Arbeitnehmer sowie die wirtschaftliche Sicherung im Bereich der Heimarbeit für gesetzliche Feiertage und Krankheitsfall.
(2) Arbeitnehmer im Sinne dieses Gesetzes sind Arbeiter und Angestellte sowie die zu ihrer Berufsausbildung Beschäftigten.

Bei einem krankheitsbedingten Ausfall des Arbeitnehmers ist der Arbeitgeber verpflichtet, bis zu einer Dauer von 6 Wochen das Arbeitsentgelt in voller Höhe zu zahlen. Bei einem durchschnittlichen Krankenstand von 7 % stellt dies eine starke Belastung für den Arbeitgeber dar (vgl. Zöllner et al. 2008, S. 216). Verschiedene institutionelle Sicherungen des Arbeitsentgelts sind unter anderem der Schutz vor Pfändung durch die Gläubiger des Arbeitgebers, das Aufrechnungsverbot und der Lohnschutz im Falle der Insolvenz des Arbeitgebers (vgl. Junker 2006, S. 136).

4.3.3 Nichteinhalten der Hauptpflicht

Beispielfall

Der Betrieb des Unternehmers U steht dicht an einem Fluss. Als der Fluss bei einem Hochwasser über die Ufer tritt und die Werkshallen überflutet, kann eine Woche nicht weitergearbeitet werden. Der Unternehmer U stellt sich auf den Standpunkt „ohne Arbeit keinen Lohn" und ist nicht bereit, die Arbeitnehmer für diese Zeit zu bezahlen. Hat er damit Recht?

---

[4] Gesetz über die Zahlung des Arbeitsentgelts an Feiertagen und im Krankheitsfall, Gesetz vom 26.05.1994, BGBl. I S. 1014.

Grundsätzlich ist ein Arbeitgeber nur verpflichtet Lohn zu zahlen, wenn die Arbeitnehmer die Arbeitsleistung erbracht haben. Die Fälligkeit der Vergütung ist in § 614 BGB geregelt. Diese Vorschrift lautet:

§ 614 BGB Fälligkeit der Vergütung
Die Vergütung ist nach der Leistung der Dienste zu entrichten. Ist die Vergütung nach Zeitabschnitten bemessen, so ist sie nach dem Ablaufe der einzelnen Zeitabschnitte zu entrichten.

Der Arbeitnehmer ist also grundsätzlich vorleistungspflichtig. Erst wenn er die Arbeitsleistung erbracht hat, hat er Anspruch auf die Bezahlung.

Im vorliegenden Beispielfall handelt es sich um einen Fall der Unmöglichkeit. Denn obwohl die Arbeitnehmer bereit sind, zu arbeiten, werden sie durch das Hochwasser daran gehindert (vgl. hierzu vertiefend auch: Mosch 2013, S. 434 f.). Im Falle der Verletzung der Hauptpflicht durch den Arbeitgeber ist zunächst zu klären, ob der Arbeitnehmer das Arbeitsentgelt verlangen darf, obwohl er die Arbeitsleistung nicht erbracht hat, oder ob die Lohnzahlungspflicht des Arbeitgebers entfällt.

Im Allgemeinen wird bei Vorliegen einer Unmöglichkeit der Arbeitgeber gemäß § 326 Abs. 1 BGB von der Pflicht zur Gegenleistung (also der Pflicht zur Lohnzahlung) befreit. Sofern der Arbeitgeber jedoch ganz oder überwiegend für den Umstand, der zur Leistungsbefreiung des Arbeitnehmers nach § 275 BGB führt, verantwortlich ist, behält der Arbeitnehmer nach § 326 Abs. 2 BGB den Lohnanspruch. Im vorliegenden Beispielfall sind weder die Arbeitnehmer noch der Arbeitgeber für das Hochwasser verantwortlich. Normalerweise würde die Gesetzeslage (§§ 275, 326 BGB) dazu führen, dass beide Vertragsparteien von der Leistung frei werden. Doch wäre das Ergebnis ungerecht. Das Betriebsrisiko darf nicht einfach auf die Arbeitnehmer abgewälzt werden. Es muss beim Arbeitgeber verbleiben. Wenn also feststeht, dass der U im obigen Beispielfall das Risiko einer Unnutzbarkeit seines Betriebes zu tragen bzw. zu verantworten hat, so ist es nur gesetzeskonform zu sagen, dass – wenn U es zu verantworten hat – er auch nicht von der Pflicht frei wird, seine Arbeitnehmer trotz nicht geleisteter Arbeit zu bezahlen. Kurz gesagt: im oben genannten Beispielfall trägt der Arbeitgeber U das Betriebsrisiko und muss – obwohl niemand etwas für das Hochwasser kann – die arbeitswilligen Arbeitnehmer sinnvoll einsetzen oder auch für nichtgeleistete Arbeit bezahlen.

Was passiert, wenn ein Arbeitgeber seine Mitarbeiter nicht bezahlt? Hat der Arbeitnehmer dann das Recht, seine Arbeit niederzulegen? Die Verletzung der Pflicht der Entlohnung durch den Arbeitgeber berechtigt den Arbeitnehmer unter Umständen, die ihm obliegende Vertragsleistung, also die Pflicht zur Arbeit, nicht zu erbringen. Er hat ein Zurückbehaltungsrecht an der Arbeitsleistung. Der Arbeitgeber darf ferner eine durch den Arbeitnehmer rechtmäßig ausgeübte Zurückbehaltung von Arbeit nicht mit einer Kündigung sanktionieren. Sollte dem Arbeitgeber jedoch aus der Nutzung des Zurückbehaltungsrechts seitens des Arbeitnehmers ein unverhältnismäßig großer Schaden entstehen oder es sich nur um eine geringfügige Meinungsverschiedenheit handeln, die den Arbeitnehmer dazu veranlasst von dem Zurückbehaltungsrecht gebrauch zu machen, so ist der

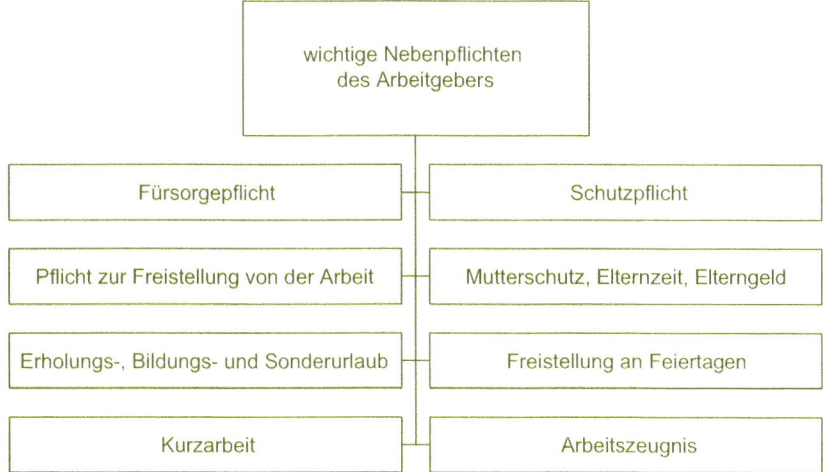

Abb. 4.1 Nebenpflichten des Arbeitgebers

Gebrauch dieses Rechts ausgeschlossen. Ist also der Lohnzahlungsverzug verhältnismäßig geringfügig, wird der Zahlungsverzug in Kürze behoben, oder falls dem Arbeitgeber
ein unverhältnismäßig hoher Schaden entstehen kann, besteht kein Leistungsverweige-
rungsrecht für den Arbeitnehmer (vgl. Zöllner et al. 2008, S. 215).

4.4 Die Nebenpflichten des Arbeitgebers

Mit der Erfüllung der Vergütungspflicht durch den Arbeitgeber und der pflichtgemäßen
Leistung der Arbeit durch den Arbeitnehmer ist das Arbeitsverhältnis jedoch noch nicht
ausreichend beschrieben (Abb. 4.1).
    Da der Arbeitnehmer dem Unternehmen in den meisten Fällen einen Großteil seiner
Kraft und Zeit zur Verfügung stellt, kann er für Alter, Krankheit und Notfälle nur begrenzt
selbst Vorsorge treffen. Darüber hinaus begibt er sich bei der Arbeit in den Gefahren- und
Einwirkungsbereich des Arbeitgebers und ist dessen Umständen, Handlungen und Ent-
wicklungen gewissermaßen ausgesetzt. Aus diesem Ausgeliefertsein des Arbeitnehmers
ergeben sich die Ansätze für die meisten Nebenpflichten des Arbeitgebers, die zumeist
Schutzpflichten sind. Ferner existieren Pflichten, die über den Schutz hinausgehen und
die aktive Förderung des Arbeitnehmers durch das Unternehmen betreffen oder auf die
Gewährung der Freistellung von der Arbeit abzielen. Das Gegenstück zur Treuepflicht des
Arbeitnehmers ist die Fürsorgepflicht des Arbeitgebers.

4.4.1 Fürsorgepflicht

Als personenbezogene Nebenpflicht entsteht aus dem Arbeitsverhältnis für den Arbeit-
geber die so genannte Fürsorgepflicht. Sie wird aus dem Rechtsgrundsatz von Treu und
Glauben (§ 242 BGB) hergeleitet und verpflichtet den Arbeitgeber zum Einhalten von
Schutzpflichten, welche heutzutage allerdings auch weitgehend gesetzlich geregelt sind.
Aus der Fürsorgepflicht des Arbeitgebers ergibt sich beispielsweise, dass er Räume und
Arbeitsmittel so zu gestalten hat, dass keine Gefahren für das Leben und für die Gesund-
heit der Mitarbeiter hiervon ausgehen.

4.4.2 Schutzpflichten

Es bestehen verschiedene Pflichten für den Arbeitgeber, die speziell dem Schutz des Lebens und der Gesundheit des Arbeitnehmers, dessen Persönlichkeitsrechten und dessen in
das Unternehmen eingebrachten Sachen dienen. Gemäß diesen Vorgaben muss der Arbeitgeber den Betrieb, die Arbeitsmittel und den Arbeitsablauf so gestalten, dass einer Gefährdung oder einem Schaden vorgebeugt wird. Darüber hinaus gehört zum Schutz des
Arbeitnehmers ebenfalls die Beachtung und Einhaltung von Differenzierungsverboten.

4.4.2.1 Pflicht zum Schutz von Leben und Gesundheit des Arbeitnehmers

Als arbeitsvertragliche Schutzpflicht ist die Pflicht zum Schutz von Leben und Gesundheit des Arbeitnehmers in verschiedenen Normen geregelt. Hierzu zählen § 618 Abs. 1
BGB, § 62 Abs. 1 HGB sowie die §§ 3 und 4 des Arbeitsschutzgesetzes (ArbSchG). Da
die Konkretisierung im Einzelnen schwierig ist, sind die einschlägigen Einzelpflichten
sehr genau im Arbeitsschutzrecht (vgl. Zöllner et al. 2008, S. 30 ff.) geklärt. Nur bei einer
pflichtgemäßen Organisation der Arbeit durch den Arbeitgeber ist der Arbeitnehmer verpflichtet, seine Arbeitsleistung zu erbringen. Einfach gesagt: der Arbeitsplatz, an dem der
Arbeitnehmer täglich viele Stunden verbringt, sollte in keinem Falle gesundheitsgefähr-
dend sein. Helle, saubere Büros werden zum Beispiel ebenso als unabdingbar angesehen,
wie einwandfreie sanitäre Anlagen. Dieser Aspekt führt wiederum zur Pflicht einer men-
schengerechten Arbeitsgestaltung, welche über den Schutz von Leben und Gesundheit
hinaus zur Pflicht des Persönlichkeitsschutzes gehört. Dabei wird darauf geachtet, dass
die Umstände im Betrieb, die Arbeitsmittel und der Arbeitsablauf so eingerichtet werden,
dass sie dem körperlichen und dem seelischen Wohlbefinden des Arbeitnehmers gerecht
werden. Infolge einer erheblichen Unterlassung von Schutzpflichten, wie der akuten Gefährdung der Gesundheit des Arbeitnehmers, kann der Arbeitnehmer das Leistungsver-
weigerungsrecht als Begründung für gegebenenfalls nicht geleistete Arbeit heranziehen.
Weitere Pflichtverletzungen können aufgrund der mit dieser Pflicht verbundenen hohen
Verantwortung des Arbeitgebers gegenüber dem Arbeitnehmer nicht nur zu einer delikti-
schen, sondern darüber hinaus zu einer vertraglichen Haftung führen.

4.4.2.2   Pflicht zum Schutz von Persönlichkeitsrechten

Neben der Achtung des Persönlichkeitsrechts des Arbeitnehmers, ist der Arbeitgeber
überdies verpflichtet, den Arbeitnehmer vor der Beeinträchtigung seiner Persönlichkeit
zu schützen. Diese Pflicht beruht in ihren Grundzügen auf den grundrechtlichen Postula-
ten. Das bedeutet, dass der Arbeitgeber den Arbeitnehmer gegen ungerechte Behandlung
durch Vorgesetzte, Mitarbeiter oder grundlose Vorwürfe Dritter in Schutz nehmen, sowie
vor Mobbing bewahren muss. Der Arbeitgeber ist ferner verpflichtet, Tatsachen, die nach-
teilig für den Arbeitnehmer sein könnten, nicht preiszugeben und seine Personalakten,
sowie weitere personenbezogene Daten, vor allem auch auf EDV-Anlagen gespeicherte
Daten vor dem Zugriff und Missbrauch Dritter zu schützen. Im Fall der Verletzung von
Persönlichkeitsrechten, kann der Arbeitnehmer unter Umständen Schadensersatzansprüche gegenüber dem Arbeitgeber geltend machen (vgl. Zöllner et al. 2008, S. 181 f.).

4.4.2.3   Schutz der eingebrachten Sachen des Arbeitnehmers

Um das Eigentum des Arbeitnehmers, nämlich Sachen wie z. B. Kleidung, die er notwendigerweise in das Unternehmen einbringt zu schützen, wird dem Arbeitgeber eine
diesbezügliche Schutzpflicht auferlegt. Der Umfang dieser Pflicht ist je nach Umständen zu klären. Der Arbeitnehmer kann vom Arbeitgeber ausschließlich eine sinnvolle und
wirtschaftlich zumutbare Sicherung seiner eingebrachten Sachen verlangen, wie z. B. die
Einrichtung von verschließbaren Schränken zur Sicherung seiner Kleidung, sofern er sie
im Betrieb notwendigerweise wechseln muss.

4.4.3   Pflicht zur Freistellung von der Arbeit

In Bezug auf Mutterschutz und Kindererziehung, zum Zweck der Erholung und der Bildung, sowie im Interesse des Schutzes gesetzlicher Feiertage und im Arbeitskampf bestehen gesetzliche Vorschriften zur Arbeitsfreistellung.

4.4.4   Mutterschutz, Elternzeit und Elterngeld

Das Mutterschutzgesetz (MuSchG) dient dem Recht auf Freistellung von der Arbeit für
werdende Mütter und für die Zeit nach der Entbindung. Demnach besteht während der
Schwangerschaft für die Arbeitnehmerin ein individuelles Beschäftigungsverbot, welches
je nach Gesundheitslage der Mutter beziehungsweise des Kindes nach ärztlichem Attest
einzuhalten ist. Für die Zeiträume von 6 Wochen vor der Geburt eines Kindes und 7 Wochen nach der Entbindung herrscht ein generelles Arbeitsverbot, wobei auf letzteres im
Gegensatz zum ersten nicht verzichtet werden kann. Es handelt sich um ein individuelles
Beschäftigungsverbot. Während dieser Schutzfristen hat die Arbeitnehmerin gegenüber
der gesetzlichen Krankenkasse Anspruch auf Mutterschutzgeld. Der Arbeitgeber hat in
diesem Fall die Pflicht, einen Zuschuss zum Mutterschaftsgeld zu zahlen, indem er die

Differenz von der Zahlung der Krankenkasse zum zuletzt gezahlten Arbeitsentgelt ausgleicht. Auch im Falle des individuellen Beschäftigungsverbots besteht der volle Entgeltanspruch gegenüber dem Arbeitgeber (vgl. Junker 2006, S. 137 f.).

Die Eltern haben darüber hinaus auch nach Ablauf der achtwöchigen Schutzfrist nach der Entbindung bis zur Vollendung des 3. Lebensjahres des Kindes einen Anspruch auf Elternzeit, welche zum Teil auch als Elternurlaub bezeichnet wird. Während der Elternzeit sind die arbeitsvertraglichen Hauptleistungspflichten außer Kraft gesetzt. D.h., es besteht für den Arbeitnehmer keine Arbeitspflicht und für den Arbeitgeber keine Vergütungspflicht. Die Elternzeit muss nach § 16 BEEG spätestens sieben Wochen vor Beginn der Elternzeit beim Arbeitgeber schriftlich beantragt werden.[5] Da der Kontakt zum Beruf aufrechterhalten werden soll, besteht die Möglichkeit, auch während dieser Zeit eine Teilzeittätigkeit wahrzunehmen. Nach § 15 Abs. 5 bis Abs. 7 BEEG ist der Arbeitgeber verpflichtet einer Teilzeittätigkeit im Umfang von 15 bis 30 Wochenstunden zuzustimmen, sofern das Arbeitsverhältnis länger als sechs Monate bestanden hat, mehr als 15 Arbeitnehmer beschäftigt werden und es keine dringenden entgegenstehenden betrieblichen Gründe gibt. Der § 17 BEEG sieht vor, dass der Arbeitgeber auch einer Teilzeittätigkeit bei einem anderen Arbeitgeber zustimmen muss, sofern keine dringenden betrieblichen Gründe dagegen sprechen.

Während der Elternzeit besteht ein besonderer Kündigungsschutz nach dem Bundeselterngeld- und Elternzeitgesetz (BEEG).[6] Der § 18 BEEG lässt eine Kündigung durch den Arbeitgeber nur nach einer vorherigen Zustimmung durch eine nach Landesrecht zuständigen Behörde zu. Dieser Sonderkündigungsschutz gilt zusätzlich zu dem allgemeinen Kündigungsschutz nach dem Kündigungsschutzgesetz (KSchG). Der Arbeitnehmer hingegen hat nach § 19 BEEG die Möglichkeit, mit einer dreimonatigen Kündigungsfrist zum Ende der Elternzeit das Arbeitsverhältnis zu kündigen. Da der Arbeitgeber keinen Einfluss auf die Bewilligung der Elternzeit hat, muss er beim schriftlichen Einreichen durch den Arbeitnehmer die Anmeldung nur bescheinigen. Der Antrag bedarf demnach nicht seiner Zustimmung. Anstatt des monatlichen Gehalts erhält der Arbeitnehmer das so genannte „Elterngeld" von der Elterngeldstelle des jeweiligen Bundeslandes (vgl. Junker 2006, S. 138). Die Eltern haben vom Tag der Geburt des Kindes an bis maximal zur Vollendung des 14. Lebensmonats des Kindes einen Anspruch auf Elterngeld. Die Bezugsdauer des Elterngeldes liegt bei mindestens zwei und höchstens zwölf Monaten. Sofern sich beide Elternteile um die Kindesbetreuung kümmern, beträgt die Bezugsdauer für den einen Elternteil maximal zwölf Monate und für den anderen Elternteil weitere zwei Monate. Die Voraussetzungen für den Bezug des Elterngeldes sind nach § 1 BEEG, dass die Eltern ihren Wohnsitz oder ihren gewöhnlichen Aufenthalt in Deutschland haben, sie keine volle Erwerbstätigkeit ausüben und sie das eigene Kind bzw. ein adoptiertes Kind oder das Kind des Ehegatten betreuen. Das Elterngeld ist nach § 7 BEEG am besten ab der Geburt, spä-

---

[5] Vgl. zur Verlängerung der Elternzeit auch: BAG-Urteil vom 18.10.2011, 9 AZR 315/10, DB 2012, S. 293 f.

[6] Zur Fristberechnung vgl. auch: BAG-Urteil vom 12.05.2011, 2 AZR 384/10, DB 2011, S. 2726 ff.

testens jedoch im vierten Lebensmonat des Kindes zu beantragen, da der Antrag lediglich eine rückwirkende Wirkung für drei Monate entfalten kann. Die Höhe des Elterngeldes bemisst sich nach § 2 BEEG und beträgt im Minimum 67 % des Monatseinkommens, wobei hierbei ein Durchschnittswert der letzten zwölf Monate zu sehen ist. Im Maximum beträgt das Elterngeld aber nur 1800 € pro Monat. Bei einem monatlichen Nettoeinkommen von mehr als 1200 € wird seit dem Jahre 2011 eine Kürzung auf 65 % vorgenommen. Bei mehreren Kindern erhalten die Eltern einen Bonus von 10 % – mindestens jedoch 75 €. Sofern ein Alleinstehender ein Einkommen von 250.000 € pro Jahr oder mehr erzielt bzw. von zwei Bezugsberechtigten ein Jahreseinkommen von mehr als 500.000 € erzielt wird, so entfällt das Elterngeld. Der Arbeitgeber ist verpflichtet, nach § 2 Abs. 7 und § 9 BEEG einen Einkommensnachweis sowie einen Arbeitszeitnachweis auszustellen.

4.4.5 Erholungs-, Bildungs- und Sonderurlaub

Unter dem Begriff des „Urlaubs" ist allgemein die zeitweise Befreiung des Arbeitnehmers von der Erbringung der Arbeitsleistung zu verstehen. Der Arbeitnehmer kann seinen Anspruch auf Urlaub weder abtreten noch vererben. Der Begriff Urlaub oder Erholungsurlaub drückt den Sinn und Zweck eindeutig aus. Wie der Begriff bereits impliziert, geht es darum, dass der Arbeitnehmer sich von seiner permanenten Arbeitslast erholt und sich dementsprechend schont.[7] Die Schonung soll einerseits ihm selbst dienen, andererseits aber auch dem Betrieb, in dem er arbeitet. Der Arbeitnehmer soll sich regenerieren, um seine Arbeitskraft anschließend wieder effektiv einsetzen zu können. Aus diesem Grund darf der Arbeitnehmer keine Arbeitsleistung ausführen, die dem Urlaubszweck widerspricht. Nicht verboten sind so genannte Ausgleichstätigkeiten. Durch diese darf sogar ein Entgelt erzielt werden. Nebentätigkeiten, die er ohnehin auch während der regulären Arbeitszeit unternimmt, widersprechen dem Urlaubsgedanken ebenfalls nicht. Folglich dürfen zum Beispiel leichte Gartenarbeiten oder Handwerksarbeiten im Haus verrichtet werden. Ein Teilzeitbeschäftigter, der in mehreren Arbeitsverhältnissen steht, darf problemlos eine Tätigkeit ausüben, obwohl er für die andere Tätigkeit gerade Urlaub erhält. Das heißt, obwohl er gerade den Urlaub aus dem einen Arbeitsverhältnis wahrnimmt, darf er in einem oder mehreren anderen Arbeitsverhältnissen parallel seine Arbeit ausführen. Bei einem Verstoß gegen die rechtlichen Rahmenbedingungen zum Urlaub fällt der Anspruch auf Urlaubsentgelt jedoch nicht automatisch weg. Vielmehr ist dies erst dann zu befürchten wenn der Arbeitnehmer nach seinem Urlaub wieder zu arbeiten beginnt und die Leistungsanforderungen des Arbeitgebers wegen einer Überlastung während des Urlaubs nicht erfüllt werden. In derartigen Fällen hat der Arbeitgeber gegebenenfalls sogar Anspruch auf Schadensersatz.

Der Anspruch eines Arbeitnehmers auf Erholungsurlaub besteht nur, wenn der Erholungsurlaub durch einen Arbeitsvertrag, Tarifvertrag oder eine Betriebsvereinbarung fest-

---

[7] Zur aktuellen Rechtsprechung vgl. auch: Hohmeister 2009, S. 494 ff.

gelegt wurde.[8] Ebenso wird ein bestehendes Arbeitsverhältnis vorausgesetzt. Dieses muss jedoch nicht in Form eines schriftlichen Vertrages festgelegt sein. Die Erbringung der Arbeitsleistung ist jedoch nicht Voraussetzung für den bezahlten Urlaub. Das heißt, wenn der Arbeitnehmer zum Beispiel wegen Krankheit[9] überhaupt nicht gearbeitet hat, so hat er dennoch Anspruch auf Erholungsurlaub. Bei der Beendigung eines Arbeitsverhältnisses kann zwar noch der Anspruch auf Urlaub bestehen, jedoch kann dieser dann nicht mehr in Form von bezahlter Freizeit gewährt werden. In diesem Fall erhält der ehemalige Arbeitnehmer eine Urlaubsabgeltung[10]. Das heißt er erhält eine Leistung in Geld oder geldwerten Gegenständen. Der Bezug dieser Leistungen setzt voraus, dass der ehemalige Arbeitnehmer bereits vor Beendigung des Arbeitsverhältnisses den Anspruch auf Urlaub erhoben hat und dass er selbst das Arbeitsverhältnis gekündigt hat; also nicht gekündigt wurde.

Damit der volle Urlaubsanspruch im Rahmen eines Arbeitsverhältnisses erstmalig entstehen kann, muss dieses seit mindestens sechs Monaten bestehen. In manchen Sonderfällen wird der Anspruch auf Urlaub durch Teilurlaub geregelt. Dieses ist beispielsweise dann der Fall, wenn der Arbeitnehmer die sechsmonatige Wartezeit nicht erfüllt hat und als Folge daraus der volle Urlaubsanspruch nicht wirksam wird oder wenn er bereits nach weniger als sechs Monaten aus dem Arbeitsverhältnis ausscheidet oder aber, wenn er die Wartezeit erfüllt hat und bereits sechs Monate lang im Arbeitsverhältnis stand, jedoch innerhalb der ersten Hälfte des Kalenderjahres aus dem Arbeitsverhältnis ausscheidet. Mit der Inanspruchnahme des Teilurlaubs ist folgendes Prinzip gemeint: Ein Arbeitnehmer kann ein Zwölftel für jeden vollen Monat beanspruchen, in dem er sich in einem Arbeitsverhältnis befand. Bei Bruchteilen von Urlaubstagen, welche mindestens einen halben Tag ergeben, erfolgt eine Aufrundung auf volle Urlaubstage. Bruchteile von Urlaubstagen, die weniger als einen halben Tag ergeben, können durch Abgeltung oder Befreiung von der Arbeitsleistung ausgeglichen werden. Wurden dem Arbeitnehmer Urlaubstage gewährt, die den Anspruch übersteigen, so kann der Arbeitgeber das bereits bezahlte Urlaubsentgelt nicht zurückfordern. Wenn ein Arbeitnehmer innerhalb eines Kalenderjahres bereits seinen Mindesturlaub beansprucht hat, inzwischen jedoch in einem neuen Arbeitsverhältnis steht, so hat er innerhalb dieses neuen Arbeitsverhältnisses keinen Anspruch mehr auf Urlaub. In diesem Fall muss der Arbeitnehmer eine Bescheinigung vom früheren Arbeitgeber erhalten, in dem die Bestätigung über den im laufenden Jahr gewährten oder abgegoltenen Urlaub dokumentiert ist.

Aufgrund zahlreicher Tarifverträge und der Arbeitnehmerweiterbildungsgesetze, die durch die meisten Bundesländer erlassen wurden, besteht für Arbeitnehmer ebenfalls der Anspruch auf Freistellung zu Bildungszwecken. In den meisten Bundesländern sind hier-

---

[8] Zur Frage des Urlaubsanspruchs bei Arbeitsunfähigkeit vgl. auch: Dornbusch und Ahner 2009, S. 180 ff. und Gaul et al. 2009, S. 1013 ff.; Subatzus 2009, S. 510 ff.

[9] Zur Vereinbarkeit deutscher Urlaubsansprüche mit europäischem Recht vgl.: Bauer und Arnold 2009, S. 631 ff.

[10] Vgl. zum Verzicht auf Urlaubsabgeltungsanspruch: BAG-Urteil vom 14.05.2013, 9 AZR 844/11, NJW-Spezial 2013, S. 530 f.

für fünf Arbeitstage pro Jahr vorgesehen. Für den Zeitraum dieses Bildungsurlaubs hat
der Arbeitnehmer gegenüber dem Arbeitgeber ebenfalls einen Anspruch auf Entgelt (vgl.
Zöllner et al. 2008, S. 192). Darüber hinaus gibt es die Möglichkeit, dass auf Wunsch des
Arbeitnehmers, dieser eine unbezahlte Freistellung von der Arbeit erhält. Dies wird auch
als Sonderurlaub bezeichnet. Diese Art des Urlaubs ist gesetzlich nicht geregelt. Der Anspruch darauf kann jedoch aus dem Tarifvertrag, einer Betriebsvereinbarung oder dem
Arbeitsvertrag ergeben. Ein Anspruch auf unbezahlte Freistellung kann überdies bisweilen auch aus der Rücksichtnahmepflicht des Arbeitgebers geschlossen werden (vgl. Junker
2006, S. 141).

4.4.6 Freistellung an Feiertagen

Sofern keine gesetzliche Ausnahme eingreift, ist der Arbeitnehmer an gesetzlichen Feiertagen von der Arbeit freizustellen, wobei nur der 3. Oktober bundesgesetzlich festgelegt
ist und die Termine für Feiertage in den einzelnen Bundesländern stark differieren. Der
Arbeitgeber ist nach § 2 Abs. 1 des Entgeltfortzahlungsgesetzes (EFZG) verpflichtet, für
die Arbeitszeit, die infolge eines Feiertages ausfällt, das Arbeitsentgelt zu zahlen (vgl.
Junker 2006, S. 141).

4.4.7 Kurzarbeit

Insbesondere in wirtschaftlich schlechten Zeiten ordnen Unternehmen gerne Kurzarbeit
an. Doch stellt diese vorübergehende Verkürzung der betriebsüblichen Arbeitszeit einen
eklatanten Eingriff in die vertraglich vereinbarten Hauptpflichten des Arbeitsvertrages dar
und ist gewöhnlich für die Arbeitnehmer mit einer Reduzierung des Einkommens verbunden. Aus diesem Grunde ist es auch nicht verwunderlich, dass ein solch schwerwiegender
Eingriff in das Arbeitsverhältnis einer Ermächtigungsgrundlage bedarf und zum Schutz
des Arbeitnehmers entsprechend den §§ 169 ff. SGB III durch Maßnahmen wie dem so
genannten Kurzarbeitergeld flankiert wird, dessen Höhe sich nach den Regelungen der
§§ 177 ff. SGB III bestimmt. Nach § 178 SGB III beträgt das Kurzarbeitergeld in Anlehnung an die Bemessung des Arbeitslosengeldes für Arbeitnehmer mit zumindest einem
Kind respektive einem Ehegatten mit zumindest einem Kind 67 % der Nettoentgeltdifferenz. Für Arbeitnehmer, die hiervon nicht erfasst werden, werden 60 % der Nettoentgeltdifferenz gezahlt. Zur Vereinfachung findet die Berechnung der Nettoentgeltdifferenz
nach Pauschalsätzen eines Soll-Nettoentgelts und eines gerundeten Ist-Entgelts statt. Die
entsprechenden Nettoentgelte werden jährlich in einer Verordnung festgelegt.[11]

---

[11] So können die Werte für das Kalenderjahr 2008 beispielsweise in der „Verordnung über die pauschalierten Nettoentgelte für das Kurzarbeitergeld für das Jahr 2008" vom 19.12.2007, BGBl. I
S. 3066 nachgelesen werden.

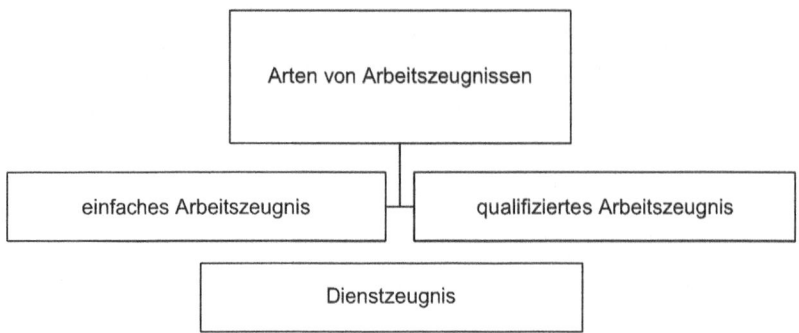

Abb. 4.2 Arten von Arbeitszeugnissen

Ein Arbeitgeber ist nach Auffassung des Bundesarbeitsgerichts nicht dazu berechtigt auf der Grundlage seines Direktionsrechts im Sinne von § 106 GewO Kurzarbeit anzuordnen.[12] Vielmehr darf ein solcher Schritt nur auf der Grundlage einer Gesetzesvorschrift respektive auf der Grundlage kollektiver Absprachen wie beispielsweise Betriebsvereinbarungen oder einzelvertraglicher Absprachen angeordnet werden. Allerdings muss ein Arbeitgeber, der Kurzarbeit anordnen möchte, unabhängig davon, welche Ermächtigungsgrundlage ihn dazu befugt, berücksichtigen, dass für Betriebe mit einem Betriebsrat nach § 87 Abs. 1 Nr. 3 BetrVG dessen Mitbestimmungsrecht bei der vorübergehenden Verkürzung der betrieblichen Arbeitszeit vorgesehen ist.[13]

Die Mitbestimmung des Betriebsrats ist immer dann erforderlich, wenn die tarifvertraglichen oder gesetzlichen Regelungen dem Arbeitgeber für die Durchführung der Kurzarbeit einen gestalterischen Spielraum eröffnen. Sind hingegen die Details zur Durchführung der Kurzzeitarbeit bereits im Rahmen der tarifvertraglichen Ermächtigungsgrundlage abschließend geregelt, so dass der Arbeitgeber diese nur noch anzuwenden braucht, so ist ein Mitbestimmungsrecht des Betriebsrats nach § 87 BetrVG ausgeschlossen.[14]

4.4.8   Arbeitszeugnis

Es besteht eine Pflicht des Arbeitgebers, dem Arbeitnehmer bei Beendigung des Arbeitsverhältnisses ein Arbeitszeugnis auszustellen (Abb. 4.2).

4.4.8.1   Anspruch auf ein Arbeitszeugnis

Das Arbeitszeugnis liefert sowohl dem zukünftigen Arbeitgeber, als auch dem Arbeitnehmer Informationen über die Beschäftigung im Unternehmen. Der Anspruch auf Erteilung

---

[12] Vgl. BAG vom 12.10.1994, 7 AZR 398/93, NZA 1995, 641.

[13] Vgl. BAG vom 04.03.1986, 1 ARB 15/84, AP BetrVG 1972 § 87 Kurzarbeit Nr. 3.

[14] Vgl. hierzu: BAG vom 05.03.1974, 1 ARB 28/73, NJW 1974, S. 1724.

eines Zeugnisses besteht grundsätzlich nach § 630 BGB. Weitere Personengruppen, die einen gesetzlichen Anspruch auf ein Arbeitszeugnis haben, sind z. B. Praktikanten (sofern die Tätigkeit als Arbeitsverhältnis einzustufen ist), Heimarbeiter und Teilzeitbeschäftigte. Wenn ein Arbeitsverhältnis nach Ablauf der Probezeit endet, steht dem Arbeitnehmer ein Zeugnis zu.[15] Keinen gesetzlichen Anspruch auf die Ausstellung eines Arbeitszeugnisses haben freie Mitarbeiter, da sie nicht an Weisungen eines Arbeitgebers gebunden sind, sondern nur durch einen Dienstvertrag. Leiharbeiter haben nur gegenüber dem Verleiher einen Anspruch auf ein Arbeitszeugnis, obwohl sie in den Betrieb des Entleihers eingegliedert sind.

Im Rahmen der Zeugniserteilung kann zwischen verschiedenen Zeugnisarten differenziert werden. Grundsätzlich hat der Arbeitnehmer die Wahl zwischen einem einfachen Zeugnis und einem qualifizierten Zeugnis.

4.4.8.2   Das einfache Zeugnis

Ein „einfaches Zeugnis" enthält lediglich Angaben zur Person des Arbeitnehmers sowie über die Art und Dauer der Beschäftigung, wobei die Art der Beschäftigung konkret beschrieben ist.[16] In derartigen Zeugnissen wird keine Bewertung bzw. Beurteilung des Arbeitnehmers vorgenommen (vgl. Dachrodt 2001, S. 49). Der Grund der Beendigung des Arbeitsverhältnisses kann auf Wunsch des Arbeitnehmers in das Zeugnis aufgenommen werden. Ein einfaches Arbeitszeugnis dient hauptsächlich der Beurteilung von wenig qualifizierten oder kurzfristigen Tätigkeiten.

4.4.8.3   Das qualifizierte Zeugnis

Ein „qualifiziertes Zeugnis" geht über die Beschreibung im einfachen Zeugnis hinaus, da es zusätzlich eine Beurteilung der Führung und Leistung des Arbeitnehmers enthält. Es wird auf die Kenntnisse und Erfahrungen des Arbeitnehmers bezüglich des ihm zugewiesenen Arbeitsplatzes eingegangen. Zusätzlich werden Angaben über Weiterbildungsveranstaltungen und Angaben zur Auflösung des Arbeitsverhältnisses gemacht, wenn es von Seiten des Arbeitnehmers gekündigt wurde.

Der Arbeitnehmer hat ein Wahlrecht, welches der beiden Zeugnisse er ausgestellt haben möchte. Allerdings muss er dem Arbeitgeber gegenüber seine Wahl deutlich äußern. Tut er dies nicht, bekommt er nur ein einfaches Zeugnis (vgl. Dörner et al. 2002, Kapitel F, Rn. 56; Memento 2007, Rn. 2789).

4.4.8.4   Dienstzeugnisse

Im Rahmen der rechtlichen Grundlagen von Dienstzeugnissen muss zwischen Beamten und Angestellten des öffentlichen Dienstes differenziert werden. Während Angestellte und Arbeiter des öffentlichen Dienstes „automatisch", also ohne es extra beantragen zu müssen, ein Zeugnis erhalten, richtet sich das Dienstzeugnis der Beamten nach öffent-

---

[15] Vgl. bezüglich der Berechtigung zur Zeugnisausstellung: Löw 2008, S. 1251 ff. (S. 1253).

[16] Muster für ein einfaches Zeugnis finden sich bei: Dachrodt 2001, S. 50 f.

lich-rechtlichen Vorschriften. § 92 des Beamtengesetzes nennt hierzu folgende Regelung:

> Dem Beamten wird nach Beendigung des Beamtenverhältnisses auf Antrag von seinem Dienstvorgesetzten ein Dienstzeugnis über Art und Dauer der von ihm bekleideten Ämter erteilt. Das Dienstzeugnis muss auf Verlangen des Beamten auch über die von ihm ausgeübte Tätigkeit und seine Leistungen Auskunft geben.

Die Dienstzeugnisse werden im öffentlichen Dienst vom Behördenleiter unterschrieben. Alternativ können sie aber auch von einer vom Behördenleiter beauftragten Person unterzeichnet werden, sofern deren Vertretungsmacht gegenüber Dritten, z. B. durch das Kürzel „i. V." (in Vertretung) oder „i. A." (im Auftrag) erkennbar gemacht wird. Das Dienstzeugnis unterliegt im Übrigen denselben Grundsätzen wie ein Arbeitszeugnis. Als Besonderheit ist allerdings anzumerken, dass ein Beamter seine rechtlichen Ansprüche aus dem Zeugnis vor den Verwaltungsgerichten und nicht vor den Arbeits- oder ordentlichen Gerichten geltend machen muss. Einem derartigen Rechtsstreit hat ein Widerspruchsverfahren nach § 126 des Beamtenrechtsrahmengesetzes vorauszugehen.

4.4.8.5   Holschuld und Zurückbehaltungsrecht

Der Arbeitgeber ist verpflichtet, ein vom Arbeitnehmer rechtzeitig angefordertes Zeugnis zusammen mit den Arbeitspapieren am letzten Tag des Ablaufs der Kündigungsfrist für den Arbeitnehmer bereitzuhalten. Die Verpflichtung des Arbeitgebers zur Ausstellung eines Zeugnisses stellt eine Holschuld dar.[17] Das bedeutet, dass der Arbeitgeber, nach Aufforderung des Arbeitnehmers, das Zeugnis in seinen Geschäftsräumen für die Abholung durch den Arbeitnehmer bereitzuhalten hat. Er muss es ihm aber nicht schicken oder bringen. Aus diesem Grunde wird dieses auch als Holschuld bezeichnet. In dem Falle, dass der Arbeitgeber dem Arbeitnehmer, z. B. im Rahmen einer fristlosen Kündigung wegen Diebstahls, ein Hausverbot erteilt hat, wandelt sich die Holschuld des Arbeitnehmers in eine Bringschuld des Arbeitgebers. Das bedeutet, dass der Arbeitnehmer dann nicht nur einen Anspruch auf die Ausstellung eines Zeugnisses hat, sondern auch darauf, dass dieses ihm auch übersandt wird.[18] Ausnahmsweise kann der Arbeitgeber auch zum Zusenden des Zeugnisses verpflichtet sein, wenn er sich mit der Ausstellung des Zeugnisses in Verzug befindet und die Abholung durch den Arbeitnehmer einen unverhältnismäßig hohen Aufwand erfordern würde.[19]

Dem Arbeitgeber steht am Arbeitszeugnis ebenso wie an allen anderen Arbeitspapieren kein Zurückbehaltungsrecht zu (vgl. Dörner et al. 2002, Kapitel F, Rn. 76). Es ist dem Arbeitgeber also verboten, die Aushändigung des Arbeitszeugnisses oder z. B. der Lohnsteuerkarte bzw. des Sozialversicherungsnachweises davon abhängig zu machen, ob

---

[17] Vgl. BAG vom 08.03.1995, EzA, § 630 BGB Nr. 19.
[18] Vgl. LAG Düsseldorf, DB 1954, S. 371.
[19] Vgl. BAG vom 08.03.1995, EzA, § 630 BGB Nr. 19.

der Arbeitnehmer etwaige Arbeitsmittel bzw. Schutzkleidung zurückgegeben oder ein bestimmtes Arbeitsprojekt beendet hat.

Das einfache Zeugnis beinhaltet:

- Vorname, Familienname, gegebenenfalls Geburtsname;
- Geburtsdatum und Geburtsort;
- akademische und öffentlich rechtliche Titel;
- Art und Dauer des Beschäftigungsverhältnisses;
- Ausscheiden, Firma, Unterschrift, Datum.

4.4.8.6   Aufbau eines qualifizierten Zeugnisses

- Überschrift (Zeugnis, Dienstzeugnis, Zwischenzeugnis, Ausbildungszeugnis oder
  Praktikumszeugnis);
- Einleitung mit Angaben zur Person, zum Beruf und zur Dauer der Beschäftigung;
- Positions-, Aufgaben- und Tätigkeitsbeschreibung. Hierbei sind Aussagen zu den Tä-
  tigkeitsmerkmalen, den Kompetenzen und der Verantwortung sowie zu der beruflichen
  Entwicklung innerhalb des Unternehmens zu treffen.
- Leistungsbeurteilung. Es werden Arbeitsbereitschaft, Arbeitsbefähigung, Arbeitswei-
  se, Arbeitserfolg sowie Fachwissen und die Motivation zur Weiterbildung dargestellt.
  Gegebenenfalls kann hier auch auf Kompetenzen zur Mitarbeiterführung eingegangen
  werden. In jedem Fall sollte die Leistungsbeurteilung mit einer zusammenfassenden
  Beurteilung der Leistungen abschließen.
- Verhaltensbeurteilung. Hier werden das Verhalten gegenüber Vorgesetzten, Kollegen
  und Dritten sowie weitere persönliche und soziale Verhaltensaspekte erörtert und in
  einer zusammenfassenden Verhaltensbeurteilung bewertet.
- Gründe für die Beendigung des Arbeitsverhältnisses. Diese sollen aber nur genannt
  werden, wenn der Arbeitnehmer selbst kündigt; im Umkehrschluss kann daraus ge-
  schlossen werden, dass immer dann wenn kein Beendigungsgrund genannt wird, der
  Arbeitnehmer gekündigt wurde.
- Dankes- und Bedauernsformel. Hier wird dem Mitarbeiter Dank für die geleistete
  Arbeit bzw. für die Zusammenarbeit ausgesprochen. Gegebenenfalls kann hier auch
  eine Empfehlung oder eine Wiedereinstellungsaussage getroffen werden.
- Zukunftswünsche. Ebenso wie die Dankes- und Bedauernsformel ist auch der Ausspruch von guten Wünschen für die berufliche Entwicklung keine Floskel. Sollten diese beiden Aspekte in einem qualifizierten Arbeitszeugnis fehlen, so kann dies für den
  Arbeitnehmer Nachteile mit sich bringen. Gewöhnlich kann man feststellen: je länger und umfangreicher die Dankes- und Bedauernsformel sowie die Zukunftswünsche
  sind, desto mehr wird der Mitarbeiter geschätzt.
- Ort der Ausstellung, Ausstellungsdatum und Unterschrift. Hierbei ist darauf zu achten, dass der Name des Zeugnisausstellers unter der Unterschrift noch einmal leserlich
  in Maschinengeschriebenem Text erscheint und auch die Position oder Rechtsstellung
  dargelegt wird (z. B. Geschäftsführer).

Bei der Erteilung eines Arbeitszeugnisses hat der Aussteller auf die Grundsätze der Zeug-
niswahrheit und Zeugnisklarheit zu achten. So erstreckt sich der Grundsatz der Zeugnis-
wahrheit auf alle wesentlichen Tatsachen, die für die Gesamtbeurteilung des Arbeitnehmers von Bedeutung sein können bzw. an deren Kenntnis der künftige Arbeitgeber ein
berechtigtes Interesse haben könnte.[20]

Seine gesetzliche Regelung findet das Gebot der Zeugnisklarheit in dem § 109 Abs. 2
GewO. Diese Norm schreibt vor, dass ein Zeugnis klar und verständlich formuliert sein
muss. Ferner sind Formulierungen unzulässig, die darauf abzielen eine andere Aussage
über den Arbeitnehmer abzugeben. Sei es, dass dies in der äußeren Form oder im Wortlaut versteckt wird. Hierbei ist auf den objektiven Empfängerhorizont des Zeugnis-Lesers
abzustellen. Hingegen kommt es nicht darauf an, welche Vorstellungen der Verfasser des
Zeugnisses mit seiner Wortwahl verbindet.[21]

4.4.8.7   Was darf nicht in ein Zeugnis?

In einem Arbeitszeugnis darf eine Krankheit grundsätzlich nicht vermerkt werden; auch
dann nicht, wen sie der Kündigungsgrund war. Denn der Kündigungsgrund wird ohnehin nicht angegeben. Krankheitsbedingte Fehlzeiten können nur dann ohne Hinweis auf
die Krankheit unter dem Punkt „Dauer des Arbeitsverhältnisses" erwähnt werden, wenn
sie in einem groben Missverhältnis zur tatsächlichen Arbeitsleistung stehen. Dieses ist
beispielsweise dann der Fall, wenn die Fehlzeiten mehr als die Hälfte der gesamten Be-
schäftigungszeit ausmachen.

4.4.8.8   Zeugnisentwurf

Es zeugt von gutem Stil eines Unternehmens, wenn der Zeugnisentwurf vor der endgül-
tigen Fassung mit dem Mitarbeiter besprochen wird, anstatt es ihm zuzuschicken oder
wortlos zu überreichen. Ein vorheriges Gespräch verhindert vor allem spätere Enttäu-
schungen, Missverständnisse und rechtliche Auseinandersetzungen über den Wortlaut. Im
Rahmen eines solchen Vorgesprächs kann der Mitarbeiter dann besonders hinsichtlich der
Beschreibung seiner Tätigkeit noch Wünsche äußern oder Verbesserungsvorschläge machen. Bei der Beurteilung seiner Leistung oder seines Verhaltens steht ihm hingegen kein
Mitspracherecht zu.

4.4.8.9   Kann ein Arbeitszeugnis nachträglich widerrufen werden?

Ein Arbeitszeugnis kann in der Regel nicht, und wenn, dann nur bei Vorliegen gewichtiger
Gründe ausnahmsweise, durch den Arbeitgeber widerrufen werden. Dies ist beispielsweise dann möglich, wenn sich der Arbeitgeber bei der Ausstellung des Zeugnisses geirrt hat
und nachträglich bekannt gewordene Umstände das Zeugnis grob unrichtig werden lassen.

---

[20] Vgl. BAG vom 10.05.2005, 9 AZR 261/04, BAGE 114, S. 320; BAG-Urteil vom 12.08.2008, 9
AZR 632/07, DB 2008, S. 2547.
[21] Vgl. BAG vom 21.06.2005, 9 AZR 352/04, BAGE 115, S. 130.

Hinzu muss auch noch der Aspekt treten, dass ein anderer Arbeitgeber an der Mitteilung dieser Umstände ein großes Interesse hat.

Beispiel

Der Arbeitgeber A hat die Ehrlichkeit des Mitarbeiters M im Rahmen des von ihm ausgestellten Arbeitszeugnisses besonders betont. Nachträglich wird ihm aber bekannt, dass der M ihn bestohlen und größere Geldsummen unterschlagen hat.

In einem derartigen Fall muss der Arbeitgeber, sobald ihm die Unrichtigkeit bekannt geworden ist, das unrichtige Zeugnis umgehend widerrufen. Andernfalls setzt er sich möglicherweise eventuellen Schadensersatzansprüchen des neuen Arbeitgebers des beurteilten Mitarbeiters aus. Hat der ehemalige Arbeitgeber ein neues, den tatsächlichen Gegebenheiten entsprechendes Zeugnis ausgestellt, so kann er das ursprünglich ausgestellte Zeugnis zurückverlangen (vgl. Dörner et al. 2002, Kapitel F, Rn. 58).

Auch der Arbeitnehmer kann in bestimmten Fällen eine nachträgliche Änderung des Arbeitszeugnisses verlangen. Nämlich dann, wenn der Arbeitgeber ein Zeugnis erteilt hat, welches in Form oder Inhalt nicht den gesetzlichen Anforderungen entspricht.

4.4.8.10 Ersatzausstellung
Bei Verlust oder starker Beschädigung ist der Arbeitgeber zu einer Ersatzausstellung eines Arbeitszeugnisses verpflichtet. Dies ist aus der ihm obliegenden Fürsorgepflicht zu folgern, welche auch nach der Beendigung des Arbeitsverhältnisses insoweit eine Nachwirkung entfaltet.

4.4.8.11 Ausgestaltung des Arbeitszeugnisses
Ein Arbeitszeugnis muss der Wahrheit entsprechen und soll trotzdem wohlwollend formuliert werden. Der Konflikt zwischen wahrheitsgemäßer und wohlwollender Beurteilung ist auch an der im Zeugnis verwendeten Sprache erkennbar. Auf negative Aussagen wird im Allgemeinen vollkommen verzichtet. Aus diesem Grund drückt sich der Grad der Zufriedenheit bzw. der Grad der Unzufriedenheit in der Formulierung und in der Art und Weise aus, wie positive Angaben gemacht oder nicht gemacht werden. Diese indirekte Ausdrucksweise erschwert die Deutung von Arbeitszeugnissen enorm. Ein geübter Leser wird jedoch schnell in der Lage sein, ernst gemeinte negative Wertungen zu erkennen.

Zwar wird in den Zeugnissen die Beschreibung der Leistung nicht einheitlich vorgenommen, doch ist bei der Bewertung zum einen auf Formulierungen wie „stets" und „immer" und zum anderen auf Worte zu achten, die Superlative ausdrücken.

So kann man im Arbeitszeugnis abgestuft nach Notenstufen (Schulnoten) beispielsweise folgende Formulierungen verwenden[22]:

---

[22] Vgl. hierzu auch die Notenskala LAG Hamm vom 27.04.2000, Betriebs-Berater 2000, S. 1786; ebenso Hromadka 2004 sowie Schleßmann 2004, S. 150 f. mit Verweis auf die Rechtsprechung:

- Note 1: Herr X hat die ihm übertragenen Aufgaben stets zu unserer vollsten Zufriedenheit erledigt.
- Note 1 bis 2: Herr X hat die ihm übertragenen Aufgaben zu unserer vollsten Zufriedenheit erledigt.
- Note 2: Herr X hat die ihm übertragenen Aufgaben stets zu unserer vollen Zufriedenheit erledigt.
- Note 3: Herr X hat die ihm übertragenen Aufgaben zu unserer vollen Zufriedenheit erledigt.
- Note 3 bis 4: Herr X hat die ihm übertragenen Aufgaben stets zu unserer Zufriedenheit erledigt.
- Note 4: Herr X hat die ihm übertragenen Aufgaben zu unserer Zufriedenheit erledigt.
- Note 5: Herr X hat die ihm übertragenen Aufgaben im Großen und Ganzen zu unserer Zufriedenheit erledigt.
- Note 6: Herr X hat sich bemüht, die ihm übertragenen Aufgaben zu unserer Zufriedenheit zu erledigen.

Die Note ist aber nicht nur an den Formulierungen zu erkennen, sondern auch am Ende des Zeugnisses; nämlich an der so genannten Dankes- und Bedauernsformel. Dem Schlusssatz eines Zeugnisses kommt eine besondere Bedeutung zu. Er enthält eine Dankesformel und Zukunftswünsche. Je ausführlicher die Schlussfloskel geschrieben ist, desto besser ist die Note des Arbeitnehmers. Allerdings muss die Formulierung in einem angemessenen Verhältnis zu den übrigen Zeugnisformulierungen stehen. Das Fehlen einer adäquaten Schlussformulierung kann dazu führen, dass ein ansonsten besonders gutes Zeugnis entwertet wird (vgl. Dörner et al. 2002, Kapitel F, Rn. 40)[23].

4.4.8.12 Fristen und Aufbewahrungspflichten

Das Anfordern bzw. das Einklagen eines Arbeitszeugnisses soll zeitnah erfolgen. Gewöhnlich verjährt der Anspruch auf ein Zeugnis nach Ablauf der in § 195 BGB normierten generellen Verjährungsfrist von drei Jahren. Zwar sind eine Pflicht zur Aufbewahrung von Zeugnisunterlagen und diesbezügliche Fristen nicht im Gesetz normiert, doch müssen Personalunterlagen so lange aufbewahrt werden, wie der Anspruch auf ein Zeugnis fristgerecht geltend gemacht werden kann (vgl. Schleßmann 2004, S. 60). Bei der Frist zur Geltendmachung des Arbeitszeugnisses ist zwischen einfachem und qualifiziertem Zeugnis zu differenzieren. Einfache Zeugnisse können problemlos anhand von Buchungs-, Steuer- oder Personalunterlagen erstellt werden. Aus diesem Grund kann der Anspruch innerhalb der gesetzlich vorgeschriebenen Aufbewahrungsfristen dieser Unterlagen (vgl.

LAG Hamm vom 28.03.2000, MDR 2000, S. 1198; LAG Düsseldorf vom 11.06.2003, 12 Sa 354/03; LAG Frankfurt vom 10.09.1987, Betriebs-Berater 1987, S. 2370; BAG vom 14.10.2003, Betriebs-Berater 2004, S. 1500; LAG Bremen vom 09.11.2000, MDR 2001, S. 575.

[23] Unter Hinweis auf Hessisches LAG vom 17.06.1999, ZTR 2000, S. 88; a. A. Arbeitsgericht Bremen vom 11.02.1992, NZA 1992, S. 800.

z. B. § 147 AO, § 257 HGB) geltend gemacht werden. Bei einem qualifizierten Zeugnis verhält es sich hingegen anders. Hier braucht der Arbeitgeber die Zeugniserteilungspflicht nicht mehr zu erfüllen, wenn es ihm aufgrund der nach Beendigung des Arbeitsverhältnisses vergangenen Zeit nicht mehr möglich ist, die die Leistungen der zu beurteilende Person aus seiner Erinnerung zu bewerten (vgl. Schleßmann 2004, S. 61)[24].

Oftmals versuchen Arbeitgeber den Anspruch auf Ausstellung eines Arbeitszeugnisses zeitlich zu beschränken. Dies kann individualvertraglich geschehen oder durch Regelungen in Tarifverträgen. In fast jedem Manteltarifvertrag finden sich heutzutage Ausschlussfristen, welche auch auf den Zeugnisanspruch Anwendung finden. Derartige Fristen liegen gewöhnlich bei ein bis drei Monaten; können aber durchaus auch 6 bis zwölf Monate betragen. Sofern der Arbeitnehmer seinen Anspruch auf das Zeugnis nicht innerhalb dieser Frist geltend macht, so ist der Anspruch erloschen (vgl. Schleßmann 2004, S. 59 f., S. 60).[25]

4.4.8.13 Beweislast beim Rechtsstreit über Zeugnisse

Im Rahmen von Rechtsstreitigkeiten über Arbeitszeugnisse sind bei der so genannten Darlegungs- und Beweislast Abstufungen vorzunehmen. So ist ein Arbeitnehmer zur Darlegung bzw. zum Beweis verpflichtet, wenn er in seinem Zeugnis Bewertungen fordert, die weit über das gewöhnliche Maß hinausgehen. Hingegen ist der Arbeitgeber verpflichtet Defizite des Arbeitnehmers darzulegen und gegebenenfalls auch zu beweisen, wenn sie von einer durchschnittlichen Bewertung abweichen.

4.5 Zusammenfassung

Zusammenfassung

Der Abschluss eines Arbeitsvertrages bringt für beide Vertragsparteien Haupt und Nebenpflichten mit sich. Hauptpflichten sind für den Arbeitnehmer die Pflicht zur Erbringung der Arbeitsleistung und für den Arbeitgeber die Pflicht zur Vergütung. Neben den Hauptpflichten bestehen aber auch so genannte Nebenpflichten. Die Pflichten des Arbeitnehmers sind: Gehorsamspflicht und Treuepflicht; für den Arbeitgeber sind es die Beschäftigungspflicht, die Gleichbehandlungspflicht, die Fürsorgepflicht, die Pflicht zur Gewährung von Erholungsurlaub und die Zeugniserteilungspflicht.

---

[24] Unter Hinweis auf BAG vom 29.01.1996, NJW 1986, S. 2209.

[25] Unter Hinweis auf LAG Nürnberg vom 18.01.1994, LAGE § 630 BGB Nr. 20 und BAG vom 24.03.1988, NZA 1989, S. 101.

Literatur

Bauer J-H, Arnold C (2009) EuGH kippt deutsches Urlaubsrecht – Die Schultz-Hoff-Entscheidung und ihre Folgen. NJW 631 ff.

Dachrodt H-G (2001) Zeugnisse lesen und verstehen – Formulierungen und ihre Bedeutung. Frankfurt a. M.

Dornbusch G, Ahner L (2009) Urlaubsanspruch und Urlaubsabgeltung bei fortdauernder Arbeitsunfähigkeit des Arbeitnehmers. NZA 180 ff.

Dörner K, Luczak S, Wildschütz M (2002) Handbuch Arbeitsrecht, 3. Aufl. Neuwied

Gaul B, Bonanni A, Ludwig D (2009) Urlaubsanspruch trotz Langzeiterkrankung – Handlungsbedarf für die betriebliche Praxis! DB 1013 ff.

Hohmeister F (2009) Die Rechtsprechung des Bundesarbeitsgerichts zum Urlaubsrecht in den Jahren 2007/2008. BB 494 ff.

Hromadka W (2004) Arbeitsrecht – Handbuch für Führungskräfte, 2. Aufl. Heidelberg

Junker A (2006) Grundkurs Arbeitsrecht, 5. Aufl. München

Löw S (2008) Vertretung im Arbeitsrecht. MDR 1251 ff.

Menke J-M (2009) Gestaltung nachvertraglicher Wettbewerbsverbote mit GmbH-Geschäftsführern – Verzicht statt Karenzentschädigung. NJW 636 ff.

Mosch U (2013) Arbeitsrecht während und nach der Hochwasser-Katastrophe. NJW-Spezial 434 f.

Schleßmann H (2004) Das Arbeitszeugnis, 17. Aufl. Heidelberg

Subatzus V (2009) Übertragung von Urlaubsansprüchen bei Arbeitsunfähigkeit. DB 510 ff.

Zöllner W, Loritz K-G, Hergenröder CW (2008) Arbeitsrecht – Ein Studienbuch, 6. Aufl. München

(2007) Memento Rechtshandbuch Personalrecht für die Praxis, 9. Aufl. Freiburg

---

Beispiel

Die Flugbegleiterin F arbeitet für die Fluggesellschaft X und hat einen Bruttoverdienst von ca. 2500 € pro Monat. Die Dienstvorschriften der Fluggesellschaft X sehen ausdrücklich vor, dass bei jedem Flug ein Reisepass mitzunehmen ist. Bei einem Flug vergisst die F ihren Reisepass. X hat die Dokumente der F auch nicht überprüft. Als die F auf dem ausländischen Flughafen keine Dokumente vorlegen kann, wird von der Einreisebehörde gegen die Fluggesellschaft X eine Einreisestrafe in Höhe von ca. 2270 € verhängt. Muss die F, die diese Strafe letztlich verursacht hat, ihrem Arbeitgeber gegenüber für diesen Schaden haften? [1]

Grundsätzlich ist nach dem deutschen Rechtssystem jeder verpflichtet, Schäden, die er an Rechtsgütern verursacht, die im Eigentum eines anderen stehen, diesem zu ersetzen. Die Hauptschadensersatznorm des deutschen Zivilrechts ist der § 823 BGB. Diese Vorschrift lautet:

§ 823 BGB Schadensersatzpflicht
(1) Wer vorsätzlich oder fahrlässig das Leben, den Körper, die Gesundheit, die Freiheit, das Eigentum oder ein sonstiges Recht eines anderen widerrechtlich verletzt, ist dem anderen zum Ersatze des daraus entstehenden Schadens verpflichtet.
(2) Die gleiche Verpflichtung trifft denjenigen, welcher gegen ein den Schutz eines anderen bezweckendes Gesetz verstößt. Ist nach dem Inhalt des Gesetzes ein Verstoß gegen dieses auch ohne Verschulden möglich, so tritt die Ersatzpflicht nur im Falle des Verschuldens ein.

---

[1] Beispielfall in Anlehnung an BAG vom 16.2.1995, 8 AZR 493/93.

© Springer Fachmedien Wiesbaden 2014
A. Wien, N. Franzke, *Personalrecht*, DOI 10.1007/978-3-658-02968-5_5

5.1 Haftungsprivilegierung

Richten Arbeitnehmer während ihrer Tätigkeit Schäden an den Rechtsgütern anderer Personen an, so sind sie nach den Anspruchsgrundlagen § 823 Abs. 1 BGB und § 823 Abs. 2 BGB dem Geschädigten gegenüber zum Ersatz des Schadens verpflichtet. Während der Arbeitstätigkeit kann es immer wieder auch zu Schäden an Arbeitsmitteln des Arbeitgebers kommen. Verletzt der Arbeitnehmer Pflichten oder Nebenpflichten des Arbeitsvertrages, so würde für Schäden an den Rechtsgütern des Arbeitgebers neben dem § 823 BGB auch eine Haftung aus § 241 BGB und § 280 BGB in Frage kommen. Da der Arbeitnehmer jedoch weisungsgebunden ist und sich gewöhnlich nicht aussuchen kann, an welchen Maschinen bzw. mit welcher Ausrüstung er arbeitet, wäre es unbillig, ihn für Schäden an Arbeitsmitteln mit der selben Stärke haften zu lassen, wie es bei Schadensfällen Dritten gegenüber oder bei Schadensfällen außerhalb der Berufstätigkeit der Fall ist. Aus diesem Grunde wurde von der Rechtsprechung[2] eine so genannte Haftungsprivilegierung entwickelt, die allerdings nur dann eingreift, wenn der Arbeitnehmer Schäden an Arbeitsmitteln des Arbeitgebers anrichtet. Im Rahmen der hierbei stufenweise bestehenden Haftung sind folgende Stufen festzustellen:

- Bei leichter Fahrlässigkeit haftet der Arbeitnehmer nicht. Der Arbeitgeber hat seinen Schaden alleine zu tragen.
- Bei mittlerer Fahrlässigkeit wird der Schaden zwischen Arbeitgeber und Arbeitnehmer aufgeteilt. Der Schaden wird quotenmäßig beglichen. Hierbei ist eine Verteilung im Verhältnis 50/50 nicht zwingend erforderlich.
- Bei grober Fahrlässigkeit muss der Arbeitnehmer den Schaden grundsätzlich vollständig bezahlen. Eine Ausnahme besteht nur, wenn ein großes Missverhältnis zwischen der Höhe des Schadens und der Höhe des Verdienstes des Arbeitnehmers besteht. In derartigen Ausnahmefällen kann der Schaden auf die Höhe von maximal drei Monatsgehältern reduziert werden. Dies gilt allerdings nur im Rahmen der groben Fahrlässigkeit und soll auch die Ausnahme bleiben.
- Bei Vorsatz haftet der Arbeitnehmer vollständig.

Bei Schäden an Rechtsgütern anderer Personen besteht hingegen keine Haftungsprivilegierung des Arbeitnehmers.

Im eingangs geschilderten Beispielfall hat die F schuldhaft Regelungen ihres Arbeitsvertrages verletzt. Insofern wäre sie dem Arbeitgeber grundsätzlich zum Ersatz des Schadens verpflichtet. Doch sind hier einige Besonderheiten zu beachten. Zunächst trifft auch den Arbeitgeber, nämlich die Fluggesellschaft eine Mitschuld. Sie hat die Dokumente der Arbeitnehmerin nicht kontrolliert. Wegen der Mitschuld des Arbeitgebers wäre es angemessen, nach § 254 BGB ein Drittel des Schadens dem Arbeitgeber und Zwei Drittel des Schadens der F zuzuordnen. Von den 2270 € Schaden würden somit 756,60 € dem

---

[2] Vgl. BAG vom 16.2.1995, 8 AZR 493/93.

Arbeitgeber X und 1513,33 € der F zuzurechnen sein. Da für Arbeitnehmer jedoch die von der Rechtsprechung entwickelte Haftungsprivilegierung greift, muss nun festgestellt werden, um welche Form des Verschuldens es sich handelt. Da es eine der F bekannte Dienstpflicht war, ihren Pass bei Flugreisen mit sich zu führen, ist es mehr als eine leichte Fahrlässigkeit. Insofern muss hier von einer mittleren Fahrlässigkeit ausgegangen werden. Bei mittlerer Fahrlässigkeit ist der Schaden zwischen Arbeitgeber und Arbeitnehmer aufzuteilen. Teilt man nunmehr den, auf F entfallenden Schadensanteil von 1513,33 € zu gleichen Teilen auf Arbeitgeber und Arbeitnehmer, so hat die F ihrem Arbeitgeber wegen der Haftungsprivilegierung nur noch 756,66 € des Schadens zu ersetzen.

5.2 Mankohaftung

In der Praxis spielt die Mankohaftung, also die Haftung für einen Warenfehlbestand oder einen Kassenfehlbestand eine große Rolle.

Beispiel

Veronika Voss (V) arbeitet als Kellnerin in einem Edel-Bistro in Berlin. Als sich nach einem anstrengenden Arbeitstag ca. 300 € weniger in ihrer Geldtasche befinden als sie als Rechnungen selbst in der Kasse eingegeben hatte, verlangt ihr Arbeitgeber, der Bistro-Besitzer Benno Brumm (B), dass sie ihm den Fehlbetrag zu ersetzen habe. Daraus, dass V die Beträge an der Kasse selbst verbucht hat, schlussfolgert er, dass die V zu wenig Geld kassiert habe. Im Arbeitsvertrag der V findet sich zur Mankohaftung keine Regelung. Ist sie verpflichtet dem B die 300 € zu erstatten?

Eine Mankohaftung kann sich grundsätzlich aus einer Pflichtverletzung des Arbeitsvertrages im Sinne des § 280 Abs. 1 BGB, aus Deliktsrecht im Sinne des § 823 BGB oder aus einer expliziten Regelung im Rahmen des Arbeitsvertrages ergeben. Hierbei sind die bereits dargestellten Haftungsprivilegierungen des Arbeitnehmers grundsätzlich anwendbar.[3] Würde man sich in Fällen der Mankohaftung auf eine Pflichtverletzung nach § 280 Abs. 1 BGB stützen und die hierfür geltende normale Beweislastverteilung anwenden, so müsste der Arbeitnehmer dem Arbeitgeber Fehlbeträge ersetzen, sofern er nicht in der Lage ist, zu beweisen, dass ihn kein Verschulden trifft. Eine derartige Beweisverteilung würde das Risiko quasi auf den Arbeitnehmer verlagern und damit die Haftungsprivilegierung des Arbeitnehmers im Arbeitsrecht unterlaufen. Aus diesem Grund hat der Gesetzgeber mit der Schaffung des § 619a BGB in Anlehnung an ältere Rechtsprechung des Bundesarbeitsgerichts[4] eine Regelung geschaffen, welche die Beweissituation für den Arbeitnehmer spürbar verbessert. Diese Vorschrift lautet:

---

[3] Vgl. BAG vom 17.9.1998, 8 AZR 175/97, NZA 1999, S. 141.
[4] Vgl. BAG vom 17.09.1998, 8 AZR 175/97, NZA 1999, S. 141.

§ 619a BGB Beweislast bei Haftung des Arbeitnehmers
*Abweichend von § 280 Abs. 1 hat der Arbeitnehmer dem Arbeitgeber Ersatz für den aus
der Verletzung einer Pflicht aus dem Arbeitsverhältnis entstehenden Schaden nur zu leisten, wenn er die Pflichtverletzung zu vertreten hat.*

Zum Schutz des Arbeitnehmers lässt das Bundesarbeitsgericht nach seiner Rechtsprechung[5] vertragliche Vereinbarungen, welche den Arbeitgeber absichern sollen und den
Arbeitnehmer dazu verpflichtet, für Mankobeträge einstehen zu müssen nur zu, wenn folgende zwei Merkmale kumulativ erfüllt sind:

- Wenn Arbeitsbereiche betroffen sind, welche der Arbeitnehmer in der Lage ist, kontrollieren zu können und
- der Arbeitnehmer durch ein erhöhtes Entgelt oder eines Mankogeldes eine angemessene Gegenleistung erhält (vgl. Memento 2007, Rn. 2086).

Im oben genannten Beispielfall besteht zwischen V und B keine vertragliche Absprache
bezüglich einer Mankohaftung. Es gilt also die gesetzliche Haftung. Hierbei kommt es für
die Mankohaftung darauf an, ob V eine Pflichtverletzung zu vertreten, also zu verantworten, hat. Wegen der Regelung des § 619a BGB hat der Arbeitgeber, hier also der B, eine
etwaige Pflichtverletzung darzulegen und zu beweisen. Mutmaßungen genügen hierfür
nicht. Da er im vorliegenden Fall nichts beweisen kann, muss die V für den Fehlbestand
auch nicht einstehen.

5.3 Zusammenfassung

Zusammenfassung

- Im Rahmen von Arbeitsverhältnissen ist für die Haftung danach zu differenzieren,
  ob ein Arbeitnehmer einem Dritten gegenüber Schäden verursacht oder seinem
  Arbeitgeber gegenüber.
- Da der Arbeitnehmer im Rahmen des Arbeitsvertrages weisungsgebunden handelt
  und letztlich kaum eine Wahl hat, mit welchen Werkzeugen, Maschinen und Vorrichtungen er zu arbeiten hat, hat die Rechtsprechung Grundsätze entwickelt, die ihn
  abweichend von der Gesetzeslage immer dann in der Haftung privilegieren, wenn er
  im Rahmen seiner Berufstätigkeit Arbeitsmittel oder Rechtsgüter des Arbeitgebers
  beschädigt.
- Im Rahmen der Haftungsprivilegierung des Arbeitnehmers wird danach differenziert,
  welcher Grad des Verschuldens dem Arbeitnehmer vorgeworfen werden kann. Die
  Stufen sind: leichte Fahrlässigkeit, mittlere Fahrlässigkeit, grobe Fahrlässigkeit und
  Vorsatz.

---

[5] Vgl. BAG, AP Nr. 3 zu § 611 BGB – Mankohaftung.

- Bei leichter Fahrlässigkeit hat der Arbeitgeber den Schaden selbst zu tragen. Der Arbeitnehmer haftet nicht. Bei mittlerer Fahrlässigkeit wird der Schaden quotenmäßig verteilt; wobei die Quote nach den Umständen des Einzelfalls bestimmt wird. Bei grober Fahrlässigkeit und bei Vorsatz haftet der Arbeitnehmer in der gesamten Höhe.
- Ausnahmsweise kann im Rahmen der groben Fahrlässigkeit nach Auffassung der Rechtsprechung der vom Arbeitnehmer zu tragende Schadensersatz auf maximal drei Monatsgehälter beschränkt werden, sofern ein extremes Missverhältnis zwischen Schaden und Verdienst des Arbeitnehmers besteht.

Literatur

(2007) Memento Rechtshandbuch, Personalrecht für die Praxis, 9. Aufl. Freiburg

6

6.1 Überwachung der Internetnutzung im Betrieb

In der Praxis können im Bereich der Internetnutzung am Arbeitsplatz in Unternehmen erhebliche Streitigkeiten aufkommen.[1] Mittlerweile haben viele Arbeitnehmer einen Rechner mit Internetzugang an ihrem Arbeitsplatz. Solange der Arbeitnehmer das Internet für seine berufliche Tätigkeit nutzt, kann es zur Informationsbeschaffung oder zum Auf- und Ausbau des Kundenkontaktes eine für den Arbeitgeber nützliche Investition sein. Doch bietet der Zugang zum Netz für den Arbeitnehmer auch viele Verlockungen. So könnte ein Arbeitnehmer der Verlockung unterliegen, über den Internetzugang des Unternehmens auch eine Urlaubsreise zu buchen oder eine private Banküberweisung per Internet zu tätigen. Die Nachteile, die das genannte Verhalten für den Arbeitgeber mit sich bringen kann, sind sehr facettenreich. Sie können von Mehrkosten für die Inanspruchnahme kostenpflichtiger Dienste bis zur Gefahr der Verbreitung von Viren auf den Unternehmensrechnern liegen. Was passiert, wenn der Arbeitnehmer das Internet zu persönlichen Zwecken nutzt?

Beispiel

Der Arbeitnehmer X arbeitet in der Zentrale eines Speditionsbetriebes. Als er von seinem Vorgesetzten darum gebeten wird, wegen eines wichtigen Auftrags Überstunden zu machen, schickt er seiner Ehefrau eine E-Mail, um sie von seiner späteren Heimfahrt zu informieren.

Die Abgrenzung zwischen dienstlicher und privater Nutzung erfolgt nicht nach dem räumlichen Verständnis. Dementsprechend können innerbetrieblich versandte E-Mails an Arbeitskollegen, je nachdem welche Informationen sie beinhalten, entweder privat oder

---

[1] Vgl. zu Betriebsvereinbarungen bezüglich der Internetnutzung: Möller 2009, S. 44 ff.

© Springer Fachmedien Wiesbaden 2014
A. Wien, N. Franzke, *Personalrecht*, DOI 10.1007/978-3-658-02968-5_6

dienstlich sein. Eine dienstliche Nutzung des Internets ist also dann gegeben, wenn diese in einem Bezug zu den dienstlichen Belangen steht. Dementsprechend wird eine private E-Mail-Nutzung dann als dienstlich angesehen, wenn ihr Anlass dienstlich war. Im Umkehrschluss erfolgen alle übrigen Nutzungen privat. Für den oben genannten Fall bedeutet dies, dass der Arbeitnehmer X die E-Mail zu Recht an seine Frau geschickt hat. Denn diese Nachricht war beruflich veranlasst und ist deshalb auch zulässig.

Problematisch kann es für den Arbeitgeber aber werden, wenn er seinen Mitarbeitern eine E-Mail-Adresse zur Verfügung stellt[2], welche Bestandteile des Firmennamens enthält.[3]

Beispiel

Der Angestellte Friedhelm Mustermann arbeitet bei der X-GmbH. Das Unternehmen hat den Mitarbeitern Mailadressen mit Bestandteilen zur Verfügung gestellt. Herr Mustermann hat die Adresse Mustermann@X-GmbH.de. Über diese Adresse sendet er sowohl dienstliche als auch private Mails.

Werden von dem Mitarbeiter über derartige Adressen Erklärungen abgegeben oder sogar Verträge abgeschlossen, so besteht für den Arbeitgeber die Gefahr, dass sich sein Unternehmen diese Willenserklärungen zurechnen lassen muss (vgl. Ulmer 2002, S. 117; Kocher 2003, S. 597). Dies hängt davon ab, wie der Erklärungsempfänger die E-Mails auffassen muss. Aufgrund der Firmenbezeichnung in der Adresse könnten private Willenserklärungen für Außenstehende so erscheinen, als seien sie seitens des Unternehmens abgegeben worden. Dies ist nur dann nicht der Fall, wenn erkennbar Indizien für eine private Nutzung sprechen. Bestellt ein Arbeitnehmer beispielsweise über eine E-Mail-Adresse mit Unternehmensbestandteilen Waren und gibt als Lieferadresse seine Privatadresse an, so kann dies ausreichen, dem Empfänger der Mail zu verdeutlichen, dass nicht der Arbeitgeber sondern nur der Arbeitnehmer Vertragspartner sein möchte (vgl. Kocher 2003, S. 597).

Um Verständnisschwierigkeiten und Probleme von vornherein auszuschließen, gestatten Arbeitgeber ihren Arbeitnehmern gewöhnlich nicht, die firmeneigene E-Mail-Adresse für private Mails zu nutzen; oder sie bestehen darauf, dass ein zweites – grundsätzlich neutrales – E-Mail-Account angelegt wird, über welches die Mitarbeiter Ihre privaten Mails versenden können. Durch ein generelles Verbot der Versendung privater E-Mails am Arbeitsplatz[4] kann das Unternehmen jedoch noch ein weiteres Problem vermeiden; nämlich das Nachsenden von Mails. Oftmals erhalten ehemalige Angestellte auch nach

---

[2] Vgl. zum Fernmeldegeheimnis bei erlaubter privater Internetnutzung auch: Jandt 2011, S. 631 f.

[3] Durch die Erlaubnis zur Nutzung eines dienstlichen E-Mail-Accounts wird der Arbeitgeber nicht zu einem Dienstanbieter im Sinne des TKG; vgl. hierzu: LAG Berlin-Brandenburg, Urteil vom 16.2.2011, 4 Sa 2132/10, DB 2011, S. 1281 f.

[4] Vgl. zur Rechtsfolge eines Verstoßes gegen das Verbot privater Internetnutzung auch: ArbG Koblenz, Urteil vom 30.9.2009, 4 Ca 538/09, ITRB 2010, S. 177; zur fristlosen Kündigung wegen Herunterladens von Hackersoftware, vgl. OLG Celle, Urteil vom 27.1.2010, 9 U 38/09, ITRB 2010, S. 253.

dem Ausscheiden aus dem Unternehmen private E-Mails an ihre alte Firmenadresse. Hat der Arbeitgeber private E-Mails am Arbeitsplatz gestattet, so ist er in der Regel arbeitsrechtlich aus nachvertraglicher Nebenpflicht verpflichtet, dem ehemaligen Arbeitnehmer die privaten E-Mails zuzuleiten, sofern ihm das möglich und zumutbar ist. Hat er hingegen in der Zeit, in welcher der Arbeitnehmer bei ihm noch beschäftigt war, immer wieder darauf hingewiesen, dass private Mails am Arbeitsplatz nicht geduldet und sogar gelöscht werden, so entfällt eine Pflicht des Arbeitgebers zur Nachsendung eingehender privater E-Mails nach Ausscheiden (vgl. hierzu auch: Seffer und Schneider 2007, S. 264 ff.) des Arbeitnehmers.

Es existieren keine speziellen arbeitsrechtlichen Vorschriften, welche die Nutzung von Internetdiensten durch den Arbeitnehmer regeln. Grundsätzlich gilt jedoch: private E-Mails sind unberechtigt, sofern der Arbeitgeber den Arbeitnehmern die private Nutzung nicht explizit oder zumindest stillschweigend gestattet hat. Es obliegt alleine dem Unternehmer zu entscheiden, ob er seinen Mitarbeitern über die betriebliche Nutzung hinaus auch eine privat motivierte Internetnutzung zugestehen möchte. Die Gründe hierfür können sehr unterschiedlich sein. So sehen einige Arbeitgeber in der Gestaltung eine Motivation für ihre Angestellten. Eine stillschweigende Erlaubnis zur privaten Nutzung des betrieblichen Internetzugangs kann beispielsweise angenommen werden, wenn der Arbeitgeber eine gelegentliche private Nutzung des Internets durch Angestellte wissentlich über einige Zeit nicht beanstandet hat oder je nach Einzelfall auch dadurch hergeleitet werden kann, dass im Unternehmen privates telefonieren in entsprechend dem Umfang gestattet ist. In der Praxis ist Arbeitgebern anzuraten, entweder ihren Arbeitnehmern die private Nutzung des Internets vollkommen zu verbieten und dies in regelmäßigen Abständen zu bekräftigen, oder es den Arbeitnehmern zu gestatten, indem sie bereits im Arbeitsvertrag respektive in einer Betriebsvereinbarung den Umfang der privaten Nutzung explizit festlegen (vgl. hierzu auch: Holzner 2011, S. 12 ff. (S. 13)).

Die Frage, inwieweit dem Arbeitgeber Kontroll- und Überwachungsrechte bezüglich des Nutzungsverhaltens seiner Beschäftigten zustehen, ist umstritten (vgl. hierzu auch: Lasch und Böhm 2010, S. 36). Im Folgenden sollen die Kriterien, die bei der Kontrolle der Arbeitnehmer relevant werden können, dargestellt werden. Hat der Arbeitgeber eine private Internetnutzung am Arbeitsplatz vollständig untersagt, so kann er in der Regel davon ausgehen, dass sich nur dienstliche Vorgänge auf dem Rechner befinden. Insofern kann gewöhnlich keine Gefahr einer Verletzung der Privatsphäre des Arbeitnehmers bestehen (vgl. Haug 2005, Rn. 191). In der Literatur und Rechtsprechung wird diese Frage allerdings kontrovers diskutiert. In der Rechtsprechung ist zu diesem Punkt noch keine einheitliche Linie zu erkennen. Auch in der Literatur gehen die Auffassungen weit auseinander (vgl. hierzu: Weißnicht 2003, S. 448, 451; Haug 2005, Rn. 191; differenzierend: Strömer 2006, S. 364). So wird beispielsweise die Ansicht vertreten, dass ein Internetarbeitsplatz trotz Verbot der privaten Nutzung durch den Vorgesetzten nur dann kontrolliert werden dürfe, wenn der Verdacht bestünde, dass Geschäftsgeheimnisse verraten oder strafbare Handlungen begangen wurden. Andere Stimmen in der Literatur bejahen hingegen das Recht des Arbeitgebers auf Kontrolle derartiger Arbeitsplätze bis hin zur vollständigen Protokollierung der Seiten, wobei auch hier umstritten ist, ob es dafür einer Rechtfertigung bedarf oder nicht.[5] Eine neue Qualität in der Diskussion um die Frage der Überwachung privater E-Mail- und Internetnutzung ist durch eine noch nicht allzu alte Entscheidung des Europäischen Gerichtshofs für Menschenrechte entstanden.[6] Nach Auffassung des Gerichts, bedarf die Überwachung der privaten E-Mail- und Internetnutzung am Arbeitsplatz einer spezifischen gesetzlichen Grundlage.[7]

6.2 Überwachung des Diensttelefons

Es ist dem Arbeitgeber nach § 201 StGB verboten, die Gespräche seiner Mitarbeiter durch Abhörgeräte oder mittels eines Tonbandgeräts zu überwachen. Von diesem Verbot ist ebenfalls das Aufzeichnen oder Abhören von Telefongesprächen erfasst. Die Überwachung von privaten Telefongesprächen ist darüber hinaus auch durch das Fernmeldegeheimnis im Sinne des § 88 TKG untersagt. Lediglich wenn ein Missbrauchsverdacht vorliegt, ist gemäß § 100 Abs. 3 TKG eine Erfassung der Daten erlaubt.

Allgemein ist zwischen der Kontrolle so genannter Kommunikationsdaten und der Kontrolle von Inhalten zu differenzieren. Ist die private Nutzung verboten, so ist bei Gesprächen das Aufzeichnen der Uhrzeit und der Dauer des Gespräches bzw. im Rahmen der Internetnutzung das Aufzeichnen der Uhrzeit und der Dauer der Internetnutzung sowie beim Telefonieren das Registrieren der Telefonnummer des Angerufenen zum Zweck der Kontrolle des Telefonverhaltens erlaubt. Insofern kann gesagt werden, dass bei einer rein dienstlichen Nutzung des Telefons Daten erhoben, verarbeitet und genutzt werden dürfen, wenn diese zur Gewährleistung des ordnungsgemäßen Betriebs von Telekommunikationsnetzen oder Telekommunikationsdiensten, zu Abrechnungszwecken oder zu stichprobenartigen oder anlassbezogenen Leistungs- oder Verhaltenskontrollen notwendig sind. Das Überwachen der Inhalte von Telefongesprächen ist allerdings nicht gestattet – egal ob es sich hierbei um dienstliche oder private Gespräche handelt.[8] Das erfassen von Telefondaten bedarf nach § 87 BetrVG darüber hinaus der Zustimmung des Betriebsrates. Ausnahmen bestehen nach § 1 Abs. 3 Satz 2 BDSG jedoch bei Berufsgruppen, welche zur Wahrung von Geheimnissen verpflichtet sind. Hier ist eine Überwachung nicht zulässig. Hierzu zählen beispielsweise Ärzte, Psychologen oder Wirtschaftsprüfer. Bei privaten Gesprächen dürfen die Rufnummern nicht gespeichert werden, da dies den Datenschutz des Angerufenen beeinträchtigen würde.

Ein unbemerktes Mithören von Telefongesprächen erlaubt das Bundesarbeitsgericht nur, solange dies dem Zweck der Leistungskontrolle dient. Hierfür ist es jedoch erforder-

---

[5] Vgl. zur Frage einer permanenten Videoüberwachung am Arbeitsplatz: LAG Hessen, Entscheidung vom 25.10.2010, 7 Sa 1586/09, ITRB 2011, S. 181 ff.

[6] Vgl. EGMR, MMR 2007, S. 431 mit Anmerkung von Hornung.

[7] Vgl. EGMR, MMR 2007, S. 431.

[8] Vgl. BAG, RDV 1991, S. 79.

lich, dass der Mitarbeiter über die Möglichkeit der Kontrolle informiert und der Zeitraum begrenzt wird.[9] Der Schutz des gesprochenen Wortes, bleibt trotz des Wissens um eine eventuelle Kontrolle weiterhin bestehen.[10] Ohne Einwilligung des Arbeitnehmers ist das Abhören und Aufzeichnen von Telefongesprächen gemäß § 201 StGB strafbar. Diese Vorschrift lautet:

§ 201 StGB Verletzung der Vertraulichkeit des Wortes
(1) Mit Freiheitsstrafe bis zu drei Jahren oder Geldstrafe wird bestraft, wer unbefugt
    1. das nichtöffentlich gesprochene Wort eines anderen auf einen Tonträger aufnimmt oder
    2. eine so hergestellte Aufnahme gebraucht oder einem Dritten zugänglich macht.
(2) Ebenso wird bestraft, wer unbefugt
    1. das nicht zu seiner Kenntnis bestimmte nichtöffentlich gesprochene Wort eines anderen mit einem Abhörgeräte abhört oder
    2. das nach Absatz 1 Nr. 1 aufgenommene oder nach Absatz 2 Nr. 1 abgehörte nichtöffentlich gesprochene Wort eines anderen im Wortlaut oder seinem wesentlichen Inhalt nach öffentlich mitteilt.
Die Tat nach Satz 1 Nr. 2 ist nur strafbar, wenn die öffentliche Mitteilung geeignet ist, berechtigte Interessen eines anderen zu beeinträchtigen. Sie ist nicht rechtswidrig, wenn die öffentliche Mitteilung zur Wahrnehmung überragender öffentlicher Interessen gemacht wird.
(3) Mit Freiheitsstrafe bis zu fünf Jahren oder mit Geldstrafe wird bestraft, wer als Amtsträger oder als für den öffentlichen Dienst besonders Verpflichteter die Vertraulichkeit des Wortes verletzt (Absätze 1 und 2).
(4) Der Versuch ist strafbar.
(5) Die Tonträger und Abhörgeräte, die der Täter oder Teilnehmer verwendet hat, können eingezogen werden. § 74 a ist anzuwenden.

Lediglich in absoluten Ausnahmefällen kann das Abhören von Telefongesprächen gemäß § 32 StGB zulässig sein. Voraussetzung hierfür ist, dass ein Verdacht auf Diebstahl, Unterschlagungsbetrug oder Verrat von Geschäftsgeheimnissen vorliegt und dadurch die Rechtsposition oder das Vermögen des Arbeitgebers in Gefahr schwebt.

6.3 Elektronische Ortung

Viele Arbeitgeber stellen ihren Mitarbeitern heutzutage Betriebshandys zur Verfügung. Technisch bieten diese allerdings dem Arbeitgeber auch die Möglichkeit, dass der Arbeitgeber via GPS-Signal den Aufenthaltsort des Mitarbeiters kontrollieren kann (vgl. hier-

---

[9] Vgl. BAG, DB 1996, S. 333.
[10] Vgl. BVerfG, Urteil vom 19.12.1991, Az. 1 BvR 382/85.

zu vertiefend auch: Cornelius 2013, S. 3340 ff.). Da für den Arbeitgeber jederzeit die Möglichkeit besteht, das Gerät des Mitarbeiters dem Mitarbeiter zuzuordnen, handelt es sich bei einer Erfassung des Aufenthaltsortes gemäß § 3 Abs. 1 BDSG um so genannte personenbezogene Daten. Generell stellt die Ortung des Firmenhandys einen schwerwiegenden Eingriff in die Schutzrechte des Arbeitnehmers dar. Aus diesem Grunde kann eine dauerhafte Überwachung mittels GPS-Signal grundsätzlich nur als unzulässig angesehen werden, da sich so ein nahezu lückenloses Bewegungsprofil des überwachten Mitarbeiters erstellen lässt (vgl. Wolkerseder 2012, S. 69). Die weite Verbreitung von Betriebshandys gibt dem Arbeitgeber die Möglichkeit, via GPS-Signal Fahrtrouten und den Kundendienst zu optimieren. Angestellte sollten sich darüber im Klaren sein, dass sie per GPS jederzeit geortet und kontrolliert werden können. Da der Mitarbeiter dem Gerät jederzeit zuzuordnen ist, handelt es sich hierbei gemäß § 3 Abs. 1 BDSG um personenbezogene Daten. Der Arbeitgeber ist verpflichtet, seine Angestellten über die Nutzung derartiger Überwachungsmaßnahmen zu informieren (vgl. Oberwetter 2008, S. 609 ff. (S. 612); Gola 2007, S. 1139 ff. (S. 1143)). Die Mitarbeiter müssen in die Lage versetzt werden, während der Pausenzeiten bzw. außerhalb ihrer Arbeitszeit die Überwachungsfunktion abstellen zu können (vgl. Gola 2007, S. 1139 ff. (S. 1143); Däubler 2010, Rn. 322). Lediglich bei begründetem Verdacht auf eine gravierende Verletzung des Arbeitsvertrages kann es in Einzelfällen zulässig sein, eine Mitarbeiterortung vorzunehmen (vgl. Lunk 2009, S. 457 ff. (S. 461)). In der Praxis gibt es heutzutage auch viele Arbeitgeber, die die Arbeitszeiteinhaltung ihrer Angestellten durch den Einsatz von Stechuhren, Magnetkarten oder Fingerscans kontrollieren. Insbesondere größere Unternehmen nutzen zunehmend Zutritts-Kontrollsysteme, bei welchen Transponder oder Etiketten ausgelesen werden. Durch die erhobenen Daten ist es dem Arbeitgeber möglich, Schlussfolgerungen darüber zu ziehen, zu welchen Zeiten sich der Mitarbeiter im Unternehmen aufgehalten hat. Darüber hinaus ist ein Rückschluss auf den genauen Standort ebenfalls möglich. Sollen derartige technische Möglichkeiten zum Einsatz kommen, muss der Angestellte nach § 6c BDSG über die Form, die Funktionsweise und die Art der erhobenen Daten informiert werden. Ein heimliches Anfertigen von personenbezogenen Bewegungsprofilen, wie zum Beispiel das dokumentieren häufiger Raucherpausen oder Toilettengänge ist verboten, genau wie eine groß angelegte Überwachung der gesamten Belegschaft. Lediglich anonymisierte Erhebungen und stichprobenartige Kontrollen sind weiterhin zulässig.[11]

6.4 Videoüberwachung

Im Rahmen der Überwachung von Mitarbeitern durch Videokameras ist zwischen offener und verdeckter Überwachung zu unterscheiden. Die verdeckte Überwachung ist nur eingeschränkt erlaubt, da sie in das individuelle Persönlichkeitsrecht weit stärker eingreift, als es bei einer offenen Überwachung der Fall ist. Aber auch die offene Überwachung ist

---

[11] Vgl. Arbeitsrecht Aktuell, Nr. 16, September 2008, S. 3.

lediglich unter gewissen Voraussetzungen statthaft. Inwieweit ein Eingriff in das Persönlichkeitsrecht des Mitarbeiters zulässig ist, regelt der Grundsatz der Verhältnismäßigkeit.
Dieser Grundsatz der Verhältnismäßigkeit ist dann gewahrt, wenn die Eingriffsermächti-
gung zur Erreichung des Zweckes geeignet, erforderlich und angemessen ist. Aus diesem
Grunde wird der Verhältnismäßigkeitsgrundsatz auch als so genanntes Übermaßverbot
bezeichnet (vgl. Merz 2010, S. 9). Als verhältnismäßig anzusehen ist eine Überwachung
außerdem erst, wenn sie auf einen konkreten Verdacht hin und zeitlich sowie räumlich beschränkt angewandt wird (vgl. Selig 2011, S. 22). Verdeckte Videoüberwachung ist nach
§ 6a BDSG bei Räumlichkeiten, die öffentlich zugänglich sind, generell verboten. Denn
diese Form der Überwachung würde gegen die Menschenwürde verstoßen (vgl. Däubler
2010, Rn. 716). Nach § 6b Abs. 1 BDSG ist das Filmen nur dann zulässig, wenn beispielsweise das Hausrecht wahrgenommen werden soll (§ 6b Abs. 1 Nr. 2 BDSG) oder ein berechtigtes Interesse für konkret festgelegte Zwecke besteht (§ 6b Abs. 1 Nr. 3 BDSG). Der
§ 6b Abs. 2 BDSG sieht für die Beobachtung jedoch vor, dass ein sichtbarer Hinweis jeden
Fall der Überwachung kenntlich macht. Sofern ein Arbeitgeber hiergegen verstößt, hat der
Mitarbeiter die Möglichkeit gegen den Arbeitgeber wegen der Verletzung seines Persönlichkeitsrechts einen Anspruch auf Schadensersatz oder auf Unterlassung geltend zu machen. Nach der Rechtsprechung des Bundesarbeitsgerichts kann sich ein Arbeitgeber des
Hilfsmittels der versteckten Videoüberwachung nur dann bedienen, wenn ein konkreter
Verdacht auf eine Straftat des Mitarbeiters besteht und dem Arbeitgeber kein geeigneteres
milderes Mittel zur Überprüfung zur Verfügung steht.[12] Eine verdeckte Überwachung der
Arbeitsleistung der Angestellten ist somit also gewöhnlich nicht zulässig.

Eine offene Videoüberwachung ist nur dann zulässig, wenn das Interesse des Arbeitgebers größer ist, als das Persönlichkeitsrecht der Angestellten. Dies ist beispielsweise bei
Aufklärung und Verhinderung von Lagerschwund gegeben, sowie zur Diebstahlpräven-
tion oder der Aufklärung von Straftaten. Ein genereller Verdacht gegen alle Beschäftigten
ist jedoch unzureichend. Nach Ansicht des Bundesarbeitsgerichts ist die offene Kamera-
überwachung im Einzelfall dann zulässig, wenn sie einen legitimen Zweck verfolgt, die
Mitarbeiter nicht schikaniert oder unter Beobachtungsdruck setzt.[13] Sie muss im Einzelfall
verhältnismäßig sein. Für den Arbeitgeber ist es in der Praxis wichtig zu wissen, dass
bereits die Absicht, eine Videokamera zu installieren, zusätzlich durch den Betriebsrat ge-
nehmigt werden muss. Denn dieser hat nach § 87 Abs. 1 Nr. 6 BetrVG bei der „Einführung
und Anwendung von technischen Einrichtungen, die dazu bestimmt sind, das Verhalten
oder die Leistung der Arbeitnehmer zu überwachen" ein vom Gesetz vorgegebenes Mitbestimmungsrecht. Auch wenn die Geräte nicht direkt zur Überwachung eingesetzt werden
sollen, hierzu jedoch in der Lage wären, bedarf es nach § 87 Abs. 1 Nr. 6 BetrVG der Zustimmung des Betriebsrats. Das Mitbestimmungsrecht des Betriebsrats umfasst außerdem
auch, wie lange die Daten gespeichert und wann sie gelöscht werden sollen. Ohne das
Einverständnis des Betriebsrats dürfen Videokameras weder installiert noch eingesetzt

---

[12] Vgl. BAG, Urteil vom 27.3.2003, 2 AZR 51/02.

[13] Vgl. BAG, Urteil vom 14.12.2004, 1 ABR 34/03.

werden. Sofern ein Arbeitgeber dieses trotzdem tut, hat der Betriebsrat die Möglichkeit, vor dem Arbeitsgericht auf Unterlassung zu klagen. In Räumlichkeiten, wie beispielsweise Umkleidekabinen, Schlafräumen oder sanitären Anlagen – also in Räumen, die gewöhnlich nicht gewerblich genutzt werden und in denen der Schutz der Intimsphäre der Mitarbeiter besonders wichtig erscheint – sind Maßnahmen der versteckten Videoüberwachung generell nicht zulässig. Selbst Bereiche von Großraumbüros können geschützt sein, wenn diese besonders abgetrennt sind.

6.5 Taschenkontrolle und Leibesvisitation

Grundsätzlich hat ein Arbeitgeber nicht die Befugnis, ohne Zustimmung des betroffenen Mitarbeiters eine Taschen- oder Bekleidungskontrolle vornehmen zu lassen.[14] Eine lediglich vorbeugende Kontrolle ist dementsprechend ohne genaue Anhaltspunkte nicht zulässig. Taschenkontrollen an Werkstoren sowie Leibesvisitationen stellen eine grobe Verletzung des Persönlichkeitsrechts dar. Sie sind lediglich dann unbedenklich, wenn der Arbeitnehmer diese Möglichkeit aufgrund einer Betriebsvereinbarung zu dulden hat. Einwilligungsformulierungen, welche im individuellen Arbeitsvertrag formuliert worden sind, sind – sofern es sich hierbei um vorformulierte Vertragsbedingungen handelt – gemäß § 307 BGB unwirksam, da es sich um so genannte Überraschungsklauseln handelt. Eine Einwilligung des betroffenen Arbeitnehmers wird dann nicht mehr benötigt, wenn Taschenkontrollen in dem Unternehmen bereits üblich sind oder sich aus einer Betriebsvereinbarung herleiten lassen. Tor- bzw. Taschenkontrollen oder Leibesvisitationen sind für den Arbeitgeber ansonsten lediglich dann als zulässig anzusehen, wenn ein zwingender sachlicher Grund vorliegt, wie etwa mehrmalig aufgetretener Diebstahl von Unternehmenseigentum. Sofern im Unternehmen ein Betriebsrat existiert, ist gemäß § 87 Abs. 1 Nr. 1 BetrVG dessen Zustimmung für die Durchführung der Kontrolle notwendig. Zwar ist eine stichprobenartige Überprüfung von Taschen der Mitarbeiter zu Dienstende zulässig[15], jedoch muss die Auswahl der zu durchsuchenden Personen nach dem Zufallsprinzip erfolgen. Sofern gegen einen bestimmten Mitarbeiter Verdacht besteht, so kann dieser herausgegriffen werden. Allerdings bedarf die Durchsuchung einer Person eine bestimmte Grenze nicht überschreiten. So ist lediglich das Öffnen der Tasche bzw. das Abtasten der oberen Kleidungsschicht zulässig (vgl. Däubler 2010, Rn. 725). Es sollte sowohl bei Tor- bzw. Taschenkontrollen als auch bei Leibesvisitationen darauf geachtet werden, dass der Verhältnismäßigkeitsgrundsatz beachtet wird. Denn oft sind weniger einschneidende Maßnahmen möglich – diesen sollte dann Vorrang eingeräumt werden.

---

[14] Zum Beweisverwertungsverbot bei heimlicher Schrankkontrolle vgl.: BAG-Entscheidung vom 20.6.2013, 2 AZR 546/12, NZA 2014, S. 143.

[15] Vgl. BVerfG, Urteil vom 12. August 1999, Az. 2 AZR 923/98.

6.6   Überwachung durch Detektive

In zunehmendem Maße setzen Arbeitgeber auch Detektive ein, um ihre Mitarbeiter insbesondere auch außerhalb ihres Arbeitsplatzes zu überwachen. Oft dient dies der Aufdeckung von zu Unrecht krankgeschriebenen Mitarbeitern, der Aufdeckung einer vom
Mitarbeiter ausgeübten Konkurrenztätigkeit oder zur Aufdeckung vom Mitarbeiter durch-
geführter anderer Arbeiten während des Zeitraums der Krankschreibung. Bisweilen werden Detektive auch als Testkäufer eingesetzt, um die Ehrlichkeit des Kassenpersonals auf
die Probe zu stellen. Der Einsatz verdeckter Ermittler, welche schriftlich über ihre Be-
obachtungen berichten, ist – sofern es das Freizeitverhalten eines Arbeitnehmers betrifft
– unzulässig. Einen solch gravierenden Eingriff in die Privatsphäre duldet § 110 StPO nur
bei schweren Straftaten. Wegen der für den Arbeitnehmer entstehenden groben Verletzung
des Persönlichkeitsrechts des Arbeitnehmers gelten für den Einsatz von verdeckten Er-
mittlern dieselben Grundsätze, wie für die verdeckte Videoüberwachung. Es muss also
ein konkreter Verdacht auf eine strafbare Handlung oder Pflichtverletzung vorliegen und
der Einsatz milderer Mittel muss bereits ausgeschlossen worden sein (vgl. Merz 2010,
S. 15). Sofern ein konkreter Verdacht bestand, der Einsatz des Privatdetektivs zur Klärung
des Sachverhalts erforderlich war und sich nach abgeschlossenen Ermittlungen der An-
fangsverdacht bestätigt hat, kann der Arbeitgeber dem Arbeitnehmer die Kosten für den
Detektiv und weitere Kosten, wie etwa einer Videoüberwachung, später sogar in Rechnung stellen.[16] Kosten für ständig eingesetzte Detektive muss der Mitarbeiter jedoch nicht
übernehmen. Die Überprüfung von Personal durch so genannte Ehrlichkeitskontrollen ist
nur eingeschränkt zulässig und ist in jedem Fall eine Einzelfallentscheidung. Generell ist
hierbei zu beachten, dass der Arbeitgeber keine geeignetere Möglichkeit haben darf, die
Ehrlichkeit seiner Mitarbeiter zu überprüfen und dass die Mitarbeiter durch den Test nicht
zu einer Tat angestiftet werden dürfen. Vielmehr hat eine derartige Kontrolle sich auf die
Schaffung der Möglichkeit zur Begehung eines bestimmten Handelns zu beschränken. Da
im Rahmen von Ehrlichkeitskontrollen gewöhnlich die Zuhilfenahme technischer Einrichtungen fehlt, unterliegen sie nicht der Mitbestimmung des Betriebsrats (vgl. Hirdina
2008, S. 313).

6.7   Konsequenzen unzulässiger Überwachung

Der Arbeitnehmer hat bei unzulässigen Überwachungsmaßnahmen durch den Arbeitgeber
gegen diesen einen Anspruch auf Unterlassung, welcher sich aufgrund einer drohenden
bzw. wiederholten Verletzung des Persönlichkeitsrechts ergibt. Ein derartiger Unterlas-
sungsanspruch ergibt sich aus § 823 Abs. 1 BGB in Verbindung mit § 1004 Abs. 1 Satz 2
BGB. Darüber hinaus ergibt sich ein Anspruch des Arbeitnehmers auch aus § 823 Abs. 2
BGB in Verbindung mit den allgemeinen und bereichsspezifischen Datenschutzvorschrif-

---

[16] Vgl. BAG, Urteil vom 17. September 1998, Az. 8 AZR 5/97.

ten, welche Schutzgesetze im Sinne des § 823 Abs. 2 BGB darstellen. Auch der Betriebsrat besitzt neben dem Arbeitnehmer gegen den Arbeitgeber einen Anspruch auf Unterlassung, wenn dieser gegen das Mitbestimmungsrecht aus § 87 Abs. 1 BetrVG verstoßen hat. Neben seinem Anspruch auf Unterlassung besitzt der Arbeitnehmer natürlich auch das Recht auf Beseitigung der erhobenen Daten, welche unzulässiger Weise vom Arbeitgeber durch die Überwachungsmaßnahmen erhoben worden sind. Auch dieser Beseitigungsanspruch wird aus § 823 Abs. 1 BGB bzw. § 823 Abs. 2 BGB in Verbindung mit § 1004 Abs. 1 Satz 1 BGB hergeleitet. Hierbei ist der Arbeitgeber verpflichtet, alle erhobenen und verwendeten Daten zu löschen. Sofern seitens des Arbeitgebers die Mitbestimmung des Betriebsrats verletzt wurde, hat auch hier der Betriebsrat die Möglichkeit, einen Beseitigungsanspruch geltend zu machen (vgl. Panzer 2004, S. 299 ff.).

Literatur

Cornelius K (2013) Schneidiges Datenschutzrecht: Zur Strafbarkeit einer GPS-Überwachung. NJW 3340 ff.
Däubler W (2010) Arbeitsrecht, 8. Aufl.
Gola P (2007) Datenschutz bei der Kontrolle „mobiler" Arbeitnehmer – Zuverlässigkeit und Transparenz. NZA 1139 ff.
Haug V (2005) Grundwissen Internetrecht. Stuttgart
Hirdina R (2008) Grundzüge des Arbeitsrechts, München
Holzner S (2011) Neues zur Regelung der Nutzung von E-Mails und Internet am Arbeitsplatz? ZRP 12 ff.
Jandt, S (2011) Fernmeldegeheimnis im Arbeitsverhältnis bei erlaubter E-Mail-Nutzung zu privaten Zwecken, K & R 631 f.
Kocher D (2003) Rechtliche Bedeutung der Vergabe einer E-Mail-Adresse mit Bestandteilen einer Firma. K & R 597 ff.
Lasch C, Böhm M (2010) Alles was Recht ist! – IT zwischen Arbeitgeber und Arbeitnehmer. WuM (1):36 ff.
Lunk S (2009) Prozessuale Verwertungsverbote im Arbeitsrecht. NZA 457 ff.
Merz D (2010) Überwachung von Mitarbeitern. Dresden
Möller R (2009) Betriebsvereinbarungen zur Internetnutzung – Mitbestimmungsrechte bei Einführung und Ausgestaltung der Internet- und E-Mail-Nutzung. ITRB 44 ff.
Oberwetter C (2008) Arbeitnehmerrechte bei Lidl, Aldi & Co. NZA 609 ff.
Panzer A (2004) Mitarbeiterkontrolle und neue Medien, Frankfurt a. M.
Seffer A, Schneider J (2007) Behandlung des E-Mail-Accounts ausgeschiedener Organmitglieder – Rechtliche Rahmenbedingungen und praktische Handhabung des personalisierten Accounts nach dem Ausscheiden. ITRB 264 ff.
Selig R (2011) Arbeitnehmerdatenschutz. Das Datenschutzrecht im Spannungsverhältnis von Mitarbeiterkontrolle und Arbeitnehmerinteressen. Berlin
Strömer TH (2006) Online-Recht, 4. Aufl. Heidelberg
Ulmer D (2002) E-Mail-Adresse Vorname-Name@Firma.de = Vollmacht? Stellt die Vergabe einer solchen E-Mail-Adresse eine Bevollmächtigung dar oder entwickelt sie zumindest in den Augen des Publikums deren Anschein? ITRB 117 ff.
Weißnicht E (2003) Die Nutzung des Internet am Arbeitsplatz. MMR 448 ff.
Wolkerseder M (2012) Arbeitnehmerüberwachung im Unternehmen. Marburg

Das Phänomen des Mobbing ist keine neue Erscheinung. Es hat jedoch in den letzten Jahren zunehmende Aufmerksamkeit erweckt, da es durch Mobbing-Attacken im Internet sowohl in der Arbeitswelt als auch bereits unter Schülern und Berufsschülern eine neue Facette hinzugewonnen hat. In der Bundesrepublik Deutschland erleben tagtäglich mehr als 1,5 Millionen Menschen Schikanen am Arbeitsplatz. Wie ausgeprägt die einzelnen Handlungen sind, lässt sich schwer nachvollziehen. Die Gesamtzahl der Betroffenen deutet jedoch darauf hin, dass Reibereien, die über die gewöhnlichen Unstimmigkeiten hinausgehen, am Arbeitsplatz allgegenwärtig sind. Für die Mobbing-Opfer hat die Schikane und Diskriminierung am Arbeitsplatz häufig lang anhaltende Folgen, die sich sowohl auf materieller als auch auf immaterieller Ebene bewegen können und die im beruflichen oder privaten Leben des Mobbing-Betroffenen ihre Spuren hinterlassen.

Da der Begriff des Mobbing eine Vielzahl an Handlungsmustern umfasst, stellt sich die Frage, welche Erscheinungsformen überhaupt als Mobbing anzusehen sind (vgl. hierzu vertiefend auch: Wolmerath 2001). Zum Mobbing gehören beispielsweise folgende Erscheinungsformen (Wolmerath 2010, S. 34 f.):

- Angriffe auf die Möglichkeit sich mitzuteilen. Hierzu zählen beispielsweise die Einschränkung von Äußerungen, ständige Kritik oder Verweigerung sowie Bedrohungen;
- Eine kontinuierliche Missachtung der Betroffenen;
- Angriffe auf soziale Beziehungen oder das soziale Ansehen;
- Das Aufstellen falscher Behauptungen, Verbreitung von Gerüchten sowie eine Zurschaustellung von persönlichen Fehlern;
- Angriffe auf die Qualität der Berufs- und Lebenssituation;
- Verteilung von sinnlosen, unwichtigen Aufgaben;
- Angriffe auf die Gesundheit.

© Springer Fachmedien Wiesbaden 2014   115
A. Wien, N. Franzke, *Personalrecht*, DOI 10.1007/978-3-658-02968-5_7

Diese Liste erhebt keinen Anspruch auf Vollständigkeit und deckt sicherlich nicht den gesamten Umfang möglicher Mobbinghandlungen ab. Sowohl das Bundesarbeitsgericht als auch das Bundesverwaltungsgericht sehen Mobbing als gegeben an, wenn ein systematisches Anfeinden, Schikanieren oder Diskriminieren durch Vorgesetzte oder Mitarbeiter gegeben ist und eine Überforderung oder Unterforderung von Gruppen oder einzelnen Arbeitnehmern zu einer Stresssituation am Arbeitsplatz führt, welche das Mobbing begünstigt.[1] Darüber hinaus wird vom Bundesarbeitsgericht in jüngerer Zeit für die Beurteilung oftmals auch der Begriff der Belästigung im Sinne des § 3 Abs. 3 AGG herangezogen.[2] Dieser sieht eine Belästigung dann als gegeben an, wenn unerwünschte Verhaltensweisen, die mit einem in § 1 AGG genannten Grund in Zusammenhang stehen, bezwecken oder bewirken, dass die Würde der betreffenden Person verletzt und ein von Einschüchterung, Anfeindung, Erniedrigung, Entwürdigung oder Beleidigung gekennzeichnetes Umfeld geschaffen wird (vgl. Bundesministerium für Arbeit und Soziales 2013, Kap. 2, Rn. 495).

Die Folgen des Mobbing wirken sich nicht nur auf die Opfer allein aus. Vielmehr lassen sich die negativen Folgen insbesondere auch an einem schlechten Betriebsklima, einer hohen Personalfluktuation und einer gedämpften Arbeitsmoral der Belegschaft erkennen. Eine Spaltung der Belegschaft in Mobbingunterstützter und Opferhelfer ist häufig die Folge. Darüber hinaus wird die Belegschaft oftmals auch durch Mobbing indirekt eingeschüchtert. Denn auch die übrigen Arbeitnehmer könnten das nächste Mobbingopfer sein. Die Auswirkungen auf das Mobbingopfer sind nicht selten Persönlichkeits- und Gesundheitsbeeinträchtigungen. Der Gesundheitszustand entwickelt sich aufgrund einer fortschreitenden Belastung des persönlichen Wohlbefindens negativ. Diese Erscheinungsformen – bis hin zu Krankheitserscheinungen – führen nicht selten zu einem innerlichen Aufgeben des Betroffenen. Nach einem Urteil des Hessischen Landessozialgerichts vom 18.12.2012 können die gesundheitlichen Folgen, die aus Mobbing am Arbeitsplatz entstehen, weder als Arbeitsunfall noch als Berufskrankheit angesehen werden.[3] Aus diesem Grund ist die gesetzliche Unfallversicherung auch nicht zu einer Entschädigung verpflichtet. Oftmals sehen Betroffene in der Kündigung ihres Arbeitsverhältnisses den letzten Ausweg – auch wenn dadurch finanzielle Einbußen für sie eintreten. Die Betroffenen hoffen ihre Situation dadurch zu verbessern, indem sie sich dem Handlungsfeld des Täters entziehen. An dieser Stelle muss der Ansatz einer Primärprävention gesehen werden, da auch die Betroffenen selbst sehr viel mehr gegen Mobbingangriffe tun können als sie denken. Dies setzt allerdings ein umfangreiches Wissen über verfügbare Ressourcen zur Bewältigung dieser Probleme voraus. Bereits fortwährende Beschwerden und Meldungen an Vorgesetzte und den Betriebsrat können Auswirkungen für den oder die Mobber haben.

---

[1] Vgl. BAG-Entscheidung vom 16.05.2007, 8 AZR 706/06; BVerwG-Entscheidung vom 15.12.2005, 2 A 4/04.

[2] Vgl. beispielsweise BAG-Entscheidung vom 22.07.2010, 8 AZR 1012/08.

[3] Vgl. Hessisches Landessozialgericht, Urteil vom 18.12.2012, L 3 U 199/11.

Eine Versetzung oder Entlassung sind mögliche Konsequenzen.[4] Darüber hinaus können strafrechtliche Handlungen wie beispielsweise Nötigung im Sinne des § 240 StGB, Beleidigung im Sinne des § 185 StGB, üble Nachrede im Sinne des § 186 StGB, Verleumdung im Sinne des § 187 StGB oder sogar Körperverletzung im Sinne des § 223 ff. StGB auch von der Staatsanwaltschaft und den Gerichten verfolgt werden.

7.1 Arbeitsrechtliche Dimensionen

Nachdem nun die Grundlagen geklärt sind, soll im Folgenden dargestellt werden, welche Möglichkeiten der Arbeitnehmer als Individuum hat, um gegen Mobbing-Handlungen vorzugehen. Zuständig für rechtliche Auseinandersetzungen in Mobbingfällen sind nach § 2 Abs. 1 Nr. 9 ArbGG in der Regel die Arbeitsgerichte; da sie nach dieser Vorschrift auch für bürgerliche Rechtsstreitigkeiten zwischen Arbeitskollegen zuständig sind. Insbesondere in Fällen, in welchen das Mobbingopfer auch in seinem Gesundheitszustand erheblich betroffen ist, kann es angebracht sein, im Rahmen eines Eilverfahrens, nämlich im Rahmen einer einstweiligen Verfügung, Rechtsschutz zu erlangen. Die Anspruchsgrundlagen für einzelne Klagen variieren je nach der Konstellation der Anspruchsparteien und danach, welche Folgen ein Mobbingopfer von den Handlungen erlitten hat.

Als Ausgangspunkt im Individualarbeitsrecht gilt die Fürsorgepflicht des Arbeitgebers. Zwischen dem Arbeitnehmer und dem Arbeitgeber besteht ein Arbeitsvertrag. Dadurch unterliegt der Arbeitgeber der Nebenpflicht, den Arbeitnehmer zu schützen. Dies betrifft unter anderem auch den Schutz vor Schikane und Diskriminierung (vgl. hierzu vertiefend auch: Kollmer 2007). Der Arbeitgeber muss dabei auch das Persönlichkeitsrecht des Arbeitnehmers schützen. Verletzt der Arbeitgeber seine Fürsorgepflicht, so handelt er vertragswidrig. Im Fall der Verletzung der Fürsorgepflicht von Seiten des Arbeitgebers hat der Arbeitnehmer gegen ihn einen Anspruch auf Erfüllung der Fürsorgepflicht. Generell lässt sich also festhalten, dass der Arbeitgeber nicht nur für sich haftet, sondern auch für seine Mitarbeiter und im Falle eines Rechtsstreits gegebenenfalls zur Rechenschaft gezogen werden kann, wenn er seiner Fürsorgepflicht nicht nachgekommen ist. Ungeachtet dessen, ob der Mobber ein Kollege oder ein Vorgesetzter ist, sollte der erste Schritt zur Abwehr der Mobbinghandlungen die Beschwerde des Gemobbten sein.

7.2 Beschwerde des Mobbingbetroffenen

Unter einer Beschwerde wird verstanden, dass der Gemobbte den Vorgesetzten oder den Arbeitgeber darüber unterrichtet, dass er sich entweder vom Vorgesetzten, vom Arbeitgeber oder von seinen Arbeitskollegen nicht gerecht behandelt oder auf eine andere Art

---

[4] Die Bestimmung eines Ortes im Arbeitsvertrag schließt eine spätere Änderung des Arbeitsorts kraft Direktionsrechts nicht aus; vgl. BAG-Urteil vom 28.08.2013, 10 AZR 569/12, NJW-Spezial 2014, S. 19 f.

beeinträchtigt fühlt. Durch eine derartige Mobbing-Beschwerde dürfen für den Gemobb-ten keine Nachteile entstehen. Meistens wird die Beschwerde zuerst an den Vorgesetzten gerichtet. Wenn diese erfolglos bleibt, kann sich der Betroffene an höhere Instanzen wen-den – beispielsweise an den Arbeitgeber. Nachdem der Gemobbte dem Vorgesetzten die Beschwerde vorgelegt hat, wird sie zunächst von ihm geprüft. Das Ergebnis muss dem Arbeitnehmer, der die Beschwerde eingereicht hat, mitgeteilt werden. Wenn der Vorge-setzte zu dem Ergebnis kommt, dass die Beschwerde berechtigt war, ist er dazu verpflich-tet, gegen die Ursachen vorzugehen. Es kann ein Problem für den Mobbingbetroffenen darin bestehen, zu beweisen, dass seine Beschwerde berechtigt ist. Es ist nicht immer ein-fach, eine bestimmte Person zu benennen. Die Angst, jemanden irrtümlich zu beschuldi-gen, könnte dazu führen, dass die Beschwerde nicht den Zweck erreicht, den sie erreichen sollte. Zweifelsohne hängen die Überprüfung der Beschwerde und das Resultat zu einem großen Anteil davon ab, ob und inwiefern der Arbeitgeber dem Mobbing entgegenwirken möchte. Eine weitere Möglichkeit für den Arbeitnehmer, seine Beschwerde anzubringen – vor allem in Fällen, in welchen der Arbeitgeber selbst der Mobber ist – ist der Betriebs-rat, sofern in dem Unternehmen ein Betriebsrat besteht. Dieser nimmt die Beschwerde des Arbeitnehmers entgegen und überprüft sie. Wenn er die Beschwerde für berechtigt hält, ist er bereits aus § 85 BetrVG dazu verpflichtet, den Arbeitgeber zum Beseitigen der Miss-stände zu bewegen.

7.3   Der Kollege als Mobber (Abb. 7.1)

Sofern es sich bei dem Mobbenden nicht um den Arbeitgeber, sondern – was in der Praxis sehr viel häufiger vorkommt – um einen Arbeitskollegen handelt, bieten sich für den Vor-gesetzten folgende Möglichkeiten an:

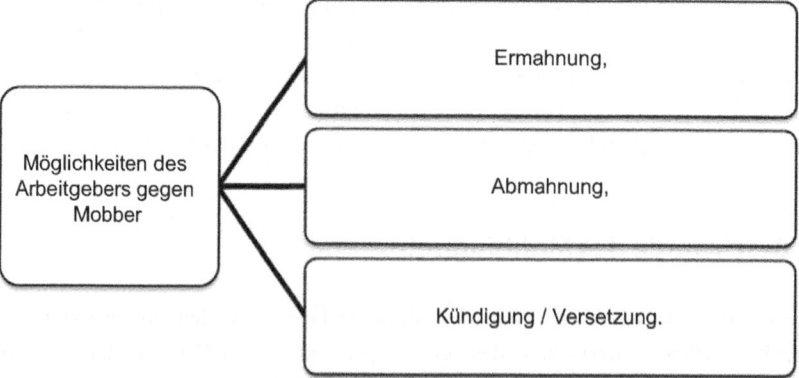

Abb. 7.1 Möglichkeiten des Arbeitgebers gegen Mobber

7.3.1 Ermahnung

Eine Ermahnung an den Mobber kann dann eingesetzt werden, wenn er konkret gegen eine Pflicht aus seinem Arbeitsvertrag verstoßen hat. Die Ermahnung erfolgt entweder mündlich oder schriftlich und beinhaltet eine Rüge für den Verstoß; zumeist begleitet durch die Aufforderung an den Mobber, künftig seine Pflichten aus dem Arbeitsvertrag zu erfüllen. Von den möglichen Sanktionsmitteln, die dem Arbeitgeber im Rahmen von Mobbingfällen zur Verfügung stehen, ist die Ermahnung das mildeste Mittel.

7.3.2 Abmahnung

Wenn zu den eben erwähnten Bestandteilen der Ermahnung noch ein weiterer Aspekt hinzutritt, nämlich der einer Androhung von Rechtsfolgen für den Fall, dass der Mobber ein weiteres Mal gegen die Pflichten aus dem Arbeitsvertrag verstößt, wird von einer Abmahnung gesprochen. Bei Wiederholen der Mobbinghandlungen muss der Mobbende dann mit einer Kündigung durch den Arbeitgeber rechnen.

7.3.3 Versetzung

Der nächste Schritt nach der Ermahnung und der Abmahnung wäre die Versetzung des Mobbers. Eine Versetzung bedeutet, dass der mobbende Mitarbeiter an eine andere Stelle im Betrieb versetzt wird[5] oder gegebenenfalls auch an einen anderen Standort.

7.3.4 Kündigung

Wenn dem Mobber eine Kündigung vom Arbeitgeber vorgelegt wird, dann bedeutet dies die Beendigung des Arbeitsverhältnisses. Zwei Arten der Kündigung können hierbei eingesetzt werden: die ordentliche und die außerordentlich Kündigung. Der Unterschied zwischen beiden Varianten liegt darin, dass im Fall der ordentlichen Kündigung die Kündigungsfrist eingehalten werden muss. Diese Art der Kündigung könnte auf ein kontinuierliches Verhalten eines Mitarbeiters folgen, seine Kollegen zu schikanieren. In diesem Fall hat der Betriebsrat die Möglichkeit, Widerspruch einzulegen. Diese Möglichkeit besteht besonders dann, wenn dem Mobber ein anderer Arbeitsplatz in demselben Betrieb oder in einer anderen Niederlassung des Unternehmens zugewiesen werden kann. Von der außerordentlichen Kündigung wird in der Praxis seltener Gebrauch gemacht. Diese wird in der

---

[5] Die Bestimmung eines Ortes im Arbeitsvertrag schließt eine spätere Änderung des Arbeitsorts kraft Direktionsrechts nicht aus; vgl. BAG-Urteil vom 28.08.2013, 10 AZR 569/12, NJW-Spezial 2014, S. 19 f.

Regel fristlos ausgesprochen. Ein Beispiel dafür aus der Praxis liefert das Urteil des LAG Thüringen vom 15.2.2001. Einem Bereichsleiter in einer Geschäftsfiliale wurde außerordentlich gekündigt, nachdem er einen Gesellen, der ihm während der Ausbildungszeit zugeteilt war, wiederholt und heftig beleidigt sowie schikaniert hatte und ihm beispielsweise verwehrt hat, seine Pausenzeiten vollständig zu nutzen, bis es zu einem Suizidversuch des Auszubildenden kam.[6] Bemerkenswert an diesem Urteil war insbesondere, dass das Gericht für Fälle, in welchen der Mobber zwar bemerkt, dass seine Mobbing-Übergriffe zu einer Erkrankung des Mobbingopfers geführt haben, auch eine außerordentliche Kündigung ohne vorgeschaltete Abmahnung als gerechtfertigt ansieht, wenn der Täter trotzdem mit uneingeschränkter Intensität seine Mobbingattacken fortsetzt.

7.4 Arbeitgeber als Mobber

Arbeitgeber oder Personen, welche die Funktion eines Arbeitgebers übertragen bekommen haben, müssen ebenfalls mit Konsequenzen aus Sicht des Arbeitsrechts rechnen, wenn sie selbst als Mobber auftreten oder wenn sie ihrer Fürsorgepflicht nicht nachkommen – beispielsweise dadurch, dass sie nicht gegen Mobbing in ihrem Verantwortungsbereich vorgehen oder überhaupt keine Schutzmaßnahmen ergreifen, die den Mobbingbetroffenen unterstützen. Welche Möglichkeiten dem Gemobbten zur Verfügung stehen, sich in diesem Fall zur Wehr zu setzen, soll im Folgenden dargestellt werden.

7.4.1 Ermahnung und Abmahnung des Arbeitgebers

Arbeitgeber können von Arbeitnehmern, die vom Mobbing betroffen sind, ebenso eine Ermahnung oder Abmahnung erhalten, wie es Arbeitnehmer vom Arbeitgeber können. Dieses ist dann in Betracht zu ziehen, wenn ein Arbeitgeber selbst der Mobber ist oder aber, wenn er im Falle des Mobbing an einem seiner Arbeitnehmer nicht eingreift und damit seine Fürsorgepflicht verletzt. Fraglich ist jedoch, ob diese Methode überhaupt wirksam ist, das Verhalten des Arbeitgebers zu unterbinden oder zu verändern. Wenn der Arbeitgeber einen anderen Arbeitnehmer nicht verlieren möchte, kann es sein, dass er an der Situation wenig ändern wird. Es könnte auch der Fall vorliegen, dass der Arbeitgeber darauf hinaus möchte, dass der Gemobbte den Betrieb verlässt. Dann wird die Gegenwehr dieser Art den Druck noch verstärken und es wird wahrscheinlich in absehbarer Zeit dazu kommen, dass der Arbeitnehmer und der Arbeitgeber getrennte Wege gehen. Einem Mobbingopfer ist jedoch aus zivilrechtlichen Gesichtspunkten anzuraten Mobbingmaßnahmen von weisungsbefugten Vorgesetzten unbedingt beim Arbeitgeber zu melden und ein Einschreiten

---

[6] Vgl. LAG Thüringen, vom 15.02.2001, 5 Sa 102/00.

des Arbeitgebers zu fordern. Dies gebietet dem Mobbingopfer bereits die so genannte Schadensminderungspflicht.[7]

7.4.2   Maßnahmen gegen den Arbeitgeber

Ein Arbeitgeber kann sowohl strafrechtlich als auch zivilrechtlich zur Verantwortung gezogen werden. Als strafrechtliche Möglichkeit bietet das Strafgesetzbuch mit dem § 27 StGB die Möglichkeit einen Arbeitgeber strafrechtlich zu belangen, sofern er dem Mobber vorsätzlich Hilfe leistet. Bei Nichteinschreiten gegen Mobbingaktionen kann im Extremfall gemäß § 323c StGB auch eine Strafbarkeit wegen unterlassener Hilfeleistung vorliegen. Zivilrechtlich können den Arbeitgeber sowohl vertragliche als auch gesetzlich normierte deliktische Schadensersatzansprüche treffen. Sofern ein Arbeitgeber also gegen – ihm bekannte – Mobbingattacken nicht einschreitet, hat das Mobbingopfer die Möglichkeit, zivilrechtliche Schadensersatzansprüche bezüglich eines Schmerzensgeldes, Behandlungskosten oder wegen Verdienstausfalls gegen den Arbeitgeber geltend zu machen.[8]

7.4.3   Zurückbehaltung der Arbeitsleistung

Eine weitere Möglichkeit, die dem gemobbten Arbeitnehmer zusteht, ist die Möglichkeit, seine Arbeit für eine Zeit niederzulegen. Dies bedeutet, dass er entsprechend § 273 Abs. 1 BGB dazu berechtigt ist, keine Arbeitsleistung zu erbringen und dabei trotzdem Anspruch auf Bezahlung hat. Voraussetzung hierfür ist, dass das Mobbingopfer den Arbeitgeber über die vorliegende Situation informiert hat und ihm auch eine angemessene Frist eingeräumt hat, um Maßnahmen zu ergreifen. Sofern der Arbeitgeber die Frist ungenutzt verstreichen lässt, kommt die Zurückbehaltung der Arbeitsleistung in Betracht.

7.5   Strafrechtliche Aspekte

Zu den Straftatbeständen, welche oftmals in Verbindung mit Mobbing anzutreffen sind, zählen insbesondere die Beleidigung (§ 185 StGB), die üble Nachrede (§ 186 StGB), Verleumdung (§ 187 StGB), Beleidigung trotz Beweises (§ 192 StGB), Nötigung (§ 240 StGB), Diebstahl (§ 242 StGB), Körperverletzung (§ 223 StGB) sowie Sachbeschädigung (§ 303 StGB). (Abb. 7.2)

Damit gegen den Mobber überhaupt strafrechtlich vorgegangen werden kann, ist es in der Regel erforderlich, dass der Arbeitnehmer zunächst eine Strafanzeige erstattet. Dieses

---

[7] Vgl. LAG Rheinland-Pfalz, vom 09.08.2012, 11 Sa 731/11.
[8] Vgl. beispielsweise LAG Rheinland-Pfalz, vom 30.10.2008, 10 Sa 340/08.

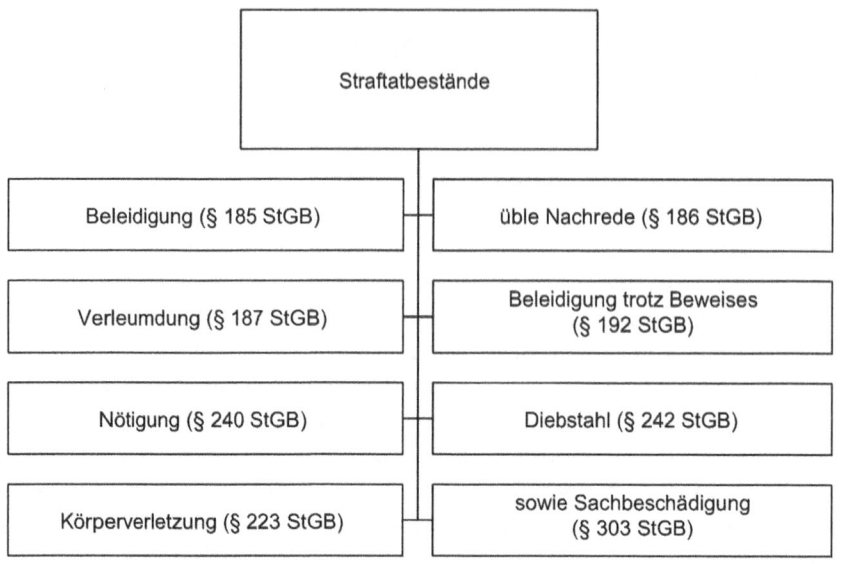

Abb. 7.2 Strafttatbestände beim Mobbing

kann nach § 158 Abs. 1 StPO entweder bei der Staatsanwaltschaft, der Polizei oder dem Amtsgericht erfolgen. Die genannten Behörden sind nach dieser Vorschrift verpflichtet, den Sachverhalt zu überprüfen und entsprechende Ermittlungen einzuleiten. Je nachdem um was für ein Vergehen es sich bei der Tat handelt, müssen die Ermittlungen bei Offizialdelikt von Amtswegen bzw. bei Antragsdelikten auf Antrag verfolgt werden.

7.6 Beweislast

Die Mobbingfälle, die bisher vor Gericht entschieden wurden, haben gezeigt, dass das Problem, dass Mobbing-Betroffene vor Gericht oft nicht gewinnen darin begründet ist, dass sie nicht genügend Beweise haben. Probleme, die Handlungen zu beweisen, liegen in zwei verschiedenen Bereichen. Zum einen, wenn es darum geht, die einzelnen Handlungen nachzuweisen. Zum anderen bestehen oft Probleme, die durch das Mobbing eingetretenen Schäden nachzuweisen. In den meisten Fällen entsteht Mobbing erst aus der Kombination mehrerer einzelner Handlungen, und in vielen Fällen wird das Mobbingopfer Schwierigkeiten damit haben, vor Gericht alle einzelnen Handlungen so darzulegen und zu beweisen, dass sie als rechtliche Anspruchsgrundlagen geltend gemacht werden können. Bei dem Nachweis von Schäden, sind materielle Schäden noch deutlich einfacher zu beweisen als Schäden, die sich auf die Persönlichkeit oder Gesundheit der Mobbing-Betroffenen beziehen. Ein Mobbingopfer muss hierbei nicht nur darstellen und beweisen, dass es gesundheitliche Schäden davongetragen hat; sondern zusätzlich noch, dass diese Schäden mit dem Mobbing zusammenhängen.

7.6.1 Mobbing-Tagebuch

Um also im Falle eines Rechtsstreits alle erforderlichen Beweise erbringen zu können, müssen jede vorangegangene (Mobbing-)Handlung und ihre Umstände so dargelegt werden, dass Personen, die nicht daran beteiligt waren, alles nachvollziehen können und ein systematischer Zusammenhang zwischen den Umständen und den Mobbinghandlungen ersichtlich wird. Da ein Mobbing-Betroffener nach einem längeren Zeitraum, beispielsweise nach mehreren Monaten mit großer Wahrscheinlichkeit nicht mehr in der Lage dazu sein wird, sich an alle Details der Mobbinghandlungen zu erinnern, die für ein Gerichtsverfahren relevant sind, empfiehlt sich eine chronologische Aufzeichnung aller vorgefallenen Situationen und Handlungen, die das Mobbingopfer als demütigend, beleidigend oder als Schikane empfunden hat. Dies bezieht sich auf alle Ereignisse, die vorgefallen sind – sowohl verbal wie auch non-verbal. Diese Art der Aufzeichnung wird auch als „Mobbing-Tagebuch" bezeichnet. Die Dokumentation über die vorgefallenen Handlungen sollte Informationen über die Zeit und den Ort der Handlungen enthalten, sowie den Verursacher und den Anlass. Wenn es zu verbalen Beleidigungen und Attacken kam, sollte möglichst der originale Wortlaut festgehalten werden. Nicht immer sind Zeugen zugegen. Ist dies jedoch der Fall, sollte ihre Anwesenheit notiert werden. Ihre schriftliche Bestätigung der vorgefallen Handlungen liefert einen weiteren Beweis.

Die Schwierigkeit hierbei könnte darin liegen, dass nicht jeder Zeuge den Mut hat, sich mit seiner Aussage gegen einen Mitarbeiter oder gegen den Vorgesetzten zu wenden, da die Angst bestehen könnte, selbst Opfer einer Mobbingattacke zu werden. Weiterhin sollte im Mobbing-Tagebuch festgehalten werden, was der Betroffene getan hat, um gegen das Mobbing anzugehen; beispielsweise eine Beschwerde beim Arbeitgeber und das Ergebnis der entsprechenden Maßnahme. Die subjektiven Gefühle der betroffenen Person können zwar festgehalten werden, eignen sich aber als Grundlage überhaupt nicht, da sie schlecht von anderen Personen nachvollzogen werden können. Deshalb spielen die objektiven Schäden eine entscheidende Rolle und sollten genau dokumentiert werden. Beeinträchtigungen bis hin zur Krankschreibung sind beispielsweise objektiv nachvollziehbar und sollten für einen eventuell folgenden Schadensersatzprozess festgehalten werden.

Dabei ist – wie erwähnt – zu beachten, dass ein Zusammenhang zwischen der Krankschreibung und den Mobbinghandlungen ersichtlich sein muss. Ein weiterer Aspekt, der sehr wichtig für die vollständige Nachvollziehbarkeit der Mobbinghandlungen ist, sind die Fehltage des Mobbingopfers, wie auch die Abwesenheitstage des Mobbers selbst. Diese können beispielsweise durch Urlaub oder Krankheit entstehen und sind insofern entscheidend, als dass bei einer konsequenten Aufzeichnung der Tage, an denen der Mobber oder das Opfer nicht anwesend waren im Nachhinein nachvollzogen werden kann, wie gegebenenfalls Unterbrechungen oder Lücken in der Chronologie des Mobbingablaufs entstanden sind.

7.6.2   Beweissicherung

Ebenso wichtig wie das Mobbing-Tagebuch ist die Sicherung von Beweismitteln. Wie bereits eben schon erwähnt wurde, können Zeugen einer Mobbinghandlung eine entscheidende Rolle in einem Rechtsstreit spielen; sie sind jedoch nicht immer dazu bereit, in den Rechtsstreit involviert zu werden. Eine weitere Art von objektiven Beweisen sind die, welche augenscheinlich sind. Sie sind objektiv nachvollziehbar und sollten von Mobbing-Betroffenen so festgehalten werden, dass sie gegebenenfalls verwendet werden können, wenn es zu einer Anklage kommt. Dies können jegliche Arten von Schreiben sein. Beispielsweise schriftliche Arbeitsanweisungen, die als Schikane oder als demütigend angesehen werden, anonyme Schreiben oder E-Mails sowie die schriftliche Bestätigung über die Information des Arbeitgebers bezüglich der Missstände gehören dazu. Des Weiteren zählen Anrufe, die auf dem Anrufbeantworter aufgenommen wurden oder Fotos von Beschädigungen zu möglichen Indizien.

7.6.3   Fazit

Mit den Entwicklungen der Arbeitsmarktsituation in den letzten Jahren hat auch der Begriff des Mobbings einen höheren Stellenwert erhalten. Mobbing scheint ein weit verbreitetes Phänomen zu sein, das mit einem Wort eine ganze Reihe an Handlungen beschreibt und schwer fassbar ist. Was letztendlich darunter fällt, ist schwer zu greifen und ist nicht unabhängig von der subjektiven Empfindung des Einzelnen. Äußerungen, die für eine Person beleidigend sind, könnten für eine andere Person noch im Rahmen des alltäglichen Umgangstons liegen. Es gibt bisher noch keine gesonderten Regelungen für Mobbingfälle in der deutschen Rechtsprechung. Dies erschwert Mobbingopfern den Prozess insofern, als keine Anspruchsgrundlagen, die speziell für den Fall des Mobbing zugeschnitten sind, vorliegen. Dementsprechend sind auch keine speziellen Rechtsfolgen vorgesehen, und besonders in Fällen, in denen es um immaterielle Schäden geht, die bei Mobbinghandlungen einen Großteil der Folgen ausmachen, stößt das Mobbingopfer auf Schwierigkeiten, die Handlungen nachzuweisen. Trotzdem ist jedem Opfer nur dazu zu raten, alle rechtlichen Möglichkeiten auszuschöpfen, sich gegen Mobber zu wehren.

Literatur

Bundesministerium für Arbeit und Soziales (Hrsg) (2013) Arbeitsrecht/Arbeitsschutzrecht. 7. Aufl. Kap. 2, Rn. 495

Bundesministerium für Bildung und Forschung, Referat für Öffentlichkeitsarbeit (Hrsg) (2007) Ausbildung & Beruf – Rechte und Pflichten während der Berufsausbildung. Bonn

Kollmer N (2007) Mobbing im Arbeitsverhältnis. Was Arbeitgeber dagegen tun können – und sollten, 4. Aufl. Rehm, Heidelberg

Wolmerath M (2001) Mobbing im Betrieb – Rechtsansprüche und deren Durchsetzbarkeit. Nomos, Baden-Baden

Kündigung

Sofern ein Arbeitsverhältnis nicht für einen bestimmten Zeitraum, sondern für unbestimmte Zeit eingegangen worden ist, so ist für die Beendigung dieses unbefristeten Arbeitsverhältnisses ein Tätigwerden einer der Vertragsparteien notwendig. In der Regel bedarf es zur Beendigung eines solchen Dauerschuldverhältnisses einer Kündigung.

- Die Kündigung wird als Gestaltungsrecht bezeichnet.
- Sie wird von einer Vertragspartei ausgesprochen. Zur Wirksamkeit ist also kein Einverständnis des anderen Vertragsteils erforderlich.
- Bei einer Kündigung handelt es sich um eine empfangsbedürftige Willenserklärung. Das heißt, die Willenserklärung muss in den Herrschaftsbereich des Erklärungsempfängers gelangen (z. B. Briefkasten), so dass der Empfänger unter gewöhnlichen Umständen die Möglichkeit der Kenntnisnahme hat. Auf eine tatsächliche Kenntnisnahme kommt es für die Wirksamkeit jedoch nicht an.
- Die rechtliche Wirkung einer Kündigung ist auf die Zukunft ausgerichtet. Aus diesem Grund kann eine Kündigung nicht für die Vergangenheit gelten.
- Eine Kündigung bedarf zu ihrer Wirksamkeit nach § 623 BGB bei Beendigung des Arbeitsverhältnisses der Schriftform.

Der Themenbereich „Kündigung" stellt einen der Schwerpunkte im Arbeitsrecht dar. Im Rahmen der Kündigung kann zwischen ordentlicher und fristloser Kündigung unterschieden werden.

© Springer Fachmedien Wiesbaden 2014
A. Wien, N. Franzke, *Personalrecht*, DOI 10.1007/978-3-658-02968-5_8

8.1   Ordentliche Kündigung

Ordentliche Kündigungen sind an eine Kündigungsfrist gebunden.[1] Ist im Arbeitsvertrag eine Kündigungsfrist vereinbart, so gilt diese; wenn nicht, so gelten die gesetzlichen Kündigungsfristen. Der Gesetzgeber unterscheidet hierbei, ob die Kündigung vom Arbeitgeber oder vom Arbeitnehmer ausgesprochen wird.

8.1.1   Schriftformerfordernis

Beispiel

Der Bauarbeiter B hat einen schweren Arbeitstag hinter sich. Als ihn der Bauleiter zur Eile antreibt, ist B so genervt, dass er entnervt ausruft „ich kündige". Ist diese Kündigung wirksam?

Eine Kündigung bedarf nach § 623 BGB zu ihrer Wirksamkeit der Schriftform. Das bedeutet, dass eine Kündigung nur dann wirksam ist, wenn sie schriftlich in Textform aufgesetzt und unterschrieben wird und sie dem Empfänger auch zugeht.[2] Hierdurch ist sichergestellt, dass vorschnell ausgesprochene mündliche Kündigungen nicht zu einem Verlust des Arbeitsplatzes führen können. Das Schriftformerfordernis beinhaltet also eine Schutzfunktion. Wenn jemand sich die Mühe macht, eine schriftliche Kündigung zu verfassen, so kann davon ausgegangen werden, dass er sich gut überlegt hat, was er tut. Der Begriff „Schriftform" darf nicht mit dem Begriff „Textform" verwechselt werden. Schriftform bedeutet zwingend, dass der Text auch mit einer Unterschrift versehen ist und somit den Aussteller erkennen lässt. Aus diesem Grund ordnet § 623 BGB auch an, dass eine Kündigung in elektronischer Form (also z. B. per E-Mail) ausgeschlossen ist. Denn hierbei hätte man gewöhnlich keine eigenhändige Unterschrift.

Im oben genannten Beispielfall wäre die mündlich ausgesprochene Kündigung nicht wirksam, da die erforderliche Schriftform des § 623 BGB nicht eingehalten wurde.

8.1.2   Kündigungsfristen

Neben der Schriftform sind im Rahmen der Kündigung auch Kündigungsfristen zu beachten.

---

[1] Zu den Informationspflichten bei Massenentlassungen vgl.: Forst, Informationspflichten bei Massenentlassungen, NZA 2009, S. 294 ff.

[2] Vgl. zur Bestimmtheit einer Kündigungserklärung: BAG-Urteil vom 30.06.2013, 6 AZR 805/11, NJW-Spezial 2013, S. 594.

Beispiel

Die Bürokraft S ist 27 Jahre alt und arbeitet seit 5 Jahren im Unternehmen des U. Im Arbeitsvertrag sind keine besonderen Kündigungsfristen vereinbart worden. Der U möchte sie fristgerecht kündigen. Welche Frist hat er hierbei zu beachten?

Das Gesetz schreibt in § 622 BGB Kündigungsfristen vor, die immer dann zur Anwendung kommen, wenn im Arbeitsvertrag oder gegebenenfalls in Tarifverträgen keine anderen, hiervon abweichenden Kündigungsfristen vereinbart worden sind. Die ersten beiden Absätze dieser Vorschrift lauten:

§ 622 BGB Kündigungsfristen bei Arbeitsverhältnissen

(1) Das Arbeitsverhältnis eines Arbeiters oder eines Angestellten (Arbeitnehmers) kann mit einer Frist von vier Wochen zum Fünfzehnten oder zum Ende eines Kalendermonats gekündigt werden.

(2) Für eine Kündigung durch den Arbeitgeber beträgt die Kündigungsfrist, wenn das Arbeitsverhältnis in dem Betrieb oder Unternehmen

1. zwei Jahre bestanden hat, einen Monat zum Ende eines Kalendermonats,

2. fünf Jahre bestanden hat, zwei Monate zum Ende eines Kalendermonats,

3. acht Jahre bestanden hat, drei Monate zum Ende eines Kalendermonats,

4. zehn Jahre bestanden hat, vier Monate zum Ende eines Kalendermonats,

5. zwölf Jahre bestanden hat, fünf Monate zum Ende eines Kalendermonats,

6. 15 Jahre bestanden hat, sechs Monate zum Ende eines Kalendermonats,

7. 20 Jahre bestanden hat, sieben Monate zum Ende eines Kalendermonats.

Bei der Berechnung der Beschäftigungsdauer werden Zeiten, die vor der Vollendung des 25. Lebensjahres des Arbeitnehmers liegen, nicht berücksichtigt.

Im vorliegenden Beispielfall geht die Kündigung vom Arbeitgeber aus. Das Gesetz differenziert danach, ob der Arbeitgeber oder der Arbeitnehmer kündigt. Kündigt der Arbeitnehmer, so gelten die Fristen des § 622 Abs. 1 BGB; kündigt der Arbeitgeber, dann gelten die Fristen des § 622 Abs. 2 BGB. Darüber hinaus ist zu beachten, dass im Rahmen der Fristberechnung – obwohl der Gesetzeswortlaut des § 622 Abs. 2 Satz 2 BGB explizit vorsieht, die Arbeitszeiten vor dem 25. Lebensjahr des Arbeitnehmers nicht in die Berechnung einzubeziehen – entgegen dem Gesetzeswortlaut die volle Beschäftigungsdauer zu berücksichtigen ist. Denn die Regelung des § 622 Abs. 2 Satz 2 BGB verstößt nach Ansicht des Europäischen Gerichtshofs gegen die dem Allgemeinen Gleichbehandlungsgesetz (AGG) zu Grunde liegenden EU Richtlinien. Dieses hat das Gericht explizit in seinem Urteil vom 19. Januar 2010 festgestellt.[3] Da also die Regelung, nach welcher die Beschäftigungszeiten vor dem 25. Lebensjahr des Arbeitnehmers nicht zu berücksichtigen sind, nicht mehr angewandt werden darf, ergibt sich im vorliegenden Fall folgende Lösung: Im vorliegenden Beispielfall ist die S 27 Jahre alt. Ihr können also – anders als

---

[3] Vgl. Urteil des EuGH vom 19.01.2010, EuGH C-555/07.

der Gesetzeswortlaut nahelegt – die vollen fünf Jahre Berufstätigkeit angerechnet werden. Somit hat der U bei der Kündigung der S eine Frist von zwei Monaten zum Ende des Kalendermonats einzuhalten.

Würde hingegen ein Arbeitnehmer kündigen, so gibt es im Gesetz keine Staffelung der Kündigungsfristen. Sofern also im Arbeitsvertrag nichts anderes bestimmt ist, kann ein Arbeitnehmer grundsätzlich immer mit einer Frist von vier Wochen zum Fünfzehnten oder zum Ende eines Kalendermonats kündigen. Diese differenzierende Regelung ist sinnvoll, weil ein Arbeitnehmer kurzfristig die Möglichkeit haben muss, eine bessere Stelle anzunehmen; wohingegen ein Arbeitnehmer, der lange in einem Betrieb gearbeitet hat, sein Lebensumfeld so eingerichtet hat, dass eine längere Kündigungsfrist bei Kündigungen durch den Arbeitgeber angemessen erscheint.

Zwar ist es gestattet, im Arbeitsvertrag andere Kündigungsfristen als die gesetzlichen zu vereinbaren, doch muss aus Gründen des Arbeitnehmerschutzes hierbei beachtet werden, dass der § 622 BGB in den Absätzen 5 und 6 hierfür einige einschränkende Rahmenbedingungen vorgibt. So kann für die Kündigung durch einen Arbeitnehmer in Arbeitsverträgen grundsätzlich keine kürzere Kündigungsfrist als die in Absatz 1 genannten „vier Wochen zum Fünfzehnten oder zum Ende eines Kalendermonats" vereinbart werden. Ausnahmen hiervon sind nur zulässig, wenn:

- ein Arbeitnehmer zur vorübergehenden Aushilfe eingestellt ist; dies gilt nicht, wenn das Arbeitsverhältnis über die Zeit von drei Monaten hinaus fortgesetzt wird;
- wenn der Arbeitgeber in der Regel nicht mehr als 20 Arbeitnehmer ausschließlich der zu ihrer Berufsausbildung Beschäftigten beschäftigt und die Kündigungsfrist vier Wochen nicht unterschreitet. Dies bedeutet also in letzter Konsequenz, dass lediglich der Kündigungstermin (zum Fünfzehnten oder zum Ende des Kalendermonats) ausnahmsweise vertraglich ausgeschlossen werden kann.

Wird eine Kündigung mit einem falschen – nämlich mit einem verfrühten – Kündigungstermin ausgesprochen, so führt dies nicht zur Unwirksamkeit der Kündigung. Vielmehr wird gemäß § 140 BGB die Kündigung in eine Kündigung mit der richtigen Frist umgedeutet.

8.2 Außerordentliche Kündigung

Es gibt auch Lebenssituationen, in denen dem Arbeitgeber das Abwarten einer Einhaltung der gesetzlich vorgesehenen Kündigungsfrist nicht zugemutet werden kann.

Beispiel

L ist Lagerarbeiter im Unternehmen des U. L hat nach und nach etliche wertvolle Gegenstände aus dem Warenlager entwendet und weiterverkauft. Als er dabei erwischt wird und das Ausmaß der Tat deutlich wird, kündigt ihn der U fristlos.

Anders als bei der ordentlichen Kündigung muss bei der fristlosen Kündigung der Kündigungsgrund nach § 626 Abs. 1 BGB so gravierend sein, dass dem Kündigenden ein Abwarten der gesetzlichen Kündigungsfrist nicht zugemutet werden kann. Deshalb werden derartige Kündigungsgründe als „wichtiger Grund" bezeichnet.

Welche Gründe dies sein können, muss jeweils in einer Einzelfallabwägung entschieden werden.[4] Gewöhnlich können folgende Aspekte schwerwiegend genug sein, um fristlos zu kündigen:

- Tätlicher Angriff oder öffentliche grobe Beleidigung des Arbeitgebers;
- Betrug, Diebstahl oder Unterschlagung größerer Werte;
- Eigenmächtiger Urlaubsantritt;
- Eigenmächtige Urlaubsüberschreitung;
- Annahme von Schmiergeldern;
- Teilnahme an einem unzulässigen Streik bzw. grobe Arbeitsverweigerung;
- Verstoß gegen ein vertragliches Wettbewerbsverbot[5].

Im oben genannten Beispielfall sind durch die Unterschlagung und den Weiterverkauf des wertvollen Lagerbestandes wichtige Gründe – und damit zugleich ein Grund für eine fristlose Kündigung des L durch U – gegeben.

Im Rahmen der fristlosen Kündigung ist allerdings zu beachten, dass nicht jedes negative Verhalten sofort zu einer fristlosen Kündigung führen kann. Oftmals fehlt den Handlungen die hierfür erforderliche Intensität und Nachhaltigkeit. Vor allem auch weil die Kündigung ein sehr schwerwiegendes Sanktionsmittel ist, sind Arbeitgeber oftmals gehalten vor dem Einsatz der fristlosen Kündigung mildere Mittel einzusetzen. Dieses ist gewöhnlich die Abmahnung.[6] Erst bei nachhaltigen Verstößen wird die für eine fristlose Kündigung erforderliche Intensität erreicht und dokumentiert.

Darüber hinaus muss der Arbeitgeber zeitig handeln. Für die außerordentliche fristlose Kündigung existiert nämlich nach § 626 Abs. 2 BGB eine zweiwöchige Ausschlussfrist. Diese Frist knüpft daran an, wann der Arbeitgeber von den für die Kündigung maßgeblichen Tatsachen sichere Kenntnis erlangt hat. Von da an beginnt die Frist zu laufen. Hat der Arbeitgeber die Kündigung nicht innerhalb dieser Frist erklärt, so ist die fristlose Kündigung unwirksam. Allerdings wird die Ausschlussfrist des § 626 Abs. 2 BGB nur durch positive Kenntnis über den Kündigungsgrund in Gang gesetzt. Sie beginnt erst dann, „wenn der Kündigungsberechtigte eine zuverlässige und möglichst vollständige positive Kenntnis der für die Kündigung maßgebenden Tatsachen hat, die ihm die Entscheidung

---

[4] Vgl. zur außerordentlichen betriebsbedingten Kündigung mit Auslauffrist auch: BAG-Entscheidung vom 20.06.2013, 2 AZR 379/12, NZA 2014, S. 139.

[5] Vgl. BAG-Urteil vom 26.06.2008, 2 AZR 190/07, DB 2008, S. 2544.

[6] St. Rspr., vgl. hierzu etwa BAG vom 19.04.2007, 2 AZR 180/06, AP BGB § 174 Nr. 20 m.w.N.; BAG-Urteil vom 26.06.2008, 2 AZR 190/07, DB 2008, S. 2545.

ermöglichen, ob die Fortsetzung des Arbeitsverhältnisses zumutbar ist oder nicht".[7] Dementsprechend darf ein kündigungsberechtigter Arbeitgeber durchaus zunächst den Ausgang bzw. den Fortgang eines Strafverfahrens abwarten, um davon seinen Kündigungsentschluss abhängig zu machen.[8]

8.3   Abmahnung

Allgemein ist eine Abmahnung eine Aufforderung von einer Person an eine andere Person, ein bestimmtes Verhalten künftig zu unterlassen. Diese Bedeutung spiegelt sich auch in der Arbeitsrechtlichen Abmahnung wieder. Eine Abmahnung im Arbeitsrecht ist eine missbilligende Äußerung des Arbeitgebers bei Verstößen des Arbeitnehmers gegen Haupt- oder Nebenpflichten aus dem Einzelarbeitsvertrag, mit dem unmissverständlichen Hinweis, dass im Wiederholungsfalle der Inhalt oder der Bestand des Arbeitsverhältnisses gefährdet ist (vgl. Jung 2008, S. 340). Somit bedeutet eine Abmahnung aus arbeitsrechtlicher Sicht, dass der Arbeitgeber den Arbeitnehmer warnt und darauf hinweist, dass hier gegen den Arbeitsvertrag oder andere Regeln im Umfeld des Unternehmens verstoßen worden ist, welches der Arbeitgeber missbilligt und bei Fortführung des Verstoßes zu einer Kündigung führen kann. Somit ist eine arbeitsrechtliche Abmahnung eine notwendige Voraussetzung vor einer verhaltensbedingten ordentlichen Kündigung. Mit dieser Aussage ist bereits eine Abgrenzung zu Kündigungen getroffen, welche betriebs- bzw. personenbedingte Gründe haben. In derartigen Fällen ist eine Abmahnung im Gegensatz zu verhaltensbedingten Kündigungen im Vorfeld nicht erforderlich. Nur bei besonders schweren Pflichtverstößen ist eine sofortige verhaltensbedingte Kündigung ohne vorherige Abmahnung möglich. Dann muss das Fehlverhalten aber sehr gravierend sein. Berechtigt, eine Abmahnung auszusprechen sind nicht nur diejenigen Personen innerhalb des Betriebes, die auch zur Kündigung berechtigt wären, sondern alle Vorgesetzten, welche aufgrund ihrer Aufgabenstellung dazu befugt sind, „dem Arbeitnehmer verbindliche Anweisungen bezüglich des Ortes, der Zeit sowie der Art und Weise der arbeitsvertraglich geschuldeten Arbeitsleistung zu erteilen" (Löw 2008, S. 1251 ff. (S. 1252))[9].

8.3.1   Funktion und Formalien

Der Abmahnung sind drei Funktionen zuzuordnen. Zum einen eine Hinweisfunktion, welche klar stellt, was falsch gemacht wurde. Zum zweiten eine Ermahnungsfunktion; sie gibt dem Arbeitnehmer das Signal, dass dieses Verhalten nicht geduldet wird. Als dritte

---

[7] BAG-Urteil vom 05.06.2008, 2 AZR 2507, DB 2008, S. 2312 f.

[8] Vgl. BAG-Urteil vom 05.06.2008, 2 AZR 25/07, DB 2008, S. 2312.

[9] Unter Hinweis auf BAG vom 18.01.1980, 7 AZR 75/78, AP Nr. 3 zu § 1 KSchG 1969 Verhaltensbedingte Kündigung; BAG vom 05.07.1990, 2 AZR 8/90, NZA 1991, S. 667 (669).

Funktion kommt noch die Androhungs- bzw. Warnfunktion hinzu, welche die Folgen für den Arbeitnehmer aufzeigt, sollte er sein Verhalten nicht ändern.

Eine Abmahnung darf nicht von jedem ausgestellt werden. Die abmahnende Person muss dem Arbeitnehmer übergeordnet sein. Zwar muss es sich nicht um eine Person handeln, die auch zur Kündigung berechtigt ist; doch sind nur solche Mitarbeiter zur Abmahnung berechtigt, die aufgrund ihrer Aufgabenstellung dazu autorisiert sind, verbindliche Anweisungen bezüglich des Ortes, der Zeit sowie der Art und Weise der vertraglich geschuldeten Arbeitsleistung zu erteilen.

Erfordernisse an die genaue Form einer Abmahnung bestehen nicht. Sie kann also sowohl schriftlich als auch mündlich ausgesprochen werden. Da der Arbeitgeber aber entsprechend § 1 Abs. 2 Satz 4 KSchG im Rahmen eines eventuell stattfindenden Kündigungsschutzprozesses für das Vorliegen einer ordnungsgemäßen Abmahnung und die Richtigkeit des abgemahnten vertragswidrigen Verhaltens die Beweislast trägt, bietet es sich in der Praxis an, Abmahnungen nur schriftlich auszusprechen oder, sofern die Abmahnung mündlich erfolgt ist, diese in Form einer Bestätigung der mündlichen Abmahnung unter Bezugnahme auf diese noch einmal schriftlich auszufertigen und dem Arbeitnehmer zukommen zu lassen. Eine Anhörung des betroffenen Arbeitnehmers oder des Betriebsrates ist grundsätzlich nicht erforderlich. Ausnahmen bestehen nur dann, wenn diese explizit in einem Arbeits- oder Tarifvertrag vereinbart worden sind. Einzelne Landespersonalgesetze sehen jedoch eine Beteiligung explizit vor. Hierzu gehören:

• Baden-Württemberg: § 80 Abs. 1 Nr. 8 LPVG, BW
• Brandenburg: § 68 Abs. 1 Nr. 1 PersVG, BB
• Niedersachsen: § 75 NPersVG, Nds.
• Nordrhein-Westfalen: § 74 LPVG, NW
• Rheinland-Pfalz: § 78 Abs. 2 Nr. 15 LPersVG, RP
• Saarland: § 80 Abs. 3 SPersVG
• Sachsen-Anhalt: § 67 Abs. 2 PersVG LSA

Der Arbeitgeber hat die Pflicht, wenn er eine Abmahnung ausspricht, diese dem Arbeitnehmer zukommen zu lassen. Dies kann man schon aus der Funktion der Abmahnung herleiten.

Darüber hinaus ist es erforderlich, dass die Abmahnung zeitlich in einem Zusammenhang mit der Verletzung des Arbeitsvertrages steht. Zwar gibt es nach Ansicht der Rechtsprechung keine feststehenden Zeitabschnitte[10], doch sollte in der Praxis darauf geachtet werden, Verstöße möglichst zeitnah durch eine Abmahnung zu sanktionieren, da sonst die Gefahr besteht, dass die Abmahnung ihren Zweck verfehlt, bzw. im Rahmen eines Gerichtsverfahrens nicht als wirksam angesehen wird.

---

[10] Vgl. BAG vom 15.01.1986, Az. 5 AZR 70/84.

Ferner muss eine Abmahnung verhältnismäßig sein. Dieses bedeutet, dass geringfügige Verstöße nicht für eine Abmahnung ausreichen.[11]

8.3.2 Inhalte

Eine schriftliche Abmahnung könnte etwa so aussehen:

Beispiel

Abmahnung (Ort und Datum)
 Sehr geehrter Herr (…),
 das im Folgenden dargestellte, von Ihnen gezeigte Verhalten veranlasst uns, Sie auf die ordnungsgemäße Erfüllung Ihrer arbeitsvertraglichen Pflichten hinzuweisen.
 (Hier wird das missbilligte falsche Verhalten des Arbeitnehmers unter Angabe von Ort und Zeit des Vorfalls bzw. der Vorfälle genau beschrieben. Der Arbeitgeber sollte hierbei unbedingt unterlassen, eine überflüssige eigene Wertung darzulegen.)
 Dieses Fehlverhalten kann seitens unseres Unternehmens nicht unbeanstandet hingenommen werden. Wir fordern Sie daher mit Nachdruck auf, sich künftig so zu verhalten, dass Ihr Verhalten bzw. Ihre Arbeitsleistung keinen Anlass zur Klage gibt. Bei erneutem Fehlverhalten müssen Sie ansonsten mit einer Kündigung Ihres Arbeitsverhältnisses rechnen. Eine Durchschrift dieser Abmahnung wird zu Ihren Personalakten genommen.
 Mit freundlichem Gruß
 (Unterschrift des Abmahnenden)
 Ich bestätige, oben genannte Abmahnung am (…) *erhalten zu haben.*
 (Ort, Datum und Unterschrift des Abgemahnten)

Eine Abmahnung muss also folgende Inhalte klar erkenntlich machen. Dies ist zum einen die Beanstandung. Der Arbeitgeber muss den konkreten Sachverhalt benennen, durch den der Arbeitnehmer gegen den Arbeitsvertrag verstoßen haben soll. Dazu gehört auch das genaue Datum des Vorfalls. Weiterhin gehört ein klarer Hinweis dazu, dass der Arbeitgeber nicht gewillt ist, solch ein Verhalten weiter zu dulden. Hinzu kommt die Ankündigung, was den Arbeitnehmer erwartet, sollte dieses Fehlverhalten wieder auftreten. Mit einer Unterschrift des Arbeitnehmers auf der schriftlichen Abmahnung zeigt dieser, dass er sie erhalten hat.

Der Arbeitgeber hat auch die Möglichkeit, in einer Abmahnung mehrere Fehlverhalten aufzuzählen und zu beanstanden. Dann müssen aber alle aufgezählten Pflichtverstöße zutreffen. Denn nach Ansicht des Bundesarbeitsgerichts wird die gesamte Abmahnung

---

[11] Vgl. BAG vom 31.08.1994, 7 AZR 893/93.

unwirksam, wenn nur ein Vorwurf unberechtigt ist; auch dann, wenn der Rest der Abmahnung sich als richtig herausstellt. Es macht daher Sinn, statt einer Aufzählung mehrerer Pflichtverstöße, diese jeweils einzeln abzumahnen.

Da der Arbeitgeber das Risiko trägt, dass seine Kündigung nur deshalb als unwirksam angesehen wird, weil er nicht im Vorfeld als mildere Sanktionsmöglichkeit die Abmahnung gewählt hat, sollte er in Zweifelsfällen statt einer sofortigen Kündigung lieber eine Abmahnung aussprechen.

8.3.3 Nachwirkung der Abmahnung

Mit dem Ausspruch der Abmahnung, verzichtet der Arbeitgeber auf eine Kündigung des Arbeitnehmers. Auch eine spätere Kündigung kann nicht mehr auf den abgemahnten Sachverhalt gestützt werden. Nach Auffassung des Bundesarbeitsgerichts[12] ist die Voraussetzung für eine auf die Abmahnung folgende Kündigung, dass ein erneuter Verstoß gegen einen gleichen oder ähnlichen Sachverhalt vorliegt. So sind Sachverhalte beispielsweise dann gleich, wenn der Arbeitnehmer weiterhin zu spät kommt, obwohl er deswegen abgemahnt worden ist. Ähnlich wäre ein Sachverhalt, wenn der Arbeitnehmer abgemahnt worden wäre, weil er ständig zu spät kommt, und er nun bei einem Termin nicht zu spät kommt sondern stattdessen unentschuldigt fehlt.

8.3.4 Widerrufsrecht des Arbeitnehmers

Nach § 84 BetrVG hat jeder Arbeitnehmer das Recht, sich bei den zuständigen Stellen des Betriebes zu beschweren, wenn er sich vom Arbeitgeber bzw. von anderen Arbeitnehmern des Betriebes benachteiligt oder ungerecht behandelt fühlt. Der Arbeitnehmer kann dann auf Widerruf klagen, wenn der Inhalt der Abmahnung eine Gefahr für sein berufliches Fortkommen darstellt oder ihn in einem falschen Lichte dastehen lässt. Sollten tatsächlich ungerechtfertigte Äußerungen in der Abmahnung stehen, so müssen diese Inhalte entfernt werden. Der Arbeitgeber ist vor Gericht verpflichtet, zu beweisen, dass bei einer verhaltensbedingten Kündigung eine inhaltsgerechte Abmahnung vorausging.

8.3.5 Wirkungsdauer der Abmahnung

In Rechtsprechung und Literatur finden sich keine grundsätzlichen, feststehenden Zeiträume für die Wirkungsdauer von Abmahnungen. Vielmehr wird dies nach den Umständen des Einzelfalls beurteilt. Eine vom Arbeitgeber ausgesprochene Abmahnung wird nach

---

[12] Vgl. BAG vom 16.09.2004, 2 AZR 406/03.

Auffassung der Rechtsprechung bei leichten Vertragsverletzungen nach Auffassung der Rechtsprechung nach zwei Jahren unwirksam; bei schwerwiegenden Verstößen, die auch eine sofortige Kündigung hätten rechtfertigen können, wird von einer Frist zwischen drei und fünf Jahren ausgegangen[13].

8.4 Kündigungsgründe

Die Kündigungsgründe können in drei Kategorien eingeteilt werden: Verhaltensbedingte Kündigung, personenbedingte Kündigungsgründe und betriebsbedingte Kündigungsgründe. Die Unterscheidung dieser drei Gruppen ist deshalb wichtig, weil die besonderen Ausprägungen der jeweiligen Punkte die Berücksichtigung unterschiedlicher Aspekte erfordert. Zudem spielen diese Kündigungsgründe und die Überprüfung ihrer Voraussetzungen im Rahmen von Kündigungsschutzprozessen eine große Rolle. In den Genuss des Bestandsschutzes nach dem Kündigungsschutzgesetz bzw. in den Genuss dieser umfassenden Prüfung kommen allerdings nur Arbeitnehmer, die länger als sechs Monate beschäftigt sind und in einem Betrieb mit mehr als zehn Arbeitnehmern beschäftigt sind.

8.4.1 Verhaltensbedingte Kündigung

Die Bezeichnung verhaltensbedingte Kündigung drückt bereits sehr deutlich aus, dass die Kündigung auf das schlechte Verhalten einer Vertragspartei zurückzuführen sein muss.[14] Ist dieses Verhalten falsch oder unpassend, überschreitet aber in seiner Intensität noch nicht eine bestimmte Schwelle, so ist der Arbeitgeber gehalten, den Arbeitnehmer zunächst nur abzumahnen. Zeigt die Abmahnung keine Wirkung und der Arbeitnehmer setzt sein unpassendes Verhalten fort, so kann er gekündigt werden. Bei sehr intensivem Fehlverhalten bedarf es keiner Abmahnung mehr. Beispiele für verhaltensbedingte Kündigungsgründe sind:

- Annahme von Schmiergeldern;
- Arbeitsverweigerung: Permanente Arbeitsverweigerung kann ein verhaltensbedingter Kündigungsgrund sein. Unter diesen Punkt fällt ebenfalls die eigenmächtige Selbstbeurlaubung und das Krankschreiben lassen, um sich einer zugewiesenen Arbeit zu entziehen.
- Beleidigung und Tätlichkeiten: Hierbei ist die Schwere der Beleidigung von Bedeutung. Bei extrem grober Beleidigung kann sogar eine außerordentliche Kündigung

---

[13] Vgl. BAG vom 10.10.2002, Az. 2 AZR 418/01; ferner BVerfG vom 16.10.1998, Az. 1 BvR 1685/92.

[14] Zur fristlosen Kündigung wegen Vortäuschens der Aufgabenerfüllung vgl. auch: BAG-Urteil vom 09.06.2011, 2 AZR 284/10, DB 2011, S. 2724 ff.

rechtens sein. In der Regel reicht dann ein Verweis des Arbeitgebers auf das Fehlverhalten. Bei Beleidigungen unter Kollegen ist es von Bedeutung, ob der Betriebsfrieden nachhaltig gestört ist. Dies kann z. B. bei rassistischen Äußerungen oder systematischer Diskriminierung anderer Personengruppen gegeben sein.

- Spesenbetrug: Da der Spesenbetrug eine Straftat darstellt, rechtfertigt er nicht nur eine ordentliche Kündigung, sondern meist sogar eine außerordentliche Kündigung nach § 626 BGB. Wichtig in diesem Fall ist eine erneute Interessenabwägung, die dann aber auch zu dem Ergebnis kommen kann, dass eine erneute Verfehlung seitens des Arbeitnehmers nicht wieder vorkommen wird und somit das Arbeitsverhältnis weiter bestehen kann.
- Unpünktlichkeit: Durch wiederholte Unpünktlichkeit verletzt der Arbeitnehmer seine arbeitsvertraglichen Pflichten, indem er die Arbeit nicht zum vereinbarten Zeitpunkt aufnimmt. Nach Abmahnung und unterbliebener Korrektur seines Verhaltens rechtfertigt dies eine ordentliche Kündigung. Da der Arbeitnehmer einen rechtskräftigen Vertrag unterschrieben hat, spielt es auch keine Rolle, ob private Gründe, wie beispielsweise zu versorgende Kinder, gegen die Erfüllung des Vertrages sprechen.
- Eine verhaltensbedingte Kündigung kommt also bei arbeitsvertraglichen Pflichtwidrigkeiten in Betracht.[15] Die Belastung des Betriebes durch das Verhalten des Arbeitnehmers ist dabei zu berücksichtigen. Auch die Dauer der Betriebszugehörigkeit spielt eine Rolle. Je länger das Arbeitsverhältnis bisher störungsfrei gedauert hat, umso strengere Anforderungen sind an eine verhaltensbedingte Kündigung zu stellen.

Eine verhaltensbedingte Kündigung kann gegenüber einem leistungsschwachen Arbeitnehmer gerechtfertigt sein, wenn der Arbeitnehmer seine arbeitsvertraglichen Pflichten durch fehlerhaftes Arbeiten vorwerfbar verletzt, das heißt nicht unter angemessener Ausschöpfung seiner persönlichen Leistungsfähigkeit arbeitet. Dabei kann eine längerfristige deutliche Überschreitung der durchschnittlichen Fehlerquote je nach tatsächlicher Fehlerzahl, Art, Schwere und Folgen der fehlerhaften Arbeitsleistung ein Anhaltspunkt dafür sein, dass der Arbeitnehmer vorwerfbar seine vertraglichen Pflichten verletzt. Legt der Arbeitgeber dieses im Prozess dar, so hat anschließend der Arbeitnehmer darzulegen, warum er trotz erheblich unterdurchschnittlicher Leistungen seine persönliche Leistungsfähigkeit nicht ausschöpft.[16]

8.4.2 Personenbedingte Kündigung

Personenbedingte Kündigungsgründe unterscheiden sich von den verhaltensbedingten Kündigungsgründen darin, dass es hierbei um Punkte geht, die in der Person des Arbeit-

---

[15] Zur Kündigung von leistungsschwachen Mitarbeitern vgl.: Glanz 2008, S. 82 f.
[16] Vgl. BAG-Urteil vom 17.01.2008, 2 AZR 536/06.

nehmers begründet sind, die er auch nicht selbständig verändern kann.[17] Vereinfacht gesagt handelt es sich hierbei um Situationen, in denen der Arbeitnehmer sich, selbst wenn er es wollte, nicht anders verhalten kann. Beispiele für personenbedingte Kündigungsgründe sind:

- Langandauernde Krankheit oder häufige Kurzerkrankungen;
- Alkohol- oder Drogensucht;
- Entzug der Fahrerlaubnis oder der Fluglizenz;
- Fehlende Arbeitserlaubnis;
- Fehlende Möglichkeit zur Leistungserbringung wegen Verbüßung einer Haftstrafe[18].

Bei den eben genannten Gründen macht eine Abmahnung im Vorfeld der Kündigung keinen Sinn und wird daher von den Gerichten hier nicht gefordert; denn der Arbeitnehmer ist nicht in der Lage, sich künftig anders zu verhalten. Die personenbedingte Kündigung setzt im Gegensatz zur verhaltensbedingten Kündigung kein Verschulden voraus. Persönliche Eigenschaften hängen nicht vom Willen des Arbeitnehmers ab. Gegebenenfalls besteht die Notwendigkeit einer Abgrenzung zu verhaltensbedingten Aspekten.

Die personenbedingte Kündigung ist laut § 1 Abs. 2 Satz 2 Nr. 1b KSchG sozial ungerechtfertigt, wenn der Arbeitnehmer in dem selben Betrieb oder in einem anderen Betrieb des Unternehmens an einem anderen Arbeitsplatz weiter beschäftigt werden könnte, wenn auf diesem die fehlenden Eigenschaften oder Fähigkeiten des Arbeitnehmers nicht oder kaum ins Gewicht fallen. Sofern eine geeignete Stelle besteht, ist der Arbeitgeber dazu verpflichtet, gegebenenfalls von seinem Direktionsrecht gebrauch zu machen und einen anderen Arbeitnehmer gegebenenfalls unter Einhaltung von § 315 BGB, das heißt nach billigem Ermessen, zu versetzen, wenn so die Weiterbeschäftigung des gekündigten Arbeitnehmers gewährleistet werden kann. Die Versetzung kann jedoch nur unter Berücksichtigung der Interessen beider Parteien erfolgen.[19]

Beispiel

X arbeitet als Möbelpacker im Lager des Möbelhauses des Unternehmers U. Doch X erleidet einen schweren Bandscheibenvorfall, der es ihm unmöglich macht, seiner Tätigkeit nachzugehen. Nach ärztlichem Attest darf X keine schwere körperliche Arbeit mehr ausführen.

---

[17] Zur aktuellen Rechtsprechung vgl.: Kock 2009, S. 270 ff.

[18] Zur Kündigung bei Untersuchungshaft vgl.: BAG-Urteil vom 23.05.2013, 2 AZR 120/12, NJW-Spezial 2014, S. 18 f.

[19] Die Bestimmung eines Ortes im Arbeitsvertrag schließt eine spätere Änderung des Arbeitsorts kraft Direktionsrechts nicht aus; vgl. BAG-Urteil vom 28.08.2013, 10 AZR 569/12, NJW-Spezial 2014, S. 19 f.

Sofern in dem Betrieb des U für X keine Möglichkeit zu einer Weiterbeschäftigung an anderer Stelle besteht, so darf X auf Grund personenbedingter Gründe gekündigt werden, da die Unfähigkeit des X seiner Arbeit nachzugehen eine erhebliche Störung des Arbeitsvertrages darstellt. Bestünde hingegen die Möglichkeit, den X beispielsweise im Büro oder nur zur Lagerbuchhaltung einzusetzen, so wäre eine Kündigung sozial ungerechtfertigt und somit nicht durchsetzbar.

Bei personenbedingten Kündigungsgründen, die dadurch gekennzeichnet sind, dass der Arbeitnehmer die Fähigkeit oder Eignung für die geschuldete Arbeitsleistung ganz oder teilweise nicht besitzt, ist eine dreistufige Prüfung erforderlich. In der ersten Stufe wird geprüft, ob überhaupt ein Kündigungsgrund vorliegt. Darüber hinaus ist es in der zweiten Stufe erforderlich, dass dieser Grund auch nach dem Zeitpunkt der Kündigung zur Störung des Arbeitsverhältnisses führen würde. In einer dritten Stufe schließt sich hieran eine Interessenabwägung an, ob nicht eine Weiterbeschäftigung des Arbeitnehmers an einem anderen Arbeitsplatz im Unternehmen möglich wäre.

Einen für die Praxis besonders bedeutsamen Unterfall bildet die Arbeitsunfähigkeit, welche auf wiederholten Kurzerkrankungen oder auf lang andauernden Krankheiten beruht. Derartige Krankheiten sind Auslöser einer sehr großen Anzahl von Kündigungen. Die Rechtsprechung hat für diese Fallgruppe einen recht weitgehenden Bestandsschutz entwickelt. So verlangt das Bundesarbeitsgericht bei häufigen Kurzerkrankungen beispielsweise folgende dreistufige Prüfung des betreffenden Lebenssachverhalts:

- Erstens ist zu prüfen, ob objektive Tatsachen zu einer negativen Gesundheitsprognose berechtigen.
- Zweitens ist festzustellen, ob künftige Fehlzeiten zu einer erheblichen Beeinträchtigung der betrieblichen Interessen durch Störungen des Betriebsablaufs führen, sofern diese nicht durch Überbrückungsmaßnahmen vermeidbar sind oder zu erheblichen wirtschaftlichen Belastungen führen.
- Drittens wird eine umfassende, einzelfallbezogene Interessenabwägung unter Berücksichtigung der betrieblichen Belange, der Krankheitsursachen und der sozialen Lage des Arbeitnehmers gefordert.

8.4.3 Betriebsbedingte Kündigung

Die betriebsbedingte Kündigung setzt keine Abmahnung voraus, da der Kündigungsgrund nicht im Verhalten des Arbeitnehmers zu suchen ist. Vielmehr sprechen rein sachliche Gründe für die Kündigung.[20] Dies hängt beispielsweise mit Umsatzeinbrüchen oder Betriebsverlagerungen zusammen. So kann auch das Auslagern von Tätigkeiten, also das so genannte „Outsourcing" zu betriebsbedingten Kündigungen führen. Entschließt sich ein Arbeitgeber dazu, bisher von eigenen Arbeitnehmern ausgeführte Tätigkeiten in Zukunft durch selbständige Unternehmer ausführen zu lassen, so handelt es sich um eine

---

[20] Zum Einfluss des AGG auf die betriebsbedingte Kündigung vgl.: Schiefer 2009, S. 733 ff.

gestaltende Unternehmerentscheidung. In dem Umfang, wie der Arbeitgeber in Zukunft die Arbeiten durch selbständige Unternehmer ausführen lässt, entfällt das Beschäftigungs- bedürfnis für die eigenen Arbeitnehmer. Es liegt insoweit ein Grund für eine betriebs- bedingte Kündigung vor.[21] Die betriebsbedingte Kündigung sollte als Ultima-Ratio, also als letztes Mittel, begriffen werden. Bevor ein Arbeitgeber von dieser Möglichkeit Ge- brauch macht, sollte er erst versuchen alle anderen Möglichkeiten, wie z. B. Versetzung des Arbeitnehmers auf einen anderen vergleichbaren Posten, auszuschöpfen. Bei einer betriebsbedingten Kündigung ist der Anknüpfungspunkt also nicht im Verhalten oder der Person des Arbeitnehmers begründet, sondern betriebliche Aspekte und Zwänge machen eine Kündigung erforderlich (vgl. hierzu vertiefend aber auch: Fuhlrott und Fabritius 2014, S. 122 ff.). Hierbei muss aber nicht nur eine Weiterbeschäftigung des Arbeitneh- mers im bisherigen Tätigkeitsbereich unmöglich sein, sondern auch eine Beschäftigung zu gleichen oder geänderten Bedingungen, gegebenenfalls nach einer zumutbaren Um- schulung- oder Fortbildungsmaßnahme, in einem anderen Tätigkeitsfeld.

Nach § 1a Abs. 1 KSchG hat der Arbeitnehmer bei einer betriebsbedingten Kündigung das Recht auf eine Abfindungszahlung. In Absatz 2 dieser Norm wird die Höhe der Ab- findung festgelegt. Diese Vorschrift lautet:

§ 1a KSchG Abfindungsanspruch bei betriebsbedingter Kündigung

(1) Kündigt der Arbeitgeber wegen dringender betrieblicher Erfordernisse nach § 1 Abs. 2 Satz 1 und erhebt der Arbeitnehmer bis zum Ablauf der Frist des § 4 Satz 1 keine Klage auf Feststellung, dass das Arbeitsverhältnis durch die Kündigung nicht aufgelöst ist, hat der Arbeitnehmer mit dem Ablauf der Kündigungsfrist Anspruch auf eine Abfindung. Der Anspruch setzt den Hinweis des Arbeitgebers in der Kündi- gungserklärung voraus, dass die Kündigung auf dringende betriebliche Erfordernisse gestützt ist und der Arbeitnehmer bei Verstreichenlassen der Klagefrist die Abfindung beanspruchen kann.

(2) Die Höhe der Abfindung beträgt 0,5 Monatsverdienste für jedes Jahr des Bestehens des Arbeitsverhältnisses. § 10 Abs. 3 gilt entsprechend. Bei der Ermittlung der Dauer des Arbeitsverhältnisses ist ein Zeitraum von mehr als sechs Monaten auf ein volles Jahr aufzurunden.

Im Rahmen von betriebsbedingten Kündigungen muss der Arbeitgeber unbedingt darauf achten, dass diese sozial gerechtfertigt ist. Er hat eine so genannte Sozialauswahl zu tref- fen, die ihn dazu zwingt, diejenigen Arbeitnehmer zuerst zu entlassen, die eine Kündigung sozial weniger trifft als andere. Somit stellt die Sozialauswahl nach § 1 Abs. 3 KSchG einen wichtigen, vom Gericht nachprüfbaren Punkt bei Kündigungsschutzklagen dar. In die Sozialauswahl sind alle Arbeitnehmer einzubeziehen, die demselben Betrieb ange- hören, auf derselben Hierarchiestufe stehen, austauschbare Tätigkeiten haben und deren Weiterbeschäftigung nicht gerechtfertigt ist. Arbeitnehmer, die einen Sonderkündigungs- schutz (z. B. nach MuSchG oder SGB IX) genießen, sind nicht in die Sozialauswahl mit einzubeziehen. Insbesondere sind folgende Punkte zu berücksichtigen:

---

[21] Vgl. BAG vom 13.03.2008, 2 AZR 1037/06.

- Dauer der Betriebszugehörigkeit,
- Lebensalter[22],
- Unterhaltspflichten,
- Schwerbehinderung.
- Gründe, die niemals im Rahmen der Sozialauswahl eine Rolle spielen dürfen, sind:
- Vermögenslage des Arbeitnehmers,
- Vermögen der Familienangehörigen des Arbeitnehmers,
- Leistungsmangel,
- Fehlverhalten.

Die Vorschrift, die dieses gesetzlich anordnet lautet:

§ 1 Abs. 3 KSchG

Ist einem Arbeitnehmer aus dringenden betrieblichen Erfordernissen im Sinne des Absatzes 2 gekündigt worden, so ist die Kündigung trotzdem sozial ungerechtfertigt, wenn der Arbeitgeber bei der Auswahl des Arbeitnehmers die Dauer der Betriebszugehörigkeit, das Lebensalter, die Unterhaltspflichten und die Schwerbehinderung des Arbeitnehmers nicht oder nicht ausreichend berücksichtigt hat; auf Verlangen des Arbeitnehmers hat der Arbeitgeber dem Arbeitnehmer die Gründe anzugeben, die zu der getroffenen sozialen Auswahl geführt haben. In die soziale Auswahl nach Satz 1 sind Arbeitnehmer nicht einzubeziehen, deren Weiterbeschäftigung, insbesondere wegen ihrer Kenntnisse, Fähigkeiten und Leistungen oder zur Sicherung einer ausgewogenen Personalstruktur des Betriebes, im berechtigten betrieblichen Interesse liegt. Der Arbeitnehmer hat die Tatsachen zu beweisen, die die Kündigung als sozial ungerechtfertigt im Sinne des Satzes 1 erscheinen lassen.

Der Kreis der in die Sozialauswahl einzubeziehenden vergleichbaren Arbeitnehmer bestimmt sich nach ständiger Rechtsprechung des Bundesarbeitsgerichts in erster Linie nach Arbeitsplatzbezogenen Merkmalen. Das bedeutet, es wird hierbei insbesondere auf die vom Arbeitnehmer ausgeübte Tätigkeit abgestellt.

Bestimmte Mitarbeiter können von der Sozialauswahl nach § 1 Abs. 3 Satz 2 KSchG ausgeschlossen werden, wenn wirtschaftliche oder technische Gründe für die Weiterbeschäftigung dieser Person sprechen. Es handelt sich hierbei meist um Personen, die besondere Fähigkeiten und Fertigkeiten aufweisen, welche für den Betrieb unentbehrlich sind. An diesem Punkt kann die ansonsten strenge und objektive Nachprüfbarkeit der Kriterien scheitern, da die Entscheidung darüber, ob ein Arbeitnehmer unentbehrlich ist, vom Unternehmer selbst getroffen wird und auch nicht vom Arbeitsgericht überprüft werden kann. Aber Vorsicht: Der § 1 Abs. 3 Satz 1 KSchG stellt die Regel für die Sozialauswahl dar. Sofern also der Arbeitgeber ein berechtigtes Interesse an der Weiterbeschäftigung von

---

[22] Zur Rechtmäßigkeit der Bildung von Altersstufen im Rahmen der Sozialauswahl vgl.: BAG Urt. vom 06.09.2007, 2 AZR 387/06, NJW 2008, S. 1102; für eine Streichung des Kriteriums „Lebensalter" tritt ein: Kopke 2009, S. 41 ff.

Arbeitnehmern wegen ihrer besonderen Kenntnisse, Fähigkeiten oder Leistungen hat, so kann er sie aus der Vergleichsgruppe herausnehmen.[23] Eine Ausklammerung so genannter Leistungsträger stellt nach Satz 2 dieser Norm nur die Ausnahme dar. Die Mitteilung der Gründe für die getroffene Sozialauswahl sind dem Arbeitnehmer auf Anforderung darzulegen. Sie sind jedoch nicht Bestandteil des Kündigungsschreibens. Weitere Gründe für das Ausklammern von einzelnen Arbeitnehmern aus einer Vergleichsgruppe sind die Sicherstellung einer ausgewogenen Personalstruktur und die Vermeidung der Überalterung der Belegschaft.

Hatte der Arbeitgeber mehreren Arbeitnehmern aus betriebsbedingten Gründen gekündigt, jedoch nicht einem vergleichbaren Arbeitnehmer, der sozial weniger schutzwürdig war, so konnten sich nach der bisherigen Rechtsprechung des Bundesarbeitsgerichts alle gekündigten Arbeitnehmer auf diesen Auswahlfehler berufen (so genannte Domino-Theorie). Von dieser Rechtsprechung ist das Bundesarbeitsgericht seit November 2006 abgerückt.[24] Hätte der Arbeitnehmer auch bei richtiger Festlegung der sozialen Rangfolge durch den Arbeitgeber zur Kündigung angestanden, so ist die Kündigung nicht wegen fehlerhafter Sozialauswahl unwirksam, weil der Fehler für die Auswahl des gekündigten Arbeitnehmers nicht ursächlich geworden ist. In diesen Fällen ist die Sozialauswahl jedenfalls im Ergebnis ausreichend.[25]

Insbesondere bei Massenentlassungen kann die Sozialauswahl sehr schwierig sein.[26] In derartigen Fällen kann es vorteilhaft sein, ein Punkteschema zu verwenden, durch welches die Kriterien wie Dauer der Betriebszugehörigkeit, das Lebensalter, die Unterhaltspflichten sowie eine etwaige Schwerbehinderteneigenschaft in eine angemessene Relation gebracht werden können (vgl. hierzu: Weyand und Düwell 2005, S. 155 ff. (S. 156)).

8.4.4 Besondere Kündigungsarten

Neben diesen Klassischen Kündigungsformen sollen hier noch zwei wichtige Kündigungsarten vorgestellt werden: Die Verdachts- und die Änderungskündigung.

8.4.4.1 Verdachtskündigung

Beispiel

F arbeitet als Lagerarbeiter im Transportunternehmen des U. Nachdem sich mehrere Kunden über einen erheblichen Verlust von Transportgut beschwert hatten, erstattet U wegen Diebstahls eine „Anzeige gegen Unbekannt". U stellt selbst Nachforschungen

---

[23] Vgl. hierzu z. B. BT-Drucks. 14/45, S. 23.
[24] Vgl. BAG vom 09.11.2006, 2 AZR 812/05.
[25] Vgl. BAG vom 09.11.2006, 2 AZR 812/05.
[26] Zum Vertrauensschutz bei Massenentlassungen vgl.: BAG vom 23.03.2006, NJW 2006, S. 3161; BAG vom 22.03.2007, NZA 2007, S. 1101; BAG vom 12.07.2007, 2 AZR 448/05, NZA 2008, S. 425.

an und entdeckt, dass die Verluste größtenteils in einem Lagerabschnitt eingetreten sind, zu dem nur F einen Schlüssel hatte. U hört F hierzu an. Doch dieser beteuert, mit dem Verschwinden des Transportguts nichts zu tun zu haben. Allerdings verstrickt sich F bei seinen sonstigen Äußerungen in Lügen, die auch dem U auffallen. Bei weiteren Nachforschungen bemerkt U, dass die Unregelmäßigkeiten nur in den Zeiten auftraten, in welchen der F Dienst hatte. F wird hierzu erneut von U angehört und verstrickt sich erneut in Widersprüche. U möchte die polizeilichen Ermittlungen deshalb nicht mehr abwarten und kündigt, nachdem er den Betriebsrat angehört hat, dem F fristlos. F möchte gerichtlich gegen diese Kündigung vorgehen. Durfte U den F fristlos kündigen, obwohl dessen Schuld noch nicht einmal bewiesen ist?

Im Rahmen der Durchführung eines Arbeitsvertrages müssen sich Arbeitgeber und Arbeitnehmer zumindest ein Mindestmaß an Vertrauen entgegenbringen können. Wird dieses Vertrauensverhältnis durch einen erheblichen Verdacht beeinträchtigt, der Arbeitnehmer habe eine Straftat zum Nachteil des Arbeitgebers begangen, so kann der Arbeitgeber aufgrund des zerrütteten Vertrauensverhältnisses den Arbeitsvertrag kündigen.[27] Hierbei kommt sowohl eine fristlose als auch eine ordentliche Kündigung im Betracht. Bei einer Verdachtskündigung wird dem Arbeitnehmer also eine Vertragsverletzung vorgeworfen, welche allerdings nicht bewiesen ist. Kündigungsgrund ist dabei deshalb auch nicht die vermutete Straftat oder sonstige Pflichtverletzung, sondern allein der mit dem Verdacht einhergehende Verlust an Vertrauen.[28] Eine derartige Verdachtskündigung setzt folgende Punkte voraus:

- Es müssen objektive Tatsachen vorliegen, die auf den zu kündigenden Arbeitnehmer hindeuten.
- Diese Tatsachen müssen eine ausreichend große Wahrscheinlichkeit dafür bieten, dass der Arbeitnehmer und kein Dritter die Tat begangen hat.[29]
- Die Verdachtsmomente müssen geeignet sein, das Vertrauen des Arbeitgebers in die Loyalität des Arbeitnehmers nachhaltig zu zerstören.[30]
- Der Arbeitgeber muss, sofern es ihm zumutbar ist, alles getan haben, um den Verdacht aufzuklären.
- Vor einer Verdachtskündigung muss der Arbeitnehmer zwingend zu den Gründen, auf die sich der Verdacht stützt vom Arbeitgeber angehört werden. Unterlässt der Arbeitgeber schuldhaft diese Pflicht zur Anhörung, so führt dies zur Unwirksamkeit der Kündigung.[31]

---

[27] Zur Kündigung wegen Verdachts des Spesenbetruges vgl. beispielsweise: BAG Urt. vom 06.09.2007, 2 AZR 264/06, NJW 2008, S. 1097.

[28] Vgl. BAG NZA 1996, S. 81.

[29] Vgl. BAG vom 12.08.1999, 2 AZR 923/98.

[30] Vgl. BAG vom 13.09.1995 EzA § 626 BGB Verdacht strafbarer Handlung Nr. 6.

[31] Vgl. BAG vom 30.04.1987, Az. 2 AZR 283/86; BAG vom 26.09.2002, EzA § 626 BGB 2002 Verdacht strafbarer Handlung Nr. 1.

Eine fristlose Kündigung muss nach § 626 Abs. 2 BGB innerhalb von zwei Wochen ab Kenntniserlangung erklärt werden. Grundsätzlich ist diese Frist auch auf Verdachtskündigungen anzuwenden.[32] Da hierbei jedoch der Kündigungsgrund der Vertrauensverlust ist und dieser sich in der Praxis schlecht an ein konkretes Datum festmachen lässt, wird es dem Arbeitgeber zugestanden, zunächst die Ermittlungen bzw. den Abschluss eines Strafverfahrens[33] abzuwarten, bevor er sich für eine Kündigung entscheidet. Vom letzten Ermittlungsschritt an gerechnet wird dann die Zweiwochenfrist, in welcher die außerordentliche Kündigung erfolgen kann, berechnet (vgl. Senne 2007, S. 194). Im Rahmen einer Verdachtskündigung bedarf es auch keiner Abmahnung als milderes Mittel, da es hierbei ja um einen Vertrauensverlust und nicht darum geht, das künftige Verhalten des Arbeitnehmers zu ändern.

Sofern sich der Verdacht im Nachhinein als falsch herausstellt besitzt der gekündigte Arbeitnehmer einen Anspruch auf Wiedereinstellung. Vor dem Ausspruch einer Verdachtskündigung muss der Arbeitgeber den Arbeitnehmer anhören.[34] Er hat den Arbeitnehmer über den erhobenen Vorwurf so zu unterrichten, dass dieser zum Vorwurf Stellung nehmen kann.[35]

Im oben genannten Beispielfall deuten zwei Tatsachen auf eine Täterschaft des F. Zum einen ist ein großer Teil des Transportguts aus einem Teil des Lagers verschwunden, zu dem er allein einen Schlüssel hat. Zum anderen verschwand das Transportgut ausschließlich zu Zeiten, an denen der F Dienst hatte. Sofern F die Taten tatsächlich verübt hat, wäre hierdurch eindeutig eine fristlose Kündigung zulässig.[36] Der U hat alles ihm zumutbare getan, um den Sachverhalt aufzuklären. So hat er insbesondere den F mehrfach zu den Vorwürfen angehört und die Polizei eingeschaltet. U darf – muss aber nicht – die polizeilichen Ermittlungen bzw. das Strafverfahren abwarten.[37] Zwar ist vor Abschluss der Ermittlungen das Risiko eines Irrtums größer, doch kann U bereits in diesem Stadium kündigen, sofern er auf die wichtigen Voraussetzungen wie beispielsweise die Anhörung des betroffenen Arbeitnehmers und gegebenenfalls auch die Anhörung des Betriebsrats geachtet hat.

8.4.4.2 Änderungskündigung

Unter einer Änderungskündigung ist eine normale fristgerechte oder außerordentliche[38] Kündigung zu verstehen, die zugleich mit dem Abschluss eines neuen Arbeitsvertrages zu geänderten Arbeitsbedingungen verbunden ist.[39] Die Änderungskündigung stellt im

---

[32] Vgl. BAG, NJW 1994, S. 1675.

[33] Vgl. BAG vom 14.02.1996, 2 AZR 274/95.

[34] Vgl. BAG vom 28.11.2007, 5 AZR 952/06, JR 2009, S. 43.

[35] Vgl. BAG vom 13.03.2008, 2 AZR 961/06.

[36] Vgl. BAG NZA 2000, S. 421.

[37] Vgl. BAG vom 26.03.1992, EzA § 626 BGB Verdacht strafbarer Handlung Nr. 4; BAG vom 29.07.1993, EzA § 626 BGB Ausschlussfrist Nr. 4.

[38] Vgl. BAG, DB 1996, 990.

[39] Ein Formulierungsbeispiel für den Text einer Änderungskündigung findet sich bei: Jung 2008, S. 338 (Abb. 117).

Verhältnis zur gewöhnlichen Kündigung, welche nur Ultima Ratio sein sollte, das verhältnismäßig mildere Mittel dar. Auch im Rahmen der Änderungskündigung gelten die allgemeinen Grundsätze für Kündigungen; allerdings mit einigen Besonderheiten.[40] Im Rahmen einer betriebsbedingten Änderungskündigung ist ein dringendes betriebliches Erfordernis, welches einer Weiterbeschäftigung des Arbeitnehmers zu unveränderten Bedingungen entgegensteht[41], Voraussetzung für die Wirksamkeit der Änderungskündigung. Dies gilt auch für eine betriebsbedingte Änderungskündigung zur Entgeltsenkung, die nachhaltig in das arbeitsvertragliche Verhältnis von Leistung und Gegenleistung eingreift. Das bloße Bestreben des Arbeitgebers, der mit andren Arbeitnehmern entsprechende Vereinbarungen getroffen hat, die Arbeitsbedingungen im Betrieb zu vereinheitlichen, reicht hierfür nicht aus.[42] Davon abgesehen muss sich der Arbeitgeber sowieso auf solche Änderungen beschränken, die dem Arbeitnehmer billigerweise zugemutet werden können. Nimmt der Arbeitnehmer den neuen Vertrag zu geänderten Bedingungen an, so gilt für ihn der neue Vertrag und der alte endet. Lehnt der Arbeitnehmer das Angebot zu einer Änderung des Vertrages hingegen ab, so kann er bei Gericht eine Kündigungsschutzklage erheben. Sofern er gewinnt, bleibt sein altes Arbeitsverhältnis zu den ursprünglichen Vertragsbedingungen bestehen; sofern er den Prozess verliert, so ist sein Arbeitsverhältnis aufgrund der Kündigung wirksam beendet. Als dritte Möglichkeit kann der Arbeitnehmer aber die Änderungskündigung auch unter dem Vorbehalt annehmen, dass die Änderung der Arbeitsbedingungen nach § 2 Satz 1 KSchG nicht sozial ungerechtfertigt ist und im Rahmen einer so genannten Änderungsschutzklage nach § 4 Satz 2 KSchG von einem Gericht überprüfen lassen, ob eine Sozialwidrigkeit vorliegt. Ist dies der Fall, so ist die Änderungskündigung von Anfang an unwirksam; liegt keine Sozialwidrigkeit vor, so gilt für den Arbeitnehmer dann der Arbeitsvertrag zu den geänderten Bedingungen.

8.4.4.3 Teilkündigung

Von einer Teilkündigung kann nur dann gesprochen werden, wenn – ohne das Arbeitsverhältnis insgesamt in Frage zu stellen – gegen den Willen der anderen Vertragspartei einzelne Bedingungen des Arbeitsvertrages eine einseitige Änderung erfahren. Sowohl die Rechtsprechung als auch die herrschende Lehre hält eine Teilkündigung grundsätzlich für unzulässig. Sie wird von Gerichten nur in ganz seltenen Fällen als zulässig angesehen, wenn einem der Vertragspartner – beispielsweise durch Widerrufsvorbehalt – das Recht hierzu eingeräumt worden ist und die Teilkündigung keinen zwingenden Kündigungsschutz umgeht.[43]

---

[40] Vgl. zur Gehaltsanpassung durch Änderungskündigung: BAG-Urteil vom 20.06.2013, 2 AZR 396/12, NJW-Spezial 2014, S. 18.

[41] Zur Änderungskündigung vgl. auch: BAG, Urt. vom 29.03.2007, 2 AZR 31/06, NJW 2007, S. 2942 und NZA 2007, S. 855.

[42] Vgl. BAG vom 12.01.2006, 2 AZR 126/05.

[43] Vgl. BAG-Urteil vom 13.03.2007, 9 AZR 612/05.

8.5   Beteiligung des Betriebsrats

Die Arbeitnehmerin A arbeitet im Unternehmen des U. In diesem Unternehmen gibt es insgesamt 47 Arbeitnehmer. Es existiert ein Betriebsrat. U möchte die Arbeitnehmerin A fristgerecht kündigen. Er schreibt die Kündigung, gibt sie an A adressiert in die Post und bittet den Betriebsrat danach um eine Stellungnahme. Der Betriebsrat hat gegen die Kündigung nichts einzuwenden. Trotzdem klagt A gegen die Kündigung. Wie sind ihre Chancen?

In Unternehmen, in denen ein Betriebsrat existiert, ist dieser gemäß § 102 BetrVG vor jeder Kündigung anzuhören.[44] Gewöhnlich existiert in Unternehmen mit mindestens fünf Arbeitnehmern ein Betriebsrat, weil nach § 1 Abs. 1 BetrVG erst in Betrieben mit in der Regel mindestens fünf ständigen wahlberechtigten Arbeitnehmern ein Betriebsrat gewählt werden kann. Die ersten drei Absätze der für die Mitbestimmung des Betriebsrats bei Kündigungen relevanten Vorschrift lauten:

§ 102 BetrVG Mitbestimmung bei Kündigungen

(1) Der Betriebsrat ist vor jeder Kündigung zu hören. Der Arbeitgeber hat ihm die Gründe für die Kündigung mitzuteilen. Eine ohne Anhörung des Betriebsrates ausgesprochene Kündigung ist unwirksam.

(2) Hat der Betriebsrat gegen eine ordentliche Kündigung Bedenken, so hat er diese unter Angabe der Gründe dem Arbeitgeber spätestens innerhalb einer Woche schriftlich mitzuteilen. Äußert er sich innerhalb dieser Frist nicht, gilt seine Zustimmung zur Kündigung als erteilt. Hat der Betriebsrat gegen eine außerordentliche Kündigung Bedenken, so hat er diese unter Angabe der Gründe dem Arbeitgeber unverzüglich, spätestens jedoch innerhalb von drei Tagen, schriftlich mitzuteilen. Der Betriebsrat soll, soweit das erforderlich erscheint, vor seiner Stellungnahme den betroffenen Arbeitnehmer hören. § 99 Abs. 1 Satz 3 gilt entsprechend.

(3) Der Betriebsrat kann innerhalb der Frist des Absatzes 2 Satz 1 der ordentlichen Kündigung widersprechen, wenn

1. der Arbeitgeber bei der Auswahl des zu kündigenden Arbeitnehmers soziale Gesichtspunkte nicht oder nicht ausreichend berücksichtigt hat,

2. die Kündigung gegen eine Richtlinie nach § 95 verstößt,

3. der zu kündigende Arbeitnehmer an einem anderen Arbeitsplatz im selben Betrieb oder in einem anderen Betrieb des Unternehmens weiterbeschäftigt werden kann,

4. die Weiterbeschäftigung des Arbeitnehmers nach zumutbaren Umschulungs- oder Fortbildungsmaßnahmen möglich ist oder

---

[44] In der Praxis hat es sich bewährt, zur Information des Betriebsrates ein Formblatt zu verwenden. Ein Muster für ein solches Formblatt findet sich bei: Jung 2008, S. 346 (Abb. 119).

5. *eine Weiterbeschäftigung des Arbeitnehmers unter geänderten Vertragsbedingun-*
   gen möglich ist und der Arbeitnehmer sein Einverständnis hiermit erklärt hat.

Natürlich ist es das Unternehmen des Arbeitgebers und er alleine kann entscheiden, ob und wen er kündigen möchte. Aus diesem Grunde ist er auch nicht an einer Kündigung gehindert, wenn der Betriebsrat der Kündigung widersprochen hat. Er hat dann aber nach § 102 Abs. 4 BetrVG dem zu kündigen Arbeitnehmer zusammen mit der Kündigung eine Kopie der Stellungnahme des Betriebsrates zukommen zu lassen. Am Text der Stellungnahme kann der Gekündigte dann erkennen, welche Argumente gegen die Kündigung sprechen könnten und gegebenenfalls auf die Idee kommen, rechtliche Schritte zu erwägen.

Im oben genannten Beispielfall hat der U die Kündigung jedoch zunächst ohne Anhörung des Betriebsrats fertig gestellt. Hierbei ist es unerheblich, dass er den Betriebsrat unmittelbar nach dem Absenden der Kündigung informiert und angehört hat. Es ist im vorliegenden Fall sogar unerheblich, dass der Betriebsrat der Kündigung zugestimmt hat; denn U hat einen groben formellen Fehler begangen. Das Gesetz schreibt in § 102 Abs. 1 BetrVG explizit vor, dass der Betriebsrat „vor" jeder Kündigung anzuhören ist und dass eine Kündigung bei Nichtbeachtung dieser Form unwirksam ist. Das starke Gewicht, welches der Gesetzgeber auf die Einhaltung der Form legt ist aber verständlich, weil die Befragung des Betriebsrats den Sinn hat, den Arbeitgeber dazu zu bringen, über die von ihm getroffene Entscheidung noch einmal nachzudenken. Diese Funktion würde unterlaufen werden, wenn die Kündigung weggeschickt wird und erst dann der Betriebsrat gefragt würde. Darüber hinaus ist der Arbeitgeber gehalten, die Entscheidung des Betriebsrates dem zu kündigen Mitarbeiter mit der Kündigung zukommen zu lassen, so dass der Arbeitnehmer unter Berücksichtigung der Argumente des Betriebsrats die Möglichkeit hat, zu überlegen, ob eine Klage gegen die Kündigung sinnvoll wäre. Im vorliegenden Fall ist diese Funktion durch die Vorgehensweise nicht erfüllt. Der U hat die zwingende Vorgehensweise nicht eingehalten und somit hat die Arbeitnehmerin A sehr gute Chancen gegen die Kündigung gerichtlich vorzugehen. Die Kündigung ist nämlich gemäß § 102 Abs. 1 Satz 3 BetrVG unwirksam. Dies hindert den Arbeitgeber allerdings nicht, die Arbeitnehmerin A nach Anhörung des Betriebsrats und unter Einhaltung aller Fristen erneut und diesmal wirksam zu kündigen.

8.6 Kündigungsschutzvorschriften

In den unterschiedlichen Gesetzen finden sich viele Regelungen, welche der Arbeitgeber im Rahmen von Kündigungen beachten muss. Zunächst ist hier das Schriftformerfordernis des § 623 BGB zu nennen. Ohne Einhaltung dieser Form ist die Kündigung unwirksam.

8.6.1 Kündigungsschutzgesetz

Das Kündigungsschutzgesetz (KSchG) bietet dem Arbeitnehmer Schutz gegenüber einer grundlosen Kündigung durch den Arbeitgeber. Im Ergebnis führt das Kündigungsschutzgesetz zu einer Begrenzung der Vertragsfreiheit. Zwar gilt im Rahmen des Arbeitsrechts der Grundsatz der Abschlussfreiheit – bei der Beendigung des Arbeitsvertrages jedoch bleiben dem Arbeitgeber nur eingeschränkte Freiheiten. Nach § 1 KSchG ist es wichtig, dass im Rahmen einer ordentlichen Kündigung ein Kündigungsgrund gegeben ist. Dieses bedeutet, dass die Kündigung sozial gerechtfertigt sein muss. Die Vorschriften über das Recht zur außerordentlichen Kündigung werden nach § 13 Abs. 1 Satz 1 KSchG durch das Kündigungsschutzgesetz nicht tangiert.

Das Kündigungsschutzgesetz ist jedoch nicht auf die Arbeitnehmer aller Betriebe anwendbar. Vielmehr finden sich im Gesetz sowohl eine Einschränkung bezüglich der Betriebsgröße als auch eine eingebaute zeitliche Begrenzung der Anwendbarkeit. Die Regelungen des § 23 Abs. 1 Satz 2 und Satz 3 KSchG sehen vor, dass das Kündigungsschutzgesetz nicht in Betrieben anwendbar ist, in welchen gewöhnlich zehn oder weniger Arbeitnehmer ausschließlich den Auszubildenden beschäftigt sind.[45]

Als weitere Einschränkung der Anwendbarkeit des Kündigungsschutzgesetzes ist eine zeitliche Beschränkung zu sehen. Der Schutz nach dem Kündigungsschutzgesetz kommt lediglich dann zur Anwendung, wenn das Arbeitsverhältnis im Zeitpunkt des Zugangs der Kündigung bereits einen längeren Zeitraum als sechs Monate bestanden hat. Nur wenn die beiden Kriterien – Betrieb größer als zehn Arbeitnehmer und länger als sechs Monate beschäftigt – erfüllt sind, greift der umfassende Bestandsschutz des KSchG zugunsten der Arbeitnehmer. Dementsprechend kommt ein großer Teil der in der Bundesrepublik Deutschland tätigen Arbeitnehmer nicht in den Genuss der Überprüfung, ob die Kündigung im Sinne des § 1 KSchG sozial ungerechtfertigt ist respektive in den Genuss der Überprüfung, ob die Kündigung nicht durch Gründe, die in der Person oder in dem Verhalten des Arbeitnehmers liegen, oder durch dringende betriebliche Erfordernisse bedingt sind.

Innerhalb einer Frist von drei Wochen nachdem ihm die schriftliche Kündigung zugegangen ist, hat der Arbeitnehmer nach § 4 KSchG die Möglichkeit, bei dem für ihn zuständigen Arbeitsgericht Klage einzureichen. Diese Klage zielt gewöhnlich auf Feststellung, dass das Arbeitsverhältnis durch die Kündigung nicht aufgelöst worden ist. Sollte die dreiwöchige Klagefrist nicht eingehalten worden sein, so kann eine verspätete Klage nur in seltenen Ausnahmefällen noch zugelassen werden. Der § 7 KSchG schreibt explizit vor, dass eine unwirksame Kündigung in Fällen, in denen der Arbeitnehmer die Unwirksamkeit der Kündigung nicht rechtzeitig geltend macht, die Kündigung als von Anfang an als rechtswirksam angesehen wird. Im Rahmen einer fristgerechten Klage überprüft das Arbeitsgericht die entsprechenden Voraussetzungen der Kündigung. So werden also

---

[45] Bei Arbeitsverhältnissen, welche noch vor dem 23. Dezember 2003 abgeschlossen worden sind, wird gem. § 23 Abs. 1 Satz 3 KSchG noch der damals übliche Wert von fünf Arbeitnehmern angewandt.

bei einer verhaltensbedingten Kündigung etwaige vorhergehende Abmahnungen, im Falle einer personenbedingten Kündigung eine mögliche Umsetzung im Betrieb und im Falle einer betriebsbedingten Kündigung die Beachtung der Sozialauswahl überprüft.

Sofern eine Kündigung rechtswidrig ist, stehen dem Arbeitnehmer unterschiedliche Rechte zu: entweder ein Anspruch auf Weiterbeschäftigung, daneben gewöhnlich ein Anspruch auf Lohnzahlung für die Zeit des Rechtsstreits oder ein Anspruch auf eine Abfindungszahlung.

Sofern das Gericht im Rahmen eines Kündigungsschutzprozesses[46] die Kündigung als sozial ungerechtfertigt ansieht und dem klagenden Arbeitnehmer Recht gibt, so wird der Arbeitgeber zur Weiterbeschäftigung des Arbeitnehmers verurteilt. Denn das Urteil stellt ja immerhin fest, dass die rechtswidrige Kündigung das Arbeitsverhältnis nicht beendet hat. Dementsprechend hat der Arbeitnehmer parallel zur Weiterbeschäftigung gewöhnlich auch einen Anspruch auf Zahlung seines Lohnes für den Zeitraum vom Ablauf der Kündigungsfrist bis zur Entscheidung des Arbeitsgerichts. Diese Lohnzahlung wird in der Regel mit Annahmeverzug des Arbeitgebers im Sinne des § 615 BGB begründet. Nach einem Kündigungsschutzprozess kann dem Arbeitnehmer aber auch ein Abfindungsanspruch gegen den Arbeitgeber zustehen. Nach § 1a Abs. 2 KSchG beträgt die Höhe des Abfindungsanspruchs ein halbes Monatsgehalt je Beschäftigungsjahr. Hierbei ist der § 10 Abs. 3 KSchG zu beachten, welcher festlegt, dass bei der Berechnung der Höhe der Abfindung das als Monatsverdienst anzusehen ist, was dem Arbeitnehmer bei der für ihn maßgebenden regelmäßigen Arbeitszeit in dem Monat, in welchem das Arbeitsverhältnis endet, an Geld und Sachbezügen zusteht.

8.6.2   Kleinbetriebe und Kündigungsschutz

Beispielfall

A arbeitet in einem kleinen Druckereibetrieb mit nur sechs Arbeitnehmern. Nachdem der Kündigungsschutz des Kündigungsschutzgesetzes nur auf Betriebe mit mehr als zehn Arbeitnehmern anzuwenden ist, fragt sich A, welcher Kündigungsschutz für Kleinbetriebe mit zehn oder weniger Mitarbeitern besteht.

Auch bei Arbeitnehmern in Kleinbetrieben – also Arbeitnehmern in Betrieben mit zehn oder weniger Mitarbeitern – und bei Arbeitnehmern in größeren Betrieben für die das Kündigungsschutzgesetz nicht gilt, da sie die erforderliche Wartezeit von sechs Monaten[47]

---

[46] Vgl. zur Urlaubsgewährung im Kündigungsschutzprozess, BAG-Urteil vom 14.05.2013, 9 AZR 760/11, NJW-Spezial 2013, S. 530.

[47] Bei der Berechnung der sechs Monate Wartezeit zur Anwendung des KSchG sind kurze Unterbrechungen unbeachtlich, wenn sachlicher Zusammenhang besteht; vgl. BAG-Urteil vom 20.06.2013, 2 AZR 790/11, NJW-Spezial 2013, S. 564.

noch nicht erfüllt haben, müssen die Arbeitgeber bestimmte Arbeitnehmerschutzregelungen beachten. Denn auch diese Arbeitnehmer sind nicht schutzlos. So müssen im Rahmen einer Kündigung auch hier die im Arbeitsvertrag festgelegten oder sich aus dem Gesetz bzw. einem Tarifvertrag ergebenden Kündigungsfristen beachtet werden sowie nach § 102 BetrVG der Betriebsrat angehört werden, sofern in dem Betrieb ein Betriebsrat existiert. Individualvertraglich besteht die Möglichkeit mit dem Arbeitgeber eine Einschränkung oder sogar einen Ausschluss der Kündigung des Arbeitsverhältnisses auszuhandeln. Möglich ist auch eine Vereinbarung, welche die Anwendung des Kündigungsschutzgesetzes aufgrund individueller Absprache beinhaltet. Auch Tarifverträge können derartige Regelungen enthalten.

Ein gewisses Mindestmaß an Kündigungsschutz wird in Kleinbetrieben und für Personen, welche die sechsmonatige Wartezeit noch nicht erfüllt haben auch dadurch erreicht, dass auf die im BGB normierten Generalklauseln wie beispielsweise den Grundsatz von Treu und Glauben im Sinne des § 242 BGB und die Sittenwidrigkeit im Sinne des § 138 BGB zurückgegriffen werden kann. Denn das Bundesverfassungsgericht leitet aus den oben genannten zivilrechtlichen Generalklauseln und aus der Berufsfreiheit des Art. 12 Abs. 1 GG her, dass dem Arbeitgeber durch diese Normen untersagt ist, die von ihm ausgesprochene Kündigung auf sachfremde Argumente zu stützen oder diese sogar willkürlich auszusprechen. Dementsprechend ist bei Mitarbeitern, die seit vielen Jahren im Unternehmen sind, zumindest auf ihr Vertrauen in den Bestand ihres Arbeitsverhältnisses sowie insgesamt im Rahmen der Kündigung auf eine soziale Ausgewogenheit Rücksicht zu nehmen. Zwar bieten die von der Rechtsprechung aufgestellten Grundsätze verglichen mit den sonstigen Kündigungsschutzvorschriften nur ein Minimum an Schutz für den Arbeitnehmer; doch tragen sie entschieden dazu bei, dass auch Arbeitnehmer in kleinen Betrieben und Personen, welche die Wartezeit des Kündigungsschutzgesetzes noch nicht erfüllt haben, sich nicht schutzlos einer Kündigung durch den Arbeitgeber ausgesetzt sehen.

8.6.3 Spezielle Kündigungsschutzvorschriften

Für bestimmte Personengruppen sind spezielle Kündigungsschutzvorschriften geschaffen worden. So sind im Rahmen von Kündigungen beispielsweise folgende Personengruppen durch Gesetzesnormen privilegiert:

- Mitglieder des Betriebsrates: Damit ein Betriebsratsmitglied seine Aufgaben wahrnehmen kann, ohne Angst haben zu müssen, dass der Arbeitgeber es bei missliebigen Entscheidungen kündigt, schreibt § 15 KSchG vor, dass Betriebsratsmitglieder während der Dauer ihrer Amtszeit und für die Zeit eines Jahres nach dem Ende ihrer Amtszeit nicht gekündigt werden können. Lediglich bei Betriebsstilllegung oder Stilllegung einer Betriebsabteilung besteht nach § 15 Abs. 4 und 5 KSchG die Möglichkeit einer

Kündigung ausnahmsweise dann, wenn die Übernahme des Arbeitnehmers in eine andere Betriebsabteilung aus betrieblichen Gründen nicht möglich ist.

- Schwangere: Werdende Mütter werden nach § 9 MuSchG für die Zeit während der Schwangerschaft und bis zum Ablauf von vier Monaten nach der Entbindung vor einer Kündigung durch den Arbeitgeber geschützt (vgl. hierzu auch: Senne 2007, S. 213). Dieser Schutz ist so weitgreifend, dass er nicht nur wie andere Kündigungsschutzgesetze eine ordentliche Kündigung untersagt; der Schutz des § 9 MuschG verbietet sowohl die ordentliche als auch die außerordentliche Kündigung. Der Schutz gilt auch dann, wenn dem Arbeitgeber die Schwangerschaft der Arbeitnehmerin im Zeitpunkt der Kündigung nicht bekannt war, sofern die Arbeitnehmerin ihn innerhalb von zwei Wochen nach Zugang der Kündigung über die Schwangerschaft informiert. Sofern die Schwangerschaft der Arbeitnehmerin innerhalb dieses Zeitraums unverschuldet selbst nicht bekannt war, ist ein Überschreiten dieser Frist unschädlich, sofern der Arbeitgeber ab Kenntnis unverzüglich unterrichtet wird.
- Elternteile in Elternzeit: Nimmt ein Arbeitnehmer Elternzeit in Anspruch, so bietet der § 18 des Gesetzes zum Elterngeld und zur Elternzeit (BEEG)[48] als Schutz ein Kündigungsverbot. Nur in besonderen Ausnahmefällen, wie beispielsweise vorsätzliche Straftaten, Wegfall des Arbeitsplatzes oder bei besonders schweren Vertragsverletzungen, kann das Kündigungsverbot von der zuständigen Landesbehörde aufgehoben werden.[49]
- Schwerbehinderte: Nach § 85 SGB IX[50] bedarf die Kündigung einer schwerbehinderten Person, also einer Person ab einem Behinderungsgrad von mehr als 50 %, einer vorherigen Zustimmung des Integrationsamtes, sofern nicht das Arbeitsverhältnis kürzer als sechs Monate bestanden hat (vgl. § 90 Abs. 1 Nr. 1 SGB IX).
- Auszubildende: Nach Ablauf der Probezeit ist es einem Arbeitgeber nach § 22 Abs. 2 BBiG[51] nur noch möglich, einen Auszubildenden aus wichtigem Grund fristlos zu kündigen.
- Heimarbeiter: Nach § 2 Abs. 1 des Heimarbeitsgesetzes (HAG)[52] ist ein Heimarbeiter, wer in selbstgewählter Arbeitsstätte allein oder mit seinen Familienangehörigen im Auftrag von Gewerbetreibenden oder Zwischenmeistern erwerbsmäßig arbeitet, jedoch die Verwertung der Arbeitsergebnisse dem unmittelbar oder mittelbar auftraggebenden Gewerbetreibenden überlässt. Dies können beispielsweise die Montage elektrischer Kleingeräte oder Näh- und Kleinarbeiten sein. Da das KSchG auf Heimarbeiter nicht anwendbar ist, werden diesbezügliche Regelungen im HAG getroffen. Hierbei handelt es sich allerdings nicht um einen echten Kündigungsschutz, sondern vielmehr um Re-

---

[48] Gesetz vom 05.12.2006, BGBl. I, S. 2748.

[49] Vgl. hierzu die allgemeine Verwaltungsvorschrift des Bundesministeriums für Familie, Senioren, Frauen und Jugend vom 03.01.2007, BAnz. Nr. 5, S. 247.

[50] Gesetz vom 19.06.2001, BGBl. I, S. 1046.

[51] Gesetz vom 23.03.2005, BGBl. I, S. 931.

[52] Heimarbeitsgesetz vom 14.03.1951, BGBl. I, S. 191.

gelungen, welche etwaige negative wirtschaftliche Folgen für die betroffenen Personen abmildern sollen. So sieht beispielsweise § 29 HAG Kündigungsfristen vor, die in einer Relation zur Beschäftigungsdauer stehen. Hierbei kommt es dem § 29 Abs. 7 HAG zu, die Höhe des Entgelts abzusichern.

• Wehrdienstleistende: Nach § 2 Arbeitsplatzschutzgesetz (ArbPlSchG)[53] sind Wehrpflichtige vor ordentlichen Kündigungen geschützt. Während des Wehrdienstes respektive während Wehrübungen sind sie nicht kündbar. Nach § 16 Abs. 7 ArbPlSchG sind die Regelungen des ArbPlSchG auf den freiwilligen Wehrdienst, welcher seit Juli 2011 in der Bundesrepublik Deutschland vorgesehen ist, analog anzuwenden.

• Nach § 96 Abs. 3 SGB IX steht den Vertrauensleuten der Schwerbehinderten der gleiche Kündigungsschutz zu wie den Betriebsratsmitgliedern.

• Die ordentliche Kündigung von Immissionsschutzbeauftragten ist nach § 58 Abs. 2 BImSchG nicht zulässig.

• Die ordentliche Kündigung eines Datenschutzbeauftragten ist nach § 4 f Abs. 3 BDSG nicht zulässig.

• Die Regelungen des § 58 Abs. 2 BImSchG und des § 55 Abs. 3 KrW/AbfG führen zu einer Unzulässigkeit der ordentlichen Kündigung eines Abfallbeauftragten.

• Störfallbeauftragte werden vor ordentlichen Kündigungen durch § 58 Abs. 2 BImSchG und § 58d BImSchG geschützt.

8.7   Anzeigepflichtige Entlassungen

Beispiel

U ist Unternehmer. In seinem Unternehmen hat er 52 Mitarbeiter. Betriebsbedingt möchte U im Monat März sieben Arbeitnehmer entlassen. Ein Betriebsrat existiert nicht in seinem Unternehmen, so dass er auch keinen Betriebsrat über die Kündigungen informieren muss. Hat U im Rahmen der Kündigungen andere Informationspflichten zu beachten?

Ab einer bestimmten Anzahl an Mitarbeitern ist der Arbeitgeber bei der Entlassung mehrerer Arbeitnehmer nach § 17 KSchG verpflichtet, die Entlassungen bei der Bundesagentur für Arbeit zu melden. So sieht der § 17 KSchG vor, dass bei einer durchschnittlichen Mitarbeiteranzahl von 21 bis 59 Arbeitnehmern die Entlassung von mehr als fünf Arbeitnehmern in einer Zeitspanne von 30 Kalendertagen bei der Bundesagentur für Arbeit gemeldet werden muss. Ebenso muss gemeldet werden, wenn bei einer durchschnittlichen Mitarbeiterzahl von 60 bis 499 Mitarbeitern 10 % der im Betrieb regelmäßig beschäftigten Arbeitnehmer oder mehr als 25 Arbeitnehmer innerhalb von 30 Kalendertagen entlassen werden. Bei Betrieben mit durchschnittlich 500 oder mehr Mitarbeitern ist die Entlassung

---

[53] Gesetz vom 14.02.2001, BGBl. I, S. 254.

von mindestens 30 Arbeitnehmern innerhalb von 30 Kalendertagen der Bundesagentur für Arbeit anzuzeigen. Der § 18 Abs. 1 KSchG stellt explizit klar, dass Entlassungen, welche nach § 17 KSchG anzeigepflichtig sind, vor Ablauf eines Monats nach Eingang der Anzeige bei der Agentur für Arbeit nur mit deren Zustimmung wirksam werden.

Für den oben genannten Beispielfall bedeutet dieses, dass U die Kündigung der sieben Mitarbeiter der Bundesagentur für Arbeit zu melden hat. Und das dann nach § 20 Abs. 1 KSchG die Geschäftsführung der Agentur für Arbeit über die Entlassungssperre nach § 18 KSchG entscheiden kann.

8.8 Aufhebungsvertrag

In der Praxis versuchen Arbeitgeber oftmals die Kündigungsfristen und die Kündigungsschutzvorschriften zu umgehen, indem sie mit den Arbeitnehmern so genannte Aufhebungsverträge abschließen.[54] Das sind Verträge, in denen übereinstimmend erklärt wird, dass das Arbeitsverhältnis einvernehmlich ab einem bestimmten Datum oder ab sofort aufgehoben wird (vgl. vertiefend auch: von Steinau-Steinbrück 2013, S. 690 f.). Nach § 623 BGB ist im Rahmen des Aufhebungsvertrages das Schriftformerfordernis des § 126 BGB zu beachten. Da es sich bei einem Aufhebungsvertrag um einen Vertrag und nicht um eine Kündigung handelt, braucht der Arbeitgeber hierbei tatsächlich weder auf die Einhaltung von Kündigungsfristen noch auf Kündigungsschutzvorschriften Rücksicht zu nehmen.[55] Die Vertragsautonomie in Deutschland lässt diese Möglichkeit zur Beendigung von Arbeitsverhältnissen zu. Damit ein Arbeitnehmer in einen solchen Aufhebungsvertrag einwilligt, bieten Arbeitgeber dem Arbeitnehmer deshalb gewöhnlich eine so genannte Abfindungszahlung an. Einem Arbeitnehmer, der einen derartigen Aufhebungsvertrag unterschreibt sollte allerdings klar sein, dass er möglicherweise für drei Monate vom Arbeitslosengeld gesperrt wird. Ebenso wie wenn der Arbeitnehmer selbst kündigt, ist er ja auch beim Abschluss eines Aufhebungsvertrages mit der Beendigung des Arbeitsverhältnisses einverstanden und hat den Verlust seines Arbeitsplatzes schließlich selbst herbeigeführt. Aus diesem Grunde tritt also auch bei dem Abschluss von Aufhebungsverträgen nach § 144 SGB III grundsätzlich dieselbe dreimonatige Sperre des Arbeitslosengeldes ein, wie bei einer Kündigung durch den Arbeitnehmer. Der Abschluss eines Aufhebungsvertrages birgt für den Arbeitnehmer insoweit einige Risiken; verliert er doch seinen Kündigungsschutz und wird gewöhnlich für drei Monate von der Zahlung des Arbeitslosengeldes gesperrt. Bisweilen finden sich in Tarifverträgen deshalb zum Schutze des Arbeitnehmers Vorschriften, die beispielsweise eine Widerrufsfrist vorsehen oder vorschreiben, dass dem Arbeitnehmer nach dem Angebot eines Aufhebungsvertrages eine Frist zur Überlegung

---

[54] Zu AGB bei der einvernehmlichen Beendigung vgl.: BAG-Urteil vom 21.06.2011, 9 AZR 203/10, DB 2011, S. 2663 ff.

[55] Zur Möglichkeit der Anfechtung eines Aufhebungsvertrages wegen Drohung vgl.: BAG, Urt. vom 28.11.2007, 6 AZR 1108/06, NJW-Spezial, Heft 5, 2008, S. 147 f.

eingeräumt werden muss. In der Praxis ist die strikte Einhaltung der Sperrzeit aus § 144 Abs. 1 Nr. 1 SGB III im Rahmen von Aufhebungsverträgen in den letzten Jahren immer mehr aufgeweicht worden. Diese großzügigere Handhabung geht zurück auf ein Urteil des Bundessozialgerichts aus dem Jahre 2006, in welchem das Gericht ausführte, dass gewöhnlich ein wichtiger Grund für den Abschluss eines Aufhebungsvertrages gegeben sei, wenn eine rechtmäßige Arbeitgeberkündigung drohe.[56] Da der § 144 Abs. 1 SGB III vorsieht, dass eine Sperrzeit immer dann eintritt, wenn der Versicherte sein Beschäftigungsverhältnis löst und dadurch vorsätzlich oder grob fahrlässig die Arbeitslosigkeit herbeiführt, ohne dafür einen wichtigen Grund zu haben, kann die Sperrzeit nach diesem Urteil unter bestimmten Voraussetzungen nicht mehr angewandt werden, weil eine drohende rechtmäßige Arbeitgeberkündigung hiernach ja gerade einen wichtigen Grund darstellt. Die Bundesagentur für Arbeit hat deshalb vor einiger Zeit ihre Dienstanweisung zur Sperrzeit aktualisiert (vgl. hierzu auch: Wedde 2009, Rn. 15 zu § 2 KSchG). Danach verzichtet die Bundesagentur für Arbeit zu Gunsten eines Arbeitnehmers auf die Sperrzeit und sieht einen Aufhebungsvertrag als gerechtfertigt an, wenn durch den Arbeitgeber eine Kündigung mit Bestimmtheit für den Arbeitnehmer in Aussicht gestellt wurde, die Arbeitgeberkündigung zu dem selben Zeitpunkt wie die Aufhebungsvereinbarung oder sogar vor dem in der Vereinbarung vereinbarten Vertragsende wirksam würde, die Kündigung durch den Arbeitgeber auf betrieblichen Gründen beruhen würde und wenn der Arbeitnehmer eine Abfindung von mindestens einem Viertel und höchstens einem halben Gehalt pro Jahr der Beschäftigung bekommt. Sofern die Abfindung unter diesem Wert liegt, sieht die Bundesagentur lediglich dann einen wichtigen Grund als gegeben an, wenn es sich um eine sozial gerechtfertigte Kündigung handelt. Im Laufe der Zeit ist die Bundesagentur für Arbeit sogar von dem Kriterium der Rechtmäßigkeit einer angedrohten betriebsbedingten Kündigung durch den Arbeitgeber abgerückt und stellt lediglich noch auf die Höhe der vereinbarten Abfindungszahlung ab.

8.9   Betriebsübergang

Beispiel

Der Unternehmer U kauft ein Restaurant. Er möchte es unter dem selben Namen weiter betreiben. Lediglich die Speisekarte und Teile der Inneneinrichtung sollen geändert werden. Den hervorragenden Koch möchte er behalten; aber die übrigen Angestellten würde der U gerne entlassen und durch neues Personal ersetzen. Sehen Sie bei diesem Vorhaben Probleme?

---

[56] Vgl. BSG, Urteil vom 12.07.2006, B 11a AL 47/05 R.

8.9.1 Grundsätzliches

Der Begriff „Betriebsübergang" ist ein Rechtsbegriff und kennzeichnet den Wechsel des Inhabers eines Betriebes oder Betriebsteils[57] durch ein Rechtsgeschäft.[58] Verkauft der Arbeitgeber seinen Betrieb oder einen Betriebsteil[59], also Gebäude, Maschinen und Warenlager, so werden die im Betrieb beschäftigten Arbeitnehmer von diesem Vorgang zunächst nicht erfasst, da die Arbeitnehmer nicht zum Eigentum des Arbeitgebers gehören. Weil also die Rechte des Arbeitgebers an seinen Betriebsmitteln und die bestehenden schuldrechtlichen Verpflichtungen aus den Arbeitsverträgen zwei verschiedene Aspekte sind, würde daraus eigentlich folgen, dass die in dem verkauften Betrieb beschäftigten Arbeitnehmer nach wie vor denselben Arbeitgeber hätten; nur dass dieser sie aufgrund der Veräußerung des Betriebs nicht mehr beschäftigen könnte und demzufolge dazu berechtigt wäre, betriebsbedingte Kündigungen auszusprechen. Um diese für den Arbeitnehmer nachteilige Folge eines Betriebsübergangs zu verhindern, ordnet der § 613a Abs. 1 Satz 1 BGB an, dass der neue Betriebsinhaber in alle Rechte und Pflichten der zum Zeitpunkt des Übergangs (vgl. vertiefend auch: Lemp 2013, S. 1390 ff.) bestehenden Arbeitsverhältnisse eintritt.[60] Diese Vorschrift lautet:

§ 613a Rechte und Pflichten bei Betriebsübergang

(1) Geht ein Betrieb oder Betriebsteil durch Rechtsgeschäft auf einen anderen Inhaber über, so tritt dieser in die Rechte und Pflichten aus den im Zeitpunkt des Übergangs bestehenden Arbeitsverhältnissen ein. Sind diese Rechte und Pflichten durch Rechtsnormen eines Tarifvertrags oder durch eine Betriebsvereinbarung geregelt, so werden sie Inhalt des Arbeitsverhältnisses zwischen dem neuen Inhaber und dem Arbeitnehmer und dürfen nicht vor Ablauf eines Jahres nach dem Zeitpunkt des Übergangs zum Nachteil des Arbeitnehmers geändert werden. Satz 2 gilt nicht, wenn die Rechte und Pflichten bei dem neuen Inhaber durch Rechtsnormen eines anderen Tarifvertrags oder durch eine andere Betriebsvereinbarung geregelt werden. Vor Ablauf der Frist nach Satz 2 können die Rechte und Pflichten geändert werden, wenn der Tarifvertrag oder die Betriebsvereinbarung nicht mehr gilt oder bei fehlender beiderseitiger Tarifgebundenheit im Geltungsbereich eines anderen Tarifvertrags dessen Anwendung zwischen dem neuen Inhaber und dem Arbeitnehmer vereinbart wird.

(2) Der bisherige Arbeitgeber haftet neben dem neuen Inhaber für Verpflichtungen nach Absatz 1, soweit sie vor dem Zeitpunkt des Übergangs entstanden sind und vor Ablauf von einem Jahr nach diesem Zeitpunkt fällig werden, als Gesamtschuldner. Werden

---

[57] Vgl. zum Begriff des Betriebes und des Betriebsteils: Palandt 2007, § 613a Rn. 9 f.

[58] Zur neueren Rechtsprechung im Rahmen des Betriebsübergangs vgl. auch: Willemsen 2009, S. 289 ff.

[59] Vgl. dazu BAG, DB 1998, S. 372.

[60] Zur Gleichbehandlung nach Betriebsübergang vgl. auch: BAG, Urt. vom 14.03.2007, 5 AZR 420/06, NJW 2007, S. 2939 ff.

solche Verpflichtungen nach dem Zeitpunkt des Übergangs fällig, so haftet der bisherige Arbeitgeber für sie jedoch nur in dem Umfang, der dem im Zeitpunkt des Übergangs abgelaufenen Teil ihres Bemessungszeitraums entspricht.

(3) Absatz 2 gilt nicht, wenn eine juristische Person oder eine Personenhandelsgesellschaft durch Umwandlung erlischt.

(4) Die Kündigung des Arbeitsverhältnisses eines Arbeitnehmers durch den bisherigen Arbeitgeber oder durch den neuen Inhaber wegen des Übergangs eines Betriebs oder eines Betriebsteils ist unwirksam. Das Recht zur Kündigung des Arbeitsverhältnisses aus anderen Gründen bleibt unberührt.

(5) Der bisherige Arbeitgeber oder der neue Inhaber hat die von einem Übergang betroffenen Arbeitnehmer vor dem Übergang in Textform zu unterrichten über:

1. den Zeitpunkt oder den geplanten Zeitpunkt des Übergangs,

2. den Grund für den Übergang,

3. die rechtlichen, wirtschaftlichen und sozialen Folgen des Übergangs für die Arbeitnehmer und

4. die hinsichtlich der Arbeitnehmer in Aussicht genommenen Maßnahmen.

(6) Der Arbeitnehmer kann dem Übergang des Arbeitsverhältnisses innerhalb eines Monats nach Zugang der Unterrichtung nach Abs. 5 schriftlich widersprechen. Der Widerspruch kann gegenüber dem bisherigen Arbeitgeber oder dem neuen Inhaber erklärt werden.

Ein Betriebsübergang führt also zu einem gesetzlich angeordneten automatischen Wechsel des Arbeitgebers[61], während das Arbeitsverhältnis, so wie es ist[62], fortbesteht.[63] Die Rechtsprechung des Bundesarbeitsgerichts geht dann von einem Betriebsübergang aus, wenn eine wirtschaftliche Einheit unter Wahrung ihrer Identität[64] vom Erwerber tatsächlich fortgeführt wird.[65] Die bloße Funktionsnachfolge, also die schlichte Fortführung von einzelnen Aufgaben eines Betriebes durch ein anderes Unternehmen kann für sich betrachtet noch nicht als Betriebsübergang angesehen werden.[66] Ein Betriebsübergang setzt vielmehr voraus, dass es eine wirtschaftliche Einheit aus materiellen und immateriellen

---

[61] Zu Ansprüchen bei veränderten Arbeitsbedingungen nach Betriebsübergang vgl.: EUGH, Urt. vom 27.11.2008, C 396/07, NJW-Spezial, Heft 5, 2009, S. 148.

[62] Vgl. zur Transformation tariflicher Regelungen nach einem Betriebsübergang: BAG-Entscheidung vom 03.07.2013, 4 AZR 961/11, NZA 2014, S. 163.

[63] Vgl. BAG, NJW 1987, S. 3031.

[64] Zur Frage des Betriebsübergangs bei veränderter Betriebsorganisation vgl.: EuGH, Urt. vom 12.02.2009, C 466/07, NJW-Spezial, Heft 6, 2009, S. 178.

[65] Zu der Frage, inwiefern Ansprüche aus Betriebsvereinbarungen im Rahmen eines Betriebsübergangs auf den neuen Betriebsinhaber übergehen: vgl. Niklas und Mückl 2008, S. 2250 ff.

[66] Vgl. BAG, DB 1998, S. 316; EuGH, DB 1997, S. 628.

Mitteln gibt.[67] Bei produzierenden Gewerben gehören vorzugsweise Maschinen, Gebäude und dergleichen dazu. Bei reinen Dienstleistungsbetrieben erwirbt der neue Eigentümer ein bestimmtes Know-how, welches hauptsächlich durch die Art der Arbeitsorganisation und Qualitätskontrolle, durch Ausbildung und Spezialwissen der Arbeitnehmer und durch Beziehungen zu Kunden und Auftraggebern geprägt ist. Ob eine wirtschaftliche Einheit besteht, hängt daher je nach Unternehmensstand von unterschiedlichen Kriterien ab. Eine wirtschaftliche Einheit beschreibt im Wesentlichen eine organisatorische Gesamtheit von Personen respektive Sachen, zu einer auf Dauer angelegten Ausübung einer wirtschaftlichen Tätigkeit mit einem bestimmten Ziel.[68]

Um die Frage zu klären, ob eine wirtschaftliche Einheit besteht, ob also eine Identitätswahrung vorliegt, prüfen Arbeitsgerichte unter Anwendung einer Einzelfallbetrachtung (vgl. hierzu vertiefend auch: Meyer 2010, S. 1404 ff.) in streitigen Fällen folgende Punkte:

- Die Übernahme sachlicher Betriebsmittel. Betrachtet wird hierbei, ob Betriebseinrichtungen wie z. B. Fuhrpark, Büroeinrichtung oder Produktionsmittel übernommen werden.
- Der Fortbestand von Kundenbeziehungen: Bestehende Aufträge werden hierbei fortgeführt; Beziehungen zu Kunden werden aufrechterhalten.[69]
- Die Ähnlichkeit der vor und der nach der Übertragung verrichteten Tätigkeit.
- Die Übernahme der Hauptbelegschaft.[70]

Liegt eine oder liegen sogar mehrere dieser Voraussetzungen vor, so geht die Rechtsprechung von einem Betriebsübergang aus und der Erwerber hat automatisch auch die Pflicht, die bestehenden Arbeitnehmer weiter zu beschäftigen und zu bezahlen.[71] Der § 613a BGB hat also den Zweck den Arbeitnehmer durch Erhalt seines Arbeitsplatzes zu schützen.[72] Damit dieses möglich wird, tritt der neue Inhaber kraft Gesetzes in die Arbeitsverhältnisse der betroffenen Arbeitnehmer ein (vgl. Otto 2008, § 8 Rn. 613).

Allerdings könnte sich im Rahmen der Ausgestaltung des Betriebsübergangs durch Rechtsprechung des EuGH in Kürze ein gravierender Paradigmenwechsel ergeben, welcher zu einer Änderung der bisher bestehenden in Deutschland vorwiegend durch Richterrecht geprägten Strukturen des Betriebsübergangs führen könnte (vgl. Wissmann und Schneider 2009, S. 1126 ff.). Der Europäische Gerichtshof soll nämlich über die Frage

---

[67] Zum Betriebsübergang eines Pachtobjekts vgl. vertiefend auch: BAG-Urt. vom 18.08.2011, 8 AZR 230/10, DB 2011, S. 2666 ff.

[68] Vgl. BAG vom 06.04.2006, 8 AZR 222/04, NZA 2006, S. 723.

[69] Vgl. EuGH vom 24.01.2002, Az. C-51/00.

[70] Vgl. EuGH vom 24.01.2002, Az. C-51/00; zur Übertragung sämtlicher Reinigungsarbeiten in einem Krankenhaus vgl.: BAG, Urt. vom 21.05.2008, 8 AZR 481/07, NJW- Spezial, Heft 4, 2009, S. 116.

[71] Vgl. BAG, NJW 1977, S. 1168.

[72] Vgl. BAG vom 22.05.1985, 5 AZR 30/84, NZA 1985, S. 775.

entscheiden, „ob der Wegfall der organisatorischen Einheit beim Betriebserwerber von vornherein einem Betriebsübergang i.S.d. Richtlinie 2001/23/EG entgegensteht" (vgl. Wissmann und Schneider 2009, S. 1126).

Im oben genannten Beispielfall handelt es sich um einen Betriebsübergang. Das Restaurant soll im Wesentlichen in unveränderter Form in der Funktion als Restaurant fortgeführt werden. Sogar der Name soll beibehalten werden. Im Rahmen dieses Betriebsüberganges ist es dem Unternehmer U als Betriebsübernehmer nicht ohne weiteres möglich, Angestellte des Restaurants anlässlich des Betriebsübergangs zu kündigen.

8.9.2 Widerspruch des Arbeitnehmers im Rahmen des Betriebsübergangs

Dem durch den Betriebsübergang betroffenen Arbeitnehmer wird die Wahl eingeräumt, entweder beim ehemaligen Arbeitgeber zu verbleiben oder sein Arbeitsverhältnis beim neuen Arbeitgeber fortzusetzen. Diese Möglichkeit wurde dem Arbeitnehmer in ständiger Rechtsprechung[73] unter anderem auch deshalb zugesprochen, weil der Arbeitnehmer seine Arbeitsleistung höchstpersönlich zu erbringen hat und deshalb auch die Wahl haben muss, wer sein Vertragspartner ist. Der alte Arbeitgeber ist laut Gesetz dazu verpflichtet, dem Arbeitnehmer ausführliche Informationen über den Betriebsübergang zur Verfügung zu stellen (vgl. hierzu auch: Reinhard 2009, S. 63 ff.). Deshalb schreibt der § 613a Abs. 5 BGB vor, dass der bisherige Arbeitgeber oder der neue Inhaber des Unternehmens die von einem Betriebsübergang betroffenen Arbeitnehmer vor dem Übergang des Betriebes in Textform über folgende Punkte zu unterrichten hat:

* den Zeitpunkt respektive den geplanten Zeitpunkt des Übergangs;
* den Grund für den Übergang;
* die rechtlichen, wirtschaftlichen und sozialen Folgen für die Arbeitnehmer;
* die hinsichtlich der Arbeitnehmer in Aussicht genommenen Maßnahmen.

Dadurch wird dem Arbeitnehmer das Recht gegeben, im Anschluss an diese Informationen dem Übergang des Arbeitsverhältnisses auf den Betriebserwerber zu widersprechen (zum nachträglichen Widerspruch vgl.: Gehlhaar 2009, S. 1182 ff.). Dieser Widerspruch erfordert keine Begründung. Das heißt das Widerspruchsrecht kann nach freiem Belieben durch den Arbeitnehmer ausgeübt werden. Erklärt dieser fristgerecht, also innerhalb der Monatsfrist, nach der Unterrichtung durch den Arbeitgeber seinen Widerspruch, so hat dies zur Folge, dass sein Arbeitsverhältnis mit dem ursprünglichen Arbeitgeber, also dem Betriebsveräußerer, fortbesteht.[74] Eine Widerspruchsfrist wird nur durch eine ordnungs-

---

[73] Vgl. BAG vom 21.05.1992, BAGE 70, S. 238; BAG vom 19.03.1998, BAGE 88, S. 196; BAG vom 18.03.1999, BAGE 91, S. 129; BAG vom 25.01.2001, AP BGB § 613a Nr. 215.

[74] Vgl. BAG, NJW 2005, S. 775.

gemäße Unterrichtung der Arbeitnehmer in Gang gesetzt. Sie ist beispielsweise dann nicht ordnungsgemäß, wenn eine Darstellung der begrenzten gesamtschuldnerischen Nachhaftung nach § 613a Abs. 2 BGB fehlt.[75] Selbst nach Beendigung des Arbeitsverhältnisses besteht die Möglichkeit das Widerspruchsrecht auszuüben. In diesem Fall wirkt es dann rückwirkend auf den Zeitpunkt des Betriebsübergangs. Sofern der Verpflichtete annehmen darf, dass er nicht mehr in Anspruch genommen wird, ist das Widerspruchsrecht verwirkt.[76] In aller Regel hat der ehemalige Arbeitgeber aufgrund der Betriebsveräußerung keine Möglichkeit mehr, den Arbeitnehmer weiter zu beschäftigen. Hat der Arbeitnehmer dem Betriebsübergang widersprochen, so besitzt der ehemalige Arbeitgeber deshalb gewöhnlich das Recht, eine ordentliche betriebsbedingte Kündigung auszusprechen. Der Arbeitgeber ist aber verpflichtet vor einer außerordentlichen Kündigung alle zumutbaren, eine Weiterbeschäftigung des Arbeitnehmers ermöglichenden Mittel auszuschöpfen.[77]

8.9.3 Besteht auch ein Kündigungsrecht des ehemaligen oder des neuen Arbeitgebers?

Der § 613a Abs. 4 BGB erklärt Kündigungen aus Gründen des Betriebsübergangs für unwirksam. Allerdings verbleibt dem ehemaligen bzw. dem neuen Arbeitgeber das Recht aus anderen Gründen als dem des Betriebsübergangs zu kündigen. Laut Rechtsprechung ist eine Kündigung nur dann gemäß § 613a Abs. 4 BGB unwirksam, wenn der Betriebsübergang der ausschlaggebende Grund für die Kündigung ist. Dem ehemaligen bzw. dem neuen Inhaber[78] des Betriebes steht es deshalb im Prinzip frei, in der Zeit vor, bei oder nach dem Betriebsübergang Kündigungen auszusprechen, welche nicht durch den Betriebsübergang veranlasst oder hierdurch begründet sind. Bei einer ordentlichen Kündigung aus verhaltens- oder personenbedingten Gründen ist es meist unwahrscheinlich, dass der Betriebsübergang Grund der Kündigung ist. Auch konkrete Sanierungskonzepte können dem Betriebsveräußerer ebenso wie dem Betriebserwerber die Möglichkeit eröffnen eine betriebsbedingte Kündigung auszusprechen.

8.9.4 Die Haftung des Betriebsveräußerers

Da der Betriebserwerber automatisch zum Stichtag in die Arbeitsverhältnisse mit den Arbeitnehmern eintritt und damit den bisherigen Betriebsinhaber ersetzt, besteht die Gefahr, dass ausstehende Lohnzahlungen bzw. Zahlungen von Lohnrückständen aufgrund des Betriebsübergangs nicht mehr realisiert werden können. Um den Betriebsveräußerer

---

[75] Vgl. BAG-Urteil vom 20.03.2008, 8 AZR 1016/06, Betriebs-Berater 2008, S. 2072 ff.

[76] Vgl. BAG-Urteil vom 20.03.2008, 8 AZR 1016/06, Betriebs-Berater 2008, S. 2072.

[77] Vgl. BAG vom 29.03.2007, 8 AZR 538/06, JR 2008, S. 219 f. (220).

[78] Vgl. zur Kündigungsbefugnis des neuen Betriebsinhabers: LAG Hamm NZA 2002, S. 82.

nicht zu Lasten der Arbeitnehmer zu entlasten, ordnet der § 613a Abs. 2 BGB eine Mithaftung des bisherigen Arbeitgebers an. Diese Mithaftung erstreckt sich allerdings grundsätzlich nur auf Altverbindlichkeiten.

8.10   Kündigung des Arbeitnehmers vor Arbeitsantritt

Beispiel

Student S hat sich nach erfolgreichem Studienabschluss bei mehreren Unternehmen beworben. Als er nach einem erfolgreichen Vorstellungsgespräch bei dem Unternehmen U-GmbH einen Arbeitsvertrag angeboten bekommt, nimmt er freudig an. Doch noch 14 Tage bevor er die Arbeit antritt, erhält er ein noch viel besseres Angebot der weltweit agierenden X-AG. Er könnte dort am selben Tag anfangen wie bei der U-GmbH. Bei der großen X-AG würde S viel lieber arbeiten. Doch er fragt sich, ob er es wagen kann, die Stelle bei der U-GmbH einfach nicht anzutreten. Schließlich hat er ja einen Arbeitsvertrag unterschrieben. Zwar spielt er mit dem Gedanken seinen Vertrag mit der U-GmbH einfach zu kündigen; doch dann stellt sich ihm aber das Problem, ob er überhaupt vor Arbeitsantritt berechtigt ist, ein Arbeitsverhältnis zu kündigen.

Grundsätzlich ist ein Arbeitnehmer berechtigt, auch vor Aufnahme der Arbeitstätigkeit ein Arbeitsverhältnis unter Einhaltung der Kündigungsfristen zu kündigen.[79] Hierbei ist theoretisch sowohl die ordentliche als auch die außerordentliche Kündigung möglich (vgl. Memento 2007, Rn. 5810). Für die Frage, ab wann die Kündigungsfrist beginnt, ist auf die vertraglichen Vereinbarungen und die Gegebenheiten im Einzelfall abzustellen. Ergeben diese Kriterien kein klares Bild, so ist im Zweifel davon auszugehen, dass die Fristberechnung nicht am Tag der Arbeitsaufnahme, sondern an dem Tag beginnt, an dem die Kündigung dem Vertragspartner zugeht.[80] Verständlicherweise hat der Arbeitgeber ein Interesse daran, eine Kündigung des Arbeitnehmers vor Arbeitsantritt zu verhindern. Schließlich kommen auf ihn im Falle der Kündigung zumeist erneute Kosten für die Stellenanzeige und die Auswahl der Bewerber zu. Vielleicht muss sogar zur Überbrückung eine Ersatzkraft gefunden werden. Aus diesem Grunde versuchen sich viele Arbeitgeber insofern gegen eine Kündigung vor Arbeitsantritt abzusichern, indem sie versuchen, das Kündigungsrecht vor Dienstantritt vertraglich auszuschließen. Zwar kann die außerordentliche Kündigung grundsätzlich nicht ausgeschlossen werden, doch ist es rechtlich zulässig, die ordentliche Kündigung vor Arbeitsaufnahme vertraglich zu unterbinden.[81] Sofern explizit vereinbart wird, dass eine Kündigung vor Dienstantritt nicht zulässig ist, so kann der

---

[79] Vgl. BAG vom 25.03.2004, Az. 2 AZR 324/03; BAG vom 02.11.1978, EzA § 620 BGB, Nr. 38.

[80] Vgl. BAG vom 09.02.2006, EzA § 4 n.F. KSchG Nr. 73; BAG vom 25.03.2004, EzA § 620 BGB 2002 Kündigung Nr. 1.

[81] Vgl. BAG vom 25.03.2004, Az. 2 AZR 324/03.

Arbeitnehmer frühestens ab dem Tag der Arbeitsaufnahme wirksam kündigen und muss dementsprechend bis zum Ablauf der Kündigungsfrist seine Arbeit verrichten. Tut er dies nicht oder tritt er sogar seine Beschäftigung nicht Termingerecht an, so könnte der Arbeitgeber gemäß § 280 BGB in Verbindung mit §§ 275, 283 BGB von ihm Schadensersatz fordern. In der Höhe wird allerdings nur derjenige Schaden ersetzt, der auf den Vertragsbruch zurückzuführen ist. Aus diesem Grund werden hierunter nicht die Kosten für die neue Stellenausschreibung fallen, da sie auch dann angefallen wären, wenn der Arbeitnehmer am ersten Arbeitstag gekündigt hätte.

Oftmals versuchen Arbeitgeber die Arbeitnehmer im Arbeitsvertrag auch durch eine vertraglich vereinbarte Vertragsstrafe daran zu hindern, die Arbeit zum vereinbarten Termin nicht anzutreten. So kann der Arbeitgeber eine diesbezügliche Vertragsstrafe vereinbaren. Eine derartige Klausel könnte beispielsweise lauten:

Beispiel

Sofern Herr (…) die vereinbarte Tätigkeit am vertraglich vereinbarten Arbeitsbeginn nicht antritt, so trifft ihn die Pflicht, dem Arbeitgeber eine Vertragsstrafe zu zahlen. Grundlage für die Höhe der Vertragsstrafe ist die Bruttoentlohnung, welche der Arbeitnehmer bei ordnungsgemäß erbrachter Arbeitsleistung bis zum Ablauf der Kündigungsfrist hätte fordern können. Die Geltendmachung eines hierüber hinausgehenden Schadens wird hierdurch nicht berührt.

Auch wenn eine derartige Klausel in einem Formulararbeitsvertrag genannt wird, ist diese Klausel nicht wegen eines Widerspruchs zu § 309 Nr. 6 BGB unwirksam. Denn der § 310 Abs. 4 Satz 2 BGB schreibt vor, dass die Besonderheiten des Vertragszwecks im Rahmen der Überprüfung der allgemeinen Geschäftsbedingungen zu berücksichtigen sind. Das Arbeitsrecht kennt die Besonderheit, dass die Arbeitsleistung persönlich zu erbringen ist und der Arbeitgeber auch keine Zwangsmittel zur Durchsetzung hat, so dass eine derartige Vereinbarung zulässig ist. Sofern der Arbeitgeber also keine unangemessene Höhe der pauschalen Vertragsstrafe festlegt, ist dies zulässig und verstößt auch nicht gegen § 307 Abs. 1 Satz 1 und Absatz 2 BGB.[82] Denn der Grundsatz des § 343 BGB, nach dem eine Vertragsstrafe in der Höhe herabgesetzt wird, wenn sie unangemessen ist, gilt nur für Individualabsprachen; nicht aber für allgemeine Geschäftsbedingungen. Deshalb sollte der Arbeitgeber unbedingt darauf achten, dass bei pauschalierten Schadensersatzvereinbarungen die Höhe des Schadensersatzes angemessen ist.

---

[82] Zur Wirksamkeit einer Vertragsstrafenabrede vgl. auch: BAG, Urt. vom 14.08.2007, 8 AZR 973/06, NJW 2008, S. 458.

8.11   Zusammenfassung

Zusammenfassung

- Die Kündigung muss nach § 623 BGB zwingend schriftlich erfolgen. Andernfalls ist sie nicht wirksam.
- Kündigungsfristen sind einzuhalten. Sie finden sich zumeist entweder im Arbeitsvertrag oder in Tarifverträgen. Sofern keine speziellen Regelungen getroffen worden sind, kann auf die in § 622 BGB normierten Kündigungsfristen zurückgegriffen werden. Hier werden auch die Rahmenbedingungen genannt, unter denen die Kündigungsfristen im Arbeitsvertrag festgelegt werden dürfen.
- Im Rahmen der Kündigungsfristen des § 622 BGB bestehen Unterschiede bei Kündigungen durch den Arbeitnehmer und Kündigungen durch den Arbeitgeber. Während der Arbeitnehmer mit einer Frist von vier Wochen zum Fünfzehnten oder zum Ende des Kalendermonats relativ schnell ein Arbeitsverhältnis beenden kann, sind die Fristen im Falle einer Kündigung durch den Arbeitgeber nach Jahren der Betriebszugehörigkeit gestaffelt. Zu beachten ist hierbei jedoch, dass die Beschäftigungszeiten vor Vollendung des 25. Lebensjahres europarechtskonform entgegen Gesetzeswortlaut mitgezählt werden.
- Sofern ein Arbeitgeber kündigt, hat er auch Besonderheiten bei den Kündigungsgründen zu beachten. Es wird hierbei zwischen verhaltensbedingter Kündigung, personenbedingter Kündigung und betriebsbedingter Kündigung unterschieden.
- Einer verhaltensbedingten Kündigung muss in der Regel zunächst eine Abmahnung vorausgehen; bei einer personenbedingten Kündigung ist dies nicht erforderlich.
- Im Rahmen der betriebsbedingten Kündigung ist es erforderlich eine Sozialauswahl zu treffen. Junge Mitarbeiter müssen vor älteren gekündigt werden. Auch die Jahre der Betriebszugehörigkeit, die Unterhaltsverpflichtungen sowie eine etwaige Schwerbehinderteneigenschaft von Mitarbeitern sind hierbei zu berücksichtigen.

Literatur

Fuhlrott M, Fabritius B (2014) Besonderheiten der betriebsbedingten Kündigung von Leiharbeitnehmern. NZA 122 ff.

Gehlhaar D (2009) Widerspruch gegen Betriebsübergang nach Verfügung über das Arbeitsverhältnis. BB 1182 ff.

Glanz P (2008) Kündigung von leistungsschwachen Mitarbeitern („Low Performer"). NJW-Spezial 3:82 f.

Jung H (2008) Personalwirtschaft, 8. Aufl. München

Kock M (2009) Rechtsprechungsübersicht zur personenbedingten Kündigung 2007/2008. BB 270 ff.

Kopke W (2009) Plädoyer für eine Streichung des Kriteriums „Lebensalter" bei der Sozialauswahl nach § 1 KSchG. ZRP 41 ff.

Lemp HL (2013) Neues vom BAG zum Betriebsübergang kraft Auftragsnachfolge. NZA 1390 ff.

Löw S (2008) Vertretung im Arbeitsrecht. MDR 1251 ff.

(2007) Memento Rechtshandbuch, Personalrecht für die Praxis, 9. Aufl. Freiburg

Meyer C (2010) Betriebsübergang: Neues zur Transformation gem. § 613a Abs. 1 Satz 2 BGB, DB 1404 ff.

Niklas T, Mückl P (2008) Auswirkungen eines Betriebsübergangs auf betriebsverfassungsrechtliche Ansprüche. DB 2250 ff.

Otto H (2008) Arbeitsrecht, 4. Aufl. Berlin

Palandt O (2007) Bürgerliches Gesetzbuch, Kommentar 66. Aufl. München

Reinhard B (2009) Die Pflicht zur Unterrichtung über wirtschaftliche Folgen eines Betriebsübergangs – ein weites Feld. NZA 63 ff.

Schiefer B (2009) Betriebsbedingte Kündigung: „Antidiskriminierungskündigungsschutz", Namensliste, Punkteschema und Altersgruppenbildung. DB 733 ff.

Senne P (2007) Arbeitsrecht – Das Arbeitsverhältnis in der betrieblichen Praxis, 4. Aufl. Köln

von Steinau-Steinbrück R (2013) Aufhebungsvertrag, Vergleich und Befristung. NJW-Spezial 690 f.

Wedde P (Hrsg) (2009) Arbeitsrecht, Kompaktkommentar zum Individualarbeitsrecht mit kollektivrechtlichen Bezügen. Frankfurt a. M.

Weyand J, Düwell FJ (2005) Das neue Arbeitsrecht. Hartz-Gesetze und Agenda 2010 in der arbeits- und sozialrechtlichen Praxis. Baden-Baden

Willemsen H-J (2009) Erneute Wende im Recht des Betriebsübergangs – ein „Christel Schmidt II"-Urteil des EuGH? NZA 289 ff.

Wissmann T, Schneider D (2009) Europa hat gesprochen: Betriebsübergang ohne Erhalt der organisatorischen Einheit! BB 1126 ff.

Personalakten 9

Nach der Rechtsprechung des Bundesarbeitsgerichts sind Personalakten „eine Samm-
lung von Urkunden und Vorgängen, die die persönlichen und dienstlichen Verhältnisse
des Bediensteten betreffen und in einem inneren Zusammenhang mit dem Dienstverhältnis stehen. Sie sollen ein möglichst wahrheitsgemäßes und vollständiges Bild über die
persönlichen und dienstlichen Verhältnisse des Bediensteten geben".[1] Man differenziert
zwischen der einfachen und der qualifizierten Personalakte. Zur Führung von einfachen
Personalakten ist der Arbeitgeber verpflichtet. In ihr befinden sich die Dokumente, welche
der Arbeitnehmer dem Arbeitgeber aus arbeitsrechtlichen Gründen überlassen hat. In der
einfachen Personalakte werden also alle gesetzlich vorgeschriebenen Dokumente – wie
beispielsweise Gehaltsabrechnung, Versicherungsbescheinigung sowie Sozialversicherungsausweis – archiviert. Alle weiteren Dokumente gehören hingegen zur so genannten
qualifizierten Personalakte. Dem Arbeitgeber steht es frei, ob und wie er diese Unterlagen
führt. Der Inhalt der so genannten qualifizierten Personalakte ist also dem Arbeitgeber
selbst überlassen. Hier kann er all diejenigen Unterlagen sammeln, welche die Entwicklung des Arbeitnehmers und seine berufliche Qualifikation dokumentieren. Der Arbeitnehmer hat keinen Anspruch darauf, dass alle Unterlagen vom Arbeitgeber gesammelt
werden, wenn dieser sie nicht als wichtig oder relevant einstuft. Das Führen von Personalakten ist somit ein Recht des Arbeitgebers und keine Pflicht. Die einzige Einschränkung
besteht jedoch darin, dass keine geheimen Akten angelegt werden dürfen. Qualifizierte
Personalakten enthalten im allgemeinen die wichtigsten Unterlagen zur Dokumentierung
und Organisation des Arbeitsverhältnisses, wie beispielsweise Bewerbungsunterlagen,
Personalfragebogen, den Arbeitsvertrag, Arbeitserlaubnis, Beurteilungen, Unterlagen zu
Aus- und Weiterbildungsmaßnahmen sowie Disziplinarmaßnahmen, Lohn- und Gehalts-
erhöhungen, Urlaubsanträge und Urlaubsgenehmigungen sowie Schriftwechsel zwischen
Arbeitgeber und Arbeitnehmer. Dementsprechend kann eine Personalakte also aus einer
Hauptakte, verschiedenen Nebenakten und Sonderakten bestehen.

---

[1] BAG-Entscheidung vom 15. November 1985, 7 AZR 921/83.

© Springer Fachmedien Wiesbaden 2014
A. Wien, N. Franzke, *Personalrecht*, DOI 10.1007/978-3-658-02968-5_9

Da die Führung von Personalakten gesetzlich nicht geregelt ist, gibt es auch keine rechtlichen Vorschriften, wie eine Personalakte zu führen ist. Eine Relativierung dieser Tatsache besteht lediglich darin, dass der Arbeitgeber verpflichtet ist, bestimmte Dokumente wie Gehaltsabrechnungen und Versicherungsbescheinigungen – also diejenigen Dokumente, welche in die einfache Personalakte gehören – aufzubewahren. Die Aufbewahrung muss jedoch nicht in Form einer Akte geschehen. In der Praxis ist es oftmals so, dass der Arbeitgeber alle Unterlagen eines Mitarbeiters aufhebt und archiviert, unabhängig von der eigenen Einschätzung der Wertigkeit oder der tatsächlichen Ergiebigkeit. Die Führung der Personalakten wird jedoch von bestimmten materiellen Grundsätzen geprägt. Diese Grundsätze sind Vollständigkeit, Kontinuität, Offenheit, Wahrheit und Vertraulichkeit. Dabei besagt der Grundsatz der Vollständigkeit, dass in die Personalakte alle den Arbeitnehmer betreffenden Vorgänge gehören, die in einem inneren Zusammenhang mit dem Arbeitsverhältnis stehen. Nach dem Kontinuitätsprinzip soll sich aus der Personalakte möglichst lückenlos der berufliche und dienstliche Werdegang ergeben.

9.1   Erklärungen zum Inhalt der Personalakte und Anspruch auf Löschung

Der § 83 Abs. 2 BetrVG räumt den Arbeitnehmern das Recht ein, selbst schriftliche Erklärungen der Akte beizufügen. Besonders wenn es sich um die Rechtfertigung oder Erklärung besonderer Umstände der Beurteilung handelt. Außerdem ist der Arbeitnehmer – in diesem Fall der Betroffene – berechtigt, vom Arbeitgeber eine Gegendarstellung anfertigen und beifügen zu lassen. Dieses ist besonders bei Abmahnungen, Rügen und Beurteilungen gängige Praxis. Zudem muss der Arbeitgeber falsche Informationen unverzüglich löschen oder ändern, wenn eine Speicherung unzulässig ist, es sich um Daten über rassische oder ethnische Herkunft handelt, religiöse oder philosophische Überzeugungen, Gewerkschaftszugehörigkeit, Gesundheit oder das Sexualleben. Er muss sie auch löschen oder ändern, wenn es erwiesen ist, dass eine Speicherung nicht mehr erforderlich ist und sie keinen Zweck mehr erfüllt. Ein Anspruch auf Berichtigung oder Widerruf besteht für Arbeitnehmer auch auf der Grundlage des § 242 BGB in Verbindung mit § 1004 BGB, sofern die Akte Inhalte enthält, die einen rechtswidrigen Eingriff in die Persönlichkeitsrechte des Arbeitnehmers erkennen lassen. Ebenso kann auch die Löschung unrichtiger Angaben auf § 242 BGB in Verbindung mit § 1004 BGB und die Fürsorgepflicht des Arbeitgebers gestützt werden.

9.2   Einsichtsrecht in Personalakten

Nach § 83 Abs. 1 Satz 1 BetrVG hat der Arbeitnehmer das Recht auf Einsicht in seine Personalakte. Von diesem Einsichtsrecht kann der Arbeitnehmer dauerhaft Gebrauch machen – d. h. also auch wiederholt. Es ist weder eine Einwilligung des Arbeitgebers noch ein besonderer Anlass hierfür nötig (vgl. Düwell 2006, § 83 Rn. 10). Der Arbeitnehmer muss allerdings auf die Gegebenheiten des Betriebes und die Arbeitszeiten Rücksicht nehmen (vgl. Spiegelhalter 2008). Dem Arbeitnehmer ist es gestattet, auf eigene Kosten Aufzeichnungen und Kopien zu erstellen. Dagegen hat er keinen Anspruch darauf, dass ihm die Personalakte überlassen wird (vgl. Düwell 2006, § 83 Rn. 11). Liegt die Personalakte in digitaler Form vor, sind die Personaldaten also elektronisch gespeichert, so ist auch diese dem Mitarbeiter zugänglich zu machen. Falls die Archivierung durch Mikrofilme vorgenommen wird, sind diese lesbar zu machen. Personaldaten, die auf andere Weise elektronisch archiviert werden, sind dem Arbeitnehmer am Bildschirm zugänglich zu machen. Weiterhin steht es dem Arbeitnehmer zu, Ausdrucke zu verlangen, wenn eine reine Bildschirmwiedergabe das Einsichtsrecht behindert (vgl. Bartosch 2008, S. 59).

Nach § 83 Abs. 1 Satz 2 BetrVG hat der Arbeitnehmer auch Anspruch auf Hinzuziehung eines Mitglieds des Betriebsrats. Ebenso hat nach § 95 Abs. 3 Satz 1 SGB IX ein schwerbehinderter Arbeitnehmer das Recht, bei Einsicht in die über ihn geführte Personalakte oder ihn betreffende Daten des Arbeitgebers die Schwerbehindertenvertretung hinzuzuziehen. Auch ein leitender Angestellter hat nach § 26 Abs. 2 Satz 2 SprAuG das Recht bei der Einsichtnahme in die über ihn geführte Personalakte ein Mitglied des Sprecherausschusses hinzuzuziehen. Es ist jedoch dem jeweiligen Mitarbeiter überlassen, welches Mitglied dieses ist und ob der Mitarbeiter überhaupt von diesem Recht Gebrauch macht. Das Betriebsratsmitglied ist – ebenso wie das Mitglied des Sprecherausschusses und die Schwerbehindertenvertretung – hinsichtlich des Inhalts der Personalakte an die Schweigepflicht gebunden (vgl. Düwell 2006, § 83 Rn. 13). Das Einsichtsrecht dient der Herstellung von Transparenz und Überprüfbarkeit. Der Arbeitnehmer kann die ihn betreffenden Dokumente auf Wahrheitsgehalt und Aktualität kontrollieren und gegebenenfalls eine Änderung veranlassen bzw. nach § 83 Abs. 2 BetrVG eigene Erklärungen einfügen lassen. Das Einsichtsrecht in die Personalakte fördert insofern den Kommunikationsprozess zwischen Arbeitnehmer und Arbeitgeber. Darüber hinaus kann das Einsichtsrecht als Spezifizierung des Persönlichkeitsrechtsschutzes gesehen werden. Denn das Sammeln und Archivieren personenbezogener Daten stellt bereits einen Eingriff in das Persönlichkeitsrecht dar, was durch die Offenlegung der entsprechenden Unterlagen relativiert werden kann, da der Arbeitnehmer auf diese Weise sieht, wie mit seinen Daten umgegangen wird (vgl. Gerhard 1976, S. 25). Infolgedessen ist der Arbeitgeber in der Lage, den in § 75 Abs. 2 BetrVG verankerten Schutz und die Förderung des Persönlichkeitsrechts des Arbeitnehmers zu gewährleisten.

Dritten gegenüber darf der Arbeitgeber die Personalakte nur mit Zustimmung des betroffenen Arbeitnehmers zugänglich machen. Selbst dem Betriebsrat steht es nicht zu, von sich aus Einsicht in die Personalakten zu nehmen. Jedoch gibt der § 80 Abs. 2 Satz 2 BetrVG dem Betriebsrat das Recht, auf Verlangen jederzeit die zur Durchführung seiner Aufgaben erforderlichen Unterlagen zur Verfügung gestellt zu bekommen. Hierbei muss allerdings abgewogen werden, ob keine schutzwürdigen Interessen des Arbeitnehmers diesem Ansinnen entgegenstehen.

9.3 Digitale Personalakte

Mit den Fortschritten und der Weiterentwicklung in der Computer- und Informations-
technologie sind die Wirtschaftswelt und ebenso die Arbeitswelt vielen Neuerungen und
Veränderungen unterworfen worden. Der Trend zur Technologisierung zeichnet sich
auch im Personalmanagement ab. Durch immer weitere Innovationen wird versucht, den
Arbeitsprozess bzw. den Arbeitsablauf stetig zu optimieren. Im Bereich der Personalakte geht die Entwicklung von der Papierakte zur digitalen Personalakte. Bei der digitalen
bzw. elektronischen Personalakte werden die Dokumente der Arbeitnehmer EDV-mäßig
gespeichert und aufbewahrt. Unterlagen werden durch Einscannen digital verfügbar gemacht. Die Archivierung erfolgt durch Speicherung auf bestimmten Speichermedien wie
beispielsweise CD-ROM, Mikrofilmen oder so genannten WORMs-Platten (write once
read many). Dadurch ist ein Zugriff auf die Akten am Computer möglich. Die digitale
Personalakte steht dann als Ergänzung oder sogar als Ersatz der traditionellen Personalakte gegenüber (vgl. Bartosch 2008, S. 105). Für viele Unternehmen ist die Einführung
einer digitalen Personalakte sehr attraktiv. Die Umsetzung dieses Unterfangens ist jedoch
mit sehr hohem Aufwand verbunden. Schon das Einscannen der bestehenden Papierakten
kann sich mitunter als äußerst langwierig und kostspielig gestalten. Einerseits gibt es die
Möglichkeit, die Akten von Mitarbeitern der Personalabteilung einscannen zu lassen, was
allerdings sehr lange dauert und wodurch weniger Zeit für andere Aufgaben verbleibt. Auf
der anderen Seite könnte auch ein Dienstleister dafür angestellt werden, also eine externe
Firma, die das Scannen der Unterlagen und meist auch gleich die Verwahrung und spätere
Vernichtung der verbleibenden Papierakten übernimmt. Hierbei ist selbstverständlich der
Datenschutz zu beachten und der Betriebsrat hat Mitbestimmungsrecht. Die Akten müssen
zudem vor den Scan-Vorgängen vorbereitet werden. Auch das Auseinandernehmen, die
Barcodeanbringung und die Wiedereinordnung sind recht aufwändig. Das Anbringen von
Barcodes erleichtert das selbstständige Zuweisen am Computer. Meist ist die Software
zur Verwaltung von digitalen Personalakten mit einem Erkennungssystem ausgestattet,
durch welches die eingescannten Dokumente automatisch der Personalakte zugeordnet
werden, in die sie gehören (vgl. Appel 2003, S. 292). Der Aufbau des Registers der Papierakte ist maßgebend für die Struktur der digitalen Personalakte. Die Unterlagen werden
auch in Dokumentklassen – ähnlich den Karteien der Papierakte – unterteilt. Einem ein-
gehenden Dokument wird eine Dokumentklasse zugewiesen, wodurch das Auffinden der
Unterlagen wiederum erleichtert wird. Ein strukturierter Aufbau der Ablage ist demgemäß
Voraussetzung für eine korrekte und effiziente Verwaltung der Dokumente. Nach dem
Scannen wird automatisch überprüft, ob die Dokumente lesbar und vollständig sind. Das
spätere Auffinden der Dokumente wird durch so genannte Indexierung ermöglicht, indem
den Dokumenten Suchbegriffe zugeordnet werden. Mit einer Suchfunktion kann sodann
der Zugriff auf die Dokumente erfolgen. Man kann entweder bestimmte Suchkriterien
eingeben und alle Personalakten, die diese Kriterien erfüllen, erscheinen. Beispielsweise
können alle Mitarbeiter an einem bestimmten Wohnort gefunden werden. Die Suche kann
immer weiter eingeengt bzw. ausgeweitet werden. Falls bestimmte Kriterien – wie Name

oder Identifikationsnummer – eingegeben werden, erscheint nur die Personalakte des betreffenden Mitarbeiters.

Die Aufbewahrung der digitalen Personalakten wird durch die Anbindung an ein Archivierungssystem bewerkstelligt. Sie werden heutzutage größtenteils auf WORMs- (write once read many) oder auf Festplatten abgespeichert, welche dadurch Rechtssicherheit gewährleisten, dass man Daten zwar auf ihnen ablegen, diese hinterher aber nicht mehr verändern kann. Neben dem technischen und organisatorischen Aufwand, welchen das Scannen und die Gestaltung der Archivierung bei der Einführung elektronischer Personalakten verursachen, müssen dabei auch die Grundsätze der Ordnungsmäßigkeit befolgt werden, weil die Beweissicherheit der digitalen Personalakte im Falle von Auseinandersetzungen im Arbeitsrecht nur durch die Einhaltung bestimmter Bedingungen zu Stande kommt.

9.3.1 Rechtsgültigkeit und Aufbewahrungspflichten

Da die Ansprüche an die Archivierung digitaler Personalakten nicht spezifisch reglementiert sind, ist auf Grundsätze zurückzugreifen, die im Handels- und Steuerrecht gelten. Das Bundesfinanzministerium hat mit seinem Schreiben vom 7. November 1995 in den „Grundsätzen ordnungsmäßiger DV-gestützter Buchführungssysteme"(GoBS) generelle Regeln für die ordnungsmäßige langzeitige Aufbewahrung elektronischer Informationen und Dokumente aufgestellt. Demnach muss beim Scannen beachtet werden, dass der Inhalt des Papierdokuments auf das elektronische Dokument abgebildet wird. Dabei soll das Unternehmen regeln, welche Personen zu welchen Zeitpunkten mit bildlicher oder inhaltlicher Übereinstimmung Scannen dürfen, wie das Qualitätsmanagement erfolgt und wie Fehler aufgezeichnet werden. Der Originalzustand des Papierdokuments muss auch nach dem Scannen zu erkennen sein. Bei der Archivierung ist zu berücksichtigen, dass die Integrität der Dokumente gewährleistet sein muss. Dafür müssen elektronische Akten durch einen Index geordnet sein. Der Zugriff darauf muss jederzeit ermöglicht werden. Die Unterlagen müssen folglich jederzeit wieder herstellbar und lesbar gemacht werden können. Eine ordnungsgemäße Archivierung garantiert zudem, dass die Dokumente nicht manipulierbar sind, also revisionssicher aufbewahrt werden. Dies muss durch die Datenträger, auf denen die digitalen Personalakten gespeichert werden, sichergestellt sein. Gespeicherte Dokumente müssen unveränderbar, reproduzierbar und in angemessener Zeit verfügbar sein (vgl. Bartosch 2008, S. 124). Bei arbeitsrechtlichen Streitigkeiten muss die digitale Personalakte als Rechtsbeweis dienen können. Dies wird nur erreicht, wenn die Anforderungen an die Ordnungsmäßigkeit erfüllt werden und durch sicheres Scannen, sichere Archivierung und sichere Wiedergabe der Dokumente eine Verwertbarkeitsgrundlage geschaffen wird. Dann ist auch die Integrität der Dokumente gesichert, welche die Basis für die Beweissicherheit der elektronischen Akten darstellt. Trotz des Beweischarakters ist umstritten, ob nach der elektronischen Archivierung der Akten die Papier-Originale vernichtet werden sollten oder nicht. Im Grunde wäre die Vernichtung aller Papierakten aufgrund von § 623 BGB nicht möglich, da dort ein Schriftformerfordernis von

Kündigungen und Änderungsverträgen festgelegt wird. Die elektronische Form wird explizit ausgeschlossen. Ivo Geis argumentiert jedoch anhand der Integrität der Dokumente. Seiner Meinung nach hindert selbst § 623 BGB nicht an der Vernichtung der Papierakten. Ordnungsgemäß archivierte Dokumente seien ein Indiz dafür, dass eine Erklärung schriftlich abgegeben wurde und gegen Änderungen geschützt ist. Aus diesem Grund gelte die ordnungsmäßige, elektronische Archivierung im Rahmen der freien Beweiswürdigung als Indiz für Beweissicherheit (vgl. Geis 2007, S. 4). Er führt weiterhin an, dass gescannte Papierdokumente bis auf wenige Ausnahmen durch gesetzliche Vorschriften vernichtet und entsprechend dem Sicherheitsdenken der elektronischen Kommunikation nach den Grundsätzen der Ordnungsmäßigkeit elektronisch archiviert werden sollten (vgl. Geis in: Bartosch 2008, S. 129).

Die Bundesvereinigung der Deutschen Arbeitgeberverbände spricht sich jedoch dafür aus, alle als wichtig erachteten Dokumente in Papierform aufzubewahren, da der Beweiswert eines durch Scannen erzeugten elektronischen Dokuments mit Unwägbarkeiten verbunden bliebe. Es wird aufgezeigt, dass die Beweiskraft eines elektronischen Dokuments im Sinne von § 371a ZPO nur dann greift, wenn eine qualifizierte elektronische Signatur nach § 2 SigG vorliegt (vgl. Bartosch 2008, S. 128). Mithilfe der elektronischen Signatur kann festgestellt werden, von welcher Person ein elektronisches Dokument stammt. Das Verfahren und dessen Anwendung sind jedoch heutzutage noch sehr aufwändig und aufgrund des ungeklärten rechtlichen Ertrags in der Mehrzahl der Fälle nicht zu rechtfertigen. Abzuwägen ist also, ob sich der Aufwand der Anwendung elektronischer Signaturen lohnt, um damit über eine einwandfreie Grundlage zu verfügen oder ob es eher lohnenswert ist, bestimmte Dokumente in Papierform aufzubewahren.

Ähnliches gilt auch für originär elektronische Dokumente wie beispielsweise E-Mails mit Anhang. Die maschinelle Auswertung und elektronische Archivierung für den Datenzugriff der Finanzbehörden muss nach den Grundsätzen zum Datenzugriff und zur Prüfbarkeit digitaler Unterlagen (GDPdU) sowie nach den Grundsätzen der Ordnungsmäßigkeit erfolgen. Urkundenstatus kann die E-Mail ebenfalls mittels einer elektronischen Signatur erhalten (vgl. Geis 2007, S. 4). Falls keine elektronische Signatur vorliegt, würden die eingescannten Dokumente und die E-Mails nach § 371 Abs. 1 Satz 2 ZPO als Gegenstände des Augenscheins klassifiziert werden, welche vor Gericht zwar nicht so problemlos als Beweismittel, jedoch als Kopie vom Original anerkannt werden (vgl. Mülder 2008, S. 60).

9.3.2   Datenschutz im Rahmen der digitalen Personalakte

Die digitale Personalakte unterliegt als automatisierte Datei, die durch Datenverarbeitungsanlagen genutzt und verwertet wird, dem Bundesdatenschutzgesetz. Um das Persönlichkeitsrecht von Menschen zu schützen, gilt es nach § 1 Abs. 2 BDSG für die Erhebung, Verarbeitung und Nutzung personenbezogener Daten, die eindeutig Teil einer elektronischen Personalakte sind. Der Arbeitnehmer hat gemäß § 34 Abs. 1 BDSG Anspruch auf Auskunft über die zu seiner Person gespeicherten Daten, über die Empfänger an die seine Daten weitergegeben werden und den Zweck der Speicherung. Dieses Auskunftsrecht geht über das in § 83 BetrVG festgelegte Einsichtsrecht hinaus. Bei digitalen Personalakten kann der Arbeitnehmer dementsprechend nicht nur Einsicht in die eigentliche Personalakte verlangen, sondern auch in alle Dokumente und Datenträger, die Informationen über den Arbeitnehmer enthalten (vgl. Bartosch 2008, S. 60). Anders als in § 83 BetrVG, in dem keine spezifische Regelung hinsichtlich der Einsichtsform festgesetzt ist, hat der Arbeitgeber bei digitalen Personalakten laut § 34 Abs. 3 BDSG die Auskunft über die personenbezogenen Daten schriftlich zu erteilen. Als Ausweitung der Regelung in § 83 BetrVG, dass der Arbeitnehmer seiner Personalakte Erklärungen zufügen darf, gilt nach § 35 BDSG bei digitalen Personalakten ein Anspruch des Arbeitnehmers auf Berichtigung, Sperrung und Löschung der Daten.

Nach § 3a BDSG müssen auch bei digitalen Personalakten die Prinzipien der Datensparsamkeit und der Datenvermeidung berücksichtigt werden. Die vorgeschlagene Anonymisierung könnte vor allem bei der Anbindung an Personalinformationssysteme zum Tragen kommen. Wenn Aussagen über Leistungen und Produktivität der Belegschaft anonymisiert getroffen werden, stoßen sie mitunter auf mehr Akzeptanz und sind weniger bedenklich.

Das Bundesarbeitsgericht hat zum Schutz des Persönlichkeitsrechts bereits in seinem Urteil vom 15.07.1987 festgelegt, dass der Arbeitgeber die Personalakten des Arbeitnehmers sorgfältig zu verwahren hat.[2] Weiterhin muss er gewisse Informationen vertraulich behandeln und für die vertrauliche Behandlung durch die Sachbearbeiter Sorge tragen – sowie den Kreis der Mitarbeiter, welche mit den Personalakten arbeiten, möglichst klein halten (vgl. Hunold 2007, S. 725). Da Personalakten auch besonders sensible Daten wie etwa Gesundheitsdaten der Arbeitnehmer enthalten und diese besonders zu schützen sind, müssen in diesem Sinn bestimmte Anforderungen an ein digitales Personalaktensystem gestellt werden. Nach § 9 BDSG sind einige technische und organisatorische Maßnahmen zur Sicherung des Datenschutzes erforderlich. Mithilfe von Berechtigungs- und Zugriffskonzepten kann dies gewährleistet werden. Es muss festgesetzt sein, dass nur ein bestimmter Personenkreis Zugriff auf die digitalen Personalakten hat. Zudem bedarf es einer genauen Regelung, welche Person welche Veränderung vornehmen darf und welche Akten eingesehen werden können.

9.3.3 Die Vorteile von digitalen Personalakten

Die Einführung einer digitalen Personalakte kann für Unternehmen eine große Bereicherung darstellen und mit großem Nutzen verbunden sein. Welche Vorzüge elektronische Personalakten haben und was Unternehmen daraus erzielen können, wird im Folgenden dargestellt.

---

[2] Vgl. BAG-Urteil vom 15.7.1987, 5 AZR 215/86.

9.3.3.1 Bessere Kapazitätsausnutzung und Einsparungen

Bisher waren Personalvorgänge vorwiegend mit sehr hohem Zeitaufwand und enormen Kosten verbunden, da die Führung von Papierakten meistens recht ineffizient ist. Die Zugriffsmöglichkeiten waren eher begrenzt, weil die Personalakten teilweise an unterschiedlichen Orten aufbewahrt wurden. Wenn eine Personalakte von einem Mitarbeiter entnommen wurde und im Umlauf war, konnte niemand anderes mehr auf sie zugreifen. Lange Liege- und Wartezeiten waren somit vorprogrammiert und unausweichlich. Der so genannte Aktentourismus stellte Mitarbeiter von Personalabteilungen vor einige Probleme, wodurch eine Kontrolle der Umläufe ebenso wenig ermöglicht werden konnte. Dies erscheint einsichtig, wenn man bedenkt, dass die Menge der Akten über Mitarbeiter in einem Unternehmen beachtlich ist und beständig wächst. Aufgrund des hohen Dokumentenaufkommens, welches dazu häufig dezentral strukturiert war, gestaltete sich die Arbeit in der Personalabteilung bisweilen als verhältnismäßig schwierig. Weiterhin waren die Akten teilweise schlecht zusammengestellt und sogar unvollständig, was die Bewältigung zusätzlich erschwerte.

Diesem Problem kann, durch die Implementierung eines digitalen Personalaktensytems vorgebeugt und folglich eine Prozessoptimierung im Personalmanagement erreicht werden. Diese Verbesserung der Abläufe kommt vor allem durch eine effizientere Auslastung der Kapazitäten zu Stande. Die digitale Personalakte gestattet einen universalen Zugriff, der von überall, von allen (die befugt sind) und zu jeder Zeit möglich ist. Damit kann über die digitale Personalakte direkt und standortunabhängig verfügt werden. Der Zugang kann gleichzeitig erfolgen, da mehrere Nutzer zur selben Zeit auf die Personalakte zugreifen können. Durch die mögliche Synchronität von Anfragen ergibt sich eine erhebliche Zeitersparnis. Die schnellere Abwicklung der Personalorganisation ist zugleich mittels rascher Recherche- und Auskunftsmöglichkeiten realisierbar, da die Informationsarbeit durch die Schlagwortverknüpfung der Dokumente erheblich vereinfacht wird. Fernerhin erleichtert die Vereinheitlichung der Personalaktenstruktur die Personalarbeit selbst. Die materielle Suche von Personalakten entfällt dementsprechend völlig. Infolgedessen muss auch nicht mehr auf sie gewartet werden, was wiederum einen Zeitvorteil mit sich bringt. Aufgrund der Redundanzvermeidung, welche die digitale Personalakte zulässt, sind zudem erhebliche Kosteneinsparungen möglich. Durch die einheitliche Aktenstruktur und die Erfassung aller Personalakten im System sowie durch die hohe Geschwindigkeit der Datenübertragung verkürzen sich Warte- und Suchzeiten, Transportzeiten entfallen fast gänzlich.

9.3.3.2 Verbesserter Schutz bzw. verbesserter Datenschutz

Bei der Verwendung von herkömmlichen Personalakten im Papierformat sind immer die Gefahren von Verlust und Beschädigung zu bedenken. Auf Seiten der Gefahren, welche die Umwelt bereithält, lassen sich beispielsweise Brände, Überschwemmungen oder Hauseinstürze nennen. Personalakten werden zum Schutz häufig in Schränken aufbewahrt, die diesen Gefahren standhalten können. Mitarbeiterseitig sind Personalakten von (absichtlicher oder unabsichtlicher) Manipulation und Entwendung bedroht. Eine bessere Sicherung gegen solche Unzulänglichkeiten sollen digitale Personalakten bieten. Es lässt sich zwar nicht vermeiden, dass Mitarbeiter mit oder ohne Absicht Fehler bzw. falsche

Eingaben machen; bei Aufdeckung von schwerwiegenden Fehlern oder gar Rechtsverletzungen können allerdings Zugriffszeiten und Zugriffspersonen nachvollzogen und somit der Verantwortliche ausgemacht werden.

Auch soll durch die digitalen Personalakten ein besserer Schutz vor dem Zugriff Unbefugter erreicht werden. Die Erhöhung der Datensicherheit und ein sicherer Zugang zu den Akten kann durch ein Verschlüsselungssystem gewährleistet werden. So wird in der Literatur beispielsweise beschrieben, dass für die Zugriffsregelung zwei Konzepte von Bedeutung sind: das Rollenkonzept und das Berechtigungskonzept. Die Rolle legt fest, welche Handlungen in der Personalakte erlaubt sind. Ein Arbeitnehmer hat nach § 83 BetrVG ein Einsichtsrecht, darf sich somit alle Dokumente seiner Akte anschauen. Ein Personalsachbearbeiter darf mehr Aktivitäten ausführen – beispielsweise die Akten verändern, löschen, drucken, Bestandteile hinzufügen und entfernen. Da auch die direkten Vorgesetzten Einsicht in die Personalakte ihrer Mitarbeiter verlangen können, werden ihnen ebenfalls bestimmte Rollen zugewiesen. Sie können dann zwar keine Veränderungen in den Akten vornehmen, aber beispielsweise Notizen einfügen und lesen. Im Berechtigungskonzept werden den Personalmitarbeitern die erlaubten Sichtbarkeitsbereiche zugewiesen. Für die Personalmitarbeiter wird festgelegt, mit welchen Personalakten sie arbeiten dürfen.

Viele Personalsachbearbeiter haben nur Zugriffsrechte auf bestimmte Akten. Die Aufteilung erfolgt beispielsweise alphabetisch oder nach Region. Darüber hinaus muss für einen Personalmitarbeiter immer genau eine Akte ausgeschlossen sein – seine eigene Personalakte. Die Berechtigung in die eigene Akte einzusehen bleibt ihm zwar, während Veränderungs-, Lösch- und Druckrechte verweigert werden müssen. Wie oben bereits beschrieben, sind auch die zur Archivierung verwendeten Speichermedien zur Datensicherung und Gewährleistung des Datenschutzes sehr gut geeignet, da dort die Dokumente unveränderlich und somit auch rechtssicher abgelegt werden können. Mit diesen Sicherungssystematiken kann der Zugriff von unbefugten Dritten auf Personalakten weitgehend ausgeschlossen werden, was die Sicherheit drastisch erhöht, sowie die Gefahr von Verlust oder Manipulation erheblich einschränkt.

Literatur

Appel W (2003) Elektronische Personalakte. Das richtige Wissen zur rechten Zeit am rechten Ort. In: Scholz C, Gutmann J (Hrsg) Webbasierte Personalschöpfung – Theorie, Konzeption, Praxis. Wiesbaden
Bartosch D (2008) Digitale Personalakte. Recht, Organisation, Technik. Frechen
Düwell F-J (Hrsg) (2006) Betriebsverfassungsgesetz, Handkommentar. Baden-Baden
Geis I (2007) Die digitale Personalakte – rechtliche Aspekte. AWV-Informationen (6/2007):4 f.
Gerhard HH (1976) Die Personalakten in Arbeitsverhältnissen
Hunold W (2007) Optimales Office-Management. Personalakten richtig führen. Arbeit und Arbeitsrecht 62(12):724 ff.
Mülder W (2008) Digitale Personalakte. Wichtige Basis. Personalwirtschaft (8/2008):59 ff.
Spiegelhalter HJ (2008) Beck'sches Personalhandbuch, Bd I. München

Die menschliche Gesundheit ist ein wertvolles Gut. Gesunde, motivierte Mitarbeiter sind das achtenswerteste Kapital, welches ein Unternehmen besitzen kann. Durch ständige und rasante technische Neuerungen unter den Bedingungen des globalen Wettbewerbs darf der Gesundheitsschutz keinesfalls vernachlässigt werden. Ziel des Arbeitsschutzes ist es deshalb, sowohl durch das Arbeitsschutzgesetz (ArbSchG)[1] als auch mit allen sonstigen Vorschriften und Regelwerken für die Arbeitnehmer bessere und sichere Arbeitsbedingungen zu schaffen. Der Arbeitgeber hat die Pflicht, den Arbeitnehmer vor Lebensgefährdung oder Gesundheitsgefährdung sowohl am Arbeitsplatz und beim Arbeitsablauf als auch in der Arbeitsumgebung zu schützen.[2] Diese allgemeine Schutzpflicht kann aus § 242 BGB und dem Arbeitsvertrag hergeleitet werden und wird durch gesetzlich festgelegte Unfallverhütungsvorschriften konkretisiert. Für jede neu auftretende Gefahr zeitnah mit einer neuen Vorschrift zu reagieren, ist aufgrund der Vielzahl an Gefahren nahezu unmöglich. Daher sollten die Betriebe in Zukunft mehr Einfluss im Bereich der Arbeitssicherung nehmen können.

Explizit hat die Pflicht des Arbeitgebers in seiner Funktion als Dienstberechtigter zur Ergreifung von Schutzmaßnahmen für seinen Arbeitnehmer als Dienstverpflichteten auch in § 618 BGB Niederschlag gefunden. Diese Vorschrift lautet:

§ 618 BGB Pflicht zu Schutzmaßnahmen
(1) Der Dienstberechtigte hat Räume, Vorrichtungen oder Gerätschaften, die er zur Verrichtung der Dienste zu beschaffen hat, so einzurichten und zu unterhalten und zu regeln, dass der Verpflichtete gegen Gefahr für Leben und Gesundheit soweit geschützt ist, als die Natur der Dienstleistung es gestattet.

---

[1] Gesetz über die Durchführung von Maßnahmen des Arbeitsschutzes zur Verbesserung der Sicherheit und des Gesundheitsschutzes der Beschäftigten bei der Arbeit, Gesetz vom 07.08.1996, BGBl. I, S. 1246.

[2] Vgl. zur Haftung des Arbeitgebers wegen vorsätzlicher Schädigung (Asbestbelastung): BAG-Entscheidung vom 20.06.2013, 8 AZR 471/12, NZA 2014, S. 168.

© Springer Fachmedien Wiesbaden 2014
A. Wien, N. Franzke, *Personalrecht*, DOI 10.1007/978-3-658-02968-5_10

*(2) Ist der Verpflichtete in die häusliche Gemeinschaft aufgenommen, so hat der Dienst-
berechtigte in Ansehung des Wohn- und Schlafraums, der Verpflegung sowie der
Arbeits- und Erholungszeit diejenigen Einrichtungen und Anordnungen zu treffen,
welche mit Rücksicht auf die Gesundheit, die Sittlichkeit und die Religion des Verpflichteten erforderlich sind.*

*(3) Erfüllt der Dienstberechtigte die ihm in Ansehung des Lebens und der Gesundheit
des Verpflichteten obliegenden Verpflichtungen nicht, so finden auf seine Verpflichtung zum Schadensersatz die für unerlaubte Handlungen geltenden Vorschriften der
§§ 842 bis 846 entsprechende Anwendung.*

Zu den in Absatz 3 des § 618 BGB genannten BGB-Schadensersatzvorschriften ist allerdings anzumerken, dass eine Haftung hiernach in der Praxis oftmals aufgrund der
§§ 104 ff. SGB VII entfällt und stattdessen gegen die gesetzliche Unfallversicherung Ansprüche wegen Arbeitsunfalls gestellt werden können.

Der Arbeitsschutz wird nach § 2 Abs. 1 ArbSchG als umfassender Schutz von Gesundheit und Leben der Beschäftigten bei allen beruflichen Tätigkeiten verstanden, wobei
der Schutz präventiv erfolgen soll (Wilrich 2009, S. 1294 ff.). Aus diesem Grund wird
der Unternehmer oder die leitende Person in einem Betrieb nach § 5 ArbSchG in die
Pflicht genommen, die mit der Arbeit verbundenen möglichen Gefährdungen zu ermitteln,
Arbeitsbedingungen zu beurteilen und entsprechende Maßnahmen zu ergreifen.

Alle Maßnahmen haben eine Grundlage; nämlich ein umfassendes Arbeitsschutzver-
ständnis, welches dabei auch aktuelle Themen wie die Ergonomie am Arbeitsplatz umfasst. Eine Hilfe dafür gibt das Gesetz in § 4 ArbSchG in Form von Grundvorschriften für
den gesamten Arbeitsbereich. An dieser Stelle ist es auch wichtig zu erwähnen, dass das
Arbeitsschutzgesetz nicht die vielen Spezialgesetze im Arbeitsschutz, wie beispielsweise
das Arbeitssicherheits-, das Jugendarbeitsschutz-, das Arbeitszeit- oder das Chemikaliengesetz ersetzt. Diese besonderen Spezialgesetze müssen zusätzlich beachtet werden. Es
kommt darauf an, den Arbeitsschutz dynamisch an neue Erkenntnisse und an betriebliche
Veränderungen anzupassen. So wird nach § 3 ArbSchG ein stetiger Verbesserungsprozess
von Gesundheitsschutz und Sicherheit gefordert.

10.1 Die Struktur des Arbeitsschutzgesetzes

Das Arbeitsschutzgesetz ist in fünf Abschnitte gegliedert. Der erste Abschnitt umfasst die
§§ 1 und 2 und beschreibt neben den grundsätzlichen Zielen des Gesetzes und deren An-
wendungsbereichen auch umfassend die Maßnahmen des Arbeitsschutzes, die bewusst
sehr weit gespannt angelegt wurden. Ferner sind fast alle Beschäftigungsgruppen und
alle Tätigkeiten einbezogen. Also neben den Arbeitern, Angestellten und Auszubildenden
auch Beamte, Richter, Soldaten und arbeitnehmerähnliche Personen in wirtschaftlich ab-
hängiger Position. Betroffen hiervon sind auch alle Betreiber der privaten Wirtschaft, alle
freien Berufe, landwirtschaftliche Betriebe sowie der öffentliche Dienst.

In dem zweiten Abschnitt, welcher die §§ 3 bis 14 ArbSchG umfasst, sind die grundlegenden Pflichten des Arbeitgebers umfasst. Ihm wird die Verantwortung für den Arbeits-

schutz im Betrieb übertragen. Jede Unternehmung muss unter Arbeitsschutzgesichtspunkten beurteilt werden. Auf dieser Grundlage erfolgen die Ermittlung und auch das Ergreifen geeigneter Maßnahmen. Darüber hinaus schreibt das Gesetz vor, diese Aktivitäten immer wieder zu prüfen und gegebenenfalls die Maßnahmen an betriebliche Veränderungen, aber auch ganz entscheidend, an neue Erkenntnisse anzupassen. Um die Überlegungen und Vorgehensweisen in den Arbeitsschutzaktivitäten transparent zu gestalten, werden diese dokumentiert.

Zu den Arbeitsschutzaktivitäten gehört eine Organisation, die der Gesetzgeber ebenfalls vorschreibt. Hierzu gehört die Klärung der Frage, wem die Zuständigkeit übertragen wird und wie eine offene Informationspolitik gegenüber Beschäftigten gestaltet wird. In einer Arbeitsschutzorganisation ist die Beratungs- und Unterstützungsstruktur mit einbezogen, in welcher Fachkräfte für Arbeitssicherheit, Betriebsärzte und Sicherheitsbeauftragte wirksam werden. Die Thematik verweist auf Spezialgesetze und Verordnungen, in welchen die Einzelheiten dazu geregelt sind. Zu nennen sind hierbei unter anderem das Arbeitssicherheitsgesetz und die Unfallverhütungsvorschriften.

Im dritten Abschnitt, welcher die §§ 15 bis 17 umfasst, kommen wieder die bekannten Grundregeln des Gesetzes zum Ausdruck. Hier werden die Rechte und Pflichten der Beschäftigten festgelegt. Jedes Belegschaftsmitglied muss seinen Beitrag zur Gestaltung des betrieblichen Arbeitsschutzes leisten. Die Mitwirkung jedes einzelnen erfolgt solidarisch. Festgestellte Gefahren sollen gemeldet werden und es ist erwünscht, eigene Vorschläge mit einzubringen.

Der Abschnitt vier enthält mit den Regelungen der §§ 18 bis 20 Regelungen über Verordnungsermächtigungen und für den öffentlichen Dienst. Die Verordnungsrichtlinien dienen zur Umsetzung von Einzelrichtlinien, die in den EG-Arbeitsschutz-Rahmenrichtlinien enthalten sind und diesen zu Grunde liegen.

Im fünften Abschnitt, welcher die §§ 21 bis 26 umfasst, sind Aufgaben für die Aufsichtsbehörden geregelt. Sie haben das Recht, Betriebe zu besichtigen, zu prüfen und Untersuchungen durchzuführen. Ihre Befugnisse gehen bis hin zum Erlass von Anordnungen. Die primäre Aufgabe ist jedoch die Beratung des Arbeitgebers bei der Erfüllung seiner Aufgaben. Die staatlichen Arbeitsschutzbehörden, Berufsgenossenschaften und andere Träger der gesetzlichen Unfallversicherung wirken kooperativ bei der Prävention zusammen. Das Recht, Bußgelder und Strafen zu verhängen, bleibt jedoch dem Staat vorbehalten. Diese werden erlassen, wenn der Arbeitgeber Leben und Gesundheit seiner Mitarbeiter trotz Informations- und Beratungsmöglichkeiten in Gefahr gebracht hat oder dem Arbeitsschutz nicht nachgekommen ist.

Gesetze, die zum Themenbereich des Arbeitsschutzes gehören sind beispielsweise:
- Bundesurlaubsgesetz (BUrlG),
- Heimarbeitsgesetz (HAG),
- Berufsbildungsgesetz (BBiG),
- Sozialgesetzbuch (SGB),
- Betriebssicherheitsgesetz (BetrSichG),
- Arbeitszeitgesetz (ArbZG),

- Arbeitsstättenverordnung (ArbStättVO),
- Gerätesicherheitsgesetz (GSG),
- Gefahrstoffverordnung (GefStoffV),
- Arbeitssicherheitsgesetz (ArbSichG),
- Jugendarbeitsschutzgesetz (JArbSchG),
- Mutterschutzgesetz (MuschG),
- Bildschirmarbeitsplatzverordnung (BildschArbV),
- Arbeitsplatzschutzgesetz (ArbPlSchG),
- Strahlenschutzgesetz (StSG),
- Chemikaliengesetz (ChemG),
- Brandschutzverordnung (BSV).

10.2   Die Arbeitsstättenverordnung

Auf der Grundlage des § 18 ArbSchG[3] wurde die Arbeitsstättenverordnung (ArbStättV) erlassen. Dieses Regelwerk nennt die grundlegenden Pflichten, welche dem Arbeitgeber bezüglich der Sicherheit und des Gesundheitsschutzes in Arbeitsstätten obliegen. Darüber hinaus definiert und beschreibt die Verordnung die zu erreichenden Ziele. Die Arbeitsstättenverordnung besteht aus einem kurz gehaltenen allgemeinen Teil, in welchem sich explizit formulierte Anforderungen bezüglich der Einrichtung und des Betreibens von Arbeitsstätten befinden und einem Anhang, in welchem weniger genau umrissen, spezielle Bestimmungen getroffen werden. Der Anhang soll der Konkretisierung der allgemeinen Anforderungen dienen.

10.3   Ansprüche des Arbeitnehmers nach einem Arbeitsunfall

Das Arbeitssicherheitsgesetz (ASiG)[4] sieht die Bestellung von Betriebsärzten und Fachkräften für Arbeitssicherheit vor, soweit dies wegen der Betriebsart und der damit für die Arbeitnehmer verbundenen Unfall- und Gesundheitsgefahren erforderlich ist.[5] Die Nichtbeachtung der Pflicht aus dem ASiG durch den Arbeitgeber stellt eine Ordnungswidrigkeit dar und kann mit Geldbußen bis zu 25.000 € geahndet werden.

Ein Arbeitsunfall ist eine von außen kommende, plötzliche, körperliche schädigende Einwirkung, die in einem wesentlichen, zumindest teilursächlichen Zusammenhang mit der versicherten Tätigkeit steht. Was für einen Arbeitsunfall gilt, trifft auch auf den so genannten Wegeunfall zu. Erleidet der Arbeitnehmer einen Arbeitsunfall, so hat er Ansprüche aus der gesetzlichen Unfallversicherung, die im siebenten Buch des Sozialgesetzbu-

---

[3] Vgl. § 18 in der Fassung der Verordnung vom 31.10.2006, BGBl. I, S. 2407.

[4] Gesetz über Betriebsärzten, Sicherheitsingenieure und andere Fachkräfte für Arbeitssicherheit (Arbeitssicherheitsgesetz) vom 12.12.1973, BGBl. I, S. 1885.

[5] Auf dem Gebiet der ehemaligen DDR ist das Arbeitssicherheitsgesetzgemäß des Einigungsvertrages vom 31.8.1990 (BGBl. II, S. 889) mit einigen Abweichungen anzuwenden.

ches (SGB VII) geregelt ist. Die Beiträge zu dieser Unfallversicherung werden allein vom Arbeitgeber getragen. Sie ist eine gesetzliche Haftpflichtversicherung besonderer Art. Zu einem Versicherungsfall kommt es, wenn zwischen der Tätigkeit und dem Unfall ein innerer Zusammenhang besteht. Die ausgeübte Tätigkeit muss bei wertender Betrachtung dem versicherten Tätigkeitsbereich zuzuordnen sein (vgl. vertiefend hierzu auch: Ricken 2014, S. 78). Der innere Zusammenhang entfällt bei der so genannten selbst geschaffenen Gefahr. Dabei ist zu beachten, dass die geleisteten Erste-Hilfe-Maßnahmen in einem Verbandbuch festgehalten werden. Dies dient als Nachweis, dass ein Gesundheitsschaden bei einer versicherten Tätigkeit eingetreten ist. Die Eintragung hat unabhängig von der vermeintlichen Schwere der Verletzung zu erfolgen. Zu dokumentieren sind Ort und Zeit des Unfalls, Name des Verletzten, Art der Verletzung, Zeitpunkt der Behandlung, durchgeführte Erste-Hilfe-Maßnahmen, Name des Ersthelfers und wenn vorhanden, Name von Zeugen. Dies hilft bei Spätfolgen die Ansprüche des Arbeitnehmers zu prüfen.

Direkt nach einem Unfall sollte der Verletzte möglichst schnell von einem Durchgangsarzt untersucht werden. Nicht nur die eigentliche Berufstätigkeit, sondern auch der Weg zur Arbeit und wieder nach Hause wird als versicherte Tätigkeit anerkannt. Ausnahmen bestehen dann, wenn der Weg von einem Dritten Ort angetreten wird, so dass dann der Versicherungsschutz entfällt. Ein Wegeunfall liegt nur vor, wenn der direkte, sinnvolle Weg zur Arbeitsstätte gewählt wurde. Eine Unterbrechung oder ein Umweg des Weges schließt einen Wegeunfall aus. Versicherungsträger der gesetzlichen Unfallversicherung sind die gewerblichen Berufsgenossenschaften, die Unfallkasse des Bundes und der Länder, sowie die Landwirtschaftlichen Berufsgenossenschaften. Mit einer Unfallanzeige sind Unfälle, die zu einer unfallbedingten Arbeitsunfähigkeit von mehr als drei Kalendertagen oder zum Tod führen an die Versicherungsträger binnen drei Tagen zu melden. In den meisten Fällen erfahren die Versicherungsträger von einem Unfall durch einen Bericht des Durchgangsarztes.

Wie bei gewöhnlichen Krankheiten auch, besteht nach Arbeitsunfällen ein Anspruch auf Lohnfortzahlung. Voraussetzung für den Anspruch auf Lohnfortzahlung ist, dass die Arbeitsunfähigkeit unverschuldet eingetreten ist. Darüber hinaus können weitere Ansprüche im Einzelfall gegeben sein, z B. wenn der Unfall auf der Verletzung einer dem Arbeitgeber obliegenden Pflicht beruht. Hierfür gelten die allgemeinen Regelungen des Schadensersatzrechts. So wird auch das so genannte Verletztengeld ab dem ersten Tag der Arbeitsunfähigkeit gezahlt. Von der Höhe entspricht das Verletztengeld annähernd 80 % des Bruttogehaltes. Damit liegt es höher als das normale Krankengeld. Von der Höhe darf es aber das regelmäßige Nettogehalt nicht übersteigen. Bei einem Arbeitsunfall schaut der Versicherungsträger auch auf den Gesundungsprozess und überwacht das Heilverfahren. Der Leistungsumfang kann höher als bei einer gesetzlichen Krankenkasse sein, weil zum Beispiel eine erweiterte ambulante Physiotherapie finanziert wird. Weitere Ansprüche könnten sein: Krankenbehandlung, Heil- und Hilfsmittel oder Maßnahmen zur Rehabilitation.

10.4   Wichtige Beispiele für Arbeitsschutz

10.4.1   Arbeitszeit bei besonderen Arbeitsformen

In der Praxis des Arbeitslebens gibt es eine Vielzahl an Sonderformen der Arbeitserbringung, welche im Folgenden kurz vorgestellt werden sollen. Um Arbeitnehmer hier vor Überforderung zu schützen ist sowohl durch Rechtsprechung als auch zum Teil durch Gesetze genau festgelegt, was zur Arbeitszeit gehört.

Unter **Bereitschaftsdienst** ist zu verstehen, dass der Arbeitnehmer sich außerhalb der gewöhnlichen Arbeitszeit auf Anordnung seines Arbeitgebers an einem bestimmten Platz innerhalb oder außerhalb des Betriebes aufhalten muss, damit er im Bedarfsfall einer ihm zugewiesenen Arbeit nachgehen kann. Was der Arbeitnehmer während des Bereitschaftsdienstes tut, bleibt ihm überlassen. So kann er beispielsweise auch seinen Hobbys nachgehen oder die Zeit zu einem Erholungsschlaf ausnutzen. Es wird lediglich von ihm verlangt, dass er sein Verhalten darauf ausrichtet, einen möglichen Arbeitseinsatz ausführen zu können. Der Bereitschaftsdienst zählt zur Arbeitszeit. Der Bereitschaftsdienst ist von der so genannten Rufbereitschaft abzugrenzen. Unter **Rufbereitschaft** ist zu verstehen, dass ein Arbeitnehmer außerhalb seiner gewöhnlichen Arbeitszeit aufgrund betrieblicher Gründe Rufbereitschaftsdienst zu leisten hat. Diese Gründe müssen der Gestalt sein, dass das Arbeitsergebnis nicht auf eine andere Art mit der Zahl der zur Verfügung stehenden Arbeitskräfte erzielt werden kann, um eine Verpflichtung eines Mitarbeiters zum Ableisten der Rufbereitschaft zu rechtfertigen. Das Hauptunterscheidungsmerkmal zwischen Bereitschaftsdienst und Rufbereitschaft ist, dass der Aufenthaltsort des Arbeitnehmers bei einer Rufbereitschaft nicht vom Arbeitgeber bestimmt wird. Vielmehr kann bei einer Rufbereitschaft der Arbeitnehmer seinen Aufenthaltsort selbst frei wählen, sofern er dem Arbeitgeber mitteilt, wo er erreichbar ist. Beim Bereitschaftsdienst hingegen gibt der Arbeitgeber vor, an welchem Ort der Arbeitnehmer sich aufzuhalten hat. Ein weiteres besonderes Arbeitszeitmodell ist die so genannte **Schichtarbeit**. Von Schichtarbeit kann gesprochen werden, wenn eine bestimmte Arbeitsaufgabe über die gewöhnliche Arbeitszeit hinausgehend anfällt und daher von mehreren Arbeitnehmergruppen oder zumindest von mehreren Arbeitnehmern in einer geregelten zeitlichen Reihenfolge ausgeführt wird. Oftmals ist Schichtarbeit auch mit Nachtarbeit verbunden. Insofern sind die Arbeitnehmer, die ein derartiges Arbeitszeitmodell ausfüllen mit starken Belastungen konfrontiert. Insbesondere **Nachtarbeit** kann bei den Arbeitnehmern erhebliche gesundheitliche Beeinträchtigungen, wie beispielsweise Schlaflosigkeit, Nervosität und Reizbarkeit hervorrufen sowie zu einer Herabsetzung der Leistungsfähigkeit führen. Zum Schutz der Arbeitnehmer schreibt § 6 Abs. 1 ArbZG vor, dass die Arbeitszeiten von Nacht- und Schichtarbeitern nach den gesicherten arbeitswissenschaftlichen Erkenntnissen über die menschengerechte Gestaltung der Arbeit festzulegen sind. Ebenso wie die gesetzlichen Regelungen zur Tagesarbeitszeit, so gehen auch die Regelungen für Nachtarbeit von einem Acht-Stunden-Tag aus. Insofern darf die Arbeitszeit eines Arbeitnehmers mit Nachtarbeit einen Zeitraum von acht Stunden nicht überschreiten. Eine Verlängerung der werktäglichen Arbeitszeit eines Arbeitnehmers mit Nachtarbeit kann nur dann auf bis zu zehn Stunden verlängert werden, wenn innerhalb eines Kalendermonats bzw. innerhalb eines Abschnitts von vier Wochen im Durchschnitt acht Stunden werktäglich nicht überschritten werden.

10.4.2 Jugendarbeitsschutzgesetz

Ein wesentlicher Arbeitsschutz für Jugendliche und Kinder ist im Jugendarbeitsschutzgesetz (JArbSchG) geregelt. Nach § 5 JArbSchG ist die Beschäftigung von Kindern verboten. Dies betrifft Personen, die noch nicht 15 Jahre alt sind. Nach § 2 Abs. 3 JArbSchG sind die Regelungen für Kinder auch auf Jugendliche anzuwenden, die der Vollzeitschulpflicht unterliegen. Da einige Bundesländer eine 10-jährige Schulpflicht haben, kann es sein, dass auch 15-jährige Personen noch unter diese Regelung fallen. Der § 7 JArbSchG regelt die Arbeitszeiten für Minderjährige. Er lautet:

§ 7 JArbSchG Beschäftigung von nicht vollzeitschulpflichtigen Kindern
Kinder, die der Vollzeitschulpflicht nicht mehr unterliegen, dürfen
1. im Berufsausbildungsverhältnis,
2. außerhalb eines Berufsausbildungsverhältnisses nur mit leichten und für sie geeigneten Tätigkeiten bis zu sieben Stunden täglich und 35 h wöchentlich beschäftigt werden. Auf die Beschäftigung finden die §§ 8 bis 46 entsprechende Anwendung.

Jugendliche, die nicht mehr der Schulpflicht unterliegen, dürfen nach § 8 Abs. 1 JArbSchG nicht mehr als acht Stunden pro Tag und nicht mehr als 40 h wöchentlich beschäftigt werden.

Darüber hinaus regelt das Gesetz ab dem § 9 ff. JArbSchG detailliert, welche Ruhepausen, Schichtzeiten und Urlaubstage bei der Beschäftigung von Jugendlichen zu beachten sind. Sinn dieser Vorschriften ist es, einen Schutz der Jugendlichen zu erreichen, der dafür sorgt, dass die Jugendlichen durch das Arbeitsverhältnis nicht in ihrer Entwicklung beeinträchtigt werden. Auch aus diesem Grund sieht der § 15 JArbSchG grundsätzlich vor, dass Jugendliche nur an fünf Tagen in der Woche beschäftigt werden dürfen.

10.4.3 Mutterschutzgesetz

Ein wichtiges Beispiel für Arbeitsschutz ist das Mutterschutzgesetz (MuSchG). Dieses sieht in den §§ 3 bis 6 weitgehende Beschäftigungsverbote bzw. Beschäftigungseinschränkungen für die Zeit vor und nach der Entbindung eines Kindes vor. Sinn dieser Regelungen ist es, Gesundheitsgefahren für Mutter und Kind auszuschließen, die durch bestimmte Beschäftigungen während der Schwangerschaft für Mutter und Kind bzw. kurz nach der Entbindung für die Mutter entstehen können. Hierbei soll unter anderem eine übermäßige körperliche Beanspruchung verhindert werden.

Zusammenfassung

- Der Arbeitgeber hat die Pflicht, die Arbeitnehmer vor Gefährdung von Leben und Gesundheit sowohl beim Arbeitsablauf als auch in der Umgebung des Arbeitsplatzes zu schützen.
- Diese Pflicht ergibt sich aus § 242 BGB und dem Arbeitsvertrag.
- Darüber hinaus findet die Schutzpflicht ihre gesetzliche Ausgestaltung auch in der gesetzlichen Norm des § 618 BGB.
- Die Thematik des Arbeitsschutzes findet sich in vielen Einzelgesetzen wieder; z. B. in der Brandschutzverordnung (BSV), dem Arbeitssicherheitsgesetz (ArbSichG), dem Arbeitsplatzschutzgesetz (ArbPlSchG) und dem Strahlenschutzgesetz (StSG).

Literatur

Ricken O (2014) Wegfall des Unfallversicherungsschutzes durch privates Telefongespräch. NZA 78.
Wilrich T (2009) Verantwortlichkeit und Pflichtenübertragung im Arbeitsschutzrecht. DB 1294 ff.

11.1 Grundlagen

Als eine der wichtigsten betrieblichen Interessenvertretungen der Arbeitnehmer sind dem Betriebsrat per Gesetz wichtige Rechte eingeräumt. Die rechtlichen Rahmenbedingungen des Betriebsrats sind im Betriebsverfassungsgesetz geregelt. Anhand des Betriebsverfassungsgesetzes lassen sich die abgestuften Beteiligungsrechte des Betriebsrates in bloße Mitwirkungsrechte einerseits und Mitbestimmungsrechte andererseits unterteilen. Zu den Mitwirkungsrechten zählt das Recht auf Unterrichtung, auf Anhörung und auf Beratung. Die Mitbestimmungsrechte beinhalten das Veto- und das Initiativrecht, welche es dem Betriebsrat ermöglichen sollen, besonders bei personellen und sozialen Betriebsentscheidungen mitbestimmen zu können.

11.1.1 Definition und Zweck von Betriebsräten

Betriebsräte gibt es sowohl in Klein- als auch in Großbetrieben. Der Betriebsrat besteht aus Arbeitnehmern der betreffenden Betriebe, welche sich aus ganz unterschiedlichen Gründen zur Wahl um ein Betriebsratsamt haben aufstellen lassen (zu Begriffsbestimmungen vgl. auch: Thüsing und Forst 2009, S. 408 ff., S. 409). Ein verstärktes Interesse an der Mitarbeit im Betriebsrat kann beispielsweise auftreten, wenn die Arbeitnehmer unzufrieden mit der aktuellen Betriebssituation sind und sich zur Verbesserung der Umstände und zum Schutz anderer Arbeitnehmer einsetzen wollen. Ein anderer Grund können die persönlichen Vorteile sein, die sich die Arbeitnehmer von der Arbeit als Betriebsrat versprechen. Sei dies der besondere Kündigungsschutz oder auch eine stärkere Stellung im Betrieb.

© Springer Fachmedien Wiesbaden 2014
A. Wien, N. Franzke, *Personalrecht*, DOI 10.1007/978-3-658-02968-5_11

Nach § 37 BetrVG führen die Mitglieder des Betriebsrats ihr Amt unentgeltlich als Ehrenamt aus.[1] Das heißt, es wird während der Arbeitszeit ausgeführt, wobei die Mitglieder zwar weiterhin ihren regulären Lohn, aber keine zusätzliche Entlohnung für ihre Betriebsratstätigkeit erhalten. Die Betriebsratsmitglieder werden lediglich im nötigen Umfang von ihrer Arbeitspflicht befreit und der Arbeitgeber hat die Unkosten bzw. die Aufwendungen für diese Tätigkeit zu tragen. Zweck des Betriebsrates ist es, eine gewisse Kontrollfunktion gegenüber der Unternehmensleitung aufzubauen und die Mitarbeiter im Betrieb somit vor Willkürmaßnahmen der Unternehmensleitung zu schützen, aber auch mögliche Konflikte zwischen beiden Parteien zu regulieren und beizulegen.

Um die Arbeitnehmerinteressen wirksam gegenüber der Betriebsleitung vertreten zu können und sich in ständiger Kooperation mit dieser zu befinden, herrscht zwischen der Unternehmensleitung und dem Betriebsrat eine vertrauensvolle Zusammenarbeit. Diese ist per Gesetz in § 2 Abs. 1 BetrVG festgeschrieben und besagt, dass „Arbeitgeber und Betriebsrat (…) vertrauensvoll (…) zum Wohl der Arbeitnehmer und des Betriebes" zusammenarbeiten.

11.1.2   Errichtung des Betriebsrats und seine Größe

Laut § 1 BetrVG kann in Betrieben ab einer betrieblichen Mindestgröße von mindestens fünf ständig wahlberechtigten Arbeitnehmern, von denen drei wählbar sind, ein Betriebsrat gegründet und gewählt werden. Der § 9 BetrVG gibt in einer Staffelung an, wie groß der Betriebsrat sein kann. Diese Vorschrift lautet:

§ 9 BetrVG Zahl der Betriebsratsmitglieder
Der Betriebsrat besteht in Betrieben mit in der Regel
    5 bis 20 Wahlberechtigten Arbeitnehmern aus einer Person,
    21 bis 50 Wahlberechtigten Arbeitnehmern aus 3 Mitgliedern,
    51 wahlberechtigten Arbeitnehmern bis 100 Arbeitnehmern aus 5 Mitgliedern,
    101 bis 200 Arbeitnehmern aus 7 Mitgliedern,
    201 bis 400 Arbeitnehmern aus 9 Mitgliedern,
    401 bis 700 Arbeitnehmern aus 11 Mitgliedern,
    701 bis 1000 Arbeitnehmern aus 13 Mitgliedern,
    1001 bis 1500 Arbeitnehmern aus 15 Mitgliedern,
    1501 bis 2000 Arbeitnehmern aus 17 Mitgliedern,
    2001 bis 2500 Arbeitnehmern aus 19 Mitgliedern,
    2501 bis 3000 Arbeitnehmern aus 21 Mitgliedern,
    3001 bis 3500 Arbeitnehmern aus 23 Mitgliedern,
    3501 bis 4000 Arbeitnehmern aus 25 Mitgliedern,
    4001 bis 4500 Arbeitnehmern aus 27 Mitgliedern,
    4501 bis 5000 Arbeitnehmern aus 29 Mitgliedern,
    5001 bis 6000 Arbeitnehmern aus 31 Mitgliedern,
    6001 bis 7000 Arbeitnehmern aus 33 Mitgliedern,

---

[1] Zu den Problemen bei unterstützenden Leistungen des Arbeitgebers, wenn der Betriebsrat zugleich Gewerkschaftsfunktionär ist, vgl.: Rieble 2009, S. 1016 ff.

7001 bis 9000 Arbeitnehmern aus 35 Mitgliedern.
In Betrieben mit mehr als 9000 Arbeitnehmern erhöht sich die Zahl der Mitglieder des
Betriebsrats für je angefangene weitere 3000 Arbeitnehmer um 2 Mitglieder.

Je nach Größe des Betriebes sind nach § 38 BetrVG von den oben genannten Betriebsräten einige von der Arbeit völlig freizustellen, damit sie sich vollständig der Tätigkeit als Betriebsrat widmen können. Der Absatz 1 dieser Vorschrift lautet:

Von ihrer beruflichen Tätigkeit sind mindestens freizustellen in Betrieben mit in der Regel

    200 bis 500 Arbeitnehmern ein Betriebsratsmitglied,
    501 bis 900 Arbeitnehmern 2 Betriebsratsmitglieder,
    901 bis 1500 Arbeitnehmern 3 Betriebsratsmitglieder,
    1501 bis 2000 Arbeitnehmern 4 Betriebsratsmitglieder,
    2001 bis 3000 Arbeitnehmern 5 Betriebsratsmitglieder,
    3001 bis 4000 Arbeitnehmern 6 Betriebsratsmitglieder,
    4001 bis 5000 Arbeitnehmern 7 Betriebsratsmitglieder,
    5001 bis 6000 Arbeitnehmern 8 Betriebsratsmitglieder,
    6001 bis 7000 Arbeitnehmern 9 Betriebsratsmitglieder,
    7001 bis 8000 Arbeitnehmern 10 Betriebsratsmitglieder,
    8001 bis 9000 Arbeitnehmern 11 Betriebsratsmitglieder,
    9001 bis 10000 Arbeitnehmer 12 Betriebsratsmitglieder.

In Betrieben mit über 10.000 Arbeitnehmern ist für je angefangene weitere 2000 Arbeitnehmer ein weiteres Betriebsratsmitglied freizustellen (vgl. zur Vergütungshöhe: Byers 2014, S. 65 ff.). Freistellungen können auch in Form von Teilfreistellungen erfolgen. Diese dürfen zusammengenommen nicht den Umfang der Freistellungen nach den Sätzen 1 und 2 überschreiten. Durch Tarifvertrag oder Betriebsvereinbarung können anderweitige Regelungen über die Freistellung vereinbart werden.

11.1.3   Der besondere Schutz der Betriebsratsmitglieder

Um gute Arbeit im Betriebsrat leisten zu können, ohne befürchten zu müssen, wegen dort getroffener oder zu treffender Entscheidungen von der Betriebsleitung unter Druck gesetzt oder gar entlassen zu werden, sind die Betriebsratsmitglieder besonders geschützt. Dieser Schutz findet sich im Gesetz unter § 78 BetrVG und unter § 15 KSchG. Nach § 78 BetrVG dürfen die Betriebsratsmitglieder bei Ausübung ihrer Tätigkeit nicht gestört oder gar daran gehindert werden. Zudem ist es untersagt, sie in jedweder Weise zu benachteiligen oder zu begünstigen, da auch dies einen manipulativen Einfluss auf ihre Arbeit im Betriebsrat haben könnte. Der § 15 KSchG behandelt den Kündigungsschutz, welchen Betriebsratsmitglieder bis auf ein Jahr nach Beendigung ihrer Amtszeit genießen. Die Ausnahme bildet hierbei die außerordentliche Kündigung. Allerdings ist es auch bei dieser von Nöten, dass der Betriebsrat ihr zustimmt. Tut er dies nicht, muss entsprechend § 103 Abs. 1, und § 103 Abs. 2 BetrVG die Kündigung vom Arbeitsgericht bestätigt, also das Votum des Betriebsrats durch eine gerichtliche Entscheidung ersetzt werden.

11.1.4   Die verschiedenen Erscheinungsformen von Betriebsräten

Es gibt verschiedene Typen von Betriebsräten. Im Folgenden sollen kurz die Erscheinungsformen des Gesamtbetriebsrats und des Konzernbetriebsrates vorgestellt werden.

Besteht ein Unternehmen aus mehreren Betrieben, die über eigene Betriebsräte verfügen können, so kommt es nach § 47 Abs. 1 BetrVG zur Bildung eines Gesamtbetriebsrats. Nach § 47 Abs. 2 BetrVG entsendet jeder örtliche Betriebsrat mit bis zu drei Mitgliedern eines seiner Mitglieder, jeder mit mehr als drei Mitgliedern zwei von diesen. Da bei einem Unternehmen, bestehend aus mehreren Betrieben, viele Entscheidungen nicht mehr auf Betriebs-, sondern auf Unternehmensebene getroffen werden, ist der Gesamtbetriebsrat nach § 50 Abs. 1 BetrVG „für die Behandlung von Angelegenheiten, die das Gesamtunternehmen oder mehrere Betriebe betreffen und nicht durch die einzelnen Betriebsräte innerhalb ihrer Betriebe geregelt werden können" zuständig. Dieses heißt jedoch nicht, dass der Gesamtbetriebsrat den anderen Betriebsräten übergeordnet ist. Nach § 50 Abs. 2 BetrVG ist es zudem möglich, dass ein einzelnes Betriebsratsgremium mittels Mehrheitsbeschluss den Gesamtbetriebsrat beauftragen kann, in einer bestimmten Angelegenheit für ihn, den örtlichen Betriebsrat, tätig zu werden.

Besteht ein Konzern mit mehreren Gesamtbetriebsratsgremien, so kann es durch diese nach § 54 Abs. 1 BetrVG auf freiwilliger Basis zur Bildung eines Konzernbetriebsrats kommen. Dabei entsendet nach § 55 Abs. 1 BetrVG jeder Gesamtbetriebsrat zwei seiner Mitglieder. Die Aufgaben des Konzernbetriebsrates sind nach § 58 Abs. 1 BetrVG mit denen des Gesamtbetriebsrates vergleichbar, nur auf Konzernebene. Der Unterschied besteht darin, „dass die Gesamtbetriebsräte dem Konzernbetriebsrat nur wenige Aufgaben übertragen, dort andere Mehrheitsverhältnisse herrschen können, aber auch dessen Einflussmöglichkeiten auf die Konzernpolitik aufgrund gesetzlicher Restriktionen als gering" (Dentz 2003, S. 32) erachtet wird.

11.2   Die Betriebsratswahl

Nach § 1 BetrVG können Betriebsräte in Betrieben mit in der Regel mindestens fünf ständig wahlberechtigten Arbeitnehmern gewählt werden, wenn mindestens drei der Arbeitnehmer selbst wählbar sind (vgl. vertiefend auch: Lunk et al. 2014, S. 57 ff.). Ausnahmen bestehen lediglich bei Religionsgemeinschaften und in karitativen bzw. erzieherischen Einrichtungen. Für derartige Unternehmungen sieht § 118 Abs. 2 BetrVG vor, dass auf diese das Betriebsverfassungsgesetz keine Anwendung findet. Bei so genannten Tendenzbetrieben, wie beispielsweise Betrieben der Presse oder Parteien ist nach § 118 Abs. 1 BetrVG zwar ein Betriebsrat möglich; jedoch werden diesem lediglich in sehr eingeschränktem Maße Kompetenzen zugestanden. Sinn dieser Einschränkungen ist es, eine mögliche Einflussnahme auf die Ideen Ziele derartiger Betriebe durch den Betriebsrat zu unterbinden.

Kein Betrieb ist gezwungen, einen Betriebsrat einzuführen. Eine Wahl zum Betriebsrat kann allerdings stattfinden, wenn die Mitarbeiter, ein bereits vorhandener Betriebsrat, der Gesamt- bzw. der Konzernbetriebsrat oder eine in dem Betrieb vertretene Gewerkschaft dieses wünscht (vgl. vertiefend hierzu auch: Salamon 2014, S. 175 ff.). Gewöhnlich richten sich in die Betriebsratswahlen zeitlich nach der Regelung des § 13 BetrVG. Hiernach finden Betriebsratswahlen alle vier Jahre in der Zeit vom 1. März bis 31. Mai statt. Die Kosten einer Betriebsratswahl sind gemäß § 20 Abs. 3 BetrVG vom Arbeitgeber zu tragen. Berechtigt, an einer Betriebsratswahl teilzunehmen, sind nach § 7 Satz 1 BetrVG alle Arbeitnehmer des Betriebes, welche das 18. Lebensjahr vollendet haben. Der § 8 BetrVG sieht vor, dass alle Wahlberechtigten, welche seit sechs Monaten dem Betrieb angehören, wählbar sind. Sofern ein Betriebsrat aus mehr als drei Betriebsratsmitgliedern besteht, ist es erforderlich, dass Männer und Frauen anteilig im Betriebsrat vertreten sind. Ein aktives Wahlrecht – allerdings kein passives Wahlrecht (vgl. § 14 Abs. 2 AÜG) – haben im Rahmen der Betriebsratswahl gemäß § 7 Abs. 2 BetrVG auch so genannte Leiharbeitnehmer, sofern sie länger als drei Monate im Betrieb beschäftigt werden. Nicht wählbar und nicht zur Wahl berechtigt hingegen, sind Personen in Altersteilzeit, welche zum Zeitpunkt der Wahl bereits freigestellt sind, sowie leitende Angestellte. Leitende Angestellte haben das Recht ihre eigene Interessenvertretung zu wählen. Diese Interessenvertretungen der leitenden Angestellten werden Sprecherausschüsse genannt. Der Zeitpunkt der Wahl eines Sprecherausschusses liegt – ebenso wie bei den Betriebsratswahlen – alle vier Jahre in der Zeit vom 1. März bis 31. Mai. Auf den Sprecherausschuss ist das Betriebsverfassungsgesetz lediglich in Ausnahmefällen anwendbar (vergleiche § 5 Abs. 3 und § 5 Abs. 4 BetrVG).

11.2.1   Der Wahlvorstand

Bevor die Wahl zum Betriebsrat erfolgen kann, wird der Wahlvorstand, der den gesamten Wahlablauf bis hin zur Verkündung der Ergebnisse leitet, vom bestehenden Betriebsratsgremium bestellt. Existiert im Betrieb noch kein Betriebsrat, so wird der Wahlvorstand nach § 17 Abs. 1 BetrVG vom Gesamt- oder Konzernbetriebsrat statuiert. Sofern in dem betreffenden Betrieb auch kein Gesamt- oder Konzernbetriebsrat existiert, sieht § 17 Abs. 2 BetrVG vor, dass der Wahlvorstand im Rahmen einer Betriebsversammlung, welche von einer im Betrieb vertretenen Gewerkschaft oder von drei wahlberechtigten Arbeitnehmern einberufen werden kann, gewählt wird. Sollte im Rahmen der Betriebsversammlung kein Wahlvorstand gewählt werden, so kann nach § 17 Abs. 4 BetrVG auf Antrag von mindestens drei wahlberechtigten Arbeitnehmern bzw. einer im Betrieb vertretenen Gewerkschaft das Arbeitsgericht einen Wahlvorstand bestellen.

Ein Wahlvorstand besteht aus mindestens drei wahlberechtigten Arbeitnehmern, von denen nach § 16 Abs. 1 BetrVG einer als Vorsitzender agiert. Zudem kann für jedes Mitglied ein Ersatzmitglied bestellt werden, das im Falle einer Verhinderung den entsprechenden Posten im Vorstand besetzt. Sollte es für die Durchführung der Wahl von Nöten sein, kann die Anzahl der Vorstandsmitglieder erhöht werden, wobei zu beachten ist, dass es sich hierbei immer um eine ungerade Zahl handeln muss.

Sollten sie noch kein stimmberechtigtes Mitglied im Wahlvorstand haben, ist es auch den im Betrieb vorhandenen Gewerkschaften möglich, einen Vertreter in den Wahlvorstand zu entsenden. Allerdings mit der Einschränkung, dass dieser Beauftragte kein Stimmrecht innehat. Nach § 16 Abs. 1 BetrVG hat der bestehende Betriebsrat in einem Großbetrieb ab 50 Arbeitnehmern spätestens zehn Wochen vor Ablauf seiner Amtszeit den Wahlvorstand zu bestellen. Sollte er dies bis zu acht Wochen vorher nicht getan haben, können nach § 16 Abs. 2 BetrVG mindestens drei wahlberechtigte Arbeitnehmer oder eine im Betrieb vertretene Gewerkschaft beim Arbeitsgericht die Bestellung von Mitgliedern des Wahlvorstands beantragen.

Existiert noch kein Betriebsrat, so wird nach § 17 Abs. 1 BetrVG der Wahlvorstand vom Gesamt- oder vom Konzernbetriebsrat oder nach § 17 Abs. 2 BetrVG in einer Betriebsversammlung von der Mehrheit der anwesenden Arbeitnehmer bestellt. Zu einer derartigen Betriebsversammlung wird nach § 17 Abs. 3 von den im Betrieb vorhandenen Gewerkschaften oder von mindestens drei wahlberechtigten Arbeitnehmern eingeladen. Ist der Wahlvorstand gewählt, so wird er mit dem gesamten Ablauf der Wahl betraut und hat diese nach § 18 Abs. 1 BetrVG sofort einzuleiten.

Für Kleinbetriebe mit bis zu 50 Arbeitnehmern kann seit der Änderung des Betriebsverfassungsgesetzes im Jahre 2001 ein vereinfachtes Wahlverfahren angewendet werden. Dieses funktioniert in zwei Stufen. Bei einem Betrieb mit bereits bestehendem Betriebsrat erfolgt die Bestellung des Wahlvorstandes nach § 17a Abs. 1 BetrVG spätestens vier Wochen vor Ablauf der Amtszeit. Das Einholen eines Entscheides des Arbeitsgerichts ist statt acht bereits drei Wochen vorher möglich.

Existieren weder Betriebsrat noch Gesamt- oder Konzernbetriebsrat, wird der Wahlvorstand nach § 17a Abs. 3 BetrVG beim vereinfachten Wahlverfahren in einer ersten Wahlversammlung durch im Betrieb vorhandene Gewerkschaften einberufen oder nach § 14a Abs. 1 BetrVG drei wahlberechtigte Arbeitnehmer von der Mehrheit der anwesenden Arbeitnehmer bestimmt. In der zweiten Stufe, die bereits eine Woche nach der Berufung des Wahlvorstandes stattfindet, wird schließlich der Betriebsrat nach § 14a Abs. 1 BetrVG in geheimer und unmittelbarer Wahl gewählt.

11.2.2 Die Vorbereitung der Wahl

Die bei der Vorbereitung zur Wahl zu erledigenden Aufgaben des Wahlvorstandes sind im Betriebsverfassungsgesetz bzw. in der dazu gehörigen Wahlordnung (WO) festgeschrieben. Nach § 2 Abs. 1 WO stellt der Wahlvorstand zunächst die Wählerliste auf, das heißt, auf dieser erscheinen alle wahlberechtigten Arbeitnehmer des Betriebes, die sowohl wählen, als auch gewählt werden können. Anschließend fertigt der Wahlvorstand nach § 3 WO ein Wahlausschreiben an, welches als der offizielle Anfang der Betriebsratswahl angesehen werden kann. Dieses ist vom Vorsitzenden und einem weiteren stimmberechtigten

Mitglied des Wahlvorstandes zu unterschreiben und nach § 3 Abs. 4 WO anschließend
gut sichtbar im Betrieb auszuhängen. Das Wahlausschreiben beinhaltet unter anderem die
Zahl der zu wählenden Betriebsratsmitglieder, die Mindestzahl von Wahlberechtigten, die
einen Wahlvorschlag unterzeichnen müssen, den Zeitpunkt zum Einreichen der Vorschläge sowie Ort und Zeitpunkt von Stimmabgabe und öffentlicher Stimmauszählung.

Die Wahlvorschläge können von Arbeitnehmern und im Betrieb vertretenen Gewerkschaften eingereicht werden. Handelt es sich um die Wahl von mehr als drei Betriebsratsmitgliedern, werden diese nach § 6 Abs. 1 WO innerhalb von zwei Wochen nach Erlass des Wahlausschreibens beim Wahlvorstand in Form von Vorschlagslisten eingereicht.
Dieses Verfahren findet meist in Großbetrieben Anwendung, da für Kleinbetriebe, wie
oben bereits dargestellt ein vereinfachtes Wahlverfahren durchgeführt werden kann. Die
Vorschlagslisten sollen nach § 6 Abs. 2 WO mindestens doppelt so viele zur Wahl vorgeschlagene Personen aufweisen, wie Betriebsratsplätze zu besetzen sind. Zudem ist die
schriftliche Einwilligung besagter Kandidaten zur Aufnahme in die Liste und somit zum
Antritt zur Wahl um ein Betriebsratsamt nach § 6 Abs. 3 WO beizufügen.

Wahlberechtigte Arbeitnehmer können nach § 6 Abs. 5 WO ihre Stimme in Form ihrer
Unterschrift nur zu einer Vorschlagsliste abgeben; verschiedene Vorschlagslisten sind zudem nach § 6 Abs. 6 WO nicht kombinierbar. Nach Aufstellung und Einreichung der
Vorschlagslisten durch die so genannten Listenführer, findet eine Überprüfung durch den
Wahlvorstand statt. Dabei ist unter anderem die erforderliche Zahl von Unterschriften
nach § 14 Abs. 4 BetrVG zu beachten. Dieser Paragraph besagt, dass eine Vorschlagsliste
von mindestens einem Zwanzigstel der wahlberechtigten Arbeitnehmer zu unterzeichnen
ist, da sie sonst ihre Gültigkeit verliert. Ist die Überprüfung durch den Wahlvorstand erfolgt und wurden die möglichen Vorschlagslisten entsprechend § 10 Abs. 2 WO im Betrieb bekannt gegeben, so kann es zur eigentlichen Betriebsratswahl kommen.

11.2.3   Die Wahl

Bei mehreren Vorschlagslisten erfolgt die Stimmabgabe der Wahlberechtigten Arbeitnehmer mittels Stimmzettel. Laut § 11 Abs. 1 WO ist es ihnen dabei nur möglich, für eine der
gültigen Vorschlagslisten zu stimmen. Ist der Urnengang der Belegschaft abgeschlossen,
kommt es zur öffentlichen Auszählung der Stimmen durch den Wahlvorstand. Anhand
dieser Auszählung werden die auf die Vorschlagsliste entfallenden Betriebsratssitze nach
§ 15 WO mittels des so genannten Höchstzahlverfahrens ermittelt. Im Anschluss erfolgt
die Bekanntgabe der Ergebnisse. Mit Vollendung dieses Schrittes gilt die Wahl offiziell
als beendet. Der neue Betriebsrat beginnt seine reguläre Amtszeit von vier Jahren (vgl.
§ 21 BetrVG).

Wurden nicht mehrere sondern nur eine Vorschlagsliste eingereicht, so wählen die
stimmberechtigten Arbeitnehmer nach § 20 WO die in der Liste aufgeführten Kandidaten.
Anschließend erfolgen auch hier die Auszählung und die Bekanntgabe der gewählten Betriebsratsmitglieder.

11.2.4 Die Anfechtbarkeit der Wahl

Aufgrund verschiedener Tatbestände kann es nach der Betriebsratswahl zur Anfechtung
der Wahl kommen.[2] Damit dies nicht passiert, sollten vorab der Betriebsbegriff und die
Zugehörigkeit der einzelnen Mitarbeiter zum Personenkreis der wahlberechtigten Arbeitnehmer abgeklärt werden. Vor der Wahl sollte dringend überprüft werden, ob es sich beim
betreffenden Betrieb um eine eigenständige und betriebsratsfähige Organisationseinheit
handelt. Der § 4 Abs. 2 BetrVG besagt, dass, sofern es sich um keine eigenständige Be-
triebseinheit handelt, diese dem Hauptbetrieb zuzuordnen ist und somit das Recht auf
einen eigenen Betriebsrat verwirkt. Nach § 18 Abs. 2 BetrVG kann im Zweifelsfalle das
Arbeitsgericht angerufen werden, um den Betriebsbegriff bereits vor der Wahl zu klären.
Dies kann durch den Arbeitgeber, einen beteiligten Betriebsrat oder den Wahlvorstand
respektive eine im Betrieb vertretene Gewerkschaft geschehen.

Darüber hinaus ist es wichtig, zu klären, welche Personen wahlberechtigt sind. Hierbei
spielt der § 5 Abs. 3 BetrVG eine große Rolle. Dieser legt fest, wer zum Kreis der leitenden Angestellten zählt und sich somit weder zur Wahl aufstellen lassen, noch mitwählen
darf. Der Grund hierfür besteht darin, dass leitende Angestellte nicht als wahlberechtigte
Arbeitnehmer angesehen werden, da ihre Position und ihr Einfluss im Betrieb bei der Mitwirkung im Betriebsrat zu einem Interessenkonflikt führen könnten.

Auch bei der Durchführung der Wahl gibt es bestimmte Vorschriften, die dringend eingehalten werden sollten, damit es nicht zu einer Wahlanfechtung kommt. Dazu gehören
zum Beispiel, dass die Betriebsratswahl von einem Wahlvorstand durchgeführt werden
muss (§ 16 BetrVG) oder auch, dass den Beschäftigten des Betriebes die Möglichkeit
zur ausreichenden Kenntnisnahme der Wahlvorgänge gegeben sein muss. Sollte gegen
wesentliche Tatbestände bei der Wahl verstoßen worden sein, kann der Arbeitgeber entsprechend § 19 Abs. 1 BetrVG die Betriebsratswahl innerhalb von zwei Wochen nach
Bekanntgabe der Wahlergebnisse vor dem Arbeitsgericht anfechten. Nach § 19 Abs. 2
BetrVG steht dieses Recht auch einer Gruppe von mindestens drei wahlberechtigten
Arbeitnehmern oder einer im Betrieb vertretenen Gewerkschaft zu.

11.3 Die Betriebsratsmitglieder

11.3.1 Der Betriebsratsvorsitzende und sein Stellvertreter

Nachdem die Betriebsratswahl mit Verkündung der Wahlergebnisse offiziell abgeschlossen ist und der Rat seine Amtszeit beginnt, sind nach § 26 Abs. 1 BetrVG der Betriebsratsvorsitzende und sein Stellvertreter in einer ersten Betriebsratssitzung, welche nach § 29
Abs. 1 BetrVG vom Wahlvorstand einberufen wurde, zu wählen. Der § 26 Abs. 2 BetrVG
sieht vor, dass der Vorsitzende lediglich eine repräsentative Funktion ausübt, denn er ver-

---

[2] Vgl. hierzu vertiefend auch: BAG-Beschluss vom 09.12.2009, 7 ABR 38/08, DB 2010, S. 1409 ff.

tritt den Betriebsrat nach außen und ist somit auch der Ansprechpartner für den Arbeitgeber. Zu den wichtigsten Aufgaben des Betriebsratsvorsitzenden zählen unter anderem die Einberufung und Leitung der Ratssitzungen, welche nach Möglichkeit während der Arbeitszeit stattfinden sollen und nach § 30 BetrVG nicht öffentlich sind, sowie nach § 29 Abs. 2 BetrVG das Festlegen der darin zu verhandelnden Tagesordnung.

11.3.2 Freizustellende Betriebsräte

Sind der Betriebsratsvorsitzende und sein Stellvertreter gewählt, kommt es, wie oben bereits dargestellt, bei Großbetrieben mit mindestens 200 Arbeitnehmern zur Wahl der so genannten freizustellenden Betriebsräte. Im Gegensatz zu normalen Betriebsräten sind freizustellende Betriebsräte von ihrer regulären Tätigkeit im Betrieb komplett entbunden, um sich voll und ganz der anfallenden Betriebsratsarbeit widmen und die sich daraus ergebenden Aufgaben ordnungsgemäß erfüllen zu können. Man könnte sie somit auch als „Vollzeitbetriebsräte" bezeichnen. Laut § 38 Abs. 1 BetrVG ist bei 200 bis 500 Arbeitnehmern mindestens ein Betriebsratsmitglied freizustellen, bei 501 bis 900 sind es zwei. Diese Staffelung setzt sich bis zu einer Betriebsgröße von 9001 bis 10.000 Arbeitnehmern fort, bei denen die Zahl der freizustellenden Betriebsräte bei zwölf liegt. Handelt es sich um mehr als 10.000 Angestellte, so ist ein weiteres Betriebsratsmitglied pro 2000 hinzukommenden Arbeitnehmern freizustellen. Die freizustellenden Betriebsratsmitglieder werden laut § 38 Abs. 2 BetrVG nach der Beratung mit dem Arbeitgeber in geheimer Wahl vom Betriebsrat gewählt. Neben den freizustellenden Betriebsratsmitgliedern sind auch die Mitglieder, welche die Positionen in den verschiedenen Ausschüssen besetzen sollen, zu wählen. Welche Ausschüsse es gibt, soll im nachfolgenden Kapitel genauer ausgeführt werden.

11.4 Die Ausschüsse des Betriebsrates

11.4.1 Der Betriebsausschuss

Der Betriebsausschuss ist das geschäftsführende Organ des Betriebsrates. Nach § 27 Abs. 1 Satz 1 BetrVG ist er zu bilden, wenn der Betriebsrat aus mindestens neun Mitgliedern besteht. Auch hier findet sich eine Staffelung entsprechend der Mitgliederzahl des Betriebsrates. Neben dem Betriebsratsvorsitzenden und seinem Stellvertreter, welche auf jeden Fall Mitglieder des Betriebsausschusses sein müssen, hat der Ausschuss bei neun bis fünfzehn Betriebsratsmitgliedern drei weitere und somit insgesamt fünf Ausschussmitglieder. Bei 17 bis 23 Betriebsratsmitgliedern bilden sieben Personen den Ausschuss, zwei davon sind der Betriebsratsvorsitzende und sein Stellvertreter. Bei 25 bis 35 Betriebsratsmitgliedern sind es neun Ausschussmitglieder, ab 37 sind es elf Mitglieder.

Der Betriebsausschuss führt die laufenden Geschäfte des Betriebsrates und kann nach § 27 Abs. 2 BetrVG von diesem sogar dazu beauftragt werden, bestimmte Aufgaben selbständig zu erledigen. Ausgenommen hiervon ist der Abschluss so genannter Betriebsvereinbarungen. Dies kann laut § 36 BetrVG schriftlich in der so genannten Geschäftsordnung festgehalten werden, zu welcher die Mehrheit der Betriebsratsmitglieder zustimmen muss. Liegt die Zahl der Betriebsratsmitglieder unter neun, so entfallen nach § 27 Abs. 3 BetrVG alle zu erledigenden Aufgaben entweder auf den Betriebsratsvorsitzenden oder ein anderes Mitglied des Rates.

11.4.2   Der Wirtschaftsausschuss

Nach § 28 Abs. 1 BetrVG ist es dem Betriebsrat möglich, bei einer Betriebsgröße von mehr als 100 ständig beschäftigten Arbeitnehmern zusätzliche Ausschüsse zu bilden, auf die er durch Mehrheitsbeschluss bestimmte Aufgaben übertragen und somit sein Tagesgeschäft entlasten kann. Dasselbe gilt nach § 28a BetrVG für die Übertragung von Aufgaben an Arbeitsgruppen. Die übertragenen Aufgaben sind schriftlich in der Geschäftsordnung zu erfassen.

Einer der eben beschriebenen Ausschüsse ist der Wirtschaftsausschuss. Dieser besteht aus drei bis sieben Mitgliedern des Betriebes, von denen nach § 107 Abs. 1 BetrVG mindestens eines dem Betriebsrat angehören muss. Auch leitenden Angestellten ist es möglich, Mitglied im Wirtschaftsausschuss zu werden, wenn sie wie alle anderen Ausschussmitglieder die nötige fachliche und persönliche Qualifikation dazu besitzen. Die Aufgabe des Wirtschaftsausschusses besteht nach § 106 Abs. 1 BetrVG im Wesentlichen darin, einmal im Monat wirtschaftliche Angelegenheiten des Betriebes mit dem Arbeitgeber zu beraten und den Betriebsrat anschließend darüber zu unterrichten. Um eine angemessene Beratung und Bewertung der Wirtschaftssituation des Unternehmens gewährleisten zu können, müssen dem Ausschuss entsprechend § 106 Abs. 2 BetrVG alle dafür nötigen Unterlagen durch den Arbeitgeber zur Verfügung gestellt werden. Dies soll rechtzeitig und umfassend geschehen, schließt allerdings solche Unterlagen aus, die Betriebs- und Geschäftsgeheimnisse des Unternehmens enthalten. Verletzt der Arbeitgeber die ihm auferlegte Aufklärungs- und Auskunftspflicht, so begeht er nach § 121 BetrVG eine Ordnungswidrigkeit, welche mit einer Geldbuße geahndet werden kann.

11.4.3   Weitere Ausschüsse

Neben dem Wirtschaftsausschuss ist es dem Betriebsrat möglich, weitere Ausschüsse zu bilden. Dazu gehört zum Beispiel der Personalausschuss, der sich um alles kümmert, was im Bereich der Personalangelegenheiten in die Zuständigkeit des Betriebsrates fällt, also beispielsweise Einstellungen, Versetzungen und Kündigungen. Darüber hinaus kann es zur Bildung eines Sozialausschusses, eines Arbeitssicherheits- und Gesundheitsausschusses oder auch eines Ausschusses für Öffentlichkeitsarbeit kommen.

11.5 Das Tagesgeschäft des Betriebsrats

11.5.1 Die Betriebsratssitzung

Die Betriebsratssitzung findet je nach Größe des Betriebsrates von zweimal wöchentlich bis zu einmal monatlich statt. Die Sitzung ist nicht öffentlich und wird, entsprechend § 30 BetrVG, solange dadurch keine Behinderung des Betriebsalltags stattfindet und der Arbeitgeber seine Zustimmung erteilt, während der Arbeitszeit abgehalten. Nachdem der Betriebsratsvorsitzende die Sitzung eröffnet und die Anwesenheit festgestellt hat, diskutieren die Mitglieder anhand einer vorher festgelegten und bereits im Rahmen der Einladung durch den Vorsitzenden mitgeteilten Tagesordnung die betrieblichen Angelegenheiten, die in den Zuständigkeitsbereich des Betriebsrates fallen. Sollte eines der Betriebsratsmitglieder verhindert sein und nicht an der Betriebsratssitzung teilnehmen können, nimmt ein dafür vorgesehenes Ersatzmitglied seinen Platz ein. Zusätzlich zur normalen Betriebsratssitzung sollten Rat und Arbeitgeber einmal im Monat zusammentreten, um eine gemeinsame Besprechung abzuhalten.

11.5.2 Die Beschlussfassung

Die während der Betriebsratssitzung zu verhandelnden Tagesordnungspunkte werden zunächst beraten und diskutiert. Erst danach erfolgt die Beschlussfassung. Die Voraussetzung hierfür ist, dass der Betriebsrat beschlussfähig ist. Das heißt: mindestens die Hälfte seiner Mitglieder müssen nach § 33 Abs. 2 BetrVG vertreten sein. Als solche werden hierbei auch die Stellvertreter verhinderter Ratsmitglieder angesehen. Nach den Regelungen des § 33 Abs. 1 BetrVG erfolgt die Beschlussfassung durch die Mehrheit der Stimmen der anwesenden Mitglieder, sofern per Gesetz keine andere Stimmmehrheit vorgeschrieben ist, wie dies zum Beispiel nach § 36 BetrVG für die Festlegung einer Geschäftsordnung durch die absolute Mehrheit der Mitgliederstimmen der Fall ist. Bei Stimmgleichheit gilt ein Antrag nach § 33 Abs. 1 BetrVG als abgelehnt.

11.5.3 Die Betriebsversammlung

Zu den Aufgaben des Betriebsrates gehört es nach § 43 Abs. 1 BetrVG unter anderem, einmal im Kalenderjahr eine so genannte Betriebsversammlung einzuberufen und im Rahmen dieser Versammlung einen Tätigkeitsbericht zu erstatten. Geleitet vom Betriebsratsvorsitzenden, nehmen an der nicht-öffentlichen Versammlung nach § 42 Abs. 1 BetrVG alle Arbeitnehmer des Betriebes teil. Den im Betrieb vertretenen Gewerkschaften ist es nach § 46 Abs. 1 BetrVG möglich, Beauftragte an der Versammlung teilnehmen zu lassen. Auch der Arbeitgeber ist zur Betriebsversammlung einzuladen und hat während dieser nach § 43 Abs. 2 BetrVG das Recht, sich zu äußern. Nimmt er an dieser Veranstaltung teil, so kann nach § 46 Abs. 1 BetrVG ebenfalls ein Beauftragter seines Arbeitgeberverbands entsandt werden.

11.5.4   Der Abschluss von Betriebsvereinbarungen

In Betriebsvereinbarungen werden getroffene Übereinkünfte zwischen Arbeitgeber und Betriebsrat festgehalten.[3] Nach § 77 BetrVG stellen Betriebsvereinbarungen betriebsinterne Vereinbarungen zwischen Betriebsrat und Arbeitgeber dar. Eine solche Vereinbarung bedarf, solange sie nicht auf einem Spruch der Einigungsstelle beruht, der Schriftform. Für Betriebsvereinbarungen schreibt der § 77 Abs. 2 BetrVG vor, dass diese sowohl vom Arbeitgeber als auch vom Betriebsrat unterzeichnet, schriftlich niederzulegen und an geeigneter Stelle im Betrieb auszulegen sind. Die Vereinbarung gilt nach § 77 Abs. 4 BetrVG unmittelbar und zwingend. Sie kann, soweit nichts anderes festgelegt wurde, innerhalb einer dreimonatigen Frist gekündigt werden.[4] Mögliche Inhalte freiwilliger Betriebsvereinbarungen können, nach § 88 BetrVG, unter anderem Maßnahmen zur Verhütung von Arbeitsunfällen oder auch Maßnahmen zur Errichtung von Sozialeinrichtungen sein. Wird das Schriftformerfordernis nicht eingehalten, so ist die Betriebsvereinbarung gemäß § 125 BGB unwirksam. Anders verhält es sich hingegen, wenn die Betriebsvereinbarung zwar das Schriftformerfordernis berücksichtigt, aber nicht an geeigneter Stelle im Betrieb ausgelegt worden ist. Eine Nichtbeachtung der Pflicht, die Betriebsvereinbarung bekanntzumachen führt nicht zu ihrer Unwirksamkeit.

Betriebsvereinbarungen gelten im Betrieb unmittelbar und zwingend. Unter Unmittelbarkeit ist in diesem Zusammenhang zu verstehen, dass die Regelungen der Betriebsvereinbarung – ohne dass diese von den Arbeitsvertragsparteien einer Zustimmung oder Kenntnisnahme bedürfen – direkten Einfluss auf den Inhalt des Arbeitsverhältnisses der betreffenden Arbeitnehmer ausüben. Unter zwingender Wirkung von Betriebsvereinbarungen ist zu verstehen, dass individualvertraglich zwischen Arbeitgeber und Arbeitnehmer keine hiervon abweichenden Vereinbarungen zur Aushebelung der Betriebsvereinbarung getroffen werden dürfen. In der öffentlichen Verwaltung gilt dies nach § 73 BPersVG für die so genannten Dienstvereinbarungen entsprechend. Diese Vorschrift lautet:

§ 73 BPersVG Dienstvereinbarungen

(1) Dienstvereinbarungen sind zulässig, soweit sie dieses Gesetz ausdrücklich vorsieht. Sie werden durch Dienststelle und Personalrat gemeinsam beschlossen, sind schriftlich niederzulegen, von beiden Seiten zu unterzeichnen und in geeigneter Weise bekannt zu machen.

(2) Dienstvereinbarungen, die für einen größeren Bereich gelten, gehen den Dienstvereinbarungen für einen kleineren Bereich vor.

---

[3] Vgl. zur Kündigung von Betriebsvereinbarungen auch: BAG vom 19.02.2008, 1 AZR 114/07, JR 2008, S. 483 f.

[4] Zur Teilkündigung einer Betriebsvereinbarung vgl. BAG, Urt. vom 06.11.2007, 1 AZR 826/06, NZA 2008, S. 422 ff.

Im Rahmen von Betriebsvereinbarungen ist zwischen so genannten erzwingbaren und so genannten freiwilligen Betriebsvereinbarungen zu differenzieren. Erzwingbare Betriebsvereinbarungen sind in den Angelegenheiten gegeben, in welchen dem Betriebsrat ein Mitbestimmungsrecht zusteht bzw. in den Angelegenheiten, in welchen die Einigung zwischen Arbeitgeber und Betriebsrat durch den Spruch einer Einigungsstelle ersetzt werden kann. Die freiwillige Betriebsvereinbarung besteht hingegen bei allen übrigen Angelegenheiten. Ähnlich wie im Rahmen eines Tarifvertrages, ist auch bei Betriebsvereinbarungen zwischen normativen und schuldrechtlichen Bestandteilen zu differenzieren. Unter normativen Regelungen sind diejenigen Bestimmungen zu verstehen, welche sich allgemein auf die Mitarbeiter im Betrieb auswirken. Hierzu zählen beispielsweise Regelungen bezüglich des Abschlusses und der Beendigung des Arbeitsvertrages oder andere Regelungen zum Inhalt des Arbeitsverhältnisses. Unter schuldrechtlichen Regelungen hingegen werden diejenigen Regelungen verstanden, welche lediglich im Verhältnis zwischen Arbeitgeber und Betriebsrat Wirkung entfaltet – also all diejenigen Regelungen, die die eigentlichen Vertragspartner der Betriebsvereinbarung betreffen.

Da in Betriebsvereinbarungen gewöhnlich andere, vom Arbeitsvertrag abweichende Regelungen getroffen werden, stellt sich nunmehr die Frage, welche Regelung von beiden nun wirksam ist – Betriebsvereinbarung oder Arbeitsvertrag. Im Rahmen der Behandlung von Arbeitsvertrag und Betriebsvereinbarungen gilt das so genannte Günstigkeitsprinzip (vgl. hierzu vertiefend auch: Melms und Kentner 2014, S. 127 ff.). Hiernach werden die für den Arbeitnehmer schlechteren Regelungen des Arbeitsvertrages durch die Betriebsvereinbarung ersetzt. Dieses gilt allerdings nur für die Gültigkeitsdauer der Betriebsvereinbarung. Sofern allerdings im Arbeitsvertrag für den Arbeitnehmer günstigere Regelungen enthalten sind, als in der Betriebsvereinbarung, so sind die günstigeren Regelungen des Arbeitsvertrages gültig. Nur ausnahmsweise können für den Arbeitnehmer günstige Bedingungen durch eine Betriebsvereinbarung in für den Arbeitnehmer schlechtere Regelungen umgewandelt werden. Dies ist aber nur dann zulässig, wenn die für den Arbeitnehmer günstigeren Arbeitsbedingungen aufgrund einer vertraglichen Einheitsregelung entstanden sind. Dies ist beispielsweise oftmals im Rahmen von Sozialleistungen oder Zulagen der Fall. Diese Ausnahme ist allerdings nur dann zulässig, wenn die Betriebsvereinbarung in ihrer Gesamtheit für die Arbeitnehmer nicht ungünstiger ist, als die bisherige Regelung. Genauer gesagt: zwar dürfen sich ausnahmsweise die Leistungen für den einzelnen Mitarbeiter verschlechtern; die Leistungen des Arbeitgebers an die Mitarbeiter insgesamt dürfen dabei allerdings nicht geringer werden als zuvor. Insofern wird von einem so genannten kollektiven Günstigkeitsprinzip gesprochen.[5]

Im Verhältnis zu Tarifverträgen ist die Betriebsvereinbarung von untergeordnetem Rang. So können nach § 77 Abs. 3 BetrVG Arbeitsentgelte und sonstige Arbeitsbedingungen, die durch Tarifvertrag geregelt sind oder üblicherweise geregelt werden, nicht Gegenstand einer Betriebsvereinbarung sein. Ist die Betriebsvereinbarung unter einer Befristung bzw. bis zum Erreichen eines bestimmten Zweckes geschlossen worden, so endet

---

[5] Vgl. BAG, Beschluss vom 16.09.1986, DB 1987, S. 383.

sie bei Fristablauf bzw. wenn der vereinbarte Zweck erreicht worden ist. Eine andere Möglichkeit eine Betriebsvereinbarung zu beenden ist die Kündigung. Für eine fristlose Kündigung muss ein wichtiger Grund vorliegen. Dieser Grund muss so wichtig sein, dass der Fortbestand der Betriebsvereinbarung als unzumutbar anzusehen ist. Die ordentliche Kündigung hingegen ist gemäß § 77 Abs. 5 BetrVG mit einer Frist von drei Monaten abzugeben, sofern Betriebsrat und Arbeitgeber keine hiervon abweichende Regelung getroffen haben. Ein weiterer Grund, welcher das Ende einer Betriebsvereinbarung bedeutet, ist der Abschluss einer neuen Betriebsvereinbarung.

11.6 Die Aufgaben des Betriebsrates

Der Betriebsrat hat zum Wohle der Arbeitnehmer zu handeln; denn er vertritt die zum Kollektivrecht gehörenden Interessen der Mitarbeiter. Hierzu gehören insbesondere Aspekte der Arbeitsbedingungen, der Arbeitsabläufe, Personalfragen und Aspekte des Miteinanders der Arbeitnehmer im Betrieb. Daraus ergeben sich für den Betriebsrat bestimmte Aufgaben, die unter § 80 BetrVG im Gesetz explizit aufgeführt sind. Zu diesen eher allgemeinen Aufgaben gehören zum Beispiel die Sicherung der Beschäftigung im Betrieb oder die Umsetzung von Arbeitsschutzmaßnahmen. Zudem sind dem Betriebsrat durch das Betriebsverfassungsrecht noch weitere Mitwirkungs- und Mitbestimmungsrechte im Sinne der betrieblichen Vertretung der Arbeitnehmer gegeben. Diese sollen im Folgenden kurz mit einigen Beispielen aufgezeigt werden. Bezüglich der Mitwirkungs- und Beschwerderechte des Arbeitnehmers, welche im Gesetz unter den §§ 81 bis 86a BetrVG normiert sind, ist unter anderem der den Betriebsrat betreffende § 85 BetrVG hervorzuheben. Dieser ermöglicht es dem Arbeitnehmer, dem Betriebsrat eine Beschwerde zuzutragen, welche der Rat, sofern sie berechtigt ist, an den Arbeitgeber weiterleitet und von diesem über die weitere Behandlung der Beschwerde unterrichtet werden muss. Nach § 86a BetrVG ist es dem Arbeitnehmer zudem möglich, dem Betriebsrat Themen vorzuschlagen, die auf den Sitzungen diskutiert werden sollten.

Die §§ 87 bis 89 BetrVG behandeln die so genannten sozialen Angelegenheiten. Der Betriebsrat verfügt hierbei unter anderem über die in § 87 BetrVG aufgeführten Mitbestimmungsrechte, die es ihm beispielsweise erlauben, soweit es keine anderen gesetzlichen und tariflichen Regelungen gibt, in Fragen der Auszahlung des Arbeitsentgelts, der Verteilung der Arbeitszeit auf die Wochentage, der Ausgestaltung von Sozialeinrichtungen oder auch der Festlegung von Akkord- und Prämiensätzen mitzubestimmen. Die Gestaltung von Arbeitsplatz, Arbeitsablauf und Arbeitsumgebung findet sich in § 90 BetrVG, welcher den Arbeitgeber verpflichtet, den Betriebsrat über solcherlei Vorgehen zu unterrichten und sich mit diesem zu beraten. Darüber hinaus finden sich Regelungen in § 91 BetrVG, welche dem Betriebsrat ein Mitbestimmungsrecht einräumen, wenn die Arbeitnehmer durch die oben genannten Maßnahmen belastet werden.

Besonders wichtig für die Betriebsratsarbeit ist die Gesetzgebung zu den so genannten personellen Angelegenheiten (§§ 92 bis 105 BetrVG). Der § 92 Abs. 1 BetrVG legt den

Grundstein für die Einbeziehung des Betriebsrates in Personalentscheidungen, denn er besagt, dass der Arbeitgeber den Betriebsrat über die Personalplanung zu informieren und sich anschließend mit diesem zu beraten hat. So ist es dem Rat beispielsweise nach § 92a BetrVG möglich, Vorschläge zur Beschäftigungssicherung zu unterbreiten und diese mit dem Arbeitgeber zu diskutieren.

Besteht ein Betrieb aus mehr als zwanzig wahlberechtigten Arbeitnehmern, so muss der Betriebsrat nach § 99 BetrVG vor jeder Einstellung, Eingruppierung, Umgruppierung und Versetzung unter Vorlage der erforderlichen Unterlagen davon unterrichtet werden. Anschließend muss auch seine Zustimmung eingeholt werden. Sollte der Betriebsrat seine Zustimmung verweigern, so ist es dem Arbeitgeber möglich, sie durch einen Entscheid des Arbeitsgerichtes zu ersetzen.

Der § 102 BetrVG behandelt die Mitbestimmung des Betriebsrates bei Kündigungen. Hierbei besitzt der Betriebsrat eine gewisse Kontrollfunktion, welche die Arbeitnehmer vor Willkürmaßnahmen durch den Arbeitgeber schützen, oder diese zumindest erschweren, soll. Vor jeder Kündigung muss der Arbeitgeber den Betriebsrat hierüber in Kenntnis setzen, ihm die Gründe dafür nennen und den Rat anschließend dazu anhören. Tut er dies nicht, so ist die ausgesprochene Kündigung unwirksam. Es sei allerdings darauf hingewiesen, dass der frist- und ordnungsgemäße Widerspruch des Betriebsrates die Kündigung nicht rückgängig macht oder verhindert. Nach dem Widerspruch des Betriebsrats ist es dem Arbeitnehmer nach § 102 Abs. 5 BetrVG nur möglich, mit einer Klage vor dem Arbeitsgericht dafür zu sorgen, dass er vom Arbeitgeber bis zum Ende des Rechtsstreits weiterbeschäftigt wird. Dies trifft nicht zu, wenn die Weiterbeschäftigung besagter Person für den Arbeitgeber eine unzumutbare wirtschaftliche Belastung darstellen sollte.

Die §§ 106 bis 113 BetrVG behandeln die so genannten wirtschaftlichen Angelegenheiten. Auch zu diesen muss der Betriebsrat bzw. der von ihm gebildete Wirtschaftsausschuss durch den Arbeitgeber unterrichtet werden. Eine weitere wirtschaftliche Angelegenheit stellt die Betriebsänderung dar. Hierunter wird ein erheblicher Eingriff des Arbeitgebers in den Ablauf oder den Bestand des Betriebes verstanden (vgl. Schoof 2003, S. 577). Von einer Betriebsänderung muss der Betriebsrat nach § 111 BetrVG unterrichtet werden, so dass er sich darüber anschließend mit dem Arbeitgeber beraten kann.

11.7   Jugend- und Auszubildendenvertretung

Der § 60 BetrVG sieht vor, dass in einem Betrieb, in welchem gewöhnlich mindestens fünf Jugendliche, also mindestens fünf Personen bis 18 Jahre beschäftigt sind, oder Auszubildende, welche noch nicht das 25. Lebensjahr erreicht haben, Jugend- und Auszubildendenvertretungen gewählt werden. Die Größe dieser Vertretung bestimmt sich gemäß § 62 Abs. 1 BetrVG danach, wie viele Jugendliche bzw. Auszubildende in dem Betrieb arbeiten. Der § 62 Abs. 1 BetrVG sieht für die Größe der Jugend- und Auszubildendenvertretung folgende Zahlen vor:

§ 62 BetrVG Zahl der Jugend- und Auszubildendenvertreter, Zusammensetzung der Jugend- und Auszubildendenvertretung

(1) Die Jugend- und Auszubildendenvertretung besteht in Betrieben mit in der Regel

5 bis 20 der in § 60 Abs. 1 genannten Arbeitnehmer aus einer Person,

21 bis 50 der § 60 Abs. 1 genannten Arbeitnehmer aus 3 Mitgliedern,

51 bis 150 der in § 60 Abs. 1 genannten Arbeitnehmer aus 5 Mitgliedern,

151 bis 300 der in § 60 Abs. 1 genannten Arbeitnehmer aus 7 Mitgliedern,

301 bis 500 der in § 60 Abs. 1 genannten Arbeitnehmer aus 9 Mitgliedern,

501 bis 700 der in § 60 Abs. 1 genannten Arbeitnehmer aus 11 Mitgliedern,

701 bis 1000 der in § 60 Abs. 1 genannten Arbeitnehmer aus 13 Mitgliedern,

mehr als 1000 der in § 60 Abs. 1 genannten Arbeitnehmer aus 15 Mitgliedern.

Gemäß § 62 Abs. 3 BetrVG ist bei der Besetzung der Vertretung ab drei Mitgliedern das Geschlecht, welches unter den Arbeitnehmern in der Minderheit ist, mindestens entsprechend seinem zahlenmäßigen Verhältnis im Rahmen der Jugend- und Auszubildendenvertretung zu berücksichtigen.

Aufgabe der Jugend- und Auszubildendenvertretung ist es, die Interessen der Jugendlichen und Auszubildenden im Betrieb zu vertreten. Eine genauere Aufzählung der ihr obliegenden Aufgaben findet sich in § 70 Abs. 1 BetrVG. Diese Vorschrift lautet:

§ 70 BetrVG Allgemeine Aufgaben

(1) Die Jugend- und Auszubildendenvertretung hat folgende allgemeine Aufgaben:

1. Maßnahmen, die den in § 60 Abs. 1 genannten Arbeitnehmern dienen, insbesondere in Fragen der Berufsbildung und der Übernahme der zu ihrer Berufsausbildung Beschäftigten in ein Arbeitsverhältnis, beim Betriebsrat zu beantragen;

1a. Maßnahmen zur Durchsetzung der tatsächlichen Gleichstellung der in § 60 Abs. 1 genannten Arbeitnehmer entsprechend § 80 Abs. 1 Nr. 2a und 2b beim Betriebsrat zu beantragen;

2. darüber zu wachen, dass die zu Gunsten der in § 60 Abs. 1 genannten Arbeitnehmer geltenden Gesetze, Verabredungen, Unfallverhütungsvorschriften, Tarifverträge und Betriebsvereinbarungen durchgeführt werden;

3. Anregungen von den in § 60 Abs. 1 genannten Arbeitnehmern, insbesondere in Fragen der Berufsbildung, entgegenzunehmen und, falls sie berechtigt erscheinen, beim Betriebsrat auf eine Erledigung hinzuwirken. Die Jugend- und Auszubildendenvertretung hat die betroffenen in § 60 Abs. 1 genannten Arbeitnehmer über den Stand und das Ergebnis der Verhandlungen zu informieren;

4. die Integration ausländischer, in § 60 Abs. 1 genannter Arbeitnehmer im Betrieb zu fördern und entsprechende Maßnahmen im Betriebsrat zu beantragen.

(2) Zur Durchführung ihrer Aufgaben ist die Jugend- und Auszubildendenvertretung durch den Betriebsrat rechtzeitig und umfassend zu unterrichten. Die Jugend- und Auszubildendenvertretung kann verlangen, dass ihr der Betriebsrat die zur Durchführung ihrer Aufgaben erforderlichen Unterlagen zur Verfügung stellt.

Der Betriebsrat stellt einen wichtigen Ansprechpartner für die Jugend- und Auszubildendenvertretung dar. Der Betriebsrat ist verpflichtet, die Jugend- und Auszubildendenvertretung umfassend und zeitig über diejenigen Angelegenheiten zu informieren, welche sie betreffen. Darüber hinaus hat die Jugend- und Auszubildendenvertretung nach § 67 Abs. 1 BetrVG das Recht, einen Vertreter zu allen Sitzungen zu entsenden. Hält die Mehrheit der Jugend- und Auszubildendenvertreter einen Beschluss des Betriebsrats für geeignet, die Interessen der Jugendlichen und Auszubildenden im Betrieb zu beeinträchtigen, so ist auf ihren Antrag hin nach § 66 Abs. 1 BetrVG der Beschluss auf die Dauer von einer Woche auszusetzen, damit in dieser Zeit eine Verständigung, gegebenenfalls auch unter Zuhilfenahme der im Betrieb vertretenen Gewerkschaften angestrebt werden kann. Nach § 65 Abs. 1 in Verbindung mit § 37 BetrVG sind die Mitglieder der Jugend- und Auszubildendenvertretung ähnlich wie Betriebsräte von ihrer beruflichen Tätigkeit freizustellen. Übereinstimmungen mit der Tätigkeit des Betriebsrats bestehen auch darin, dass der Arbeitgeber die Kosten der Tätigkeit der Jugend- und Auszubildendenvertretung entsprechend § 65 Abs. 1 BetrVG in Verbindung mit § 40 BetrVG zu tragen hat. Den Mitgliedern steht auch die Teilnahme an Bildungs- und Schulungsveranstaltungen zu.

11.8 Sprecherausschuss

Wie oben bereits dargestellt, werden die Interessen von leitenden Angestellten nicht vom Betriebsrat vertreten. Die Vertretung der leitenden Angestellten gegenüber dem Arbeitgeber wird durch den so genannten Sprecherausschuss vorgenommen. Dieser arbeitet eng mit dem Betriebsrat zusammen. Gesetzlich normiert ist der Sprecherausschuss im so genannten Sprecherausschussgesetz (SprAuG). § 1 dieses Gesetzes sieht vor, dass ein Sprecherausschuss in allen Betrieben mit gewöhnlich mindestens zehn leitenden Angestellten etabliert werden darf. Die Größe des Sprecherausschusses besteht nach § 4 Abs. 1 SprAuG in Betrieben mit 10 bis 20 leitenden Angestellten aus einer Person, in Betrieben mit 21 bis 100 leitenden Angestellten aus drei Mitgliedern; bei 101 bis 300 leitenden Angestellten aus fünf Mitgliedern sowie bei über 300 leitenden Angestellten aus sieben Mitgliedern. Ebenso wie Betriebsratsmitglieder werden die Mitglieder eines Sprecherausschusses zur Durchführung ihrer Tätigkeit von den beruflichen Aufgaben ohne Minderung des Arbeitsentgelts befreit, soweit dies nach Art und Umfang zur ordnungsgemäßen Durchführung ihrer Aufgaben erforderlich ist. Der Arbeitgeber hat auch die Kosten des Sprecherausschusses zu tragen. Anders als bei Betriebsratsmitgliedern, sieht der Gesetzgeber für Mitglieder eines Sprecherausschusses allerdings keinen besonderen Kündigungsschutz vor. Darüber hinaus besteht für Mitglieder eines Sprecherausschusses auch kein Anspruch auf Freistellung für Bildungs- oder Schulungsveranstaltungen.

11.9 Zusammenfassung

Zusammenfassung
- Der Betriebsrat hat eine betriebliche Mitwirkungs- und Mitbestimmungsfunktion.
- Regelungen zum Betriebsrat finden sich im Betriebsverfassungsgesetz (BetrVG).
- Unternehmer und Betriebsrat haben vertrauensvoll zusammenzuarbeiten.

- Die Betriebsratstätigkeit wird während der Arbeitszeit ausgeübt und nicht gesondert vergütet. Der Arbeitgeber hat allerdings Räumlichkeiten und Arbeitsmittel zur Verfügung zu stellen.
- In § 9 BetrVG wird die Zahl der Betriebsräte in Abhängigkeit zu der Zahl der Mitarbeiter normiert.
- Der § 38 BetrVG schreibt vor, wie viele Betriebsräte von ihrer Arbeit komplett frei zu stellen sind, damit sie die Tätigkeit des Betriebsrats wahrnehmen können.
- Betriebsratsmitglieder sind nach § 15 KSchG während ihrer Amtszeit und bis zu einem Jahr nach Beendigung der Tätigkeit als Betriebsrat vor Kündigungen geschützt.

Literatur

Byers P (2014) Die Höhe der Betriebsratsvergütung. NZA 65 ff.

Dentz W (2003) Handbücher für Unternehmenspraxis, Betriebliche Mitbestimmung; Beispiele – Analysen – Lösungen, Frankfurt

Lunk S, Schnelle D, Witten T (2014) Betriebsratswahl 2014 – Aktuelle Rechtsprechung seit der letzten Wahl. NZA 57 ff.

Melms C, Kentner K (2014) Die Modifikation des Günstigkeitsprinzips. NZA 127 ff.

Rieble V (2009) Gewerkschaftsnützige Leistungen an Betriebsräte. BB 1016 ff.

Salamon E (2014) Betriebsratswahlen unter Verkennung des Betriebsbegriffs. NZA 175 ff.

Schoof C (2003) Rechtsprechung zum Arbeitsrecht von A bis Z, 4. Aufl. Frankfurt

Thüsing G, Frost G (2009) Europäische Betriebsräte-Richtlinie: Neuerungen und Umsetzungserfordernisse. NZA 408 ff.

Tarifvertrag 12

Ein Großteil der deutschen Arbeitnehmer ist tarifgebunden. Aus diesem Grunde kommt dem Tarifvertrag eine wichtige wirtschaftliche Bedeutung zu. Das Tarifvertragsrecht ist Bestandteil des kollektiven Arbeitsrechts, wird im Tarifvertragsgesetz (TVG) geregelt und dient dem Schutz der Arbeitnehmer vor ungerechter Behandlung aufgrund ihrer strukturellen Unterlegenheit (vgl. Brox et al. 2007, S. 232).

12.1 Begriff des Tarifvertrages

Unter dem Begriff des Tarifvertrages wird ein privatrechtlicher, schriftlicher Vertrag zwischen tariffähigen Parteien verstanden. Tariffähig sind Arbeitgeberverbände oder einzelne Arbeitgeber auf der einen und eine Gewerkschaft auf der anderen Seite. Inhaltlich kann der Tarifvertrag in zwei Teile untergliedert werden: den normativen und den schuldrechtlichen Teil.

12.2 Inhalt und Art von Tarifverträgen

Im Rahmen des Tarifvertrages wird zwischen zwei Regelungsebenen unterschieden; dem schuldrechtlichen Teil, welcher die Rechte und Pflichten der Vertragsparteien regelt, und dem normativen Teil, welcher Rechtsnormen festsetzt und betriebliche sowie betriebsverfassungsrechtliche Fragen behandelt (vgl. Michalski 2008, S. 200).

12.2.1 Schuldrechtlicher Teil

Aufgrund seines vertraglichen Zustandekommens enthält jeder Tarifvertrag einen schuldrechtlichen Teil. Schuldrechtliche Inhalte, die sich bereits aus dem Wesen des Tarifver-

© Springer Fachmedien Wiesbaden 2014
A. Wien, N. Franzke, *Personalrecht*, DOI 10.1007/978-3-658-02968-5_12

trages erklären, sind auch dann bindend, wenn sie nicht explizit in den Vertragsabreden aufgeführt werden (vgl. Dütz 2007, S. 259). Die Verpflichtungen, die sich aus schuldrechtlichen Abreden ergeben, binden nur die den Tarifvertrag abschließenden Vertragsparteien, nicht aber ihre einzelnen Mitglieder. Dies liegt daran, dass es nach deutschem Recht nicht zulässig ist, Verträge zu Lasten Dritter zu vereinbaren. Eine Berechtigung zu Gunsten Dritter ist hingegen möglich (vgl. Junker 2006, S. 324). Die wichtigen Inhalte des schuldrechtlichen Teils sind die Durchführungs- und die Friedenspflicht.

12.2.1.1 Durchführungspflicht

Die Tarifvertragsparteien sind verpflichtet, sich an die Normen des Tarifvertrages zu halten und für ihre Erfüllung Sorge zu tragen. Demnach liegt es auch in der Verantwortung der Vertragsparteien, ihre Mitglieder über die Inhalte des Tarifvertrages zu informieren. Die Durchführungspflicht beinhaltet zugleich eine Einwirkungspflicht (vgl. Junker 2006, S. 327). Nach dieser liegt es auch in der Verantwortung der Tarifparteien auf ihre Mitglieder einzuwirken und jedwede Gefährdung für die Einhaltung des Vertrages zu vermeiden. Gegebenenfalls können Mitglieder, die sich an die Vereinbarungen nicht halten wollen bzw. dagegen verstoßen, auch „mit Vereinsrechtlichen Mitteln zu tarifmäßigem Verhalten" (Dütz 2007, S. 259) angehalten werden. Hierunter fallen beispielsweise Geldbußen, der Entzug von Mitgliedschaftsrechten oder sogar der Ausschluss als Tarifpartei. Eine Einwirkungspflicht besteht jedoch nur, wenn eindeutig zu erkennen ist, dass Mitglieder sich nicht gemäß den Vereinbarungen verhalten (vgl. Dütz 2007, S. 259). Die Durchführungspflicht ergibt sich aus dem Wesen des Tarifvertrages und gehört daher zu den stillschweigenden Tarifinhalten.

12.2.1.2 Friedenspflicht

Grundsätzlich wird zwischen einer relativen und einer absoluten Friedenspflicht unterschieden. Die relative Friedenspflicht dient der Aufrechterhaltung eines bestehenden Tarifvertrages insofern, dass sie Kampfmaßnahmen oder Kampfandrohungen für Regelungen, die bereits Gegenstand des Tarifvertrages sind, untersagt. Maßnahmen für Ziele bzw. Regelungen, die nicht Inhalt des Tarifvertrages sind, bleiben hingegen weiterhin legitim.

Die absolute Friedenspflicht untersagt sämtliche Maßnahmen des Arbeitskampfes über die Dauer eines bestehenden Tarifvertrages. Dieses Verbot gilt unabhängig davon, ob die ausschlaggebenden Streitpunkte bereits Bestandteil der tariflichen Vereinbarungen sind. Die absolute Friedenspflicht lässt sich nicht aus dem Sinn des Tarifvertrages erschließen und muss demnach ausdrücklich in den tariflichen Abreden vereinbart sein. Derzeit ist eine Klausel mit der Vereinbarung einer absoluten Friedenspflicht aber in deutschen Tarifverträgen nicht zu finden (vgl. Michalski 2008, S. 202). Eine Verletzung der Friedenspflicht kann Anlass zur Kündigung des Tarifvertrages aus wichtigem Grund sein. Da der Tarifvertrag aber, wie oben bereits erläutert, nur die Tarifvertragsparteien, nicht aber deren Mitglieder bindet, würde ein Arbeitnehmer, der an einem vertragswidrigen Arbeitskampf teilnimmt, auch nicht gegen die Friedenspflicht verstoßen. Er verstößt dem Arbeitgeber gegenüber allerdings gegen seine Pflicht zur Leistungserbringung und als Mitglied der

Gewerkschaft gegen die Pflicht, den bestehenden Tarifvertrag zu respektieren (vgl. Dütz 2007, S. 260).

12.2.2   Normativer Teil

Der Tarifvertrag enthält neben den schuldrechtlichen Bestimmungen Rechtsnormen, welche die Rechte und Pflichten der Tarifvertragsparteien regeln. Diese Rechtsnormen wirken nach § 4 Abs. 1 TVG zwingend und unmittelbar auf die Arbeitsverhältnisse der Mitglieder der Tarifparteien (vgl. Brox et al. 2007, S. 239).

Durch die unmittelbare Wirkung erlangen die normativen Bestimmungen in jedem Fall Gültigkeit für die Einzelarbeitsverhältnisse; unabhängig davon, ob der Tarifvertrag Bestandteil des Arbeitsvertrages ist. Dies gilt sowohl für Tarifverträge zwischen Gewerkschaften und Arbeitgeberverbänden, als auch für Tarifverträge mit einzelnen Arbeitgebern (vgl. Dütz 2007, S. 261). Die zwingende Wirkung der tariflichen Rechtsnormen bedeutet, dass abweichende Regelungen und Individualvereinbarungen zum Nachteil für den Arbeitnehmer grundsätzlich unwirksam sind.

Die zwingende Wirkung der Tarifnormen wird jedoch eingeschränkt. Gemäß § 4 Abs. 3 TVG sind auch abweichende Abmachungen von den tarifvertraglichen Vereinbarungen zulässig, solange die Abweichungen im Tarifvertrag vorgesehen sind oder eine für den Arbeitnehmer günstigere Regelung enthalten. Tarifvertragsklauseln, die abweichende Vereinbarungen zulassen, werden als Öffnungsklauseln bezeichnet. Ob eine Tarifnorm oder beispielsweise eine einzelvertragliche Abrede für den Arbeitnehmer günstiger ist, entscheidet sich nach dem Günstigkeitsprinzip (vgl. Dütz 2007, S. 261).

Sowohl für die unmittelbare als auch für die zwingende Wirkung der tariflichen Normen ist es nicht von Bedeutung, ob der tarifgebundene Arbeitnehmer und der tarifgebundene Arbeitgeber sich zum Zeitpunkt des Vertragsschlusses der Tarifwirkung bewusst waren (vgl. Brox et al. 2007, S. 239).

Die Tarifvertragsparteien sind durch Art. 9 Abs. 3 GG berechtigt, ohne Einwirkungen seitens des Staates selbständig Recht zu setzen. Diese Befugnis wird als Tarifautonomie bezeichnet (vgl. Junker 2006, S. 10). Der mögliche Umfang der normativen Bestimmungen ist jedoch gesetzlich geregelt (vgl. Michalski 2008, S. 204) und wird durch § 1 Abs. 1 des TVG bestimmt. Daraus ergeben sich verschiedene Arten von Tarifnormen.

Inhaltsnormen beispielsweise legen den Inhalt der Arbeitsverträge fest. Dies können z. B. Bestimmungen über Lohn, Arbeitszeit, Haftung der Arbeitnehmer oder Urlaub sein. Außerdem regeln sie die Form des Arbeitsvertrages. So können sie beispielsweise Schriftform vorschreiben. Die meisten Tarifbestimmungen sind Inhaltsnormen (vgl. Dütz 2007, Rn. 502).

Abschlussnormen regeln Vorgaben für den Abschluss von Arbeitsverhältnissen (vgl. Dütz 2007, Rn. 502). Sie bestimmen Abschlussgebote und Abschlussverbote. Abschlussgebote verpflichten den Arbeitgeber dazu, Arbeitsverhältnisse nur unter Einhaltung bestimmter Bedingungen zu schließen. Ein mögliches Beispiel hierfür wäre eine Vereinba-

rung, nach der bestimmte Arbeitsplätze nur mit einer bestimmten Gruppe von Arbeitnehmern zu besetzen sind. Auch Wiedereinstellungsklauseln (bei Saisonarbeit, witterungs-
bedingter Tätigkeit, etc.) fallen in den Bereich der Abschlussgebote. Abschlussverbote
hingegen untersagen dem Arbeitgeber den Abschluss bestimmter Arbeitsverhältnisse (vgl.
Michalski 2008, S. 204 f.).

Beendigungsnormen regeln die Beendigung von Arbeitsverhältnissen und stellen in der
Regel eine Erweiterung des Kündigungsschutzes dar (z. B. Ausschluss der Möglichkeit
einer ordentlichen Kündigung) (vgl. Michalski 2008, S. 205).

Betriebsnormen betreffen betriebliche Belange. Hierbei wird zwischen Solidarnormen
und Ordnungsnormen unterschieden. Solidarnormen verpflichten den Arbeitgeber zu
Leistungen zugunsten der gesamten Belegschaft. Dies kann beispielsweise die Errichtung
oder Bereitstellung sanitärer Anlagen, die Durchführung von Arbeitsschutzmaßnahmen
oder die Einrichtung einer Kantine sein. Ordnungsnormen sichern die betriebliche Ordnung. Hierunter fallen beispielsweise Rauchverbote oder Torkontrollen (vgl. Michalski
2008, S. 205).

Auch betriebsverfassungsrechtliche Fragen können in Tarifverträgen geregelt werden.
Die dafür aufgestellten Bestimmungen zählen zu den Normen der Betriebsverfassung.
Darunter fallen beispielsweise Regelungen zur Organisation der Betriebsverfassung oder
zum Aufgabenbereich der Betriebsräte (vgl. Dütz 2007, S. 263). Nach § 3 Abs. 2 TVG
gelten Betriebsnormen und Normen der Betriebsverfassung für alle Betriebe deren Arbeitgeber tarifgebunden sind. Der Tarifvertrag kann nach § 4 Abs. 2 TVG außerdem Normen
über gemeinsame Einrichtungen der Tarifvertragsparteien enthalten. Hierzu zählen beispielsweise Lohnausgleichs- und Urlaubskassen (vgl. Dütz 2007, S. 263).

12.3 Arten von Tarifverträgen

Abhängig davon, welche Parteien an einen Tarifvertrag gebunden sind, unterscheidet man
zwischen Verbands- und Firmentarifverträgen. Verbandstarifverträge werden zwischen
Gewerkschaften und Arbeitgeberverbänden geschlossen. Sie gelten zum Teil bundesweit
und werden daher auch als Flächentarifverträge bezeichnet. Meist werden sie jedoch regional abgeschlossen, z. B. für die einzelnen Bundesländer (vgl. Michalski 2008, S. 196).
Firmen- oder Haustarifverträge hingegen bestehen zwischen einer Gewerkschaft und
einem einzelnen Arbeitgeber (vgl. Dütz 2007, S. 258).

Ausgehend von ihrem Regelungsgegenstand ergeben sich weitere Arten von Tarifverträgen. Rahmen- und Manteltarifverträge legen allgemeine Arbeitsbedingungen, wie z. B.
die Wochenarbeitszeit, fest. Zudem regeln sie die Bestimmung von Gehaltsgruppen und
die Einstufung der Mitarbeiter. Lohn- bzw. Gehaltstarifverträge, auch Entgelt- oder Ver-
gütungstarifverträge genannt, regeln die Vergütung der Arbeitnehmer. Manteltarifverträge
haben mit zumeist drei Jahren in der Regel eine längere Laufzeit als Lohn bzw. Gehaltstarifverträge, welche häufig nur auf ein Jahr geschlossen werden (vgl. Michalski 2008,
S. 196).

12.4 Wirksamkeitsvoraussetzungen

Damit die Wirksamkeit eines Tarifvertrages gewährleistet ist, müssen bestimmte Kriterien erfüllt werden. Dabei kann eine Unterteilung in materielle und in formelle Wirksamkeitsvoraussetzungen vorgenommen werden.

12.4.1 Materielle Wirksamkeitsvoraussetzungen

Grundlage ist zunächst ein Vertragsschluss. Die Vertragsschließenden Parteien müssen tariffähig sein. Welche Parteien als allgemein tariffähig gelten, wird durch § 2 TVG festgelegt. In der Regel stimmen Koalitionseigenschaften und Tariffähigkeit überein. Neben den Merkmalen einer Koalition müssen die Tarifvertragsparteien jedoch weitere Voraussetzungen erfüllen. Zum einen müssen sie eine gewisse soziale Macht haben; d. h. sie müssen sich gegen ihren sozialen Gegenspieler durchsetzen können. Eine Durchsetzungsfähigkeit in diesem Sinne kann z. B. durch eine bestimmte Mitgliederzahl erreicht werden. Wichtig ist aber vor allem, dass die Partei von ihrem Gegner ernst genommen wird. Die Forderung nach einer Arbeitskampfbereitschaft und Arbeitskampffähigkeit ist jedoch umstritten. Nach einem Urteil des Bundesverfassungsgerichtes ist eine Koalition auch tariffähig, wenn sie ihre Ziele ausschließlich durch Verhandlungen erreichen will.[1] Des Weiteren wird für die Tariffähigkeit einer Vertragspartei auch eine gewisse Leistungsfähigkeit der Organisation vorausgesetzt (vgl. Dütz 2007, S. 267).

12.4.2 Weitere Wirksamkeitsvoraussetzungen

Nach § 1 Abs. 2 TVG bedarf ein Tarifvertrag zwingend der Schriftform, damit er seine Gültigkeit erlangen kann. Das bedeutet er muss unbedingt von den beteiligten Vertragsparteien oder deren Bevollmächtigten eigenhändig unterschrieben worden sein.

12.4.2.1 Tarifzuständigkeit

Neben der Tariffähigkeit der Tarifvertragsparteien ist auch ihre Tarifzuständigkeit von Bedeutung. Demnach findet ein Tarifvertrag nur für Arbeitsverhältnisse, die in seinen sachlichen und räumlichen Regelungsbereich fallen, Anwendung. Die tarifliche Zuständigkeit ergibt sich zumeist aus den Satzungen der Berufsverbände. Ferner werden Kompetenzfragen häufig dadurch verhindert, dass ein großer Teil der Gewerkschaften des DGB nach dem Industrieverbandsprinzip organisiert sind. Bei dieser Form der Organisation ist die Art der Beschäftigung der Arbeitnehmer eines Industriezweiges weniger ausschlaggebend. Vielmehr gilt das Prinzip „ein Betrieb – eine Gewerkschaft" (Junker 2006, S. 280). Demnach ist beispielsweise die IG Metall für alle Arbeitnehmer der Metall verarbeitenden

---

[1] Vgl. BVerfGE 18, 18 (25 ff.).

Industrie zuständig. Durch die Unabhängigkeit von Berufsgruppen werden folglich z. B. auch Maler oder Elektriker, die in einem Metall verarbeitenden Unternehmen beschäftigt sind, von den Tarifverträgen der IG Metall erfasst.

12.4.2.2 Tarifgebundenheit
Tarifgebunden sind gemäß § 3 Abs. 1 TVG die Mitglieder der Tarifvertragsparteien; d. h. Arbeitnehmer und Arbeitgeber, die beide Mitglied der den Tarifvertrag schließenden Koalitionen sind, sowie der Arbeitgeber, der durch den Abschluss eines Firmentarifvertrages selbst Partei des Tarifvertrages ist.

12.4.2.3 Beiderseitige Tarifgebundenheit
Für eine Tarifwirkung müssen grundsätzlich beide Vertragsparteien tarifgebunden sein. Die Tarifgebundenheit beginnt mit dem Eintritt der Arbeitnehmer in die Gewerkschaft bzw. des Arbeitgebers in den Arbeitgeberverband. Jedoch endet die Tarifgebundenheit nicht mit dem Austritt aus dem Verband. Damit soll vermieden werden, dass sich Arbeitgeber der Wirkung für sie ungünstiger tariflicher Vereinbarungen durch Austritt entziehen können. Die Tarifgebundenheit endet erst mit dem Ende des Tarifvertrages.

12.4.2.4 Einseitige Tarifgebundenheit
Für die Wirkung von Betriebsnormen und Normen der Betriebsverfassung ist hingegen eine einseitige Tarifbindung des Arbeitgebers ausreichend. Dabei ist es nicht von Bedeutung, ob der Arbeitgeber Mitglied im Arbeitgeberverband oder selbst Vertragspartei ist. Durch die einseitige Tarifgebundenheit werden alle Arbeitnehmer des Betriebes von den Vereinbarungen erfasst. Dies ist insofern besonders sinnvoll, als etwa Ordnungsnormen wie Torkontrollen oder ein Rauchverbot somit einheitlich für die gesamte Belegschaft anwendbar sind.

12.4.2.5 Allgemeinverbindlichkeitserklärung
Auch durch eine Allgemeinverbindlichkeitserklärung kann eine Tarifwirkung bei nur einseitiger Tarifgebundenheit vorliegen. Die Allgemeinverbindlichkeitserklärung bewirkt eine Ausweitung der tariflichen Wirkung auf bisher nicht tarifgebundene Arbeitnehmer und Arbeitgeber (vgl. Senne 2007, S. 8). Dadurch können auch die Arbeitnehmer und Arbeitgeber, die nicht in Verbänden organisiert sind, von den tariflichen Leistungen Profitieren (vgl. Hanau und Adomeit 2007, Rn. 219). Weiterhin kommt der Allgemeinverbindlichkeitserklärung auch eine wettbewerbslenkende Funktion zu. Nicht tarifgebundene Arbeitnehmer können ihre Arbeitsleistung nicht mehr unter dem Tariflohn anbieten, und der nicht tarifgebundene Arbeitgeber kann seine Arbeitnehmer nicht mehr unter dem tariflichen Mindestlohn vergüten. Gemäß § 5 Abs. 1 bis 3 TVG kann nur das Bundesministerium für Arbeit und Soziales auf Antrag einer Tarifpartei die normative Wirkung eines Tarifvertrages für allgemeinverbindlich erklären. Jedoch müssen hierfür bestimmte Voraussetzungen erfüllt sein. Nach § 5 Abs. 1 Nr. 1 und Nr. 2 TVG sollen 50 % der be-

schäftigten Arbeitnehmer bereits vom Geltungsbereich des Tarifvertrages erfasst werden und die Allgemeinverbindlichkeitserklärung soll im öffentlichen Interesse liegen.

12.4.2.6   Arbeitsvertragliche Bezugnahme

Eine weitere Möglichkeit, einheitliche Arbeitsbedingungen für organisierte und nicht organisierte Arbeitnehmer zu gewährleisten, ist die arbeitsvertragliche Bezugnahme.[2] Hierbei wird im Einzelarbeitsvertrag des Arbeitnehmers auf den jeweils für den tarifgebundenen Arbeitgeber maßgeblichen Tarifvertrag Bezug genommen. Da zu Beginn des Arbeitsverhältnisses generell nicht bekannt ist, ob ein Arbeitnehmer Mitglied einer Gewerkschaft ist, sind Verweise auf den Tarifvertrag meist auch in den Verträgen der organisierten Arbeitnehmer zu finden (vgl. Lieb und Jacobs 2006, S. 185). Im Gegensatz zur beiderseitigen Tarifgebundenheit haben die Vereinbarungen des Tarifvertrages bei einer Arbeitsvertraglichen Bezugnahme jedoch keine normative Wirkung auf das Arbeitsverhältnis. Die in den Arbeitsvertrag einbezogenen Tarifnormen können hingegen auch jederzeit abgeändert werden. Denn sie werden hier nur schuldrechtlicher Vertragsinhalt (vgl. Dütz 2007, S. 270). Für die Auslegung der Bezugnahme wird zwischen statischen und dynamischen Verweisungen unterschieden. Statische Verweisungen beziehen sich ausschließlich auf den zum Zeitpunkt des Vertragsschlusses für das Unternehmen einschlägigen Tarifvertrag. Eventuelle spätere Änderungen haben dann keine Auswirkung auf das Arbeitsverhältnis. Im Gegensatz dazu werden bei dynamischen Verweisungen auch zukünftige für das Unternehmen relevante Tarifverträge mit einbezogen. Eine kleine dynamische Verweisung hat dabei nur eine zeitliche Wirkung; d. h. sie bezieht die zukünftigen für das Unternehmen maßgeblichen Tarifverträge in der jeweiligen Branche mit ein. Können durch die dynamische Verweisung in Zukunft auch Tarifverträge anderer Industriezweige, beispielsweise etwa durch Branchenwechsel, Wirkung auf das Arbeitsverhältnis haben, wird von einer großen dynamischen Verweisung gesprochen (vgl. Lieb und Jacobs 2006, S. 185).

12.4.2.7   Geltungsbereich

Der Geltungsbereich eines Tarifvertrages ist von der Voraussetzung der Tarifgebundenheit abzugrenzen. Während die Tarifgebundenheit darüber entscheidet, ob ein Arbeitsverhältnis von der normativen Wirkung der tariflichen Vereinbarungen erfasst wird, bestimmt der Geltungsbereich für welche Arbeitsverhältnisse die Normen eines Tarifvertrages generell Anwendung finden. Nach § 4 Abs. 1 TVG gelten die Rechtsnormen des Tarifvertrages für Arbeitsverhältnisse, die unter den Geltungsbereich des Tarifvertrages fallen. Dabei wird die Reichweite von den Vertragsparteien bestimmt und im Tarifvertrag festgehalten. Der vereinbarte Geltungsbereich muss jedoch stets innerhalb der Grenzen der Tarifzuständigkeit liegen. In der Regel wird zwischen dem räumlichen, dem zeitlichen, dem sachlichen und dem persönlichen Geltungsbereich unterschieden. Die Bezeichnungen können in der

---

[2] Zum Versuch der Besserstellung gewerkschaftlich organisierter Arbeitnehmer vgl.: Boss 2009, S. 1238 ff.

Literatur aber auch abweichen. Die Unterscheidungskriterien sind jedoch weitgehend identisch.

12.4.2.8   Räumlicher Geltungsbereich

Der räumliche Geltungsbereich legt eine bestimmte Region fest, innerhalb welcher ein Tarifvertrag Anwendung findet. Demnach werden nur Arbeitsverhältnisse von Betrieben, die in diesem Gebiet ansässig sind, von den Normen des Tarifvertrages erfasst. Firmentarifverträge können gegebenenfalls für alle Betriebe eines Arbeitgebers gelten. Hingegen umschließen Verbandstarifverträge das gesamte Gebiet, in dem die Tarifvertragsparteien tätig sind. Ausgehend von der Größe des Geltungsbereiches lassen sich Ortstarife, Bezirkstarife, Landes- und Bundestarife unterscheiden (vgl. Michalski 2008, S. 218).

12.4.2.9   Zeitlicher Geltungsbereich

Der zeitliche Geltungsbereich gibt den zeitlichen Rahmen an, in dem die Tarifnormen auf die Arbeitsverhältnisse wirken. In der Regel stimmt dieser mit der Dauer des Tarifvertrages überein. Die Tarifwirkung beginnt mit dem Abschluss des Tarifvertrages. Auch ein späteres oder stufenweise verlaufendes Inkrafttreten ist möglich. Dies ist zum Beispiel der Fall, wenn ein Tarifvertrag eine erste Gehaltserhöhung mit sofortiger Wirkung und eine weitere Gehaltserhöhung zu einem späteren Zeitpunkt vorsieht (vgl. Junker 2006, S. 313 f.).

Auch eine Rückwirkung der Tarifnormen ist begrenzt möglich; sie muss jedoch explizit im Tarifvertrag vereinbart werden. Ist eine Rückwirkung zulässig, wird sie bereits ab dem Zeitpunkt als entstanden betrachtet, auf den die Tarifwirkung rückwirken soll. Sie erfasst die Arbeitsverhältnisse, die zu Beginn der Tarifwirkung auch tarifgebunden waren. Dies gilt selbst dann, wenn sie inzwischen eventuell nicht mehr tarifgebunden sind (vgl. Michalski 2008, S. 217).

Die Beendigung eines Tarifvertrages kann mehrere Gründe haben. So können die Tarifvertragsparteien „einen befristeten Tarifvertrag abschließen (§ 163 BGB), den Tarifvertrag ersatzlos aufheben, einen neuen Tarifvertrag schließen, der den bisherigen ablöst, § 311 Abs. 1 BGB, oder einen Tarifvertrag unter Einhaltung einer in der Regel vereinbarten Frist ordentlich kündigen" (Dütz 2007, S. 274 f.). Für befristete Tarifverträge wird eine ordentliche Kündigung häufig ausgeschlossen. Eine Kündigung aus wichtigem Grund ist jedoch weiterhin möglich. Demgegenüber ist bei unbefristeten Tarifverträgen gewöhnlich eine ordentliche Kündigung vorgesehen. Andernfalls kann der Tarifvertrag unter Einhaltung einer dreimonatigen Frist gekündigt werden (vgl. Junker 2006, S. 314.).

12.4.2.10   Sachlicher Geltungsbereich

Der sachliche Geltungsbereich kann sowohl betrieblich als auch fachlich ausgelegt werden. Da die meisten Gewerkschaften nach dem Industrieverbandsprinzip organisiert sind, ist der Geltungsbereich eines Tarifvertrages auch grundsätzlich auf Betriebe eines bestimmten Wirtschaftszweiges begrenzt. Demnach kann ein Tarifvertrag beispielsweise nur für Betriebe der Metall verarbeitenden Industrie oder des Einzelhandels gelten (vgl.

Michalski 2008, S. 218). In der Regel stimmt der betriebliche Geltungsbereich mit der Tarifzuständigkeit der Gewerkschaften überein. Jedoch liegt es im Ermessen der Tarifparteien, den Geltungsbereich einzuschränken (vgl. Dütz 2007, S. 272).

Umfasst ein Betrieb mehrere Geschäftszweige, spricht man von einem Mischbetrieb. Nach dem Grundsatz der Tarifeinheit, soll auch hier nur ein Tarifvertrag für den gesamten Betrieb greifen. Welcher Tarifvertrag maßgeblich ist, entscheidet sich im Zweifelsfall danach, mit welchen Aufgaben die Mitarbeiter überwiegend beschäftigt sind. Diese Tätigkeiten bilden den Hauptzweck des Betriebes. Wirtschaftliche Kriterien wie Umsatz oder Verdienst sind für die Entscheidung, welcher Tarifvertrag gelten soll, hingegen nicht relevant (vgl. Dütz 2007, S. 273).

Abweichend vom betrieblichen Geltungsbereich kann die Wirkung der Tarifnormen auf eine bestimmte Gruppe von Arbeitnehmern beschränkt werden. Dabei kann nach Berufen oder Tätigkeitsmerkmalen unterschieden werden. Der fachliche Geltungsbereich legt fest, welche Arbeitnehmergruppen vom Tarifvertrag erfasst werden (vgl. Junker 2006, S. 315). Zudem ist eine Einstellung in tarifliche Vergütungsgruppen möglich. Davon gesondert zu betrachten sind jedoch die so genannten außertariflichen Angestellten. Sie werden höher vergütet und somit von keiner Vergütungsgruppe mehr umfasst. Auch die Tarifnormen wirken hier nicht mehr (vgl. Dütz 2007, S. 274).

Eine Ausrichtung des sachlichen Geltungsbereiches an der Berufsgruppenzugehörigkeit würde dazu führen, dass mehrere Tarifverträge auf die unterschiedlichen Arbeitsverhältnisse innerhalb eines Betriebes anwendbar sind. Da die meisten Gewerkschaften jedoch nach dem Industrieverbandsprinzips organisiert sind, steht in der Regel der Betrieb im Vordergrund. Damit wird das Ziel der Tarifeinheit verfolgt (vgl. Lieb und Jakobs 2006, S. 188).

12.4.2.11 Persönlicher Geltungsbereich

Die Normen eines Tarifvertrages müssen nicht für alle Arbeitnehmer gleichermaßen gelten. Ähnlich wie bei der Bestimmung des fachlichen Geltungsbereiches, kann eine Beschränkung der Tarifwirkung auf bestimmte Gruppen auch anhand von persönlichen Eigenschaften erfolgen. Mögliche Kriterien sind außerdem Ausbildung, Lebensalter oder Dauer der Betriebszugehörigkeit. Die Grenzen zwischen persönlichem und fachlichem Geltungsbereich können fließend sein; besonders wenn beispielsweise die Zugehörigkeit zu einer Berufsgruppe eine bestimmte Ausbildung erfordert (vgl. Junker 2006, S. 316).

12.4.2.12 Grenzen der Tarifautonomie

Die Befugnis der Tarifparteien, selbständig und ohne staatliche Einflussnahme Recht zu setzen, wird als Tarifautonomie bezeichnet. Jedoch gilt die Tarifautonomie nicht uneingeschränkt. Als Rechtsnormen sind die Tarifnormen höherrangigem Verfassungs- oder Gesetzesrecht unterstellt. Sollte eine Tarifnorm gegen dieses vorrangige Recht verstoßen, gilt sie als nichtig. Sind nur einzelne Bestimmungen des Tarifvertrages nichtig, so wirken die übrigen Tarifnormen unter der Voraussetzung weiter, dass die Regelungen in sich abgeschlossen sind und noch ihren ursprünglichen Sinn beibehalten. Es gelten die gleichen

Grundsätze, die bei Teilnichtigkeit von Gesetzen angewandt werden. Der § 139 BGB hingegen, welcher die Teilnichtigkeit von Rechtsgeschäften regelt, findet keine Beachtung;
denn danach wären bei Nichtigkeit einzelner Tarifbestimmungen auch die übrigen Tarifnormen hinfällig (vgl. Dütz 2007, S. 277).

12.5   Grundrechte

Ebenso wie der Gesetzgeber haben die Tarifvertragsparteien die Grundrechte (Art. 1 bis
19 GG) zu beachten. Umstritten ist jedoch, ob die Tarifverträge wie Gesetze unmittelbar an die Grundrechte gebunden sind, oder ob die Grundrechte nur mittelbare Drittwirkung auf die Tarifnormen haben (vgl. Dütz 2007, S. 278). Eine mittelbare Drittwirkung
ist vor allem im Privatrecht üblich. Die Grundrechte finden dort keine direkte Anwendung, sondern dienen lediglich als Wertmaßstäbe für die Rechtsbeziehung. Die besondere Problematik liegt hier in der rechtlichen Doppelnatur des Tarifvertrages. Einerseits
ist er ein privatrechtlicher Vertrag zwischen Gewerkschaft und Arbeitgeberverband bzw.
dem einzelnen Arbeitgeber; andererseits enthält der Tarifvertrag auch Rechtsnormen, die
„unmittelbar und zwingend auf die Arbeitsverhältnisse" (Junker 2006, S. 26) wirken.
Betrachtet man den Tarifvertrag demnach als privatrechtlichen Vertrag auf kollektiver
Ebene, so unterscheidet er sich kaum von anderen Vertragsverhältnissen. Insofern wäre
eine mittelbare Drittwirkung durchaus nachvollziehbar. Legt man das Hauptaugenmerk
jedoch auf die normativen Regelungen, so sind die Tarifvertragsparteien aufgrund ihrer
Befugnis Recht zu setzen, ebenso wie der Gesetzgeber, unmittelbar an die Grundrechte
gebunden (vgl. Junker 2006, S. 25 f.). In jedem Fall haben die Tarifvertragsparteien eine
Schutzpflichtfunktion der Grundrechte zu erfüllen. Als Rechtsetzende sind sie demnach
dazu verpflichtet, den einzelnen Grundrechtsträger vor einer Einschränkung seiner Grundrechte durch privatrechtliche Verträge, wie hier den Tarifvertrag, zu schützen (vgl. Junker
2006, S. 293).
    Ebenso müssen arbeitnehmerschützende Freiheitsrechte gewahrt werden. Dazu gehö-
ren beispielsweise die Berufsfreiheit im Sinne de Art. 12 GG und die der allgemeinen
Handlungsfreiheit entspringende Vertragsfreiheit im Sinne des Art. 2 Abs. 1 GG. Große
Bedeutung kommt dem Art. 3 GG zu, welcher den Schutz des Arbeitnehmers vor Ungleichbehandlung sicherstellt. Liegt ein Verstoß gegen den Gleichbehandlungsgrundsatz
vor, so ist es nicht Aufgabe der Gerichte, die ungleiche Behandlung zu bereinigen. Vielmehr liegt es bei den Tarifparteien, die Gleichheit wieder herzustellen. Sie haben insbesondere auch die aus Art. 9 Abs. 3 GG hervorgehende negative Koalitionsfreiheit zu
achten. Danach steht es jedem frei, sich von Vereinigungen fern zu halten (vgl. Michalski
2008, S. 206).

12.6 Gesetze und Verordnungen

Die Tarifvertragsparteien sind ebenso an höherrangige zwingende formelle Parlamentsgesetze und Verordnungen gebunden. Dabei sind insbesondere auch die Verordnungen des Arbeitsrechts zu beachten. So ist beispielsweise eine Tarifnorm, welche das Recht zur außerordentlichen Kündigung ausschließt, nichtig. Eine solche Tarifnorm würde gegen den höherrangigen § 626 BGB verstoßen, welcher die fristlose Kündigung aus wichtigem Grund für jedes Arbeitsverhältnis vorsieht (vgl. Dütz 2007, S. 280). Genauso unzulässig ist ein tarifvertraglicher Ausschluss des Mutterschutzgesetzes. Es besteht jedoch die Möglichkeit, in den Tarifvertragsnormen von bestimmten gesetzlichen Vorgaben abzuweichen. In derartigen Fällen wird von dispositivem Recht gesprochen. Eine Abweichung darf auch zu Lasten der Arbeitnehmer erfolgen. Die abweichenden Normen werden als Zulassungsnormen bezeichnet, da sie Vertragsabreden ermöglichen, die die Gesetzeslage abändern. Darunter fallen beispielsweise Kurzarbeitsklauseln, welche festlegen, unter welchen Bedingungen ein Arbeitgeber die Kurzarbeit anordnen darf. Enthält die Kurzarbeitsklausel entsprechende Bestimmungen nicht, so verstößt sie gegen zwingendes Kündigungsschutzrecht und ist somit unwirksam (vgl. Dütz 2007, S. 280).

12.7 Zusammentreffen von Tarifvertrag und Einzelarbeitsvertrag

12.7.1 Günstigkeitsprinzip

Die Normen des Tarifvertrages wirken einseitig zwingend auf die Arbeitsverhältnisse. Gemäß § 4 Abs. 3 TVG ist eine Abweichung von den Tarifnormen zugunsten des Arbeitnehmers demnach möglich. Da der Tarifvertrag in erster Linie dem Schutz des Arbeitnehmers dient, sind hingegen in der Regel individuelle Vertragsabreden unzulässig, sofern sie eine Verschlechterung der Arbeitsbedingungen für den Arbeitnehmer bedeuten. Derartige Abweichungen von Tarifnormen sind nur wirksam, wenn der Tarifvertrag eine entsprechende Öffnungsklausel enthält. Der Tarifvertrag sichert lediglich Mindestarbeitsbedingungen; eine Festlegung von Höchstarbeitsbedingungen ist jedoch ausgeschlossen. Daher darf es den Tarifvertragsparteien auch nicht untersagt sein, in Einzelfällen günstigere Arbeitsbedingungen zu vereinbaren (vgl. Junker 2006, S. 298).

Ein Günstigkeitsvergleich erfolgt hauptsächlich zwischen Tarifverträgen und Vereinbarungen aus Arbeitsverträgen. Zwischen Tarifverträgen und Betriebsvereinbarungen findet das Günstigkeitsprinzip (vgl. hierzu vertiefend auch: Melms und Kentner 2014, S. 127 ff.) hingegen keine Anwendung. Betriebsvereinbarungen sind privatrechtliche Normenverträge zwischen Arbeitgeber und Betriebsrat. Ähnlich wie der Tarifvertrag enthalten sie Normen über Inhalt, Abschluss und Beendigung von Arbeitsverhältnissen, sowie Betriebsnormen und Normen der Betriebsverfassung (vgl. Michalski 2008, S. 262). Treffen Betriebsvereinbarung und Tarifvertrag aufeinander, so hat in der Regel der Tarifvertrag Vorrang. Darüber hinaus erfasst der Günstigkeitsvergleich nur die normativen Bestim mungen eines Tarifvertrages. Insbesondere sind hiermit Inhalts- und Beendigungsnormen gemeint. Betriebsnormen und Normen der Betriebsverfassung fallen jedoch nicht in den Anwendungsbereich des Günstigkeitsprinzips, da sie durch einzelvertragliche Abreden ihre allgemeine Gültigkeit verlieren und somit ihren ursprünglichen Zweck nicht mehr erfüllen (vgl. Junker 2006, S. 299). Ob eine arbeitsvertragliche Vereinbarung vor oder nach Inkrafttreten des Tarifvertrages getroffen wurde, ist für die Gültigkeit des Günstigkeitsprinzips nicht von Bedeutung (vgl. Dütz 2007, S. 283).

Die Entscheidung, welche Maßstäbe für den Günstigkeitsvergleich heranzuziehen sind, ist schwierig. Schließlich muss festgelegt werden, welche Bestimmungen miteinander verglichen werden sollen. Einerseits ist von einem Einzelvergleich von Vereinbarungen abzusehen; denn dieser hätte zur Folge, dass stets die günstigere Teilregelung aus Tarifvertrag und Arbeitsvertrag für den Arbeitnehmer gilt (vgl. Lipperheide 2005, S. 195). Andererseits ist auch ein Gesamtvergleich zwischen den Lohn- und Leistungszulagenregelungen und Urlaubsregelungen des Arbeitsvertrages mit denen des Tarifvertrages abzulehnen (vgl. Dütz 2007, S. 283). Sieht der Tarifvertrag demnach beispielsweise eine höhere Wochenarbeitszeit und mehr Urlaubsgeld vor als der Arbeitsvertrag, so fehlt es bei einem Vergleich der beiden an einem praktischen Vergleichsmaßstab. Vielmehr ist ein Sachgruppenvergleich vorzunehmen. Dabei werden Regelungen miteinander verglichen, die in einem inneren Zusammenhang zueinander stehen. Die Einteilung in Sachgruppen erfolgt nach den Funktionen, welche die Regelungen erfüllen, wie Einkommens-, Erholungs- und soziale Schutzfunktionen. Demnach bilden z. B. Urlaubsgeld und Urlaubstage eine Sachgruppe. Umstritten ist die Frage, ob eine Unterschreitung der tariflichen Bestimmungen, etwa durch weniger Lohn oder eine höhere Wochenarbeitszeit bei gleicher Entlohnung gegen eine Beschäftigungsgarantie nach § 4 Abs. 3 TVG überhaupt zulässig ist (vgl. Dütz 2007, S. 284).

Weiterhin muss geklärt werden, aus welcher Sicht die Günstigkeit einer Regelung zu beurteilen ist.[3] Generell ist eine objektive Beurteilung durch einen sachnahen Arbeitnehmer für die Bewertung der Günstigkeit heranzuziehen. Das subjektive Interesse des betroffenen Arbeitnehmers ist nicht entscheidend. Die Beurteilung nach objektivem Maßstab kann jedoch zu Problemen führen. Geht man davon aus, dass Arbeitszeit und Arbeitsentgelt zu einer Sachgruppe gehören und somit miteinander vergleichbar sind, so kommt es häufig auf die Lebensbedingungen des einzelnen Arbeitnehmers an, welche Regelung für ihn günstiger ist. Sieht der Tarifvertrag beispielsweise eine Wochenarbeitszeit von 40 h bei einer monatlichen Vergütung von 4.000 € vor, während der Arbeitsvertrag eine 35-Stundenwoche bei monatlich 3.500 € bietet, liegt es beim Arbeitnehmer, zu entscheiden, ob er eine längere Arbeitszeit für mehr Lohn in Kauf nimmt, oder ob es ihm wichtiger ist, mehr Freizeit zu haben (vgl. Dütz 2007, S. 284). Auch die oben bereits erwähnte Frage, ob eine untertarifliche Entlohnung gegen eine Beschäftigungsgarantie für den Arbeitnehmer günstiger ist, lässt sich jeweils nur aus der wirtschaftlichen Situation des Arbeitnehmers und des Betriebes beurteilen (vgl. Michalski 2008, S. 213).

---

[3] Rechtsprechung zum Günstigkeitsprinzip findet sich beispielsweise in: Schoof 2003, S. 992 f.

12.7.2 Effektivklausel

Da nach dem Günstigkeitsprinzip die Möglichkeit besteht, durch Einzelarbeitsverträge günstigere Bedingungen auszuhandeln, erhalten viele Arbeitnehmer zusätzlich zum festgeschriebenen Tariflohn eine gesonderte Tarifzulage. Demnach stellt sich die Frage, wie die übertariflichen Zulagen im Falle einer späteren Tariflohnerhöhung zu behandeln sind (vgl. Lieb und Jakobs 2006, S. 180). Erhält der Arbeitnehmer die Zulage weiterhin zusätzlich zum neuen Tariflohn, spricht man von einer Aufstockung. Wird hingegen die Differenz zwischen altem und neuem Tariflohn mit der bisherigen Zulage verrechnet, so saugt die Tariflohnerhöhung die übertarifliche Zahlung auf. Dies wird deshalb auch als „Aufsaugung" bezeichnet. Regelungen darüber, ob die Zulage weiter gewährt oder verrechnet werden soll, können sowohl im Arbeitsvertrag als auch im Tarifvertrag getroffen werden. Beinhaltet der Arbeitsvertrag diesbezüglich jedoch keine Regelung, ist der Willen der Vertragsparteien durch Auslegung zu ermitteln. Ausschlaggebend ist insbesondere der Zweck der Zulage. Dient die Zulage der Verbesserung des Lebensstandards des Arbeitnehmers, so wird in der Regel eine Verrechnung vorgenommen werden, da nun der höhere Tariflohn den Lebensstandard sichert. Auch die Art, wie die Zulage ausgewiesen wird, kann ein Anhaltspunkt sein. Ist demnach der übertarifliche Lohn in einer Gesamtsumme (z. B. 12 € Stundenlohn) angegeben, spricht dies für eine Aufsaugung. Sind hingegen Tariflohn und Zulage gesondert aufgeführt (10 € Stundenlohn + 2 € übertarifliche Zulage), so spricht diese Angabe dafür, dass die Zulage auch im Fall einer Tariflohnerhöhung beibehalten werden soll. Zudem ist von einem Aufstockungswillen auszugehen, wenn es sich bei der Zulage beispielsweise um eine Leistungs- oder Erschwerniszulage für besonders schwere Arbeit handelt (vgl. Dütz 2007, S. 286). Eine Aufsaugung der übertariflichen Zulagen ist nicht im Interesse des Arbeitnehmers. Demnach wird er gegebenenfalls auch eine Tariflohnerhöhung nicht begrüßen. Aufgrund dessen besteht die Möglichkeit, die übertarifliche Zulage durch Klauseln innerhalb des Tarifvertrages zu sichern. Diese Regelungen werden als Effektivklauseln bezeichnet. Man unterscheidet zwischen Effektivgarantieklauseln und begrenzten Effektivklauseln. Eine Effektivgarantieklausel gewährt dem Arbeitnehmer einen neuen Tariflohn, der sich aus dem bisherigen Gesamtlohn und der Tariflohnerhöhung zusammensetzt (z. B. 10 € tariflicher Stundenlohn + 2 € Zulage + 1 € Tariflohnerhöhung = 13 € neuer Tariflohn). Der neue Tariflohn ist zugleich tariflicher Mindestlohn. Die begrenzte Effektivklausel soll lediglich die übertarifliche Zulage sichern. Zulage und Tariflohn werden weiterhin getrennt voneinander betrachtet (z. B. 10 € Tariflohn + 1 € Tariflohnerhöhung + 2 € Zulage). Insgesamt erhält der Arbeitnehmer in beiden Fällen den gleichen Gesamtlohn. Durch die begrenzte Effektivklausel bleibt die übertarifliche Zulage jedoch weiterhin eine arbeitsvertragliche Vereinbarung und kann somit durch Änderungskündigung[4] oder eine Änderung des Arbeitsvertrages auch wieder abgebaut werden (vgl. Dütz 2007, S. 285). Die Rechtsprechung betrachtet beide Formen der Effektivklausel als

---

[4] Vgl. zur Gehaltsanpassung durch Änderungskündigung: BAG-Urteil vom 20.06.2013, 2 AZR 396/12, NJW-Spezial 2014, S. 18.

unzulässig. Zunächst verstößt die Effektivklausel gegen den Gleichheitsgrundsatz nach
Art. 3 Abs. 1 GG. Durch die Klauseln ergeben sich mit den Zulagen unterschiedliche
Tariflöhne für die einzelnen Arbeitnehmer. Der Tarifvertrag dient jedoch der Festlegung
allgemeiner Arbeitsbedingungen. Weiterhin verstößt die Effektivklausel gegen § 4 Abs. 3
TVG. Demnach sichert der Tarifvertrag nur Mindestarbeitsbedingungen. Eine Vereinba-
rung übertariflicher Zulagen würde darüber hinausgehen. Eine Effektivgarantieklausel
verstößt zudem auch gegen das Schriftformerfordernis nach § 1 Abs. 2 TVG da der neue
Tariflohn dem Tarifvertrag nicht eindeutig zu entnehmen ist (vgl. Junker 2006, S. 323).

12.8   Mehrheit von Tarifverträgen

Unter Umständen kann ein Betrieb in den Geltungsbereich mehrerer Tarifverträge fallen.
Man unterscheidet zwischen Tarifkonkurrenz und Tarifpluralität.

12.8.1   Tarifkonkurrenz

Tarifkonkurrenz entsteht, wenn auf ein- und dasselbe Arbeitsverhältnis, sowohl nach Tarifzuständigkeit und Geltungsbereich als auch nach Tarifgebundenheit, mehrere Tarifverträge anzuwenden sind.[5] Dies trifft z. B. zu, wenn ein Arbeitgeber einen Haustarifvertrag
abschließt, während ein Verbandstarifvertrag besteht oder ein Tarifvertrag für allgemein
verbindlich erklärt wird, während der Arbeitnehmer an einen anderen Tarifvertrag gebunden ist. Ferner kann es zu Tarifkonkurrenz kommen, wenn ein Arbeitgeber während der
Laufzeit des Tarifvertrages den Verband wechselt. Bis zum Ende des alten Tarifvertrages
ist er an beide Tarifverträge gebunden (vgl. Dütz 2007, S. 298 f.). Nach dem Grundsatz der
Tarifeinheit gilt jedoch nur ein Tarifvertrag für den gesamten Betrieb. Die Tarifkonkurrenz
ist aufzulösen. Dabei wird nach dem Prinzip der Spezialität vorgegangen. Der Tarifvertrag, der dem Betrieb räumlich, fachlich, persönlich und betrieblich näher steht, verdrängt
den sachfernen Tarifvertrag. Demnach verdrängt ein Firmentarifvertrag einen Verbandstarifvertrag. Ist hingegen nicht auszumachen, welcher Tarifvertrag der speziellere ist, gilt
der Tarifvertrag, der die meisten Arbeitsverhältnisse innerhalb des Betriebes erfasst (vgl.
Brox et al. 2007, S. 253). Das Günstigkeitsprinzip ist nicht anzuwenden, da es für das Verhältnis ranggleicher Vereinbarungen nicht greift (vgl. Dütz 2007, S. 298).

12.8.2   Tarifpluralität

Tarifpluralität liegt vor, wenn innerhalb eines Betriebes verschiedene Tarifverträge Anwendung finden, der einzelne Arbeitnehmer jedoch nur an einen Tarifvertrag gebunden

---

[5] Vgl. hierzu auch: BAG vom 05.12.2001, 10 AZR 197/01, NZA 2002, S. 640.

ist. Dies ist z. B. der Fall, wenn die Arbeitnehmer in zwei unterschiedlichen Gewerkschaften organisiert sind und der Arbeitgeber oder dessen Arbeitgeberverband mit beiden einen Tarifvertrag geschlossen hat. Tarifpluralität kann auch durch eine Allgemeinverbindlichkeitserklärung entstehen, wenn z. B. nur ein Teil der Belegschaft in einer Gewerkschaft organisiert und somit an einen einschlägigen Tarifvertrag gebunden ist, während für die nicht organisierten Arbeitnehmer ein anderer Tarifvertrag als allgemeinverbindlich gilt (vgl. Dütz 2007, S. 299). Für die Auflösung der Tarifpluralität gelten die gleichen Prinzipien wie bei einer Tarifkonkurrenz. Jedoch stellt sich die Frage, inwieweit dieses Vorgehen mit der Koalitionsfreiheit nach Art. 9 Abs. 3 GG vereinbar ist. Gilt nach der Organisationszugehörigkeit der Tarifvertrag, der die meisten Arbeitsverhältnisse erfasst, werden kleinere Gewerkschaften benachteiligt. Sie verlieren ihren tariflichen Schutz (vgl. Michalski 2008, S. 219).

12.9 Ablauf des Tarifvertrages

Endet ein Tarifvertrag, etwa durch Ablauf der Befristung oder durch fristgerechte Kündigung, so gelten nach § 4 Abs. 5 TVG seine Rechtsnormen weiter, bis sie durch eine andere Abmachung ersetzt werden. Man spricht von einer tariflichen Nachwirkung. Jedoch verändern die Tarifnormen ihre Rechtsqualität. Sie wirken nun nicht mehr zwingend, sondern dispositiv auf die Arbeitsverhältnisse. Somit kann durch vertragliche Vereinbarung von den Tarifnormen abgewichen werden. Andere Abmachungen im Sinne von § 4 Abs. 5 TVG sind neben einem neuen Tarifvertrag auch individuelle Arbeitsverträge (vgl. Lieb und Jakobs 2006, S. 182). Die tarifliche Nachwirkung dient dazu, in der Zeit zwischen dem Ablauf eines Tarifvertrages und dem Inkrafttreten eines neuen Tarifvertrages einen regellosen Zustand zu vermeiden. Sie erfüllt somit eine gewisse Überbrückungsfunktion (vgl. Junker 2006, S. 302). Aufgrund dieser Funktion tritt die Nachwirkung der Tarifnormen auch ein, wenn der Tarifvertrag noch nicht abgelaufen ist, sich aber der Geltungsbereich verändert hat und somit keine Tarifbindung mehr vorliegt. Galt ein Tarifvertrag durch Allgemeinverbindlichkeitserklärung auch für nicht organisierte Arbeitnehmer, so werden auch sie von der tariflichen Nachwirkung erfasst. Umstritten ist jedoch die Frage, ob sich die Nachwirkung auch auf die Arbeitsverhältnisse erstreckt, die erst nach Ablauf des Tarifvertrages zustande gekommen sind, oder für welche die Tarifbindung erst in der Nachwirkungszeit eintrat, etwa durch Gewerkschaftsbeitritt. Generell wird dies verneint, da für die Geltung der Nachwirkung vorher eine zwingende Wirkung der Tarifnormen vorgelegen haben muss. Die tarifliche Nachwirkung endet sobald eine andere Abmachung gilt. Dies kann ein neuer Tarifvertrag, ein anderer, für allgemein verbindlich erklärter Tarifvertrag sein, oder bei Verbandswechsel des Arbeitgebers der Tarifvertrag des neuen Verbandes oder ein individueller Arbeitsvertrag sein. Eine frühere arbeitsvertragliche Abrede, die durch den Tarifvertrag verdrängt wurde, gilt hingegen nicht als andere Abmachung nach § 4 Abs. 5 TVG. Für Außenseiter, die von einem nachwirkenden Tarifvertrag durch Allgemeinverbindlichkeitserklärung erfasst werden, gilt der ablösende Tarifvertrag nicht, es sei denn er wurde ebenfalls für allgemein verbindlich erklärt. Der Arbeitgeber kann sich der Nachwirkung nicht entziehen. Wird keine andere Abmachung getroffen, gilt die Nachwirkung weiter. Der Arbeitgeber kann die Tarifwirkung dann nur durch eine Änderungskündigung beenden (vgl. Dütz 2007, S. 275 f.). Da die Tarifnormen nicht mehr zwingend wirken, können durch einen Einzelvertrag jetzt auch ungünstigere Arbeitsbedingungen vereinbart werden. Ebenso gilt ein neuer Tarifvertrag auf Grund des tariflichen Ordnungsprinzips unabhängig davon, ob die Bestimmungen für die Arbeitnehmer ungünstiger sind. Das Günstigkeitsprinzip findet hier keine Anwendung (vgl. Michalski 2008, S. 214).

12.10   Zusammenfassung

Zusammenfassung

- Der Tarifvertrag ist im Tarifvertragsgesetz (TVG) geregelt.
- Damit ein Tarifvertrag wirksam wird, bedarf er zwingend der Schriftform (§ 1 Abs. 2 TVG) und muss von einer Gewerkschaft sowie von Arbeitgebern oder Arbeitgeberverbänden ausgehandelt worden sein.
- Ein Tarifvertrag besteht aus zwei Teilen; einem normativen und einen schuldrechtlichen Teil.
- Im schuldrechtlichen Teil werden insbesondere die Durchführungs- und die Friedenspflicht vereinbart. Die Friedenspflicht bedeutet, dass während der Laufzeit des Tarifvertrages keine Arbeitskämpfe stattfinden dürfen.
- Die Friedenspflicht kann als absolute oder als relative Pflicht vereinbart werden. Währen bei einer absoluten Friedenspflicht überhaupt kein Arbeitskampf stattfinden darf, kann bei einer relativen Friedenspflicht nur für Anliegen gekämpft werden, die noch nicht im Tarifvertrag geregelt werden.

Literatur

Boss S (2009) Brennpunkt: Differenzierungsklauseln – Der Versuch der Besserstellung gewerkschaftlich organisierter Arbeitnehmer durch sog. „Tarifboni" und deren rechtliche Grenzen. BB 1238 ff.
Brox H, Rüthers B, Henssler M (2007) Arbeitsrecht, 17. Aufl. Stuttgart
Dütz W (2007) Arbeitsrecht, 12. Aufl. München
Hanau P, Adomeit K (2007) Arbeitsrecht, 14. Aufl. Neuwied
Junker A (2006) Grundkurs Arbeitsrecht, 5. Aufl. München
Lieb M, Jacobs M (2006) Arbeitsrecht, 9. Aufl. Heidelberg
Lipperheide PJ (2005) Arbeitsrecht. Stuttgart
Melms C, Kentner K (2014) Die Modifikation des Günstigkeitsprinzips. NZA 127 ff.
Michalski L (2008) Arbeitsrecht, 7. Aufl. Heidelberg
Schoof C (2003) Rechtsprechung zum Arbeitsrecht von A bis Z, 4. Aufl. Frankfurt
Senne P (2007) Arbeitsrecht – Das Arbeitsverhältnis in der betrieblichen Praxis, 4. Aufl. Köln

13.1 Der Arbeitskampf

Für den Begriff des Arbeitskampfes findet sich keine gesetzliche Definition. Nach ganz herrschender Auffassung liegt aber ein Arbeitskampf vor, wenn seitens der Arbeitnehmer oder der Arbeitgeber zur Erreichung eines bestimmten Zieles kollektive Maßnahmen ergriffen werden, welche in die Beziehung zwischen Arbeitgeber und Arbeitnehmer eingreifen. Für den Begriff „Arbeitskampf" ist es unerheblich, ob der Kampf oder die Kampfmaßnahmen widerrechtlich oder rechtmäßig sind.

Nach Auffassung des Großen Senates des Bundesarbeitsgerichtes soll der Arbeitskampf nur das letzte Mittel – also ultima ratio – sein, welches bei der Durchsetzung der Interessen eingesetzt wird.[1] Gewöhnlich findet der Arbeitskampf zwischen den tariffähigen Parteien, nämlich zwischen Gewerkschaft und Arbeitgebern bzw. deren Spitzenverbänden statt. In der Praxis unterliegt der Arbeitskampf festen Grundsätzen. Allerdings sind diese gewöhnlich nicht gesetzlich normiert, sondern finden ihre Regelungen in der Rechtsprechung[2] und der Literatur.

Kampfmittel im Rahmen des Arbeitskampfes sind auf Seiten der Arbeitnehmer der Streik und auf Seiten des Arbeitgebers die Aussperrung.

Zwar existiert begrifflich sowohl die Angriffs- als auch die Verteidigungsaussperrung, doch hat die Praxis gezeigt, dass eine Anwendung der Angriffsaussperrung eine große Ausnahme wäre. Unter einer Angriffsaussperrung ist zu verstehen, dass der Arbeitgeber als erster, durch die Aussperrung als Arbeitskampfmaßnahme versucht, seine Anliegen durchzusetzen. Die Verteidigungsaussperrung hingegen stellt eine Reaktion des Arbeitgebers auf Streik dar. Darüber hinaus hat der 1. Senat des BAG der Verteidigungsaussper-

---

[1] Vgl. BAG GS vom 21.04.1971, GS 1/68, Teil III A 3, AP Nr. 43 zu Art. 9 GG Arbeitskampf.

[2] Vgl. hierzu die grundlegend wichtigen Urteile des BAG, GS vom 28.01.1955, BAGE 1, 291 und BAG GS vom 21.04.1971, Betriebs-Berater 1971, 701 sowie die Entscheidung des BVerfG vom 26.06.1991, NJW 1991, 2549.

rung, der so genannten Defensivaussperrung, proportionale Beschränkungen auferlegt, so dass von einer Parität im Arbeitskampf nicht mehr gesprochen werden kann.

Der klassische Arbeitskampf zielt gewöhnlich darauf ab, die tariflichen Regelungen für die Parteien zu verbessern. Während des Bestehens der Friedenspflicht[3] ist die Durchführung von Arbeitskampfmaßnahmen unzulässig.[4] Insofern findet ein Arbeitskampf deshalb gewöhnlich auch nur dann statt, wenn ein Tarifvertrag ausgelaufen ist und die Verhandlungen über den Abschluss eines neuen Tarifvertrages ins Stocken geraten. Die im schuldrechtlichen Teil eines Tarifvertrages vereinbarte Friedenspflicht klammert also die Möglichkeit eines rechtmäßigen Streiks während der Laufzeit des Tarifvertrages aus. Hierbei ist aber zwischen der absoluten und der relativen Friedenspflicht zu differenzieren. Während die absolute Friedenspflicht jedwede Arbeitskampfmaßnahmen während der Laufzeit des Tarifvertrages verbietet, untersagt die relative Friedenspflicht nur Arbeitskämpfe, die zur Veränderung bereits im Tarifvertrag festgelegter Aspekte dienen sollen. Wegen Punkten, die im Tarifvertrag noch nicht geregelt worden sind, darf demnach bei Bestehen einer relativen Friedenspflicht sehr wohl gestreikt und ausgesperrt werden.

13.2   Streik

Damit stellt sich die Frage, wann ein Streik überhaupt rechtmäßig und wann er rechtswidrig ist. Sofern eine größere Anzahl von Arbeitnehmern die Arbeit niederlegt, um für sich oder andere Arbeitnehmer eine Verbesserung zu erreichen oder berechtigt damit auf ein Verhalten des Gegners reagiert, kann von Streik gesprochen werden. Ein Streik ist nur dann zulässig wenn er auf den Abschluss eines Tarifvertrages ausgerichtet ist oder der Durchsetzung eines oder mehrerer tariflich regelbarer Ziele dient. Aspekte, die nicht Gegenstand eines Tarifvertrages werden können, dürfen auch nicht Gegenstand eines Streiks sein. Aus diesem Grunde sind auch Streiks aus politischem Anlass nicht erlaubt.[5] Ist das Ziel des Streiks ganz oder zum Teil unzulässig, so wird damit auch der Streik als unzulässig angesehen. Das Streikziel ergibt sich gewöhnlich aus dem Streikaufruf.

Voraussetzung für den Streik ist eine Urabstimmung, bei welcher in der Regel 75 % der Gewerkschaftsmitglieder, die ihre Stimme abgeben, dem Streik zustimmen müssen. Die Zustimmung zur Urabstimmung erfolgt durch den Gewerkschaftsvorstand. Soll der Streik abgebrochen werden, so müssen hierfür insgesamt 25 % der Gewerkschaftsmitglieder zustimmen. Erfolgt ein Streik ohne Genehmigung der Gewerkschaft und dementsprechend ohne Urabstimmung, so spricht man von einem „wilden Streik". Die Arbeitgeber sind in diesem Fall berechtigt, die streikenden Arbeitnehmer fristlos zu entlassen. Denn bei einem wilden Streik handelt es sich um einen Fall der Arbeitsverweigerung, was einen eklatanten

---

[3] Zur Frage, ob eine Friedenspflicht im Zeitraum der Nachbindung weiter besteht vgl.: Willemsen und Mehrens 2009, S. 169 ff.

[4] Zur Frage der Anmeldung von Streikkundgebungen vgl.: Rieble 2009, S. 298 f.

[5] Vgl. BAG vom 23.10.1984, 1 AZR 126/81.

Verstoß der unberechtigt streikenden Arbeitnehmer gegen die Hauptpflicht des Arbeitsvertrages darstellt.

Dem Aufruf zum Streik können auch nicht gewerkschaftlich organisierte Arbeitnehmer
folgen, sofern sich der Aufruf zum Streik nicht ausdrücklich nur an die Mitglieder der
betreffenden Gewerkschaft richtet.[6] „Nicht-Gewerkschaftsmitglieder" erhalten aber gewöhnlich keine gewerkschaftliche Unterstützung und kein Geld aus der Streikkasse der
Gewerkschaft. Sie dürfen auch nicht an der Urabstimmung teilnehmen. Es dürfen sich
nur diejenigen Arbeitnehmer am Streik beteiligen, deren Arbeitsverhältnis durch einen
Tarifvertrag festgelegt ist. Dazu zählen Angestellte, Arbeiter sowie Auszubildende. Die
Auszubildenden dürfen sich zumindest befristet an dem Streik beteiligen, wenn ihre Tarifverträge betroffen sind bzw. wenn es um ihre Belange geht.[7] Dennoch sind sie dann nicht
von der Berufsschulpflicht befreit. Auszubildende dürfen vom Arbeitgeber während eines
Streiks, der sie nicht betrifft, nicht zu ausbildungsfremden Arbeiten herangezogen werden.
Auch für Beamte gelten besondere Regelungen. Beamte sind überhaupt nicht berechtigt
zu streiken. Dieses Streikverbot besteht, weil ihr Arbeitsverhältnis per Gesetz geregelt
wird und nicht durch einen Tarifvertrag. Sie unterliegen der Treuepflicht gegenüber ihrem
Arbeitgeber, also dem Staat.

Während des Streiks sind die Hauptpflichten des Arbeitsvertrages suspendiert; das
heißt außer Kraft gesetzt. Der streikende Arbeitnehmer begeht hierdurch keine Verletzung
des Arbeitsvertrages und kann deshalb nicht gekündigt werden. Der Arbeitgeber ist nicht
verpflichtet einem streikenden Arbeitnehmer den Lohn zu zahlen. Aus diesem Grunde
haben die Gewerkschaften so genannte Streikkassen eingerichtet. Sie sparen Geld aus den
Mitgliedsbeiträgen an und dienen dazu, im Streikfall die gewerkschaftlich organisierten
Arbeitnehmer finanziell zu unterstützen, damit sie den Streik auch ohne Gehaltszahlung
durch den Arbeitgeber finanziell durchhalten. Das Streikgeld, welches die Gewerkschaftsmitglieder bei einer seit mindestens drei Monaten bestehenden Gewerkschaftszugehörigkeit aus der Streikkasse erhalten, beläuft sich gewöhnlich auf eine Größenordnung von
etwa zwei Drittel des Bruttoverdienstes. Den arbeitenden Arbeitnehmern muss der Arbeitgeber das Gehalt weiterhin auszahlen oder sogar für Arbeit in einem anderen Betrieb,
der nicht bestreikt wird, sorgen. Anders verhält es sich allerdings dann, wenn wegen des
Streites arbeitswillige Arbeitnehmer nicht mehr eingesetzt werden können. Hier greifen
die Grundsätze der Risikolehre bzw. der Sphärentheorie, nach denen Arbeitnehmer, die
während eines Streiks zur Arbeit bereit sind, ihren Anspruch auf Arbeitsentgelt verlieren,
sofern sie wegen des Streiks nicht beschäftigt werden können.

Nach § 192 Abs. 1 Nr. 1 SGB V besteht die Krankenversicherung des Arbeitnehmers
bis zum Ende des Arbeitskampfes weiter.

Es kommt auch vor, dass sich Arbeitnehmer nicht an einem Streik beteiligen möchten.
Diese so genannten „Streikbrecher" werden von der Gewerkschaft nicht gerne gesehen.

---

[6] Vgl. BAG vom 22.03.1994, 1 AZR 622/93.

[7] Beispielsweise zur Verbesserung der Ausbildungsvergütung, vgl. BAG vom 12.09.1984, 1 AZR
342/83.

Trotzdem dürfen Arbeitnehmer, die nicht streiken wollen, an ihren Arbeitsplatz gehen und werden, unabhängig davon, ob sie gewerkschaftlich organisiert sind, für die von ihnen geleistete Arbeit entlohnt. Erst wenn das Unternehmen zum Mittel der Aussperrung greift, sind auch arbeitswillige Arbeitnehmer betroffen. Denn dann bekommen auch die Arbeitnehmer, die sich nicht am Streik beteiligen, keinen Lohn. Ein Streik ist dann beendet, wenn die Gewerkschaft ihrem Gegner das Ende der Kampfmaßnahme mitgeteilt hat.[8]

13.2.1 Weitere Kampfmittel der Arbeitnehmer

Außer dem Streik und seinen unterschiedlichen Ausgestaltungen haben Arbeitnehmer noch weitere Mittel im Rahmen des Arbeitskampfes. So kann die Gewerkschaft beispielsweise zu einem Boykott von Produkten des Arbeitgebers aufrufen oder dazu animieren, mit diesem Arbeitgeber keine Arbeitsverträge mehr abzuschließen (vgl. Dütz 2007, Rn. 610a) oder ihm keine Dienstleistungen mehr zugutekommen zu lassen (vgl. Memento 2007, Rn. 778)[9].

13.2.2 Aussperrung

Eine Aussperrung ist das Arbeitskampfmittel des Arbeitgebers.[10] Man unterscheidet die Abwehr- und die Angriffsaussperrung. Eine Abwehraussperrung liegt vor, wenn eine Reaktion des Arbeitgebers auf einen rechtswidrigen oder rechtmäßigen Streik vorliegt. Eine Angriffsaussperrung liegt dagegen vor, wenn der Arbeitgeber den Arbeitskampf eröffnet. Die Aussperrung kann in einem Akt oder sukzessive erfolgen. In jedem Fall bedarf es hierfür einer eindeutigen Erklärung. Dementsprechend reicht es nicht aus, wenn der Arbeitgeber den Arbeitnehmer ohne eine Äußerung genauer Umstände nach Hause schickt. Die nicht gewerkschaftlich organisierten Arbeitnehmer wären von einer Aussperrung besonders hart betroffen. Denn während der Aussperrung sind die Hauptpflichten des Arbeitsvertrages suspendiert. Das bedeutet, der Arbeitgeber muss keinen Lohn zahlen. Die nicht gewerkschaftlich organisierten Arbeitnehmer erhalten kein Geld aus den Streikkassen der Gewerkschaften. Insofern ist die Aussperrung auf zweierlei Art geeignet, Druck auf die Gewerkschaften auszuüben. Einerseits muss die Gewerkschaft nunmehr ihre Mitglieder finanziell unterstützen, was die Finanzen der Gewerkschaft belastet; andererseits werden möglicherweise auch die arbeitswilligen, nicht gewerkschaftlich organisierten Arbeitnehmer an einem schnellen Ende des Arbeitskampfes interessiert sein und somit möglicherweise wenig Verständnis für Forderungen der Gewerkschaften haben.

---

[8] Vgl. BAG vom 31.05.1988, Az. 1 AZR 589/86.

[9] mit Verweis auf BAG vom 19.10.1976, 1 AZR 611/75.

[10] Zu weiteren Möglichkeiten wie Einstweilige Verfügung, Verhältnismäßigkeitsabwägungen, Notdienstvereinbarungen vgl.: von Steinau-Steinrück und Glanz 2009, S. 113 ff., S. 114 f.

13.3 Zusammenfassung

- Während des Arbeitskampfes (Streik oder Aussperrung) werden die Hauptpflichten des Arbeitsvertrages (Lohnzahlungspflicht bzw. Arbeitspflicht) ausgesetzt. Die Nebenpflichten bleiben bestehen.
- Ein Streik muss für seine Wirksamkeit gewerkschaftlich organisiert sein.
- Nicht gewerkschaftlich organisierte Streiks sind unzulässig und werden als „wilde Streiks" bezeichnet.

Literatur

Dütz W (2007) Arbeitsrecht, 12. Aufl. München

(2007) Memento Rechtshandbuch, Personalrecht für die Praxis, 9. Aufl. Freiburg

Rieble V (2009) Neues zum Streikstrafrecht. NZA, S 298 f.

von Steinau-Steinrück R, Glanz P (2009) Dauerarbeitskämpfe durch Spartenstreiks – Die verbliebenen Kampfmittel der Arbeitgeber. NZA, S 113 ff.

Willemsen H-J, Mehrens C (2009) Die Friedenspflicht im Zeitraum der Nachbindung. NZA, S 169 ff.

14.1 Das Verfahren vor den Arbeitsgerichten

Konflikte unterschiedlicher Art aus dem Arbeitsleben können Anlass für Rechtsstreitigkeiten vor dem Gericht sein. Hierbei können Arbeitgeber und Arbeitnehmer als Anspruchsteller auftreten. Bevor die beteiligten Parteien ihren Streit vor Gericht tragen, erscheint es jedoch besonders bei Auseinandersetzungen im Arbeitsverhältnis sinnvoll, eine außergerichtliche Einigung zu erzielen. Betriebsräte oder auch einzelne Mediatoren können bei solchen gütlichen Streitbeilegungen behilflich sein. Allerdings sind außergerichtliche Einigungsversuche keine erforderliche Voraussetzung für eine Klageerhebung vor dem Arbeitsgericht. Zwischen Privatrecht und öffentlichem Recht nimmt das Arbeitsrecht eine Zwischenstellung ein. Für Streitigkeiten im Rahmen des Arbeitsrechts sind daher nicht die Zivilgerichte, sondern die spezielleren Arbeitsgerichte zuständig.

14.2 Die Gerichte für Arbeitssachen

Das Arbeitsgerichtsgesetz (ArbGG) regelt zusammen mit der Zivilprozessordnung (ZPO) das Prozessrecht der Arbeitsgerichtsbarkeit. Hierbei ist zu beachten, dass das Arbeitsgerichtsgesetz zum 1. April 2008 novelliert worden ist. Bei der Einarbeitung in dieses Thema ist es also erforderlich ein aktuelles Gesetz zu besitzen. Die Gesetzesreform hat beispielsweise Änderungen bei der Berufung ehrenamtlicher Richter herbeigeführt und eine Ergänzung um den besonderen Gerichtsstand des Arbeitsortes (§ 48 Abs. 1a ArbGG) mit sich gebracht, welche zu einer Erweiterung des klägerischen Wahlrechts bei mehreren Gerichtsständen führt (vgl. Francken et al. 2008, S. 377 ff. (S. 378)). Wofür die Arbeitsgerichte konkret zuständig sind, ist im § 2 ArbGG festgelegt. So sind Streitigkeiten zwischen Arbeitgebern und Arbeitnehmern aus dem Arbeitsverhältnis heraus, wie z. B. wegen Lohn und Gehaltsansprüchen oder Kündigungen, vor dem Arbeitsgericht auszutragen. Ebenso sind die Arbeitsgerichte auch für Streitigkeiten zwischen Tarifvertragsparteien über die

© Springer Fachmedien Wiesbaden 2014
A. Wien, N. Franzke, *Personalrecht*, DOI 10.1007/978-3-658-02968-5_14

Gültigkeit von Tarifverträgen und den daraus abgeleiteten Ansprüchen zuständig. Angelegenheiten aus dem Betriebsverfassungs- und dem Mitbestimmungsgesetz fallen ebenfalls in den Zuständigkeitsbereich der Arbeitsgerichte. Aus der Tätigkeit der Tarifvertragsparteien heraus entstehende Streitigkeiten, die mit einem Arbeitskampf zusammenhängen, sind im § 2 ArbGG als Rechtsstreitigkeiten aufgeführt, die vor dem Arbeitsgericht auszutragen sind. Bei Arbeitskonflikten mit Auszubildenden ist zu beachten, dass vor Klageerhebung beim Arbeitsgericht grundsätzlich der Schlichtungsausschuss der Industrie- und Handelskammer anzurufen ist. Als Arbeitnehmer im Sinne des ArbGG sind Arbeiter und Angestellte sowie die zu ihrer Berufsausbildung Beschäftigten zu verstehen. Beamte und Organe juristischer Personen (z. B. Mitglieder des Vorstands einer Aktiengesellschaft) hingegen sind nach § 5 ArbGG nicht als Arbeitnehmer definiert.

Wird eine Klage im Rahmen der oben genannten Streitigkeiten beim Arbeitsgericht eingereicht, so ist die Aufgliederung der Instanzen zu beachten. Arbeitsgerichte gliedern sich in drei Instanzen auf. Nach § 8 ArbGG ist das Arbeitsgericht die erste Instanz, die Landesarbeitsgerichte stellen die zweite Instanz und das Bundesarbeitsgericht (BAG) in Erfurt stellt die dritte Instanz dar.

Das gerichtliche Verfahren ist vor dem Arbeitsgericht in der ersten Instanz in zwei Abschnitte geteilt. Als erstes findet eine so genannte Güteverhandlung statt. Diese wird allein vom Berufsrichter durchgeführt. Ziel dieses Verfahrensabschnitts ist es, die Parteien durch Abschluss eines Vergleichs gütlich zu einigen. Kann kein Vergleich erzielt werden, so findet vor dem Berufsrichter und den beiden Laienrichtern eine mündliche Verhandlung statt. Vor den Arbeitsgerichten besteht in der ersten Instanz kein Anwaltszwang. Das bedeutet, dass eine Partei sich dort auch selbst vertreten darf.

Berufungsinstanz wäre das Landesarbeitsgericht. Zulässig ist eine Berufung, sofern der Streitwert über 600 € liegt. Die Berufungsinstanz ist eine Tatsacheninstanz. Hier kann der Sachverhalt erneut geprüft werden. Allerdings besteht in dieser zweiten Instanz Anwaltszwang. Einer Partei ist es also nicht möglich, sich vor dem Landesarbeitsgericht ohne Anwalt selbst zu vertreten.

Die dritte Instanz wird auch als Revisionsinstanz bezeichnet. Zuständig für Revisionsverfahren ist das Bundesarbeitsgericht mit Sitz in Erfurt. Revision bedeutet, dass keine Tatsachenfeststellung mehr durch das Gericht erfolgt. Es wird lediglich geprüft, ob die Vorinstanzen das Gesetz richtig angewandt haben. Eine Rechtstreitigkeit kann nur bis zur Revisionsinstanz gelangen, sofern die Vorinstanz wegen grundsätzlicher Bedeutung der Rechtsfrage eine Revision zugelassen hat.

14.2.1   Der Weg zur Klage

Das Arbeitsgericht wird nicht von Amts wegen, sondern nur auf ein Rechtsschutzbegehren einer Partei tätig. Dieses Rechtsschutzbegehren wird in den meisten Fällen durch eine Klage verfolgt, welche durch eine in den Rechten verletzte Person erhoben werden kann. Die Klage wendet sich an das Gericht, aber auch an den Gegner, der nach Klageerhebung auch als Beklagter bezeichnet wird. Die schriftliche Klage muss in einem eigenen Schriftsatz an das zuständige Gericht gesandt werden. In der ersten Instanz ist eine Vertretung durch einen Rechtsanwalt nicht zwingend vorgeschrieben. Jede Partei darf sich dementsprechend in der ersten Instanz vor den Arbeitsgerichten selbst vertreten. Sofern die Partei jedoch einen rechtlichen Vertreter nutzen möchte, so kann sie sich entweder eines Rechtsanwalts oder eines Gewerkschaftsvertreters bzw. eines Vertreters eines Arbeitgeberverbandes bedienen. Anders verhält es sich vor den höheren Instanzen. So schreibt § 11 Abs. 2 ArbGG vor, dass vor dem Landesarbeitsgericht sowie vor dem Bundesarbeitsgericht ein Anwaltszwang herrscht. Jeder Rechtsanwalt, der bei einem deutschen Gericht zugelassen ist, ist hier vertretungsberechtigt. Vor dem Landesarbeitsgericht können an ihrer Stelle aber auch Vertreter der Gewerkschaften bzw. der Arbeitgeberverbände auftreten. Wurde einer Partei im Vorfeld des Verfahrens Prozesskostenhilfe bewilligt, so erhält diese Partei vor dem Landesarbeitsgericht und dem Bundesarbeitsgericht einen Rechtsanwalt von Amts wegen gestellt. Bei Verfahren vor dem Arbeitsgericht ist dies auf Antrag der Partei entsprechend § 11a ArbGG nur dann der Fall, wenn diese Partei nicht durch einen Vertreter der Gewerkschaft bzw. des Arbeitgeberverbandes vertreten werden kann und hinzukommt, dass die gegnerische Partei ebenfalls durch einen Rechtsanwalt vertreten wird.

14.2.2   Formalien

In dem unterschriebenen Klageschriftsatz sind der Name und die Anschrift des Streitgegners anzugeben. Der konkrete Streitgegenstand, wie beispielsweise die genau bezifferte Lohnsumme, muss begründet in dem schriftlichen Antrag festgehalten werden. Zu beachten ist weiterhin, dass die schriftliche Klage in zweifacher Ausfertigung eingereicht wird. Ein Exemplar ist für die Gerichtsakten bestimmt und ein Exemplar für die beklagte Prozesspartei. Auch eine mündliche Klageerhebung ist möglich. Diese muss bei der Rechtsantragsstelle des Arbeitsgerichts zu Protokoll genommen und in eine rechtlich einwandfreie Form gebracht werden. Ferner kann die Klage durch einen Rechtsanwalt, bei Gewerkschaftsmitgliedern durch einen Rechtsschutzsekretär oder durch eine sonstige Person mit schriftlicher Vollmacht ausgeübt werden. Bei der Formulierung einer Klage stehen beim Amtsgericht Rechtspfleger zur kostenlosen Hilfestellung bereit. Eine rechtlich inhaltliche Beratung ist hierbei allerdings nicht möglich, da eine solche nur bei den Gewerkschaften und Arbeitgeberverbänden sowie Rechtsanwälten erhältlich ist. In vielen Fällen sind die einzuhaltenden Fristen zu beachten. Diese können gesetzlich, tarifvertraglich oder individuell im jeweiligen Arbeitsvertrag festgelegt sein.

14.3   Verfahrensziel und Verfahrensart

Nach § 9 Abs. 1 ArbGG ist das Verfahren vor den Arbeitsgerichten in allen Rechtszügen zu beschleunigen. Ziel eines jeden Verfahrens ist es, einen gerichtlichen Titel zu erlangen. Abhängig vom jeweiligen Streitgegenstand entscheiden die Arbeitsgerichte durch ein Urteil oder einen Beschluss.

14.3.1   Urteilsverfahren

Das Urteilsverfahren ist in den §§ 2 ff. sowie den §§ 46 ff. ArbGG geregelt. Aufgrund einer gewissen Ähnlichkeit zu Zivilprozessen werden für das arbeitsgerichtliche Urteilsverfahren nach § 46 Abs. 2 ArbGG die Vorschriften der Zivilprozessordnung (ZPO) für das Verfahren vor den Amtsgerichten ergänzend angewendet, sofern das ArbGG keine besonderen Regelungen trifft. Der § 2 Abs. 1 ArbGG nennt ausdrücklich die Streitigkeiten, welche im Urteilsverfahren entschieden werden. Diese Vorschrift lautet:

§ 2 ArbGG Zuständigkeit im Urteilsverfahren

(1)   Die Gerichte in Arbeitssachen sind ausschließlich zuständig für
1. *bürgerliche Rechtsstreitigkeiten zwischen Tarifvertragsparteien oder zwischen diesen und Dritten aus Tarifverträgen oder über das Bestehen oder Nichtbestehen von Tarifverträgen;*
2. *bürgerliche Rechtsstreitigkeiten, zwischen tariffähigen Parteien oder zwischen diesen und Dritten aus unerlaubten Handlungen, soweit es sich um Maßnahmen zum Zwecke des Arbeitskampfes oder um Fragen der Vereinigungsfreiheit einschließlich des hiermit im Zusammenhang stehenden Betätigungsrechts der Vereinigung handelt;*
3. *bürgerliche Rechtsstreitigkeiten zwischen Arbeitnehmern und Arbeitgebern*
   a) *aus dem Arbeitsverhältnis;*
   b) *über das Bestehen oder Nichtbestehen eines Arbeitsverhältnisses;*
   c) *aus Verhandlungen über die Eingehung eines Arbeitsverhältnisses und aus dessen Nachwirkungen;*
   d) *aus unerlaubten Handlungen, soweit diese mit dem Arbeitsverhältnis im Zusammenhang stehen;*
   e) *über Arbeitspapiere;*
4. *bürgerliche Rechtsstreitigkeiten zwischen Arbeitnehmern oder ihren Hinterbliebenen und*
   a) *Arbeitgebern über Ansprüche, die mit dem Arbeitsverhältnis in rechtlichem oder unmittelbar wirtschaftlichem Zusammenhang stehen;*
   b) *gemeinsame Einrichtungen der Tarifvertragsparteien oder Sozialeinrichtungen des privaten Rechts über Ansprüche aus dem Arbeitsverhältnis oder Ansprüche, die mit dem Arbeitsverhältnis in rechtlichem oder unmittelbar wirtschaftlichem Zusammenhang stehen, soweit nicht die ausschließliche Zuständigkeit eines anderen Gerichts gegeben ist.*
5. *bürgerliche Rechtsstreitigkeiten zwischen Arbeitnehmern oder ihren Hinterbliebenen und dem Träger der Insolvenzsicherung über Ansprüche auf Leistungen der Insolvenzsicherung nach dem Vierten Abschnitt des Ersten Teils des Gesetzes zur Verbesserung der betrieblichen Altersversorgung;*
6. *bürgerliche Rechtsstreitigkeiten zwischen Arbeitgebern und Einrichtungen nach Nummer 4 Buchstabe b und Nummer 5 sowie zwischen diesen Einrichtungen, soweit nicht die ausschließliche Zuständigkeit eines anderen Gerichts gegeben ist;*
7. *bürgerliche Rechtsstreitigkeiten zwischen Entwicklungshelfern und Trägern des Entwicklungsdienstes nach dem Entwicklungshelfergesetz;*

8. *bürgerliche Rechtsstreitigkeiten zwischen den Trägern des freiwilligen sozialen oder ökologischen Jahres oder den Einsatzstellen und Freiwilligen nach dem Jugendfreiwilligendienstegesetz;*

9. *bürgerliche Rechtsstreitigkeiten zwischen Arbeitnehmern aus gemeinsamer Arbeit und aus unerlaubten Handlungen, soweit diese mit dem Arbeitsverhältnis im Zusammenhang stehen;*

10. *bürgerliche Rechtsstreitigkeiten zwischen behinderten Menschen im Arbeitsbereich von Werkstätten für behinderte Menschen und den Trägern der Werkstätten aus den in § 138 des Neunten Buches Sozialgesetzbuch geregelten arbeitnehmerähnlichen Rechtsverhältnissen.*

(2) *Die Gerichte für Arbeitssachen sind auch zuständig für bürgerliche Rechtsstreitigkeiten zwischen Arbeitnehmern und Arbeitgebern,*

    a) *die ausschließlich Ansprüche auf Leistung einer festgestellten oder festgesetzten Vergütung für eine Arbeitnehmererfindung oder für einen technischen Verbesserungsvorschlag nach § 20 Abs. 1 des Gesetzes über Arbeitnehmererfindungen zum Gegenstand haben;*

    b) *die als Urheberrechtsstreitsachen aus Arbeitsverhältnissen ausschließlich Ansprüche auf Leistung einer vereinbarten Vergütung zum Gegenstand haben.*

14.3.2   Beschlussverfahren

Das Beschlussverfahren wird nach § 2a Abs. 1 Nr. 1 bis 4 ArbGG von Arbeitsgerichten angewandt, wenn es sich um Streitigkeiten handelt, die in diesem Paragraphen explizit genannt worden sind. Diese Vorschrift lautet:

§ 2a ArbGG Zuständigkeit im Beschlussverfahren

(1) *Die Gerichte für Arbeitssachen sind ferner ausschließlich zuständig für*

    1. *Angelegenheiten aus dem Betriebsverfassungsgesetz, soweit nicht für Maßnahmen nach seinen §§ 119 bis 121 die Zuständigkeit eines anderen Gerichts gegeben ist;*

    2. *Angelegenheiten aus dem Sprecherausschussgesetz, soweit nicht für Maßnahmen nach seinen §§ 34 bis 36 die Zuständigkeit eines anderen Gerichts gegeben ist;*

    3. *Angelegenheiten aus dem Mitbestimmungsgesetz, dem Mitbestimmungsergänzungsgesetz und dem Drittelbeteiligungsgesetz, soweit über die Wahl von Vertretern der Arbeitnehmer in den Aufsichtsrat und über ihre Abberufung mit Ausnahme der Abberufung nach § 103 Abs. 3 des Aktiengesetzes zu entscheiden ist;*

    3a. *Angelegenheiten aus den Angelegenheiten aus den §§ 94, 95, 139 des Neunten Buches Sozialgesetzbuch;*

    3b. *Angelegenheiten aus dem Gesetz über Europäische Betriebsräte, soweit nicht für Maßnahmen nach seinen §§ 43 bis 45 die Zuständigkeit eines anderen Gerichts gegeben ist;*

    3c. *Angelegenheiten aus § 51 des Berufsbildungsgesetzes;*

    3d. *Angelegenheiten aus dem SE-Beteiligungsgesetz vom 22. Dezember 2004 (BGBl I S. 3675, 3686) mit Ausnahme der §§ 45 und 46 und nach den §§ 34 bis 39 nur insoweit, als über die Wahl von Vertretern der Arbeitnehmer in das Aufsichts- oder Verwaltungsorgan sowie deren Abberufung mit Ausnahme der Abberufung nach § 103 Abs. 3 des Aktiengesetzes zu entscheiden ist;*

3e. Angelegenheiten aus dem SCE-Beteiligungsgesetz vom 14. August 2006 (BGBl I S. 1911, 1917) mit Ausnahme der §§ 47 und 48 und nach den §§ 34 bis 39 nur insoweit, als über die Wahl von Vertretern der Arbeitnehmer in das Aufsichts- oder Verwaltungsorgan sowie deren Abberufung zu entscheiden ist;

3f. Angelegenheiten aus dem Gesetz über die Mitbestimmung der Arbeitnehmer bei einer grenzüberschreitenden Verschmelzung vom 21. Dezember 2006 (BGBl I S. 3332) mit Ausnahme der §§ 34 und 35 und nach den §§ 23 bis 28 nur insoweit, als über die Wahl von Vertretern der Arbeitnehmer in das Aufsichts- oder Verwaltungsorgan sowie deren Abberufung mit Ausnahme der Abberufung nach § 103 Abs. 3 des Aktiengesetzes zu entscheiden ist;

4. die Entscheidung über die Tariffähigkeit und die Tarifzuständigkeit einer Vereinigung.

14.3.3   Die Güteverhandlung

Durch das so genannte Güteverfahren kann ein arbeitsrechtlicher Rechtsstreit auch zum Abschluss gebracht werden. Die Güteverhandlung ist eine mündliche Verhandlung, also ein Gespräch der Parteien über den Rechtsstreit, welches vor und mit dem Vorsitzenden stattfindet. Nach § 54 Abs. 1 ArbGG hat es den Zweck, den Rechtsstreit gütlich zu beenden. Kommt es zwischen den Parteien zu einer Einigung, so ist die Angelegenheit bereits an diesem Punkt erledigt. Sollte es allerdings zu keiner Einigung kommen, so folgt nach § 54 Abs. 4 ArbGG die streitige Verhandlung. Die Alternativen, die sich nun bieten, sind entweder ein zweiter Gütetermin oder das Anberaumen eines Kammertermins. Zur Vorbereitung des Kammertermins gibt das Gericht bestimmte Auflagen auf, z. B. die Gründe für eine Kündigung schriftlich genau darzulegen. Die Parteien müssen die vom Gericht gemachten Auflagen fristgerecht erfüllen, damit ihr Vorbringen berücksichtigt werden kann und sie keine Rechtsnachteile erleiden. Nach § 56 ArbGG sollte der Vorsitzende die Verhandlung so arrangieren, dass sie, wenn möglich, in einem Termin zu einem Ergebnis kommt. Aus diesem Grund sollen auch die zu vernehmenden Zeugen und Sachverständigen zu diesem Termin geladen werden. Nach § 58 ArbGG wird die Beweisaufnahme im Arbeitsgericht vor der Kammer vollzogen. Zum Schluss des letzten Verhandlungstermins werden die Urteile meist verkündet. Es dürfen zwischen dem Verhandlungstermin und dem Verkündungstermin des Urteils nach § 60 Abs. 1 ArbGG drei Wochen liegen, wenn wichtige Gründe vorliegen, die dazu führen, dass mehr Zeit erforderlich ist.

Der genaue Ablauf einer Güteverhandlung sieht folgendermaßen aus: Zu Beginn werden vom Vorsitzenden die Erfolgsaussichten der Klage nach dem derzeitigen Streitstand erörtert. Dann wird es beiden Parteien gestattet, ihre Argumente vorzutragen. Dabei werden die Argumente vom Vorsitzenden abgewogen und bewertet. Anschließend wird den Beteiligten vom Gericht ein Vergleichsvorschlag unterbreitet. Darüber hinaus darf nicht übersehen werden, dass Gütetermine zumeist unter erheblichem Zeitdruck stattfinden. In der Praxis setzt der Richter pro Verfahren gewöhnlich für den Gütetermin selten mehr als 15 min an. Deshalb sollte auch darauf geachtet werden, dass in dieser knappen Zeit alle rechtlich bedeutsamen Gründe vorgetragen werden. Gewöhnlich findet der Gütetermin zwei bis vier Wochen nach der Klageerhebung statt.

Das rechtsprechende Organ des Arbeitsgerichts ist die Kammer, welche aus einem Berufsrichter und zwei ehrenamtlichen Richtern besteht, von denen einer aus dem Kreis der Arbeitgeber und der andere aus dem Kreis der Arbeitnehmer kommt. Die drei Mitglieder einer Kammer besitzen jeweils das selbe Stimmrecht. Die ehrenamtlichen Richter werden von der zuständigen obersten Landesbehörde oder von einer von der Landesregierung durch Rechtsverordnung beauftragten Stelle auf die Dauer von fünf Jahren berufen. Um ehrenamtlicher Richter zu werden soll man nach § 43 ArbGG Arbeitnehmer oder Arbeitgeber sein und mindestens das 25. Lebensjahr vollendet haben.

14.3.4   Klageverfahren

Die Arbeitsgerichte behandeln als Fachgerichte Streitigkeiten zwischen Arbeitgeber und Arbeitnehmern. Zu diesem Zweck sieht das Arbeitsgerichtsgesetz zwei unterschiedliche Verfahrensarten vor. Die eine Verfahrensart ist das Urteilsverfahren. Es findet seine Regelungen in den §§ 2 ff. ArbGG und §§ 46 ff. ArbGG. Das Urteilsverfahren wird gewöhnlich bei Individualrechtsstreitigkeiten wie z. B. Kündigungsprozessen angewandt. Die zweite Verfahrensart ist das Beschlussverfahren. Es kommt in der Regel bei kollektivrechtlichen Streitfällen zur Anwendung. Auch wenn hier gewöhnlich die Parteien den Streitstoff bestimmen, kann das Arbeitsgericht, ähnlich wie in den Verfahren des Verwaltungsrechts üblich, auch im Beschlussverfahren vor dem Arbeitsgericht nach § 83 Abs. 1 ArbGG den Sachverhalt im Rahmen der von den Parteien gestellten Anträge von Amts wegen ermitteln.

Sofern zur Schlichtung von Streitigkeiten zwischen einem Auszubildenden und dessen Ausbilder Ausschüsse gebildet worden sind, welche entsprechend § 111 Abs. 2 ArbGG paritätisch sowohl mit Arbeitnehmern als auch mit Arbeitgebern besetzt worden ist, so ist vor jedweder Klageerhebung nach § 111 Abs. 2 Satz 5 ArbGG zwingende Voraussetzung, dass diese zunächst angerufen worden sind.

14.4   Kosten des Verfahrens

Nach § 12a Abs. 1 ArbGG trägt in der ersten Instanz jede Partei ihre eigenen Kosten selbst. Diese Regelung gilt unabhängig davon, ob die Partei den Prozess gewinnt oder verliert. Betroffen sind hiervon gewöhnlich die eigenen Anwaltskosten der jeweiligen Partei. Die Gerichtskosten werden hingegen nach § 46 Abs. 2 ArbGG i. V. m. § 91 ff. ZPO von der Partei getragen, die den Prozess verloren hat. Im Gegensatz dazu hat in den höheren Instanzen, also in der Berufungs- und in der Revisionsinstanz jeweils die verlierende Partei die Anwaltskosten des Gegners zu tragen.

14.5   Zusammenfassung

Zusammenfassung

- Das Verfahrensrecht für Arbeitsgerichtsstreitigkeiten ist im Arbeitsgerichtsgesetz (ArbGG) normiert.
- Bei Arbeitsrechtsstreitigkeiten gibt es drei Instanzen. 1. Instanz: Arbeitsgericht; 2. Instanz: Landesarbeitsgericht; 3. Instanz: Bundesarbeitsgericht.
- In der ersten Instanz herrscht kein Anwaltszwang.
- Die Gerichte entscheiden im Klage- oder im Beschlussverfahren.
- In der ersten Instanz ist der streitigen Verhandlung eine „Güteverhandlung" vorgeschaltet.
- In der ersten Instanz trägt jede Partei – unabhängig ob sie den Rechtsstreit gewinnt – ihre Kosten selbst.
- In den höheren Instanzen müssen sich die Parteien durch einen Anwalt vertreten lassen.

Literatur

Francken P, Natter E, Rieker B (2008) Die Novellierung des Arbeitsgerichtsgesetzes und des § 5 KSchG durch das SGGArbGG-Änderungsgesetz. NZA 377 ff.

15

15.1 Schwerbehinderte Arbeitnehmer

Schwerbehinderten Arbeitnehmern kommt auf Grundlage des Neunten Buches des Sozial-
gesetzbuches (SGB IX)[1] ein besonderer Schutz zu (vgl. hierzu vertiefend auch: Schmidt
2014). Der Gesetzgeber hat für die Kündigung eines schwerbehinderten Arbeitnehmers
im Sozialgesetzbuch IX besondere Regelungen geschaffen, die den behinderten Arbeitnehmer schützen sollen. Sowohl im Rahmen des Einstellungsverfahrens, der beruflichen
Fortbildung und der Möglichkeiten des Aufstiegs, als auch im Rahmen der Kündigung
von Arbeitsverhältnissen greifen gesetzliche Vorschriften ein, die vom Arbeitgeber zu
beachten sind. Grundsätzlich ist der Anwendungsbereich des SGB IX bereits bei dem
objektiven Vorliegen einer Schwerbehinderung gegeben. Dies bedeutet, dass es für den
Schutz des schwerbehinderten Arbeitnehmers gewöhnlich nicht darauf ankommt, ob er
einen Schwerbehindertenausweis besitzt bzw. ob er eine behördliche Anerkennung als
Schwerbehinderter hat. Wer als schwerbehindert im Sinne des Sozialgesetzbuchs anzusehen ist, wird in § 2 Abs. 2 SGB IX näher definiert. Hiernach gilt als schwerbehindert, wer
einen Grad der Behinderung (GdB) von mindestens 50 % und einen Wohnsitz, seinen gewöhnlichen Aufenthalt oder eine Beschäftigung auf einem Arbeitsplatz im Sinne des § 73
SGB IX hat (vgl. hierzu auch: Cramer et al. 2011, § 2 Rn. 5 ff.). Das Versorgungsamt, in
dessen Bezirk der Arbeitnehmer zum Zeitpunkt der Antragstellung seinen Wohnsitz oder
gewöhnlichen Aufenthalt hat, ist für die Feststellung der Schwerbehinderung respektive
die Ausstellung des Schwerbehindertenausweises zuständig. Sofern der Betroffene mit
der Entscheidung des Versorgungsamts nicht einverstanden ist, hat er die Möglichkeit,
hiergegen nach den Regelungen des Sozialgesetzbuchs – bis hin zu einem Gerichtsverfahren vor dem Sozialgericht – vorzugehen. Der § 2 Abs. 3 SGB IX erweitert den Begriff
der Schwerbehinderung noch um den Personenkreis, der einen Grad der Behinderung von

---

[1] Vgl. Sozialgesetzbuch Neuntes Buch, Gesetz vom 19.06.2001, BGBl. I, S. 1046 mit späteren Änderungen.

mindestens 30 % hat und einem Schwerbehinderten gleichgestellt wurde. Eine derartige Gleichstellung kann der behinderte Mensch bei der Bundesagentur für Arbeit beantragen. Die Gleichstellung kann von der Bundesagentur für Arbeit entweder befristet oder unbefristet erteilt werden. Um einer schwerbehinderten Person gleichgestellt zu werden, ist als Voraussetzung eine spezielle Schutzwürdigkeit notwendig. Gemäß § 2 Abs. 3 SGB IX muss der Antragsteller infolge seiner Behinderung ohne die Gleichstellung keinen geeigneten Arbeitsplatz im Sinne des § 73 SGB IX erlangen oder behalten können. Sofern die Bundesagentur für Arbeit den Antragsteller einem Schwerbehinderten gleichgestellt hat, hat er die Möglichkeit in den gesamten Schutz des SGB IX zu kommen. Ausgenommen hiervon sind lediglich die unentgeltliche Beförderung im öffentlichen Personennahverkehr sowie die im § 125 SGB IX normierten Regelungen bezüglich des Zusatzurlaubs.

Beispiel

U hat ein großes Unternehmen für Sporttextilien. Bei ihm ist auch der Arbeitnehmer A beschäftigt, der einen Grad der Behinderung von 40 % hat. Am 1.8.2014 beantragt A seine Gleichstellung mit einem Schwerbehinderten. U kündigt dem A zum 15.9.2014 das mit ihm geschlossene Arbeitsverhältnis. Erst am 1.1.2015 erkennt die Agentur für Arbeit an, dass der A einer schwerbehinderten Person gleichgestellt wird. Ist die Kündigung des U wirksam?

Bei einer Person, die einem Schwerbehinderten gleichgestellt wird, tritt die Möglichkeit, den Anwendungsbereich des SGB IX bzw. die darin enthaltenen Schutzvorschriften zu nutzen allerdings erst dann – rückwirkend – ein, wenn durch einen Bescheid der zuständigen Behörde ihre Gleichstellung festgestellt worden ist. Da die Anerkennung allerdings rückwirkend wirkt, ist die Kündigung im oben dargestellten Beispielfall nicht wirksam. Denn das Integrationsamt hätte im Sinne des § 85 SGB IX nämlich zustimmen müssen, damit die Kündigung wirksam gewesen wäre. Da der Arbeitgeber diese Zustimmung allerdings nicht eingeholt hatte und die Anerkennung der Gleichstellung rückwirkend ab 1.8.2014 gilt, ist die Kündigung in oben genanntem Beispielfall unwirksam.

Auf der Grundlage des SGB IX sind Arbeitgeber nach § 84 Abs. 1 SGB IX dazu verpflichtet, bei Eintreten von personenbedingten, verhaltensbedingten oder betriebsbedingten Schwierigkeiten im Arbeits- oder sonstigen Beschäftigungsverhältnis, die zur Gefährdung dieses Verhältnisses führen können, möglichst frühzeitig die Schwerbehindertenvertretung und die in § 93 SGB IX genannten Vertretungen sowie das Integrationsamt einzuschalten[2], damit mit diesen Stellen alle Möglichkeiten und alle zur Verfügung stehenden Hilfen zur Beratung und mögliche finanzielle Leistungen erörtert werden können, mit welchen man die Schwierigkeiten beseitigen und das Arbeits- oder sonstige Beschäftigungsverhältnis möglichst dauerhaft fortsetzen kann.

---

[2] Zur Geltung im öffentlichen Dienst und für Beamte vgl.: Cramer et al. 2011, § 84 Rn. 10.

15.1.1 Schwerbehindertenvertretung und Integrationsvereinbarung

Die Schwerbehindertenvertretung und die damit verbundenen Rechte und Pflichten sind in den §§ 94 ff. SGB IX geregelt. Aufgabe der Schwerbehindertenvertretung ist es, die Interessen der schwerbehinderten Mitarbeiter zu vertreten, sie zu fördern und zu beraten sowie zur Förderung ihrer Eingliederung in den jeweiligen Betrieb beizutragen. Der § 94 Abs. 1 SGB IX sieht eine Schwerbehindertenvertretung in Betrieben vor, in welchen mindestens fünf schwerbehinderte Mitarbeiter tätig sind. Insofern sind eine Vertrauensperson und ein Stellvertreter zu wählen, welche mit einer Machtfülle bzw. mit Rechten ausgestattet sind, die denen von Betriebsräten entsprechen. Die Wahlen finden regelmäßig alle vier Jahre in der Zeit vom 1. Oktober bis 30. November statt. Nach § 94 Abs. 2 SGB IX sind zur Wahl der Schwerbehindertenvertretung alle in dem Betrieb beschäftigten Schwerbehinderten und ihnen gleichgestellten behinderten Personen berechtigt. Ähnlich wie bei Betriebsräten werden die Vertrauenspersonen ohne Minderung des Arbeitsentgelts oder der Dienstbezüge von ihrer beruflichen Tätigkeit befreit, wenn und soweit es zur Durchführung ihrer Aufgaben erforderlich ist. Es kann auch zu einer kompletten Freistellung von Vertrauenspersonen kommen. So sieht § 96 Abs. 4 Satz 2 SGB IX vor, dass in Betrieben mit einer Größenordnung ab 200 beschäftigten Schwerbehinderten auf Ihren Wunsch Vertrauenspersonen freizustellen sind. Ebenso wie es Gesamt- und Konzernbetriebsräte gibt, so sieht § 97 Abs. 2 SGB IX die Möglichkeit zur Bildung von Gesamtschwerbehindertenvertretungen und Konzernschwerbehindertenvertretungen vor. Der Arbeitgeber ist allerdings nach § 96 Abs. 8 Satz 1 SGB IX dazu verpflichtet für die Kosten aufzukommen, welche der Schwerbehindertenvertretung im Rahmen ihrer Tätigkeit entstehen. Die Vertrauensperson, welche die Schwerbehindertenvertretung wahrnimmt, darf keinen Dienstwagen, keine zusätzliche Vergütung oder andere Vorteile erhalten, damit sie ihr Amt wahrnimmt. Nach § 81 Abs. 1 SGB IX muss die Schwerbehindertenvertretung auch bei Einstellungsverfahren beteiligt werden. Der Arbeitgeber ist dementsprechend gehalten dem Schwerbehindertenvertreter Bewerbungsunterlagen vorzulegen und mit ihm etwaige Einstellungsverfahren zu erörtern. Die Schwerbehindertenvertretung muss bei allen Themengebieten, welche den Schwerbehinderten betreffen könnten, umfassend unterrichtet und angehört werden. Hierzu gehören insbesondere folgende Aspekte: die Abmahnung, Versetzung, Umgruppierung, Beförderung, Einstellung oder Kündigung von schwerbehinderten Arbeitnehmern. Sollte der Arbeitgeber diese Pflicht zur Anhörung bzw. seine Pflicht die Schwerbehindertenvertretung zu unterrichten nicht einhalten, so führt dies nicht automatisch zu einer Unwirksamkeit der von ihm beabsichtigten Maßnahme.[3] Es ist hierin vielmehr nur eine Ordnungswidrigkeit im Sinne des § 156 Abs. 1 Nr. 9 SGB IX zu sehen, welche eine Geldbuße von bis zu 10.000 € nach sich ziehen kann. Sofern die Beschäftigungsquote des § 71 SGB IX nicht erfüllt wird – also bei einem Betrieb mit mindestens 20 Arbeitsplätzen nicht mindestens 5 % der Arbeitsplätze mit Schwerbehinderten besetzt sind – und die Schwerbehindertenvertretung mit der Entscheidung des Arbeitge-

---

[3] Vgl. BAG-Entscheidung vom 28.06.2007, 6 AZR 750/06, ZTR 2007, 560.

bers nicht einverstanden ist, so hat der Betriebsrat die Möglichkeit aus diesen Gründen die Zustimmung zur Einstellung der vom Arbeitgeber gewünschten Bewerber zu verweigern.

Damit die Eingliederung von schwerbehinderten Arbeitnehmern besser geregelt werden kann, sieht § 83 SGB IX vor, dass der Arbeitgeber mit der Schwerbehindertenvertretung respektive mit dem Betriebsrat eine so genannte Integrationsvereinbarung auszuhandeln hat[4]; wobei eine Abschrift der Vereinbarung der Agentur für Arbeit zuzuleiten ist. Der Arbeitgeber muss über eine verbindliche Integrationsvereinbarung verhandeln, sofern die Schwerbehindertenvertretung dieses beantragt. Zu den Verhandlungen kann auch das Integrationsamt eingeladen werden.

15.1.2 Schwerbehindertenquote und Ausgleichsabgabe

Neben den eben dargestellten Besonderheiten der Schwerbehindertenvertretung und dem Anspruch auf Teilzeitbeschäftigung finden sich im SGB IX auch andere Vorschriften, die schwerbehinderte Arbeitnehmer begünstigen. So müssen – wie oben bereits kurz vorgestellt – Arbeitgeber, deren Betrieb mindestens 20 Arbeitsplätze beinhaltet, nach § 71 SGB IX mindestens 5 % der Arbeitsplätze mit schwerbehinderten Arbeitnehmern besetzen. Sofern der Arbeitgeber die vorgegebene 5 %-Quote nicht erfüllt, ist er verpflichtet, zum Ausgleich eine so genannte Ausgleichsabgabe zu entrichten. Die Höhe der zu zahlenden Ausgleichsabgabe richtet sich gemäß § 77 Abs. 2 SGB IX zum einen nach der Größe des Unternehmens und zum anderen nach der Zahl der Schwerbehinderten. Je unbesetztem Arbeitsplatz ist dementsprechend mit einer monatlichen Ausgleichsabgabe in einer Größenordnung von 105 € bis 260 € zu rechnen.

Der § 81 Abs. 2 Satz 1 SGB IX schreibt vor, dass Arbeitgeber schwerbehinderte Arbeitnehmer wegen ihrer Behinderung nicht benachteiligen dürfen. Diese Vorschrift verweist explizit in das deutsche Antidiskriminierungsgesetz, nämlich in das AGG. Die Regelung des § 81 SGB IX ist nicht nur auf den normalen, schwerbehinderten Arbeitnehmer anzuwenden; ebenfalls anzuwenden ist diese Norm vielmehr auf alle Arbeitsverhältnisse und gemäß § 73 Abs. 1 SGB IX darüber hinaus auch auf Auszubildende und andere in der Berufsbildung befindlichen Beschäftigte. Geregelt werden durch das Verbot der Diskriminierung von Schwerbehinderten in § 81 SGB IX sowohl die Stellenvergabe und das damit verbundene Verfahren als auch die behindertengerechte Gestaltung von Arbeitsstellen respektive die diesbezüglichen Rechte, welche den Arbeitnehmern hieraus erwachsen.

---

[4] Vgl. zu den Regelungsgegenständen der Integrationsvereinbarung auch: Cramer et al. 2011, § 83 Rn. 10.

15.1.3 Bewerbungs- und Einstellungsphase

Ein Arbeitgeber, der einen Arbeitsplatz zu vergeben hat, sollte sich im Vorfeld rechtzeitig mit der Agentur für Arbeit in Verbindung setzen. Denn nach § 81 Abs. 1 SGB IX trifft den Arbeitgeber die Pflicht, zu überprüfen, ob es ihm möglich ist einen freien Arbeitsplatz mit einem schwerbehinderten Arbeitnehmer zu besetzen – insbesondere mit einem schwerbehinderten Arbeitnehmer zu besetzen, welcher bei der Agentur für Arbeit als arbeitssuchend bzw. als arbeitslos gemeldet ist. Die Agentur für Arbeit unterbreitet dem Arbeitgeber Vorschläge für schwerbehinderte Arbeitnehmer, die sich für den Arbeitsplatz eignen. Sofort nach dem der Arbeitgeber Bewerbungen oder Vorschläge der Agentur für Arbeit erhalten hat, ist es seine Pflicht die Schwerbehindertenvertretung und – sofern ein Betriebsrat in seinem Unternehmen existiert – auch den Betriebsrat hierüber zu unterrichten und diese beiden Gremien gemäß § 81 Abs. 1 Satz 6 SGB IX im Rahmen der Prüfung der Frage, ob sich ein Arbeitsplatz für einen Schwerbehinderten eignet, auch anzuhören. Ein spezielles Erörterungsverfahren ist in § 81 Abs. 1 Satz 7 ff. SGB IX vorgesehen. Diese Regelung greift immer dann ein, wenn der Arbeitgeber seiner Pflicht zur Beschäftigung schwerbehinderter Arbeitnehmer nicht nachkommt und der Betriebsrat oder die Schwerbehindertenvertretung sich mit der von ihm vorgesehenen Entscheidung nicht einverstanden erklärt. In diesem Fall ist es erforderlich, dass der Arbeitgeber seine Entscheidung mit ihnen durchspricht und hierbei auch die Gründe angeführt, die ihn zu seiner Entscheidung gebracht haben. Auch ist im Rahmen dieses Verfahrens der schwerbehinderte Arbeitnehmer anzuhören, der durch die Entscheidung betroffen ist. Lediglich wenn der Schwerbehinderte eine Beteiligung der Schwerbehindertenvertretung im Sinne des § 81 Abs. 1 Satz 10 SGB IX ablehnt, braucht diese nicht beteiligt zu werden. Ein noch viel weiteres Spektrum an Pflichten entsteht für Arbeitgeber der öffentlichen Hand. Denn § 82 SGB IX sieht für Arbeitgeber der öffentlichen Hand explizit eine Pflichtenerweiterung dergestalt vor, dass diese verpflichtet sind, neu zu besetzende Arbeitsstellen bzw. frei werdende Arbeitsstellen frühzeitig der Agentur für Arbeit mitzuteilen. Darüber hinaus werden die gewöhnlichen Pflichten nach § 81 SGB IX durch die Regelung des § 82 Satz 2 SGB IX dadurch erweitert, dass Arbeitgeber der öffentlichen Hand verpflichtet sind, schwerbehinderte Bewerber zwingend zu einem Vorstellungsgespräch einzuladen (vgl. Cramer et al. 2011, § 82 Rn. 7), sofern sie sich um ein Arbeitsplatz beworben haben oder von der Agentur für Arbeit respektive von einem Integrationsfachdienst vorgeschlagen worden sind.[5] Auf die obligatorische Einladung zum Vorstellungsgespräch kann ein öffentlich-rechtlicher Arbeitgeber lediglich dann verzichten, wenn es offensichtlich ist, dass der schwerbehinderte Bewerber die fachliche Eignung für den ausgeschriebenen Arbeitsplatz nicht besitzt.

Sofern der Arbeitgeber dann eine endgültige Entscheidung über die Stellenbesetzung in seinem Betrieb trifft, so ist er auf der Grundlage des § 81 Abs. 1 Satz 9 SGB IX dazu verpflichtet, der Schwerbehindertenvertretung, dem Betriebsrat und dem betroffenen

---

[5] Zur Nichteinladung eines schwerbehinderten Bewerbers zum Vorstellungsgespräch, vgl. auch: BAG-Entscheidung vom 22.08.2013, 8 AZR 563/12, NZA 2014, S. 82.

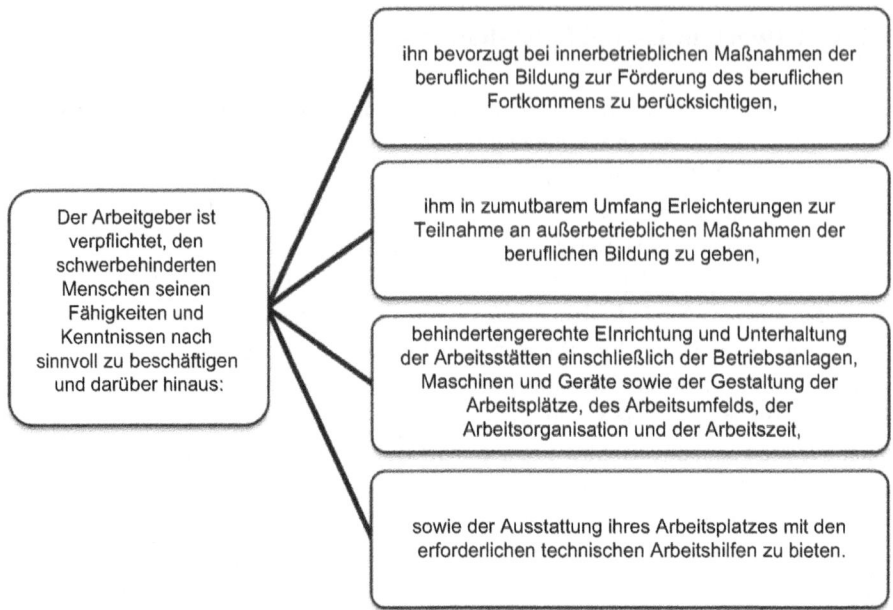

Abb. 15.1 Ansprüche des Arbeitnehmers gem. § 81 Abs. 4 SGB IX

Schwerbehinderten seine Entscheidung unter Darlegung seiner Gründe rasch mitzuteilen. Sinn dieser Regelung ist es, dass der Bewerber durch die unverzügliche Mitteilung in die Lage versetzt wird, die Entscheidung des Arbeitgebers auch durch ein Gericht überprüfen zu lassen.

15.1.4 Während des Arbeitsverhältnisses

Während des Arbeitsverhältnisses haben schwerbehinderte Arbeitnehmer gegenüber ihrem Arbeitgeber sogar aus § 81 Abs. 4 SGB IX Ansprüche, welche sie im Notfall sogar einklagen können (Abb. 15.1).

Zu den Pflichten des Arbeitgebers ist allerdings anzumerken, dass der Arbeitgeber nur insofern zur behindertengerechten Beschäftigung verpflichtet ist, soweit es nicht unverhältnismäßige Anstrengungen verursacht und dem Arbeitgeber zumutbar ist. Verstößt der Arbeitgeber gegen die ihm in § 81 Abs. 4 SGB IX auferlegten Verpflichtungen, so machte sich gegenüber dem schwer behinderten Arbeitnehmer gegebenenfalls schadensersatzpflichtig. Die Höhe des Schadensersatzes richtet sich nach der Vergütung, welche dem Arbeitnehmer zugestanden hätte, wenn er behindertengerecht beschäftigt worden wäre.

Zum Schutz von schwerbehinderten Arbeitnehmern schreibt der § 81 Abs. 5 Satz 3 SGB IX auch vor, dass sofern eine kürzere Arbeitszeit wegen der Art oder der Schwere der Behinderung notwendig ist, Schwerbehinderte einen Anspruch auf Teilzeitbeschäftigung haben. Diesen Anspruch muss der Arbeitgeber lediglich dann nicht erfüllen, wenn es ihm nicht zumutbar ist oder die Erfüllung für ihn mit Aufwendungen verbunden wäre, die als unverhältnismäßig anzusehen sind. Der Anspruch auf Teilzeitbeschäftigung nach dem SGB IX steht unabhängig neben etwaigen Ansprüchen aus dem Teilzeit- und Befristungsgesetz. Insofern steht es dem schwerbehinderten Arbeitnehmer frei Ansprüche aus beiden Gesetzen geltend zu machen. Ein Unterschied zum Teilzeit- und Befristungsgesetz besteht auch darin, dass der Anspruch auf Teilzeit aus § 81 Abs. 5 SGB IX nicht voraussetzt, dass das Arbeitsverhältnis länger als sechs Monate bestanden hat oder der Arbeitgeber mehr als 15 Arbeitnehmer beschäftigt. Insofern kann es in der Praxis vorkommen, dass ein schwerbehinderter Arbeitnehmer wegen der geringen Größe seines Betriebes bzw. wegen des kurzen Bestehens seines Arbeitsverhältnisses zwar keinen Anspruch aus dem Teilzeit und Befristungsgesetz stellen kann wohl aber aus den Regelungen des SGB IX.

Weitere Besonderheiten, welche das SGB IX Regeln, sind zum einen die Freistellung schwerbehinderter Arbeitnehmer von mehr Arbeit, welches in § 124 SGB IX geregelt ist und die Möglichkeit des § 125 Abs. 1 SGB IX, nach welcher schwerbehinderte Personen – nicht jedoch Schwerbehinderten gleichgestellte Personen – sofern Sie im Rahmen einer Fünf-Tage-Woche beschäftigt sind, einen Anspruch auf fünf bezahlte zusätzliche Urlaubstage pro Kalenderjahr haben.[6] Sofern sich die regelmäßige Arbeitszeit des schwerbehinderten Arbeitnehmers auf mehr oder weniger als fünf Arbeitstage in der Kalenderwoche verteilt, so erhöht oder vermindert sich der Zusatzurlaub entsprechend.

15.1.5   Kündigungsschutz

Aber auch wenn der Schutz des SGB IX an das objektive Vorliegen einer Schwerbehinderung geknüpft ist, so kommen schwerbehinderte Personen im Rahmen einer Kündigung erst dann in den Genuss des in §§ 85 ff. SGB IX normierten Kündigungsschutzes, wenn ihr Arbeitsverhältnis im Sinne des § 90 Abs. 1 Nr. 1 SGB IX länger als sechs Monate ununterbrochen Bestand gehabt hat und ihre Eigenschaft als Schwerbehinderter gemäß § 90 Abs. 2a SGB IX – beispielsweise durch einen Bescheid des für sie zuständigen Versorgungsamtes – zum Kündigungszeitpunkt nachgewiesen wurde. Nach § 86 SGB IX beträgt die Kündigungsfrist gegenüber einem Schwerbehinderten, dessen Arbeitsverhältnis bereits länger als sechs Monate besteht (vgl. § 90 Abs. 1 Nr. 1 SGB IX) mindestens vier Wochen. Im Rahmen der Kündigung eines schwerbehinderten Arbeitnehmers (sowohl bei der ordentlichen als auch bei der außerordentlichen Kündigung) ist es notwendig, zuvor die Zustimmung des Integrationsamts einzuholen.[7] Sofern das Integrationsamt der Kündigung zuvor nicht zugestimmt hat, ist gemäß § 85 SGB IX die Kündigung eines schwerbehinderten Arbeitnehmers unwirksam. Hier ist es allerdings für den Arbeitgeber wichtig zu wissen, dass in Fällen, in welchen die Schwerbehinderteneigenschaft für ihn offensichtlich ist oder in Fällen, in welchen dem Arbeitgeber Gesundheitsstörungen des Arbeitnehmers bekannt sind, welche auf eine Schwerbehinderteneigenschaft schließen lassen, so

---

[6] Zum Anspruch bei Ausscheiden aus dem Arbeitsverhältnis während des Jahres vgl.: Cramer et al. 2011, § 125 Rn. 15.

[7] Vgl. zur Klage gegen den Zustimmungsbescheid des Integrationsamts: BAG-Urteil vom 23.05.2013, 2 AZR 991/11, NJW-Spezial 2013, S. 722 f.

besteht für ihn nicht mehr die Möglichkeit, sich darauf zu berufen, dass der Arbeitnehmer es unterlassen hat ihm die Schwerbehinderteneigenschaft mitzuteilen.

Die Zustimmung des Integrationsamtes ist nicht erforderlich, wenn das Arbeitsverhältnis aus einem der im Folgenden genannten Gründe endet:

- Wenn der schwerbehinderte Arbeitnehmer selbst kündigt;
- bei einer Kündigung durch den Arbeitgeber, sofern diese aus witterungsbedingten Gründen erfolgt. Dieses gilt aber nur dann, wenn sichergestellt ist, dass der schwerbehinderte Arbeitnehmer bei Wiederaufnahme der Arbeit wieder eingestellt wird;
- gemäß § 90 Abs. 1 Ziff. 3 SGB IX wenn der Arbeitgeber das Arbeitsverhältnis kündigt, sofern der Arbeitnehmer das 58. Lebensjahr vollendet und Anspruch auf eine Abfindung, Entschädigung oder ähnliche Leistung aufgrund eines Sozialplans hat und der Arbeitgeber dem schwerbehinderten Arbeitnehmer die Kündigungsabsicht rechtzeitig mitgeteilt und dieser nicht der beabsichtigten Kündigung bis zu deren Ausspruch widersprochen hat;
- bei einer Kündigung durch den Arbeitgeber, sofern diese innerhalb der ersten sechs Monate des Arbeitsverhältnisses erfolgt (§ 90 Abs. 1 Ziff. 1 SGB IX);
- bei Ablauf eines befristeten Arbeitsvertrages – weil hier keine Kündigung vorliegt.

Anders verhält es sich aber nach § 90 Abs. 1 Ziff. 1 SGB IX in dem Zeitraum der ersten sechs Monate des Arbeitsverhältnisses. Damit ein schwerbehinderter Arbeitnehmer sich überhaupt auf den Kündigungsschutz, welchen das SGB IX im bietet berufen kann, müssen folgende Kriterien erfüllt sein: die Schwerbehinderung des Arbeitnehmers muss bereits beantragt bzw. anerkannt worden sein, wenn ihm die Kündigung zugeht. Sofern eine Anerkennung im Zeitpunkt der Kündigung noch nicht vorlag sondern lediglich beantragt worden ist, kann nach Ansicht des Bundesarbeitsgerichts eine Unwirksamkeit der Kündigung aufgrund fehlender Zustimmung des Integrationsamtes lediglich dann entstehen, wenn der Antrag mindestens drei Wochen vor Zugang der Kündigung gestellt worden ist.[8] innerhalb von drei Wochen nach Zugang der Kündigung – also innerhalb der in § 4 KSchG genannten Frist – muss der Arbeitnehmer die Schwerbehinderung oder zumindest die Antragstellung in der Kündigungsschutzklage geltend machen. Tut er dies nicht, so steht ihm auch nicht der rechtliche Schutz des § 85 SGB IX zur Seite.

Sofern ein Arbeitnehmer bereits vor der Kündigung die Feststellung seiner Schwerbehinderung beantragt hat, so kann er durch eine spätere Feststellung seiner Schwerbehinderung nur dann einen rückwirkenden Kündigungsschutz erreichen, wenn der Arbeitgeber innerhalb eines Monats nach Kündigung über die Stellung seines Antrags unterrichtet wurde und er gemäß § 90 Abs. 2a SGB IX durch fehlende Mitwirkung keine Verzögerung des Verfahrens herbeigeführt hat. Sinn dieser Regelung ist es, zu verhindern, dass gesunde Arbeitnehmer, welche eine Kündigung befürchten, missbräuchliche Anträge auf Feststellung einer Schwerbehinderung stellen. Im Rahmen des § 90 Absatz 2a SGB IX trägt der

---

[8] BAG, Urt. vom 01.03.2007, 2 AZR 217/06.

Arbeitgeber für die Nichterfüllung der Mitwirkungspflichten gegenüber dem Integrationsamt durch den Arbeitnehmer die Beweislast. Er trägt die Beweislast auch dafür, dass durch diese Nichterfüllung eine Verzögerung der Entscheidung des Integrationsamtes eingetreten ist. Nur so kann der Arbeitgeber erreichen, dass der Kündigungsschutz nach § 90 Absatz 2a SGB IX nicht zum Tragen kommt.

Im Rahmen der Zustimmung durch das Integrationsamt ist zu beachten, dass das Integrationsamt einer geplanten Kündigung nur dann zustimmen muss bzw. nur dann zustimmen soll, wenn die in § 89 SGB IX geregelten Voraussetzungen vorliegen. Diese Vorschrift lautet:

§ 89 SGB IX Einschränkungen der Ermessensentscheidung

(1) *Das Integrationsamt erteilt die Zustimmung bei Kündigungen in Betrieben und Dienststellen, die nicht nur vorübergehend eingestellt oder aufgelöst werden, wenn zwischen dem Tage der Kündigung und dem Tage, bis zu dem Gehalt oder Lohn gezahlt wird, mindestens drei Monate liegen. Unter der gleichen Voraussetzung soll es die Zustimmung auch bei Kündigungen in Betrieben und Dienststellen erteilen, die nicht nur vorübergehend wesentlich eingeschränkt werden, wenn die Gesamtzahl der weiterhin beschäftigten schwerbehinderten Menschen zur Erfüllung der Beschäftigungspflicht nach § 71 ausreicht. Die Sätze 1 und 2 gelten nicht, wenn eine Weiterbeschäftigung auf einem anderen Arbeitsplatz desselben Betriebes oder derselben Dienststelle oder auf einem freien Arbeitsplatz in einem anderen Betrieb oder einer anderen Dienststelle desselben Arbeitgebers mit Einverständnis des schwerbehinderten Menschen möglich und für den Arbeitgeber zumutbar ist.*

(2) *Das Integrationsamt soll die Zustimmung erteilen, wenn dem schwerbehinderten Menschen ein anderer angemessener und zumutbarer Arbeitsplatz gesichert ist.*

(3) *Ist das Insolvenzverfahren über das Vermögen des Arbeitgebers eröffnet, soll das Integrationsamt die Zustimmung erteilen, wenn*

   1. *der schwerbehinderte Mensch in einem Interessenausgleich namentlich als einer der zu entlassenden Arbeitnehmer bezeichnet ist (§ 125 der Insolvenzordnung),*
   2. *die Schwerbehindertenvertretung beim Zustandekommen des Interessenausgleichs gemäß § 95 Abs. 2 beteiligt worden ist,*
   3. *der Anteil der nach dem Interessenausgleich zu entlassenden schwerbehinderten Menschen an der Zahl der beschäftigten schwerbehinderten Menschen nicht größer ist als der Anteil der zu entlassenden übrigen Arbeitnehmer an der Zahl der beschäftigten übrigen Arbeitnehmer und*
   4. *die Gesamtzahl der schwerbehinderten Menschen, die nach dem Interessenausgleich bei dem Arbeitgeber verbleiben sollen, zur Erfüllung der Beschäftigungspflicht nach § 71 ausreicht.*

Nach § 87 SGB IX ist das Integrationsamt gehalten, vor seiner Entscheidung den Betriebsrat bzw. Personalrat, die Schwerbehindertenvertretung und den betroffenen schwerbehinderten Arbeitnehmer zunächst anzuhören. Der betroffene schwerbehinderte Arbeitnehmer hat die Möglichkeit, gegen die Zustimmung des Integrationsamts Widerspruch einzulegen bzw. vor dem Verwaltungsgericht Anfechtungsklage hiergegen zu erheben. Nach § 88 Abs. 4 SGB IX haben Widerspruch bzw. Anfechtungsklage jedoch keine aufschiebende Wirkung. Sofern das Integrationsamt seine Zustimmung verweigert, besteht für den Arbeitgeber die Möglichkeit, vor Gericht durch eine Verpflichtungsklage die Zustimmung zu erstreiten. Er ist allerdings an einer erneuten Kündigung gehindert, bis über seine Klage rechtskräftig entschieden worden ist. Gemäß § 88 Abs. 3 SGB IX hat der Arbeitgeber nachdem ihm die Zustimmung zur Kündigung durch das Integrationsamt zugegangen ist lediglich einen Monat Zeit, um die beabsichtigte Kündigung auszusprechen.

Im Rahmen der außerordentlichen Kündigung eines schwerbehinderten Arbeitnehmers ist gemäß § 91 Abs. 1 SGB IX ebenfalls die vorherige Zustimmung des Integrationsamtes erforderlich. Für derartige Kündigungen stellt der § 91 SGB IX in seinen Absätzen 2 bis 5 detaillierte Sonderregelungen auf. So muss im Rahmen einer außerordentlichen Kündigung das Integrationsamt nach § 91 Abs. 3 SGB IX bereits innerhalb einer Frist von zwei Wochen über den Antrag des Arbeitgebers entschieden haben. Sofern die Behörde in dieser Zeitspanne keine Entscheidung getroffen hat, gilt gemäß § 91 Abs. 3 Satz 2 SGB IX die Zustimmung des Integrationsamts als erteilt.

15.1.6 Der Antrag beim Integrationsamt

Die Zustimmung des Integrationsamts muss der Arbeitgeber in doppelter Ausfertigung schriftlich beim Integrationsamt beantragen. Zwar ist für die Antragstellung die Verwendung von Antragsformularen nicht vorgeschrieben, doch bietet es sich an, Antragsformulare des Integrationsamts für die Antragstellung zu verwenden. Die erforderlichen Formulare kann der Arbeitgeber beim Integrationsamt erhalten. Im Rahmen des Antrages sollte der Arbeitgeber eine ausführliche Begründung aufführen. Darüber hinaus sind folgende Informationen für das Integrationsamt derart wichtig, dass sie ebenfalls im Antrag enthalten sein sollten (Abb. 15.2):

Im weiteren Entscheidungsprozess vergewissert sich das Integrationsamt vor seiner Entscheidung bezüglich der Umstände, indem es sowohl den schwerbehinderten Arbeitnehmer anhört, der gekündigt werden soll, als auch eine Stellungnahme der Agentur für Arbeit sowie eines etwaigen im Unternehmen bestehenden Betriebsrats einholt.

15.2 Unfallversicherung

Die gesetzliche Unfallversicherung zählt zu den Pflichtversicherungen. In ihr sind alle Arbeitnehmer aber auch all diejenigen Personen, welche sich in Aus- und Fortbildung befinden, versichert. Eine genaue Aufzählung der versicherten Personen findet sich in § 2 bis § 6 SGB VII. Hieraus wird deutlich, dass die weit überwiegende Zahl der hier genannten Personen zu den gesetzlich Pflichtversicherten gehört. Insbesondere für Unternehmer besteht daneben die so genannte Versicherung kraft Satzung im Sinne des § 3 SGB VII und die freiwillige Versicherung im Sinne des § 6 SGB VII. Die Beiträge zur Unfallversiche-

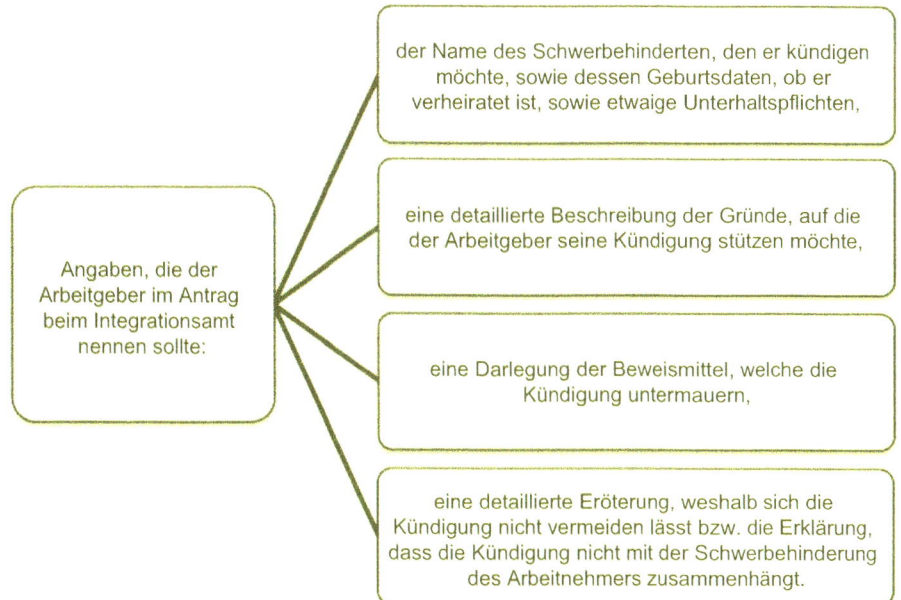

Abb. 15.2 Information im Rahmen des Antrages

rung werden nicht vom Arbeitnehmer sondern allein vom Arbeitgeber aufgebracht. Die Höhe des zu zahlenden Beitrages, richtet sich nach der Unfallgefahr für die Mitarbeiter und nach der Höhe des Arbeitsentgelts, welches insgesamt an alle im Unternehmen vertretenen versicherten Arbeitnehmer gezahlt wird. Ziel der gesetzlichen Unfallversicherung ist es zunächst, Arbeitsunfälle und Berufskrankheiten zu verhindern (Prävention). Darüber hinaus soll die gesetzliche Unfallversicherung nach dem Eintritt von Arbeitsunfällen und Berufskrankheiten hat die gesetzliche Unfallversicherung nach § 1 Nr. 2 SGB VII die Aufgabe, die Gesundheit und die Leistungsfähigkeit der Versicherten mit allen geeigneten Mitteln wiederherzustellen und sie oder ihre Hinterbliebenen durch Geldleistungen zu entschädigen.

Einen Sonderfall stellen weitgehende Haftungsausschlüsse für Arbeitgeber und Mitarbeiter dar.

Beispiel

Gabelstaplerfahrer G versucht gerade mit einem Gabelstapler eine Palette mit Waren aus einem erhöht angebrachten Regal zu entfernen. Beim unachtsamen Rückwärtsfahren fährt er seinen Kollegen K an und verletzte ihn schwer. Welche Rechte hat K?

Im Rahmen einer Körperverletzung bzw. Tötung eines Arbeitnehmers durch einen Arbeitskollegen während einer betrieblichen Tätigkeit, gelten besondere Regeln. Im Falle einer Körperverletzung hat der geschädigte Arbeitnehmer gegen die Berufsgenossenschaft im

Rahmen eines Arbeitsunfalls nach § 26 SGB VII aus der gesetzlichen Unfallversicherung die Möglichkeit Ansprüche geltend zu machen. Dieses steht im Rahmen der Tötung
eines Mitarbeiters auch den Hinterbliebenen zu. Da die Unfallversicherung allerdings
nicht immer alle Schadenspositionen des Geschädigten abdeckt, stellt sich die Frage, ob
der Geschädigte bezüglich nicht ersetzter Schadenspositionen auch Ansprüche gegen den
direkten Schädiger oder den Arbeitgeber geltend machen kann. So zahlt die gesetzliche
Unfallversicherung beispielsweise im Rahmen einer grob schuldhaften Körperverletzung
kein Schmerzensgeld. Könnte der Geschädigte direkt gegen den Schädiger vorgehen, so
böte ihm das bürgerliche Recht – insbesondere mit den § 823 Abs. 1 BGB und § 253
Abs. 2 BGB – einen Schmerzensgeldanspruch. Im Rahmen eines bei einem Arbeitnehmer während der betrieblichen Tätigkeit eingetretenen Personenschadens führen § 104
SGB VII und § 105 SGB VII allerdings dazu, dass gewöhnlich der Arbeitgeber und der
direkte Schädiger von dem Geschädigten diesbezüglich nicht in Anspruch genommen
werden kann.

Diese Vorschriften lauten für Haftungsausschlüsse gegenüber dem Arbeitgeber:

§ 104 SGB VII Beschränkung der Haftung der Unternehmer

*(1) Unternehmer sind den Versicherten, die für ihre Unternehmen tätig sind oder zu ihren
      Unternehmen in einer sonstigen die Versicherung begründenden Beziehung stehen,
      sowie deren Angehörigen und Hinterbliebenen nach anderen gesetzlichen Vorschrif-
      ten zum Ersatz des Personenschadens, den ein Versicherungsfall verursacht hat,
      nur verpflichtet, wenn sie den Versicherungsfall vorsätzlich oder auf einem nach § 8
      Abs. 2 Nr. 1 bis 4 versicherten Weg herbeigeführt haben. Ein Forderungsübergang
      nach § 116 des Zehnten Buches findet nicht statt.*

*(2) Absatz 1 gilt entsprechend für Personen, die als Leibesfrucht durch einen Versiche-
      rungsfall im Sinne des § 12 geschädigt worden sind.*

*(3) Die nach Absatz 1 oder 2 verbleibenden Ersatzansprüche vermindern sich um die
      Leistungen, die Berechtigte nach Gesetz oder Satzung infolge des Versicherungsfalls
      erhalten.*

Begründet wird diese Haftungsprivilegierung des Arbeitgebers damit, dass er schließlich
die Beiträge der gesetzlichen Unfallversicherung alleine erbringt. Weitgehende Haftungsausschlüsse gegenüber den Mitarbeitern des geschädigten Arbeitnehmers werden erreicht
durch:

§ 105 SGB VII Beschränkung der Haftung anderer im Betrieb tätiger Personen

*(1) Personen, die durch eine betriebliche Tätigkeit einen Versicherungsfall von Versi-
      cherten desselben Betriebes verursachen, sind diesen sowie deren Angehörigen und
      Hinterbliebenen nach anderen gesetzlichen Vorschriften zum Ersatz des Personen-
      schadens nur verpflichtet, wenn sie den Versicherungsfall vorsätzlich oder auf einem
      nach § 8 Abs. 2 Nr. 1 bis 4 versicherten Weg herbeigeführt haben. Satz 1 gilt entspre-
      chend bei der Schädigung von Personen, die für denselben Betrieb tätig und nach § 4
      Abs. 1 Nr. 1 versicherungsfrei sind. § 104 Abs. 1 Satz 2, Abs. 2 und 3 gilt entsprechend.*

(2) Absatz 1 gilt entsprechend, wenn nicht versicherte Unternehmer geschädigt worden sind. Soweit nach Satz 1 eine Haftung ausgeschlossen ist, werden die Unternehmer wie Versicherte, die einen Versicherungsfall erlitten haben, behandelt, es sei denn, eine Ersatzpflicht des Schädigers gegenüber dem Unternehmer ist zivilrechtlich ausgeschlossen. Für die Berechnung von Geldleistungen gilt der Mindestjahresarbeitsverdienst als Jahresarbeitsverdienst. Geldleistungen werden jedoch nur bis zur Höhe eines zivilrechtlichen Schadenersatzanspruchs erbracht.

Für sich betrachtet mögen die weitgehenden Haftungsausschlüsse von Arbeitgeber und Mitarbeitern ungerecht erscheinen. Diese Sichtweise relativiert sich jedoch, wenn man sieht, dass der Sozialversicherungsträger über § 110 SGB VII sowohl bei vorsätzlicher als auch bei grob fahrlässiger Schadensverursachung gegenüber den Schädigern Regressansprüche stellen kann. Für den oben genannten Beispielfall bedeutet dies, dass der Geschädigte K zwar Ansprüche gegen die Berufsgenossenschaft geltend machen kann – nicht aber gegen den Gabelstaplerfahrer G. Wenn die Berufsgenossenschaft für den Schaden aufgekommen ist, so kann sie ihrerseits gestützt auf § 110 SGB VII bezüglich der von ihr erbrachten Leistungen Regressansprüche gegen G stellen. Sie hat aber auch die Möglichkeit nach § 110 Abs. 2 SGB VII die wirtschaftlichen Verhältnisse des Schädigers zu berücksichtigen und nach billigem Ermessen die Möglichkeit, ganz oder teilweise auf eine Erstattung zu verzichten.

15.3 Krankenversicherung

Ein sehr großer Teil der Bevölkerung der Bundesrepublik Deutschland wird im Krankheitsfall durch die gesetzliche Krankenversicherung abgesichert. Diejenigen Personen, die durch diesen Versicherungsschutz nicht erfasst werden, sind entweder in einer privaten Krankenversicherung versichert oder können auf eine andere Absicherung, wie beispielsweise die Absicherung im Rahmen der Sozialhilfe – zurückgreifen. Die Krankenkassen sind die Träger der gesetzlichen Krankenversicherung. Sie zählen zu den Körperschaften des öffentlichen Rechts. Ihr Recht zur Selbstverwaltung und Organisation ist in den §§ 143 ff. SGB V gesetzlich normiert. Der versicherte Personenkreis hat seit dem Jahre 1996 die Möglichkeit zwischen allen regional zuständigen Krankenkassen frei zu wählen. Neben den allgemeinen Ortskrankenkassen existieren in der Bundesrepublik auch Betriebskrankenkassen, landwirtschaftliche Krankenkassen, Innungskrankenkassen, Ersatzkassen sowie die Deutsche Rentenversicherung Knappschaft-Bahn-See. Für Personengruppen, welche damals originär nicht der Versicherungspflicht unterlagen, gibt es neben dem SGB V andere gesetzliche Versicherungen, wie beispielsweise seit 1972 die Krankenversicherung für Landwirte, seit 1975 die Krankenversicherung für Behinderte, seit 1975 die Krankenversicherung für Studenten und Praktikanten sowie seit 1981 die Künstlersozialversicherung für Künstler und Publizisten.

Sofern sich der Arbeitnehmer in einem abhängigen entgeltlichen Beschäftigungsverhältnis befindet, unterliegt er der gesetzlichen Krankenversicherung (vgl. hierzu aber auch: Ricken 2014, S. 192). Die gesetzliche Krankenversicherung stellt eine Pflichtversicherung dar, in welcher alle Arbeitnehmer, zunächst grundsätzlich unabhängig von ihrer Gehaltshöhe in einer Krankenkasse pflichtversichert sind. Aber Arbeitnehmer, welche sich im Arbeits- oder Angestelltenverhältnis befinden sind hiervon nur erfasst, sofern ihr Jahresgehalt einen bestimmten Betrag nicht übersteigt. Denn die Frage der Versicherungsfreiheit richtet sich nach der in § 6 Abs. 4 bis Abs. 7 SGB V normierten so genannten Jahresentgeltgrenze. Die Jahresentgeltgrenze betrug im Jahre 2013 noch 52.200 € pro Jahr bzw. 4350 € pro Monat. Im Jahre 2014 ist sie auf 53.550 € pro Jahr bzw. 4462,50 € pro Monat angehoben worden. Zu den Pflichtmitgliedern der gesetzlichen Krankenversicherung zählen auch Rentner, Auszubildende, Studenten und Arbeitslose. Die für die Krankenversicherung aufzubringenden Beiträge werden sowohl vom Arbeitnehmer als auch vom Arbeitgeber jeweils zur Hälfte aufgebracht. Gemäß §§ 226 ff. SGB V ist die Höhe des Beitrags von den beitragspflichtigen Einnahmen abhängig. Insofern findet also eine Belastung nach der Leistungsfähigkeit des Mitglieds statt. In der Praxis hat der Arbeitgeber den auf den Arbeitnehmer entfallenden Anteil des Krankenversicherungsbeitrags im Rahmen der Lohnabrechnung direkt abzuziehen und den gesamten Geldbetrag – also den Arbeitgeberanteil und Arbeitnehmeranteil – der zuständigen Krankenkasse zukommen zu lassen.

In den §§ 12 ff. SGB V sind wesentliche Grundsätze für die Leistungserbringung im Rahmen der Krankenversicherung gesetzlich normiert. Die Leistungserbringung der gesetzlichen Krankenversicherung ist geprägt vom so genannten Sachleistungsprinzip. Dieses Prinzip beinhaltet, dass der Versicherungsnehmer Leistungen des Krankenhauses bzw. Leistungen eines Arztes in Anspruch nehmen kann, ohne zuvor selbst in finanzielle Vorleistung treten zu müssen. Hierin unterscheidet sich die gesetzliche Krankenkasse eklatant von der privaten Krankenversicherung, bei welcher – gestützt auf das Kostenerstattungsprinzip – der Versicherte zunächst die Kosten selbst zu tragen hat, bevor er sich diese durch seine Krankenversicherung wieder erstatten lässt. Lediglich der § 13 SGB V erlaubt seit dem Jahre 2004 auch im Rahmen des gesetzlichen Krankenversicherungssystems in sehr eingeschränktem Maße die Anwendung des Kostenerstattungsprinzips.

Ein weiterer Grundsatz der gesetzlichen Krankenversicherung ist das so genannte Wirtschaftlichkeitsgebot. Unter Wirtschaftlichkeitsgebot ist zu verstehen, dass keine unwirtschaftlichen Leistungen, also beispielsweise Behandlungsmethoden, bei welchen noch kein Nachweis darüber vorliegt, ob sie wirklich wirksam sind, in Anspruch genommen werden können. Aber aus der gesetzlichen Krankenversicherung entsteht dem Versicherten nicht nur ein Anspruch auf notwendige Krankenbehandlung im Umfang des § 27 SGB V; der Versicherte hat im Falle einer Krankheit darüber hinaus nach § 44 ff. SGB V auch Anspruch auf Krankengeld. Das Krankengeld dient als Ersatzleistung für das Entgelt. Diese Ersatzleistung wird im Falle einer Arbeitsunfähigkeit des Versicherungsnehmers bzw. in Zeiten, in welchen er stationär behandelt wird, gezahlt. Regelungen zur Höhe des Krankengeldes finden sich in § 47 SGB V. Hiernach beträgt das Krankengeld 70 % des erzielten regelmäßigen Arbeitsentgelts und darf 90 % des durchschnittlichen Nettogehalts nicht übersteigen. In der Zeit, in welcher der gesetzlich versicherte Arbeitnehmer sein Arbeitseinkommen erhält, ruht der Anspruch auf Krankengeld.

Ein weiteres, die gesetzliche Krankenversicherung prägendes Prinzip, ist das so genannte Solidaritätsprinzip. Nach diesem Prinzip richten sich die vom Versicherten zu entrichtenden Beiträge nach seiner finanziellen Leistungsfähigkeit. Aus diesem Grunde werden sie nach einem Prozentsatz des Arbeitsentgelts bemessen. Nicht relevant für die Höhe des Beitrages hingegen sind das Geschlecht, das Alter oder das gesundheitliche Risiko, welches der Versicherte individuell mit sich bringt. Die medizinischen Leistungen erhält man dementsprechend nicht danach, wie hoch die Beiträge sind, sondern je nach individuellen Bedürfnissen. Deutlich wird das Solidaritätsprinzip auch an der so genannten Familienversicherung. Nicht nur der Versicherte kann Leistungen der gesetzlichen Krankenversicherung in Anspruch nehmen. Auch andere Familienmitglieder können in den Genuss der gesetzlichen Krankenversicherung kommen. Grundlage hierfür ist der § 10 SGB V. Diese Vorschrift regelt die so genannte Familienversicherung. Sie sieht vor, dass der Ehegatte, der Lebenspartner oder eingetragene Lebenspartner sowie die Kinder von Versicherten beitragsfrei in die gesetzliche Krankenversicherung einbezogen werden, wenn sie ihren Wohnsitz oder gewöhnlichen Aufenthalt in Deutschland haben und ihr Einkommen eine bestimmte Einkommensgrenze nicht überschreitet. Bis zur Vollendung des 18. Lebensjahres sind Kinder in der gesetzlichen Krankenversicherung familienversichert. Diese Altersgrenze wird unter bestimmten Voraussetzungen angehoben – beispielsweise im Rahmen einer Schul- oder Berufsausbildung, bei der sich die Altersgrenze auf das 25. Lebensjahr erhöht.

Bei Personen, die nicht in der gesetzlichen Krankenversicherung pflichtversichert sind, sondern entweder privat krankenversichert oder freiwillig in der gesetzlichen Krankenversicherung versichert sind, hat der Arbeitgeber nicht die Hälfte des Versicherungsbeitrags zu tragen. Insofern müssen diese Personen für ihren Krankenversicherungsbeitrag grundsätzlich vollständig selbst aufkommen. Der § 257 SGB V gibt Ihnen allerdings unter bestimmten Voraussetzungen die Möglichkeit, dass der Arbeitgeber ihnen einen steuerfreien und beitragsfreien Zuschuss zum Krankenversicherungsbeitrag zahlt. Im Rahmen dieses Zuschusses ist zwischen privat Krankenversicherten und in der gesetzlichen Krankenkasse freiwillig Versicherten Mitgliedern zu differenzieren. Während privat krankenversicherte Personen einen Zuschuss in einer Größenordnung von der Hälfte des um 0,9 Prozentpunkte verminderten allgemeinen bzw. ermäßigten Beitragssatzes der gesetzlichen Krankenversicherung erhalten können, besteht bei Personen, welche wegen Überschreitung der Jahresarbeitsentgeltgrenze freiwillig in der gesetzlichen Krankenversicherung versichert sind, die Möglichkeit, einen Zuschuss in der Größenordnung des Betrages, welchen der Arbeitgeber bei einem Versicherungspflichtigen zahlen müsste zu erhalten.

15.4 Pflegeversicherung

Seit dem Jahre 1995 zählt auch die Pflegeversicherung zum Spektrum der gesetzlichen Sozialversicherung. Ziel dieser Versicherung ist es, Pflegebedürftige und die sie pflegenden Personen dadurch zu begünstigen, dass jeder Krankenversicherte, sofern er pflegebedürftig ist, einen Anspruch auf Leistungen aus der Pflegeversicherung hat. Die Pflegeversicherung ist vom Grundsatz her daraufhin ausgelegt, nur ergänzende Leistungen zu erbringen. Wann jemand genau als pflegebedürftig anzusehen ist, ist in § 14 Abs. 1 SGB XI festgelegt. Der Abs. 1 dieser Vorschrift lautet:

> Pflegebedürftig im Sinne dieses Buches sind Personen, die wegen einer körperlichen, geistigen oder seelischen Krankheit oder Behinderung für die gewöhnlichen und regelmäßig wiederkehrenden Verrichtungen im Ablauf des täglichen Lebens auf Dauer, voraussichtlich für mindestens sechs Monate, in erheblichem oder höherem Maße (§ 15) der Hilfe bedürfen.

Finanziert wird die Pflegeversicherung jeweils zur Hälfte durch Zahlungen des Arbeitgebers und Zahlungen des Arbeitnehmers. Eine Ausnahme besteht lediglich im Freistaat Sachsen. Da nach § 58 Abs. 2 SGB XI ein Feiertag abgeschafft wurde, um die Kosten des Arbeitgebers aufzufangen und der Freistaat Sachsen dieses nicht getan hat, haben im Freistaat Sachsen die Arbeitnehmer nach § 58 Abs. 3 Satz 1 SGB XI die Kosten ihrer Pflegeversicherung vollständig selbst aufzubringen. Im Jahr 2013 belief sich der Beitragssatz für die Pflegeversicherung auf 2,05 % bzw. mit einem Zuschlag für Kinderlose in Höhe von 0,25 % belief er sich für Kinderlose auf 2,30 %. Dementsprechend lag im Jahre 2013 der Arbeitnehmeranteil bei 1,025 % bzw. in Sachsen wegen des nicht abgeschafften Feiertages bei 1,525 % – für Kinderlose lag der Arbeitnehmeranteil bei 1,275 % bzw. in Sachsen 1,775 %. Für das Jahr 2014 gelten dieselben Prozentsätze. Die Versicherungspflichtgrenze im Rahmen der Pflegeversicherung ist sowohl für die alten als auch für die neuen Bundesländer identisch mit der oben im Rahmen der Krankenversicherung bereits dargestellten Jahresentgeltgrenze in Höhe von 53.550 € pro Jahr bzw. 4462,50 € pro Monat.

Über den eben genannten Personenkreis hinaus sieht der § 25 SGB XI im Rahmen der Pflegeversicherung auch eine Familienversicherung vor. Denn sowohl die Kinder als auch der unterhaltsberechtigte Ehepartner respektive eingetragene Lebenspartner hat unter den gleichen Voraussetzungen wie sie im Rahmen der gesetzlichen Krankenversicherung bestehen – also unter den Voraussetzungen des § 10 SGB V – einen Anspruch darauf, beitragsfrei in der Pflegeversicherung familienversichert zu sein. Bis zur Vollendung ihres 18. Lebensjahres sind Kinder in der gesetzlichen Pflegeversicherung beitragsfrei mitversichert, sofern sie nicht einer versicherungspflichtigen Beschäftigung nachgehen oder eine Rente beziehen. Sofern das Kind nicht erwerbstätig ist, verlängert sich seine Mitversicherung bis zum 23. Lebensjahr bzw. sogar bis zum 25. Lebensjahr, sofern das Kind ein freiwilliges soziales bzw. ein freiwilliges ökologisches Jahr ableistet oder sich noch in der Schul- oder Berufsausbildung befindet.

Die Leistungen der Pflegeversicherung sollen Pflegebedürftigen zugutekommen. Als pflegebedürftig wird nach § 14 SGB XI und § 15 SGB XI bezeichnet, wer wegen einer körperlichen, geistigen oder seelischen Krankheit oder Behinderung für die gewöhnlichen und regelmäßig wiederkehrenden Verrichtungen im Ablauf des täglichen Lebens auf Dauer in erheblichem oder höherem Maße der Hilfe bedarf. Der § 15 SGB XI differenziert zwischen drei Pflegestufen. Die Pflegestufe I besteht für erheblich Pflegebedürftige, die Pflegestufe II besteht für Schwerpflegebedürftige und die Pflegestufe III besteht für Schwerstpflegebedürftige. Welcher Pflegestufe einer Person zuzuordnen ist, wird im Rahmen der Feststellung der Pflegebedürftigkeit durch den medizinischen Dienst der Krankenversicherung festgelegt. Gewöhnlich wird eine derartige Begutachtung innerhalb von fünf Wochen nach Antragstellung durchgeführt.

Zusätzlich zu den Leistungen, die an die Pflegebedürftigen erbracht werden, werden nach § 44 SGB XI und § 45 SGB XI auch unmittelbare Leistungen zur sozialen Absicherung von Pflegepersonen sowie Pflegekurse erbracht. So können beispielsweise Arbeitnehmer, die bereit sind, ihre Angehörigen selbst zu pflegen – sofern sie nicht in Kleinbetrieben mit weniger als 16 Arbeitnehmern beschäftigt sind – maximal sechs Monate von der Arbeit freigestellt werden. Zwar beziehen sie in dieser Zeit kein Gehalt, doch bleiben diese Arbeitnehmer zumindest weiterhin sozialversichert.

15.5 Arbeitsförderung

Die Arbeitsförderung ist im SGB III geregelt. Ihr Ziel ist es, der Entstehung von Arbeitslosigkeit entgegenzuwirken und etwaige betroffene Arbeitnehmer finanziell abzusichern. Die Arbeitsförderung wird von der Bundesagentur für Arbeit getragen und finanziert sich insbesondere durch die von den Versicherungspflichtigen und Arbeitgebern gezahlten Beiträge sowie durch Mittel und Umlagen des Bundes. Um ihre Ziele zu verwirklichen bietet die Arbeitsförderung ein breit gefächertes Spektrum an Leistungen an. Einige hiervon setzen zwingend voraus, dass man versicherungspflichtig beschäftigt ist. Dies ist beispielsweise (als Voraussetzung) beim Arbeitslosengeld der Fall. Andere Leistungen der Arbeitsförderung können auch von Personen in Anspruch genommen werden, die noch nicht beschäftigt waren oder momentan noch nicht beschäftigt sind. Begrifflich kann die Arbeitsförderung in aktive Arbeitsförderung und passive Arbeitsförderung unterteilt werden. Unter den Leistungen der aktiven Arbeitsförderung sind all diejenigen Maßnahmen zu verstehen, die dazu dienen sollen eine Beschäftigungssteigerung zu erreichen. Hierzu zählen insbesondere die für Arbeitnehmer in § 30 SGB III vorgesehene Berufsberatung, die in den §§ 35 ff. SGB III normierte Arbeits- und Ausbildungsvermittlung, Vermittlungsgutscheine, sowie das in den §§ 95 ff. SGB III geregelte Kurzarbeitergeld. Unter Leistungen der passiven Arbeitsförderung sind insbesondere die im Falle der Arbeitslosigkeit zu zahlenden Lohn- bzw. Entgeltersatzleistungen zu verstehen. Als wichtigste Leistung ist hier das Arbeitslosengeld zu nennen. Lohn- bzw. Entgeltersatzleistungen sind nach § 3 IV SGB III das Arbeitslosengeld, das Teilarbeitslosengeld, Übergangsgeld, Kurzarbeitergeld sowie das Insolvenzgeld.

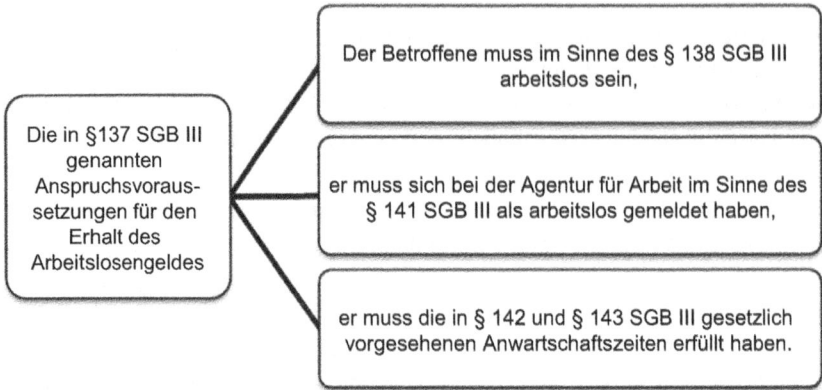

Abb. 15.3 Anspruchsvoraussetzungen gem. § 137 SGB III

15.5.1 Arbeitslosenversicherung

Die Arbeitslosenversicherung ist für alle Arbeitnehmer als Pflichtversicherung ausgestaltet. Auch sie wird paritätisch durch Zahlungen des Arbeitgebers und Arbeitnehmers finanziert. Im Falle der Arbeitslosigkeit eines Arbeitnehmers kann dieser einen Anspruch auf Arbeitslosengeld I bzw. auf Arbeitslosengeld II geltend machen. Im Rahmen des Arbeitslosengeldes ist zwischen dem Arbeitslosengeld I und dem Arbeitslosengeld II zu differenzieren.

15.5.2 Arbeitslosengeld I

Das Arbeitslosengeld I ist geregelt in §§ 136 ff. SGB III. Die Höhe, in welcher der Arbeitslose Arbeitslosengeld beziehen kann, ist davon abhängig, wie viel Einkommen er vor seiner Arbeitslosigkeit bezogen hat. Die Anspruchsvoraussetzungen für den Bezug (vgl. hierzu vertiefend auch: Ricken 2014, S. 78) von Arbeitslosengeld ergeben sich aus § 137 Abs. 1 SGB III (Abb. 15.3).

Hiernach muss jemand arbeitslos sein (vgl. § 138 SGB III), sich bei der Agentur für Arbeit als arbeitslos gemeldet haben (§ 141 SGB III) und die gesetzlich vorgeschriebenen Anwartschaftszeiten müssen erfüllt sein (§ 142 f. SGB III). Nach § 142 SGB III erfüllt jemand die Anwartschaftszeit, wenn er innerhalb der Rahmenfrist von zwei Jahren mindestens zwölf Monate in einem versicherungspflichtigen Verhältnis gestanden hat. Eine Verkürzung der Anwartschaftszeit auf sechs Monate Versicherungspflicht ist in bestimmten Branchen möglich. Dieses gilt insbesondere für Personen, die im Kulturbereich bzw. bei Film und Fernsehen beschäftigt sind – also beispielsweise für Schauspieler und Kameraleute. Eine Verkürzung auf sechs Monate ist möglich, wenn in den letzten zwei Jahren Beschäftigungen ausgeübt worden sind, die vorwiegend nicht länger als zehn Wochen dauerten und damit ein Jahreseinkommen erzielt worden ist, welches im Jahre 2013 nicht

Nach einer Versicherungszeit von mindestens ... Monaten insgesamt	12	16	20	24	30	36	48
und nach Vollendung des ... Lebensjahres					50.	55.	58.
besteht ein Anspruch mit einer Dauer von ... Monaten.	6	8	10	12	15	18	24

Abb. 15.4 Voraussetzung für ALG I

über der Bezugsgröße von 32.340 € (alte Bundesländer) bzw. 27.300 € (neue Bundesländer) liegt. Für das Jahr 2014 sind die Bezugsgrößen heraufgesetzt worden. Hier liegen die Bezugsgrößen bei 33.180 € in den alten Bundesländern bzw. 28.140 € in den neuen Bundesländern.

Die Dauer, in der ein Arbeitsloser Arbeitslosengeld I erhalten kann, ist von mehreren Faktoren abhängig. Zum einen sind es die Versicherungszeiten innerhalb der um drei Jahre erweiterten Rahmenfrist und zum anderen ist es das Lebensalter des Arbeitslosen. Die im Folgenden aufgeführte Tabelle gibt einen Überblick über die Dauer. Die Tabelle ist jeweils von oben nach unten zu lesen. So hat beispielsweise ein Betroffener nach einer Versicherungszeit von insgesamt zwölf Monaten einen sechsmonatigen Anspruch auf Arbeitslosengeld I (Abb. 15.4).

Sofern die Kündigungsfrist nicht eingehalten und eine Entlassungsentschädigung gezahlt wurde, findet eine Anrechnung der Entlassungsentschädigung auf das Arbeitslosengeld statt. Diese Anrechnung liegt anteilig zwischen 25 und 60 % (Abb. 15.5).

Es kann zu einem Ruhen des Anspruchs auf Arbeitslosengeld kommen, sofern der arbeitslose Arbeitnehmer noch Arbeitsentgelt erhält oder Arbeitsentgelt beanspruchen kann bzw. aufgrund der Beendigung seines Arbeitsverhältnisses noch Urlaubsabgeltung erhält oder beanspruchen kann.

15.5.2.1 Teilarbeitslosen- und Übergangsgeld

Teilarbeitslosengeld erhalten diejenigen Personen, die nicht nur einem sondern mehreren versicherungspflichtigen Tätigkeiten nachgehen und eines dieser Beschäftigungsverhältnisse verlieren. Ein Anspruch auf Teilarbeitslosengeld kann für eine Dauer von bis zu sechs Monaten bestehen. Unter Übergangsgeld werden Zahlungen an behinderte Mitbürger verstanden, damit sie am Arbeitsleben teilnehmen können.

Dauer der Betriebszugehörigkeit:	unter 5 Jahre	5 Jahre und mehr	10 Jahre und mehr	15 Jahre und mehr	20 Jahre und mehr	25 Jahre und mehr	30 Jahre und mehr	35 Jahre und mehr
unter 40. Lebensjahr bei Ausscheiden	60%	55%	50%	45%	40%	35%		
ab 40. Lebensjahr bei Ausscheiden	55%	50%	45%	40%	35%	30%	25%	
ab 45. Lebensjahr bei Ausscheiden	50%	45%	40%	35%	30%	25%	25%	25%
ab 50. Lebensjahr bei Ausscheiden	45%	40%	35%	30%	25%	25%	25%	25%
ab 55. Lebensjahr bei Ausscheiden	40%	35%	30%	25%	25%	25%	25%	25%
ab 60. Lebensjahr bei Ausscheiden	35%	30%	25%	25%	25%	25%	25%	25%

Abb. 15.5 Anrechnung der Entlassungsentschädigung auf das Arbeitslosengelt

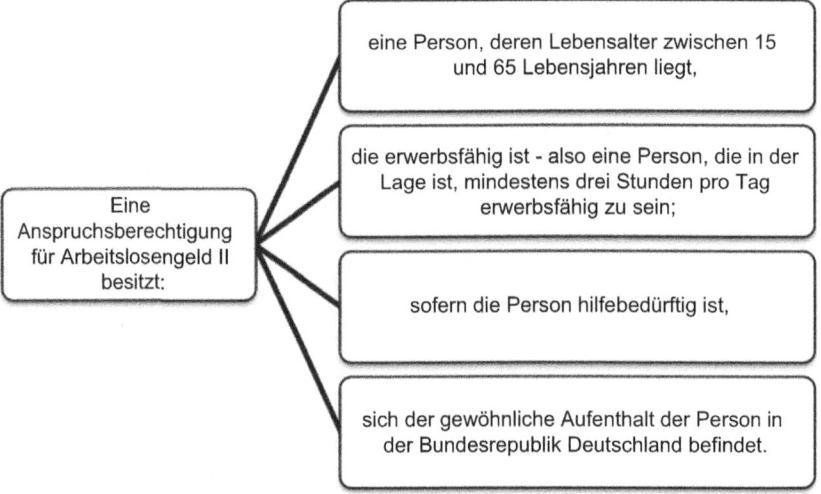

Abb. 15.6 Anspruchsberechtigung für ALG II

15.5.2.2 Arbeitslosengeld II

Das Arbeitslosengeld II kommt für diejenigen Personen in Betracht, die mangels der Ableistung der Anwartschaftszeit kein Arbeitslosengeld I beziehen können, oder Personen, bei denen die Höhe des Arbeitslosengeld I nicht ausreicht, um den Lebensunterhalt zu bestreiten (vgl. hierzu vertiefend auch: Ricken 2014, S. 192). Die Anspruchsvoraussetzungen, um Arbeitslosengeld II beziehen zu können sind in der folgenden Übersicht aufgeführt und müssen kumulativ – also alle zusammen – vorliegen (Abb. 15.6):

Als hilfsbedürftig im Sinne des Arbeitslosengelds II gelten Personen, die ihren Lebens-unterhalt nicht – oder nicht ausreichend – durch ihre eigene Arbeit absichern können.

15.5.3 Kurzarbeitergeld

Erleiden Arbeitnehmer entweder aufgrund einer schwachen Konjunktur oder weil es sich um Saisonarbeit handelt einen Arbeitsausfall, so können sie bis zu sechs Monate Kurz-arbeitergeld erhalten (vgl. auch: Ricken 2013, S. 1408). Die Höhe der Leistung liegt beim Kurzarbeitergeld nach §§ 95 ff. SGB III und beim Saisonkurzarbeitergeld nach §§ 101 ff. SGB III bei 67 % des letzten Nettolohns bzw. bei kinderlosen Arbeitnehmern bei 60 % des letzten Nettolohns. Voraussetzung für den Bezug des Kurzarbeitergelds ist ein erheblicher, vorübergehender Arbeitsausfall. Von Erheblichkeit kann dann gesprochen werden, wenn mindestens jeder dritte Mitarbeiter mindestens 10 % weniger Lohn bekommt. Sowohl der Betriebsrat als auch der Arbeitgeber ist berechtigt Kurzarbeitergeld beim Arbeitsamt zu beantragen. Es obliegt gewöhnlich dem Arbeitgeber, die Anträge auf das Kurzarbeitergeld zu stellen. Das Kurzarbeitergeld wird höchstens sechs Monate gewährt. Allerdings gibt es vorübergehend eine Besonderheit. So wird die Bezugsdauer auf höchstens zwölf Monate für Arbeitnehmer, deren Anspruch bis 31.12.2014 entstanden ist, verlängert.[9]

15.5.4 Insolvenzgeld

Gesetzliche Regelungen zum Insolvenzgeld finden sich ab § 165 SGB III. Erhalten Arbeit-nehmer aufgrund der Insolvenz des Unternehmens bzw. der Insolvenz ihres Arbeitgebers keinen Lohn, so haben sie die Möglichkeit, das so genannte Insolvenzgeld in Anspruch zu nehmen. Damit ein Arbeitnehmer das Insolvenzgeld erhalten kann, ist es erforderlich, dass bei der Agentur für Arbeit, in deren Bezirk sein Arbeitgeber seine Lohnabrechnungsstelle hat innerhalb von zwei Monaten nach der Insolvenz das Insolvenzgeld beantragt wird. Die Agentur für Arbeit übernimmt bis zu einer Grenze von drei Monatsverdiensten vor Fest-stellung der Insolvenz nach § 165 SGB III die Bezahlung nicht ausgezahlter Arbeitsent-gelte. Sofern der Arbeitgeber die auf das Arbeitsentgelt entfallenden Sozialversicherungs-beiträge noch nicht entrichtet hat, zahlt die Agentur für Arbeit an die zuständigen Stellen auch die Beiträge zur Rentenversicherung, Krankenversicherung und Pflegeversicherung sowie zur Arbeitsförderung. Sofern im selben Zeitraum Arbeitslosengeld gezahlt wird, findet eine Anrechnung des Arbeitslosengeldes auf das Insolvenzgeld statt.

---

[9] Vgl. hierzu 1. Verordnung zur Änderung der Verordnung über die Bezugsdauer für das Kurzarbei-tergeld vom 31.10.2013, BGBl. 13 I vom 6.11.2013, S. 3905.

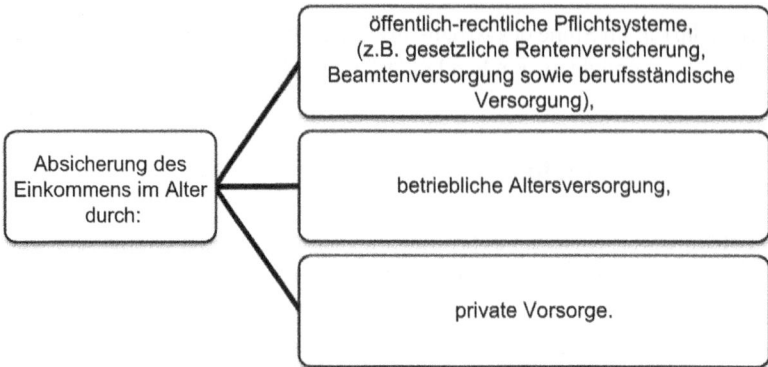

Abb. 15.7 Absicherung des Einkommens im Alter

15.6   Absicherung des Einkommens im Alter

Wenn ein älterer Arbeitnehmer aus dem Erwerbsleben ausscheidet, ist es für ihn notwendig das nun weggefallene Arbeitseinkommen durch andere Einkünfte zu kompensieren. Die Absicherung des Einkommens im Alter kann in folgende drei Gruppen eingeteilt werden:

1. öffentlich-rechtliche Pflichtsysteme, (z. B. gesetzliche Rentenversicherung, Beamtenversorgung sowie berufsständische Versorgung),
2. betriebliche Altersversorgung,
3. private Vorsorge (Abb. 15.7).

Die erste Art der Alterssicherung stellen die gesetzlichen bzw. die öffentlich-rechtlich Pflichtsysteme dar.[10] Wie die Bezeichnung Pflichtsysteme bereits nahelegt, ist die Mitgliedschaft in derartigen Systemen für die betroffenen Personengruppen verbindlich vorgeschrieben. Die erste Gruppe stellen die öffentlich-rechtlichen Pflichtsysteme dar, zu denen insbesondere die Rentenversicherung, die Versorgung der Beamten sowie die berufsständischen Versorgungswerke (vgl. hierzu auch: Kilger und Prossliner 2013, S. 3283 ff.) gehören. In der Praxis stellen die Zahlungen aus dieser ersten Gruppe – vorwiegend Rentenzahlungen aus der gesetzlichen Rentenversicherung – den Hauptteil der Einkünfte älterer Arbeitnehmer dar. Die zweite Gruppe der Absicherung des Alterseinkommens ist in der betrieblichen Altersversorgung zu sehen. Die dritte Gruppe an Möglichkeiten, das Alterseinkommen abzusichern, findet sich in der so genannten privaten Altersvorsorge.

---

[10] Vgl. zu Altersgrenzen bei Überführung in ein geändertes Versorgungssystem: BAG-Entscheidung vom 17.09.2013, 3 AZR 686/11, NZA 2013, S. 33.

15.6.1 Rentenversicherung

Die gesetzliche Rentenversicherung ist im SGB VI normiert. Ziel der gesetzlichen Renten-versicherung ist es, den in Ruhestand befindlichen Personen eine Sicherung ihres bisheri-gen Lebensstandards auch im Alter bieten zu können. Die gesetzliche Rentenversicherung finanziert sich vorwiegend durch die Beiträge der Versicherten und Arbeitgeber sowie teilweise durch Bundeszuschüsse. Die gesetzliche Rentenversicherung wird in Form des so genannten Umlageverfahrens durchgeführt. Das bedeutet, dass kein Kapitalstock an-gesammelt wird und die Renten direkt aus dem von den Versicherten gezahlten Beiträgen aufgebracht werden. In der gesetzlichen Rentenversicherung versicherungspflichtig sind insbesondere Arbeitnehmer und Auszubildende (vgl. hierzu vertiefend auch: Prossliner 2013, S. 1384 ff.). Während als Arbeitnehmer gewöhnlich gegen Entgelt sozial abhän-gig beschäftigte Personen der Versicherungspflicht unterliegen, bedarf es bei Personen, welche zur Ausbildung beschäftigt sind, für die Versicherungspflicht keines Anspruchs auf Entgelt. In § 1 SGB VI werden eine weitere große Anzahl an Personen genannt, die der Versicherungspflicht unterliegen. Doch es sind nicht nur die eben bezeichneten Per-sonengruppen von der gesetzlichen Rentenversicherung erfasst. Mit der Regelung des § 2 SGB VI hat der Gesetzgeber die Versicherungspflicht auf einige wenige Bereiche der selb-ständig Tätigen ausgeweitet. Darüber hinaus gibt der § 4 SGB VI insbesondere anderen Selbstständigen die Möglichkeit, auf Antrag einen Zugang zur gesetzlichen Rentenver-sicherung zu erhalten. Über § 7 SGB VI steht fast jeder Person, die nicht versicherungs-pflichtig ist, die Möglichkeit zu, sich in der gesetzlichen Rentenversicherung freiwillig zu versichern. Ausnahmen von der Versicherungspflicht bestehen beispielsweise bei öffent-lich Bediensteten und bei Beamten. Sofern diese allerdings aus ihrem Dienstverhältnis Ausscheiden, ohne eine Anwartschaft auf Versorgung zu erhalten, so werden sie in der gesetzlichen Rentenversicherung gewöhnlich nachversichert. Ein Katalog der Leistungen, welche die gesetzliche Rentenversicherung ihren Versicherten bietet, findet sich im Ersten Buch des Sozialgesetzbuchs, nämlich in § 23 Abs. 1 Nr. 1 SGB I. Diese Vorschrift lautet:

§ 23 SGB I Leistungen der gesetzlichen Rentenversicherung einschließlich der Alterssiche-rung der Landwirte

(1) Nach dem Recht der gesetzlichen Rentenversicherung einschließlich der Alterssiche-rung der Landwirte können in Anspruch genommen werden:

1. in der gesetzlichen Rentenversicherung:

a) Heilbehandlung, Leistungen zur Teilhabe am Arbeitsleben und andere Leistun-gen zur Erhaltung, Besserung und Wiederherstellung der Erwerbsfähigkeit ein-schließlich wirtschaftlicher Hilfen,

b) Renten wegen Alters, Renten wegen verminderter Erwerbsfähigkeit und Knapp-schaftsausgleichsleistung,

c) Renten wegen Todes,

d) Witwen- und Witwerrentenabfindungen sowie Beitragserstattungen,

e) Zuschüsse zu den Aufwendungen für die Krankenversicherung,

f) Leistungen für Kindererziehung,

2. in der Alterssicherung für Landwirte:
   a) Heilbehandlung und andere Leistungen zur Erhaltung, Besserung und Wieder-herstellung der Erwerbsfähigkeit einschließlich Betriebs- oder Haushaltshilfe,
   b) Renten wegen Erwerbsminderung und Alters,
   c) Renten wegen Todes,
   d) Beitragszuschüsse,
   e) Betriebs- und Haushaltshilfe oder sonstige Leistungen zur Aufrechterhaltung des Unternehmens der Landwirtschaft.
(2) Zuständig sind
   1. in der allgemeinen Rentenversicherung die Regionalträger, die Deutsche Renten-versicherung Bund und die Deutsche Rentenversicherung Knappschaft-Bahn-See,
   2. in der Knappschaft Rentenversicherung die Deutsche Rentenversicherung Knapp-schaft-Bahn-See,
   3. in der Alterssicherung der Landwirte die Sozialversicherung für Landwirtschaft, Forsten und Gartenbau als landwirtschaftliche Alterskasse.

15.6.1.1 Rentenarten

Es gibt verschiedene Rentenarten. Diese finden ihre gesetzliche Regelung in den §§ 35 ff. SGB VI. So zum Beispiel die als wichtigste Rentenart anzusehende Altersrente nach § 35 SGB VI, § 235 SGB VI sowie die Altersrente für besonders langjährig Versicherte im Sinne des § 38 SGB VI. Die Regelaltersrente zählt zu den wichtigsten Rentenarten. Ein Arbeitnehmer kann sie beanspruchen, sofern er die allgemeine Wartezeit von fünf Jahren erfüllt und das 67. Lebensjahr erreicht hat.

15.6.1.2 Mindestversicherungszeit

Für die Auszahlung der Rentenleistungen genügt es jedoch nicht, dass der Versicherungs-fall, wie beispielsweise Alter, Minderung der Erwerbsfähigkeit oder Tod eingetreten ist; hinzu kommen muss, dass der Versicherte die nach § 50 SGB VI bestimmte Mindestver-sicherungszeit bzw. Wartezeiten erfüllt. Die für die Rente relevanten Zeiten ergeben sich aus den § 54 ff. SGB VI. Hierbei werden nicht nur die reinen Beitragszeiten eingerechnet, sondern es findet auch eine Anrechnung so genannter beitragsfreier Zeiten, wie beispiels-weise Zeiten der Arbeitslosigkeit und Krankheit sowie Berücksichtigungszeiten wie bei-spielsweise Zeiten der Kindererziehung (vgl. § 56 SGB VI) statt. Darüber hinaus müssen nach § 50 Abs. 1 SGB VI bestimmte Wartezeiten erfüllt sein, die in den § 51 SGB VI und § 244 SGB VI näher beschrieben werden. Gewöhnlich sind für einen Rentenanspruch mindestens fünf Jahre Beitragszeit (Wartezeit) notwendig. Für die Altersrente beträgt die allgemeine Wartezeit fünf Jahre.

Der Antrag auf Altersrente sollte frühzeitig, spätestens drei Monate vor Rentenbeginn gestellt werden. Hierfür benötigt der Antragsteller gewöhnlich folgende Angaben und Unterlagen: die Versicherungsnummer, eine Geburtsurkunde, ein Familienbuch, Angabe der Bankverbindung, einen Sozialversicherungsausweis, Nachweise über die bisher nicht im Versicherungskonto dokumentierten Zeiten, Nachweise über Zeiten der Arbeitslosig-keit, die Steueridentifikationsnummer, etwaige ausländische Beitragszeiten, Belege über

etwaige freiwillige Rentenbeitragszahlungen, Zeugnisse der Schulen und Ausbildungs-
stätten nach dem 17. Lebensjahr sowie Krankheitsbescheinigungen der Krankenkassen.
Sofern eine Hinterbliebenenrente beantragt wird, sind zu den eben genannten Informationen und Urkunden zusätzlich noch die Steueridentifikationsnummer des Hinterbliebenen,
die Sterbeurkunde sowie die Rentenbescheide des Verstorbenen im Rahmen der Renten-
antragstellung vorzulegen.

Die Höhe der Rente wird nach einer Formel berechnet, die in § 64 SGB VI gesetzlich
normiert ist. Diese Rentenformel besagt, dass der Monatsbetrag der Rente sich ergibt,
wenn die unter Berücksichtigung des Zugangsfaktors ermittelten persönlichen Entgeltpunkte, der Rentenartfaktor und der aktuelle Rentenwert mit ihrem Wert bei Rentenbeginn miteinander vervielfältigt werden. Oder einfacher ausgedrückt – es wird gerechnet:
die Monatsrente = persönlichen Entgeltpunkte (Entgeltpunkte x Faktor) x Rentenfaktor x
aktueller Rentenwert.

15.6.2   Beamtenversorgung

Ein eigenständiges System der Altersabsicherung besteht für Beamte, Richter und Berufssoldaten in Form der so genannten Beamtenversorgung. Diese Berufsgruppen zahlen nicht
wie die gesetzlich Versicherten Arbeitnehmer Beiträge zur Altersvorsorge ein. Vielmehr
wird die Altersabsicherung aus dem Finanzhaushalt des jeweiligen Dienstherrn erbracht.
Insofern ist hier also zu differenzieren: der Bund, das Land, die Gemeinden oder öffentlich-rechtliche Körperschaften versorgen ihre Beamten jeweils selbst. Rechtsgrundlagen
für diese Versorgung sind für Beamte das Beamtenversorgungsgesetz (BeamtVG) und für
Berufssoldaten der Bundeswehr das Soldatenversorgungsgesetz (SVG).

15.6.3   Versorgung durch berufsständische Versorgungswerke

Für viele freie Berufe haben sich Berufskammern gebildet. Zu den freien Berufen gehören beispielsweise Rechtsanwälte, Steuerberater, Architekten, und Apotheker. Angehörige dieser freien Berufe – egal ob selbstständig oder angestellt – haben oftmals die
Möglichkeit, sich über Versorgungswerke abzusichern, welche die Berufskammern für
ihre Angehörigen eingerichtet haben. Aufgabe dieser Versorgungswerke ist es, die Berufs-
angehörigen im Alter aber auch bei Arbeitsunfähigkeit oder deren unterhaltsberechtigte
Angehörige im Falle des Todes abzusichern. In der Praxis sind die Rentenzahlungen, welche die berufsständischen Versorgungswerke an ihre Mitglieder auszahlen, erfahrungs-
gemäß höher als die Zahlungen der gesetzlichen Rentenversicherung. Die genaue Höhe
der Versorgungszahlungen ist davon abhängig, wie viel Jahre das Mitglied in das Versorgungswerk eingezahlt hat und wie hoch diese Beiträge waren. Der § 6 Abs. 1 Satz 1
Ziff. 1 SGB VI sieht vor, dass bei einer Pflichtmitgliedschaft in einem Versorgungswerk

und der Erfüllung der in dieser Vorschrift genannten Voraussetzungen ein Freiberufler die Möglichkeit hat, einen Antrag auf Befreiung seiner Versicherungspflicht im Rahmen der gesetzlichen Rentenversicherung zu stellen (§ 6 Abs. 2 SGB VI).

15.6.4 Betriebliche Altersversorgung

Viele Arbeitgeber sichern Ihre Mitarbeiter zusätzlich über eine betriebliche Altersversorgung ab. Zum einen kann dieses Handeln sich positiv auf die Mitarbeitergewinnung auswirken; zum anderen sehen viele Arbeitgeber aber auch die steuerlichen Vorteile, zumal der Arbeitgeber die zur Abdeckung der betrieblichen Altersversorgung notwendigen Geldbeträge im Unternehmen belassen kann. In der Bundesrepublik Deutschland besteht vom Grundsatz her für Arbeitgeber keine Pflicht, ihren Arbeitnehmern eine von ihnen finanzierte Altersversorgung – betriebliche Altersversorgung – zu gute kommen zu lassen. Unter einer betrieblichen Altersversorgung ist zu verstehen, dass ein Arbeitgeber anlässlich des Arbeitsverhältnisses seinen Arbeitnehmern Leistungen der Altersversorgung, für den Fall der Invalidität und zur Hinterbliebenenversorgung zukommen lässt. Die Grundlage für derartige Zusagen kann sich entweder aus einer individuellen Vereinbarung mit dem Arbeitnehmer ergeben oder im Rahmen eines Tarifvertrages oder auch einer Betriebsvereinbarung entspringen. Eine gesetzliche Normierung der betrieblichen Altersversorgung bzw. eine gesetzliche Grundlage für ein derartiges Vorgehen findet sich in so genannten Betriebsrentengesetz (BetrAVG).[11] Für Arbeitgeber gibt es unterschiedliche Möglichkeiten die betriebliche Altersversorgung durchzuführen. So können sie beispielsweise hierfür Pensionsfonds oder Pensionskassen ebenso nutzen wie Direktversicherungen, Unterstützungskassen oder Direktzusagen. Allen diesen im Betriebsrentengesetz vorgesehenen Möglichkeiten ist gemein, dass sie alle samt gegen das Risiko der Insolvenz geschützt werden müssen. Erreicht wird dieser Schutz dadurch, dass Beiträge an den so genannten Pension-Sicherungs-Verein VaG gezahlt werden, welcher unter staatlicher Aufsicht steht. Dieser nimmt als Beliehener staatliche Aufgaben wahr und ist für die Insolvenzsicherung der Ansprüche aus betrieblicher Altersversorgung eingesetzt. Regelungen zur Aufsicht über die Rechtsträger der betrieblichen Altersversorgung finden sich in so genannten Versicherungsaufsichtsgesetz (VAG).

Unter Pensionsfonds sind rechtlich selbstständige Einrichtungen zu verstehen, die Beiträge einziehen und im Gegenzug für die betriebliche Altersversorgung eintreten. Bei derartigen Fonds besteht die Möglichkeit, durch sehr unterschiedliche Investitionen das Versorgungskapital zu vermehren. So können Pensionsfonds beispielsweise auch in Aktien oder andere Wertpapiere investieren. Bei einer betrieblichen Altersversorgung in Form eines Pensionsfonds erwächst den Arbeitnehmern, welche durch einen Pensionsfond abgesichert wurden ein Rechtsanspruch gegen den Fond, welcher ihnen die versprochenen

---

[11] Gesetz zur Verbesserung der betrieblichen Altersversorgung – Betriebsrentengesetz, Gesetz vom 19.12.1974, BGBl. I S. 3610 mit späteren Änderungen.

Leistungen garantieren soll. Anders als Pensionsfonds sind Pensionskassen in der Regel nicht auf dem normalen Kapitalmarkt aktiv. Es handelt sich bei derartigen Kassen zwar auch um selbstständige Konstrukte – sie werden allerdings gewöhnlich von einem oder mehreren Unternehmen gespeist, welche regelmäßig Beiträge einzahlen, damit ihre Arbeitnehmer einen unmittelbaren Anspruch gegen diese Pensionskassen erwerben. Eine ganz andere Absicherung für die Arbeitnehmer ergibt sich bei der betrieblichen Altersversorgung in Form einer Direktversicherung. In der Praxis schließen Unternehmen gewöhnlich für ihre Mitarbeiter Gruppenversicherungsverträge ab, welche Leistungen aus Rentenversicherungen und Lebensversicherungen beinhalten. Diese Direktversicherungen sollen dann die Altersversorgung der Mitarbeiter abdecken. Eine Absicherung der Arbeitnehmer durch Unterstützungskassen ist begrifflich zunächst von der Absicherung durch Pensionskassen zu unterscheiden. Auch wenn beide Konstrukte recht ähnlich sind – beachtet man, dass beide selbstständige Versorgungseinrichtungen sind und der oder die Arbeitgeber das Vermögen hiervon aufbringen, so unterscheidet sich die Unterstützungskasse von der Pensionskasse darin, dass bei einer Unterstützungskasse die betreffenden Arbeitnehmer keinen eigenen Rechtsanspruch gegen die Unterstützungskasse erhalten sondern die Arbeitgeber selbst für die betreffenden Leistungen haften müssen. Als letzte Möglichkeit eine betriebliche Altersversorgung für die Mitarbeiter eines Betriebes aufzubauen, ist die Direktzusage zu nennen. Hierbei wird dem Arbeitnehmer von dem Unternehmen garantiert, dass es ihn im Falle des Eintritts eines Versicherungsfalls aus den betrieblichen Ressourcen versorgen werde. Zu diesem Zweck bilden die Unternehmen, welche die Altersversorgung ihrer Mitarbeiter auf Direktzusagen stützen, aus ihren Betriebseinnahmen Rückstellungen.

Der § 1a BetrAVG gibt den Arbeitnehmern gegen den Arbeitgeber einen Anspruch auf betriebliche Altersversorgung durch so genannte Entgeltumwandlung. Nach dieser Vorschrift hat der Arbeitnehmer die Möglichkeit, vom Arbeitgeber zu verlangen, dass von seinen künftigen Entgeltansprüchen bis zu 4 % der jeweiligen Beitragsbemessungsgrenze in der Rentenversicherung durch Entgeltumwandlung für seine betriebliche Altersversorgung verwendet wird. Diese Regelung erfährt durch § 17 Abs. 5 BetrAVG insoweit eine Einschränkung, als diese Vorschrift festlegt, dass soweit Entgeltansprüche auf einem Tarifvertrag beruhen, für diese eine Entgeltumwandlung nur dann vorgenommen werden kann, soweit dies durch Tarifvertrag vorgesehen oder durch Tarifvertrag zugelassen ist.

Im Rahmen der Entgeltumwandlung, hat der Arbeitnehmer die Möglichkeit, für seine betriebliche Altersversorgung eine staatliche Förderung zu erhalten. Hierbei ist allerdings zwischen der so genannten Bruttoentgeltumwandlung und der so genannten Nettoentgeltumwandlung zu differenzieren. Das Wahlrecht zwischen diesen beiden Methoden hat der Arbeitnehmer. Handelt es sich um die Bruttoentgeltumwandlung, so fallen – soweit sie pro Jahr 4 % der Beitragsbemessungsgrenze der gesetzlichen Rentenversicherung nicht überschreitet – keine Sozialversicherungsbeiträge an; darüber hinaus sind jährlich grundsätzlich 4 % der Beitragsbemessungsgrenze der gesetzlichen Rentenversicherung sowie weitere 1800 € steuerfrei.

Sofern es sich hingegen um die so genannte Nettoentgeltumwandlung handelt, fallen für die Zahlungen zur betrieblichen Altersvorsorge Sozialversicherungsbeiträge an. Darüber hinaus sind die Aufwendungen auch voll zu versteuern. Es besteht hier jedoch die Möglichkeit, dass der Arbeitnehmer nach § 10 a EStG und §§ 79 ff. EStG ein steuerliches Sonderabzugsrecht sowie Zulagen in Form der so genannten Riester-Rente nutzt. Diese Möglichkeit besteht allerdings nach § 1a Abs. 3 BetrAVG lediglich dann, wenn die betriebliche Altersversorgung über einen Pensionsfonds, eine Pensionskasse oder eine Direktversicherung durchgeführt wird. Sofern ein Arbeitnehmer auf Entgeltumwandlung drängt, so soll zwischen dem Arbeitgeber und ihm eine Vereinbarung über die Anlageform getroffen werden. Im Rahmen der Anlageform ist zu differenzieren. Wenn der Arbeitgeber einen Pensionsfonds oder eine Pensionskasse präferiert, so wird die betriebliche Altersversorgung dort vorgenommen. In anderen Fällen kann der Arbeitnehmer fordern, dass seine betriebliche Altersversorgung durch eine Direktversicherung sichergestellt wird. In diesem Fall liegt das Wahlrecht, welche Versicherung hierfür die geeignetste ist, beim Arbeitgeber.

15.7   Rechtsschutz durch Sozialgerichte

Der Rechtsweg zu den Sozialgerichten ist in vielen sozialrechtlichen Streitigkeiten gegeben. Hierbei ist jedoch zu beachten, dass für Streitigkeiten im sozialrechtlichen Bereich kein einheitlicher Rechtsweg gegeben ist. Vielmehr kommen nach § 51 Abs. 1 Nr. 1 bis Nr. 10 SGG nur bestimmte, dort aufgeführte öffentlich-rechtliche Streitigkeiten vor die Sozialgerichte. Andere Streitigkeiten, welche zum öffentlich-rechtlichen Bereich gehören und nicht ausdrücklich den Sozialgerichten zugewiesen worden sind, unterliegen nach § 40 Abs. 1 VwGO den klassischen Verwaltungsgerichten. Dieses ist auch nicht verwunderlich, da die Sozialgerichte einen besonderen Zweig der Verwaltungsgerichtsbarkeit darstellen. Zu nennen wären bei den öffentlich-rechtlichen Streitigkeiten, welche zu den allgemeinen Verwaltungsgerichten abgedrängt werden beispielsweise Streitigkeiten bezüglich BAföG oder Wohngeld. Eine Zuständigkeit der ordentlichen Gerichte besteht bei Streitigkeiten im Rahmen des § 40 Abs. 2 VwGO. Die Sozialgerichte entscheiden insbesondere über die Streitigkeiten im Rahmen der Arbeitslosenversicherung, der Sozialversicherung sowie öffentlich-rechtliche Streitigkeiten bezüglich der gesetzlichen Rentenversicherung, der gesetzlichen Krankenversicherung, der gesetzlichen Pflegeversicherung, der gesetzlichen Unfallversicherung, der Arbeitsförderung sowie weiteren in § 51 SGG gesetzlich normierten Themengebieten. Das sozialrechtliche Gerichtsverfahren stellt eine besondere Form des Verwaltungsgerichtsverfahrens dar und ist im Sozialgerichtsgesetz (SGG) geregelt. Zur Ergänzung können bisweilen auch Vorschriften der Verwaltungsgerichtsordnung (VwGO) hinzugezogen werden. Der sozialgerichtliche Rechtsweg ist – wie fast der gesamte Gerichtsaufbau in Deutschland – dreistufig aufgebaut. Eine Ausnahme besteht lediglich im Finanzgerichtsweg, der zweistufig aufgebaut ist. Die erste Instanz der Sozialgerichtsbarkeit nennt sich Sozialgericht, die Berufungsinstanz ist das Landessozial-gericht und die Revisionsinstanz das Bundessozialgericht. Besetzt sind die Sozialgerich-te sowohl mit Berufsrichtern als auch mit ehrenamtlichen Richtern. Die ehrenamtlichen Richter entstammen von Vorschlagslisten, die sowohl von Gewerkschaften, von Arbeit-geberverbänden, Ärzten, kassenärztlichen Vereinigungen, aus dem Kreis der Versicherten sowie Krankenkassen aufgestellt worden sind. Sie werden für fünf Jahre zu ihrer Tätigkeit berufen. Sowohl vor dem Sozialgericht als auch vor dem Landessozialgericht besteht kein Anwaltszwang. Die Parteien können dort also auch ohne rechtliche Vertreter verhandeln. Dies ist lediglich vor dem Bundessozialgericht anders. Nach § 183 SGG in Verbindung mit § 51 SGG ist das Verfahren vor den Sozialgerichten grundsätzlich kostenlos. Aller-dings gibt der Gesetzgeber dem Gericht mit § 192 SGG die Möglichkeit, einer Partei unter bestimmten Voraussetzungen so genannte Mutwillenkosten aufzuerlegen. Dies ist beispielsweise dann der Fall, wenn ein schuldhaftes Verhalten eines der Beteiligten dazu geführt hat, dass eine Verhandlung vertagt werden oder extra ein neuer mündlicher Ver-handlungstermin anberaumt werden muss. Mutwillenkosten können einer Partei auch dann auferlegt werden, wenn sie trotz ausdrücklichem Hinweis des Gerichts, dass es sich bei der Klage um offensichtlichen Rechtsmissbrauch handelt, oder das Verfahren offen-sichtlich sinnlos erscheint, den Rechtsstreit fortsetzt (vgl. Papenheim et al. 2013, S. 477). Die Frage, welches Sozialgericht für die betreffende Person die örtliche Zuständigkeit besitzt, ist in den § 57 SGG und § 57 a SGG gesetzlich normiert.

Sofern ein Betroffener vor dem Sozialgericht Schutz sucht, stehen ihm unterschied-liche Klagearten zur Verfügung. Diese Klagearten unterscheiden sich insbesondere darin, welches Ziel der Betroffene hiermit erreichen möchte.

▶ **Anfechtungsklage** So ist beispielsweise das Ziel einer Anfechtungsklage die Auf-hebung bzw. Änderung eines belastenden Verwaltungsaktes. Um eine solche Klage anzustrengen muss der Kläger entsprechend § 54 SGG geltend machen, durch den ange-fochtenen Verwaltungsakt in seinen subjektiv-öffentlichen Rechten verletzt zu sein. Die Klagefrist für derartige Klagen beträgt einen Monat ab Zustellung des Widerspruchsbe-scheids bzw. ab der Bekanntgabe des belastenden Verwaltungsaktes (§ 87 SGG).

▶ **Verpflichtungsklage** Anders als bei der eben dargestellten Anfechtungsklage ist es im Rahmen einer Verpflichtungsklage das Ziel des Betroffenen, eine Behörde zum Erlass eines ihn begünstigenden Verwaltungsaktes zu verpflichten. Voraussetzung für eine Ver-pflichtungsklage ist es, dass die betreffende Behörde bereits einen Antrag auf Erlass eines derartigen Verwaltungsaktes abgelehnt hat bzw. es ablehnt, über einen derartigen Antrag zu entscheiden.

▶ **Leistungsklage** Eine weitere mögliche Klageart stellt die so genannte Leistungsklage dar. Derartige Klagen zielen nach § 54 Abs. 5 SGG darauf ab, die Verwaltung zu einem bestimmten Tun, Dulden oder Unterlassen zu verpflichten. Die Leistungsklage darf nicht mit der Verpflichtungsklage verwechselt werden. Während eine Verpflichtungsklage auf den Erlass eines Verwaltungsaktes abzielt, ist der Sinn der Leistungsklage ein schlichtes – nicht durch Verwaltungsakt geprägtes – Handeln zu erreichen.

▶ **Feststellungsklage** Als letzte Klageart steht dem Bürger auch die so genannte Feststellungsklage zu. Wie der Name bereits vermuten lässt, ist es Ziel einer derartigen Klage, das Bestehen oder Nichtbestehen eines öffentlich-rechtlichen Rechtsverhältnisses feststellen zu lassen. Nach § 55 SGG ist eine Feststellungsklage immer dann zulässig, wenn der Betroffene ein berechtigtes Interesse an einer derartigen Feststellung hat und sein Ziel nicht mit einer Leistungsklage erreichen kann.

Darüber hinaus bietet das Prozessrecht für besonders eilbedürftige Fälle auch die Möglichkeit eines gerichtlichen Eilverfahrens – die so genannte einstweilige Anordnung. Regelungen hierzu finden sich in § 86b Abs. 2 SGG. Sinn einer einstweiligen Anordnung ist es, zur Abwendung wesentlicher Nachteile oder drohender Gefahr eine vorläufige Regelung zu treffen.

Literatur

Cramer H, Fuchs H, Hirsch S, Ritz H-G (2011) SGB IX – Kommentar zum Recht schwerbehinderter Menschen sowie AGG und BGG, 6. Aufl. München

Kilger H, Prossliner M (2013) Das Recht der berufsständischen Versorgung seit dem Jahr 2012. NJW 3283 ff.

Papenheim B, Dern P (2013) Verwaltungsrecht für die soziale Praxis, 24. Aufl

Prossliner M (2013) Brennpunkt – Befreiung von der Rentenversicherungspflicht. NZA 1384 ff.

Ricken O (2013) Kein Kurzarbeitergeldanspruch bei Kuraufenthalt. NZA 1408

Ricken O (2014) Voraussetzungen der Krankenversicherungspflicht bei ALG II-Bezug. NZA 192

Schmidt B (2014) Schwerbehindertenarbeitsrecht, 2. Aufl. Baden-Baden

Weiterführende Literatur

Däubler W (2002) Gläserne Belegschaften, 4. Aufl. Frankfurt a. M.
Ricken O (2014) Ruhezeitraum für den ALG-I-Anspruch bei vorzeitiger Beendigung eines Arbeits-
    verhältnisses unter Zahlung einer Entlassungsentschädigung. NZA 78
Wolmerath M (2007) Mobbing – Rechtshandbuch für die Praxis, 3. Aufl. Baden-Baden

© Springer Fachmedien Wiesbaden 2014
A. Wien, N. Franzke, *Personalrecht*, DOI 10.1007/978-3-658-02968-5

Sachverzeichnis

© Springer Fachmedien Wiesbaden 2014
A. Wien, N. Franzke, *Personalrecht*, DOI 10.1007/978-3-658-02968-5

The manufacturer's authorised representative in the EU is Springer
Nature Customer Service Centre GmbH, Europaplatz 3, 69115 Heidelberg,
Germany. If you have any concerns regarding our products, please
contact ProductSafety@springernature.com

Printed and bound by CPI Group (UK) Ltd, Croydon, CR0 4YY
24/04/2026
02096311-0015